VIVIEN LEIGH

D'air et de feu

Collection dirigée par Olivier Schwengler.
Conception, réalisation : Agnès Deroin.

Remerciements

Mes remerciements vont tout naturellement à Henri-Jean Servat dont les preuves de générosité et d'amitié seraient déjà une raison suffisante d'avoir écrit ce livre. Pour lui, toute ma gratitude.

Pour leur extraordinaire accueil, leur générosité et l'affection dont ils m'ont entouré durant mon séjour à Atlanta, merci à Herb Bridges, son épouse Eleanor et leurs enfants. (Tous les clichés relatifs à *Autant en emporte le vent*, dans ce livre, proviennent de la fabuleuse collection Herb Bridges.)

Je tiens aussi à remercier tous ceux qui, à un moment ou à un autre, m'ont apporté leur précieux soutien technique ou moral. Parmi eux, mes parents, ma famille, mes amis de Montpellier : Christophe Guiraud, Valérie Camplo, Michel Cros, ainsi que Guillemette Ishkinazi et Geneviève Sintas à Paris.

Merci à Micheline Thâ, de la Maison Balmain à Paris, et au personnel du Lincoln Center of Performing Arts à New-York.

Enfin, une pensée spéciale pour Joanna Di K., avec qui tout a commencé…

12, rue de Nesle - 75006 PARIS
ISBN : 2 85199 512 X

Serge Mafioly

VIVIEN LEIGH

D'air et de feu

Éditions Henri Veyrier

« Je suis d'air et de feu,
mes autres éléments
je les laisse à une vie plus commune ».

(*Antoine et Cléopâtre*, William Shakespeare)

« Les temps d'aujourd'hui sont éclairés par l'éclair, la peste a battu les papillons et Blanche s'est éloignée ».

(Tennessee Williams, *Mémoires*)

— Prologue —

Tickerage Mill, avril 1967

Depuis qu'elle y avait élu domicile, un couple de cygnes avait remonté la rivière pour s'ébattre dans le petit réservoir du Moulin de Tickerage. Tous les jours, ils traçaient pour Vivien d'élégantes arabesques, sans se soucier des appels furieux de leur ancienne propriétaire. Un jour qu'elle rentrait de Londres, Vivien apprit par Mrs Mac, la gouvernante, que cette dame avait cherché à la joindre toute la matinée. « Oh ! ça devient vraiment pénible. » Elle saisit le combiné et quelques secondes plus tard, l'haïssable voisine était au bout du fil : « Allô, Mrs Coral White Wickersham ? Bonjour, ici Vivien, Lady Olivier à l'appareil. Je n'ai que quelques mots à vous dire. Ce n'est tout de même pas ma faute si les cygnes préfèrent mon étang au vôtre. Comme vous le savez, les cygnes sont la propriété de la Reine, alors je vous suggère de lui écrire à ce sujet, à moins que vous ne préfériez venir vous même ici, en voiture, avec votre mari, vous plonger dans l'étang jusqu'aux fesses, et repartir avec vos cygnes sous le bras. Au revoir ! » Plusieurs minutes après avoir raccroché le téléphone, elle riait encore. Puis, se tournant vers Mrs Mac, elle eut un éclair malicieux dans le regard. « Mrs Mac, allez chercher tout ce que vous pourrez trouver à la cuisine, du gâteau, du pain, du caviar, du foie gras, n'importe quoi, je m'en fiche, mais nourrissez-moi ces cygnes. Ils ne quitteront pas cet étang si je peux les en empêcher. »

José Quintero, le réalisateur d'un de ses derniers films, *Le printemps romain de Mrs Stone*, déambulait à ses côtés dans le jardin de Tickerage où perçaient les premiers crocus de la saison.

Elle se tourna vers lui : « Les cygnes sont les oiseaux les plus fidèles du monde. Savais-tu que lorsque leur compagnon vient à mourir, ils s'élèvent dans le ciel puis se laissent tomber lourdement vers l'étang afin de se briser le cou ? Mais parlons d'autre chose... »

A cinquante-trois ans, Vivien Leigh était toujours aussi belle que du temps de Scarlett O'Hara ; peut être un peu plus frêle, un peu plus pâle et délicate. On la savait malade, sans se douter cependant combien elle l'était gravement. Elle avait mis tant de grâce et de courage à se retirer du jeu que lorsqu'elle fut partie on la crut seulement en voyage. Elle n'était plus l'épouse de Laurence Olivier, mais elle avait si bien réussi à imposer leur union aux yeux du monde, que le titre de Lady Olivier lui était désormais concédé comme un bien inaliénable. L'homme qui avait épousé Joan Plowright, au cours d'une cérémonie organisée à la sauvette, au dessus d'un drugstore du Connecticut, n'avait d'ailleurs pas grand chose à voir avec Sir Laurence. Quant à « Elle », l'autre femme, il suffisait d'un regard pour juger de l'imposture. Avec ses jeans, ses pull-overs et ses sandales, pouvait-elle rivaliser avec l'élégance de soie, de velours et de perles d'une des plus belles femmes du monde ? « Je serais moins ennuyée, ma chère, si elle ne sentait pas aussi mauvais. »

Avec la rage de Scarlett abandonnée, Vivien s'était retirée sur ses terres pour se préparer à l'attente. Il y aurait toujours un rocher et de folles bruyères où Heathcliff la supplierait de revenir avant de finir par la rejoindre. Qui lui avait enseigné cette énergie du bonheur, capable de transformer les situations les plus désespérées, en moments de triomphe ? Et par quel talent extraordinaire avait-elle repoussé à l'infini les limites du rêve ? On le savait bien dans les salons de Londres qu'elle se parfumait à la joie, mais pour être le plus cher du monde, même ce parfum ne durait pas.

C'était le printemps. Ses yeux étincelaient comme les pierres des rivières. « J'ai le cœur brisé de savoir que tu ne seras pas là quand les frésias seront en fleurs. Ils prennent véritablement possession de l'endroit... » Agenouillée dans l'herbe, elle se mit soudain à parler, de sa carrière et de sa jeunesse. Elle n'était plus du tout sûre de vouloir jamais remonter sur scène. A présent, elle doutait de son talent de comédienne, un mirage génial qui n'était que l'éblouissement de l'amour qu'on lui portait. La jeunesse et la beauté avaient fait le reste. De son enfance aux Indes, elle gardait le souvenir des fumées colorées dans le ciel, et des saris brodés d'argent, de pourpre et d'or que les femmes arboraient. Elle était née le 5 novembre, le jour du Guy Fawkes Day, et c'était bien là, au milieu des feux d'artifice et du vacarme de la fête que tout avait commencé. Sa mère la prenant par la main l'avait un jour amenée près de la fenêtre pour assister au spectacle : « Tu vois Vivien, le monde entier célèbre ton anniversaire. » « Et je la croyais. » Elle eut un petit rire, étonné et douloureux. « Mais à présent je crois que le monde ne célébrera plus jamais mon anniversaire… »

Première partie

1913 - 1938

VIVIEN DARLING

— Chapitre I —

Les couleurs de l'Inde

Dès l'âge de quatre ans, Vivian Mary Hartley décida de n'en faire qu'à sa tête. Cette précieuse découverte qui rendait la vie follement amusante coïncida avec ses débuts sur scène, au cours de l'un de ces spectacles amateurs organisés par les épouses des militaires de l'Armée des Indes. En 1917, la guerre n'était qu'une idée bien vague et bien lointaine pour les familles installées dans le faubourg d'Oocatamund ; rien d'assez grave en tous cas pour déroger aux rites du thé et de la garden-party. Comme tous les autres officiers de sa garnison, Ernest Hartley était donc venu rejoindre sa femme pour applaudir les premiers pas de sa fille sur les planches. La fillette devait chanter *Little Bo Peep*, et pour l'occasion on lui avait confectionné un joli petit costume de bergère avec une robe à pois, un corset à lacets, une chemise bouffante et un chapeau à rubans. Avec un sens précoce de la coquetterie, elle avait accepté le costume flatteur qui mettait en valeur son visage poupin et ses formes rondouillettes, mais quand vint le moment de monter sur scène, avec un aplomb déconcertant, elle déclara devant un auditoire médusé qu'elle ne chanterait pas sa chansonnette, mais se contenterait d'en réciter les couplets. Le visage large d'Ernest, qui n'avait jamais été à court de sourires, flottait comme un ballon de fête au-dessus de la foule. Chérissant Vivian et la gâtant beaucoup, il avait distillé en elle une ardeur peu commune. Il avait des émerveillements à mettre dans les yeux d'une enfant, des leçons à lui transmettre dans sa manière de vivre avec acharnement, de profiter au mieux de ses instants précieux. Dès qu'il le pouvait, il l'amenait sur les courts de tennis et aux champs de course de Bangalore où, sur les gradins de bois, ils assistaient ensemble au défilé des cavaliers et des élégantes. Puis, aux accords dissonants d'un kiosque à musique, ils lançaient leur monture au galop dans la poussière dorée des dimanches matins. Mais la jeune beauté assise à ses côtés, qui se trouvait être sa femme, était loin de partager son enthousiasme. Elevée dans les principes stricts et rigoureux de l'Eglise catholique romaine, elle se consumait d'irritation et d'anxiété à l'idée de voir Vivian grandir comme une herbe folle au milieu des infidèles.

Le teint pâle et les magnifiques yeux bleus de Gertrude Mary Frances Robinson Yackjee Hartley confortaient la légende qui avait toujours tapissé son berceau des vertes prairies d'Irlande. En fait, elle était née à Darjeeling, le 5 décembre 1888 et ses boucles sombres, le tempérament ardent et la beauté typée de sa fille corroboraient les témoignages de familiers qui laissaient même entendre qu'un peu de sang indien coulait dans ses veines. Son mariage avec Ernest, sa beauté et sa vivacité lui permirent néanmoins de fréquenter les cercles les plus élégants de la société européenne de Calcutta lorsque, le 2 décembre 1911, après un séjour de plusieurs mois en Angleterre, elle revint en Inde au bras de son époux. La ville de Bombay était ce jour-là en effervescence pour acclamer la venue de leurs impériales majestés George V et la Reine Mary. Toute la population s'était regroupée sur le promontoire dominant la rade, afin de voir inaugurer la Porte des Indes, ce monument de basalte jaune construit à la gloire de l'Empire le plus vaste et le plus puissant du monde moderne. Au milieu des sirènes, des cris d'allégresse et des feux d'artifices, les jeunes mariés se frayèrent un chemin jusqu'à la gare afin d'attraper le premier train pour Calcutta, où ils emménagèrent dans l'élégant quartier d'Alipore, entourés de somptueuses résidences géorgiennes et de firmes commerciales.

Ernest travaillait comme agent de change chez Piggot et Chapman. Originaire de Bridlington, une petite station balnéaire du Yorkshire, il n'avait que vingt ans lorsqu'en 1905 il débarqua à Calcutta dans l'espoir de faire fortune. Au début du siècle, l'Inde vue de Londres pouvait apparaître comme un véritable pays de cocagne aux yeux d'une jeunesse anglaise assoiffée de gloire et d'espace. Kipling avait célébré cet univers romantique peuplé d'éléphants colorés, de maharadjahs, de cobras et de fakirs. Les mendiants qui étalaient leur pauvreté dans la rue et les artisans qui exerçaient à même le sol, ajoutaient encore à l'exotisme du tableau. Mais la réalité était tout autre, et trop de cimetières fleurissaient régulièrement les noms de ces déracinés qui ne trouvaient au bout de leur voyage qu'une mort féroce des suites de la malaria, de la typhoïde ou du choléra. Ernest eut davantage de chance. Il lui suffit de fréquenter quelque temps les matches de cricket sur les pelouses du Club Bengali ou les parties de polo organisées par le Turf Club, et de s'y distinguer, pour acquérir rapidement respect et honorabilité. La passion des courses et des pur-sang remplaça avantageusement pour lui la fortune, l'héritage ou les relations à la cour. Aux bals étourdissants, aux fascinantes chasses au tigre ou à l'ours à dos d'éléphant, il préférait encore les joies plus simples de la pêche, du golf, et surtout… du théâtre. Les trois pièces annuelles que présentaient la Société d'Art Dramatique au Théâtre Royal de Calcutta étaient à peu près le seul grand événement culturel de la ville et Ernest eut l'occasion de s'y illustrer à plusieurs reprises. Egalement à l'aise dans les rôles comiques et dramatiques, il parvint à se constituer un album de critiques flatteuses qu'il détruisit au tout début de la carrière de sa fille. Son formidable appétit de vivre et sa soif d'aventure s'étaient trouvés parfaitement assouvis dans l'existence trépidante et enchantée qu'il menait au sein de l'Empire et lorsqu'en 1914 la guerre éclata, il accueillit cette nouvelle comme le dernier avatar cocasse d'une nation extravagante. Incorporé dans la cavalerie, il passa deux années à Mussoorie avec sa famille, avant de se retrouver à Bangalore. Les grandes forêts de déodars, les chênes empanachés de fougères, les bouleaux, les yeuses, les rhododendrons et les pins cédaient peu à peu la place au bambou et au palmier de la vallée. Gertrude n'en détestait pas moins cette vie itinérante. Elle reprochait à son mari d'avoir tant gâté sa fille que cette dernière se prenait maintenant pour une de ces petites princesses indiennes régnant sur une maisonnée pliée à ses quatre volontés. Il était difficile, il est vrai, de résister à une enfant qui en dépit de sa jeunesse possédait tant de charme et de grâce qu'il lui suffisait d'un seul battement de paupière ou d'un creusement de fossette pour faire fondre les cœurs les plus irréductibles. Mais le petit incident du théâtre d'Oocatamund lui fit organiser sans délai un plan de redressement passant par un renvoi pur et simple de la fidèle « ayah » — jugée trop indulgente — et son remplacement immédiat par une véritable gouvernante anglaise. Le deuxième acte, beaucoup plus symbolique, fut de compléter les lectures de Kipling, d'Andersen ou de Lewis Caroll, jugées trop subversives, par celles de la Bible et de la mythologie grecque, dans leurs versions expurgées.

Vivian n'était malheureusement pas le seul sujet de préoccupation de Gertrude. Avec son physique romantique, ses talents de conteur et son humeur joviale, il eût été étonnant qu'Ernest — en plus de tous ses autres talents — ne possédât pas celui de faire tourner la tête aux femmes. L'infidélité et l'adultère étaient encouragés par les nombreuses migrations de familles au rythme des saisons et par l'importance du contingent militaire. L'armée des Indes qui administrait l'Empire était en effet composée d'une élite prestigieuse souvent synonyme d'épopée et de romanesque. Les majors sanglés dans de beaux uniformes et les lanciers du Bengale, peuplaient les songes de plusieurs générations féminines qui collectionnaient les flirts au gré des bals et des réceptions. L'enfance de Gertrude avait été marquée par les somptueux dîners organisés par sa mère, Mary, au cours desquels la maison resplendissante de lumières résonnait du rire des convives autour des tables parées de fleurs, de verrerie et d'argenterie. Lorsqu'elle avait rencontré Ernest à Calcutta, elle ne se déplaçait jamais sans une cour de soupirants. Le plus empressé, un certain John Lambert Thomson (Tommy), devint même un ami de la famille et resta son chevalier servant jusqu'à sa mort tragique en 1938. Pourtant, lorsqu'elle sentit que la fascination croissante qu'Ernest exerçait sur Vivian commençait à mettre en péril l'autorité qu'elle avait sur l'enfant, elle décida de réagir de manière spectaculaire. Des années plus tard, en effet, sa fille se souviendrait encore avec amusement de ce repas auquel Gertrude avait pris soin de convier toutes les présumées liaisons d'Ernest en compagnie de leurs époux infortunés.

Très tôt, Gertrude s'était également alarmée de la mauvaise influence de l'Inde qui faisait briller les yeux d'eau claire de l'enfant d'une lueur intense. Toute petite, Vivian souffrait déjà d'une inaptitude à trouver le sommeil et, après maintes suppositions Gertrude était arrivée tout simplement à la conclusion que sa fille était « un bébé pas très dormeur ». Le climat indien étant par ailleurs très dur, il aurait été insensé de ne pas penser à la soustraire à de telles rigueurs. La mort de leur premier enfant n'avait fait que décupler la joie d'Ernest lorsque, le 5 novembre 1913, peu après le coucher du soleil sur Darjeeling, il avait appris la naissance de sa fille. A l'approche de la saison chaude, pendant les longues vacances qu'imposent la canicule et les pluies, la colonie anglaise désertait les plaines et se réfugiait dans les montagnes. Sise sur les contreforts de l'Himalaya, Darjeeling n'avait pas le faste de Simla — la ville impériale — mais la vie s'y déroulait à un rythme plus tranquille, moins tapageur. Le parfum des résines, des buissons d'asphodèles et de jacinthes pénétraient jusque dans la maison de deux étages de Shannon Lodge, portés par les brises rafraîchissantes. Les grandes taches vert sombre des bosquets s'estompaient progressivement sur les flancs des coteaux et le rougeoiment de l'aurore glissait sur les neiges lointaines. On y entendait les bruits de l'Inde au travail dans les champs, « le grincement des roues de puits, les cris des laboureurs derrière leurs bœufs, la clameur des corneilles, les jacasseries des singes et le perpétuel nasillement des trompes de tongas. » La servante hindoue qui avait assisté Gertrude pendant l'accouchement lui avait assuré que le seul fait de contempler le mont Kanchenjunga suffirait à garantir à son enfant une beauté parfaite. Madame Hartley n'avait jamais fait grand cas de toutes ces sornettes de fakirs et de diseuses de bonne aventure, mais les boucles auburns de Vivian, sa peau immaculée et ses grands yeux aux couleurs changeantes ébranlaient quelque peu son incrédulité et renforçaient ce besoin instinctif de la protéger.

Ernest Hartley s'était toujours montré sceptique quant aux raisons pour lesquelles une éducation convenable ne pouvait s'acquérir qu'en Angleterre et, qui plus est, dans un couvent. Cependant, même la famille la plus unie n'aurait songé à remettre en question ce traditionnel devoir. D'autant plus que la situation politique en Inde devenait de plus en plus préoccupante. En 1919, l'Angleterre avait en effet réagi par une loi, le « Rowlatt Act », aux idées d'indépendance soulevées par un petit homme au corps d'oisillon, Mohandas Karamchand Gandhi. Des années plus tôt, on s'était moqué gentiment de ce curieux prophète parti en croisade avec pour seules armes, un pagne de sauvage, une paire de lunettes et un rouet. La stupéfaction fut donc grande lorsque, le 6 avril 1919, afin de démontrer sa toute puissance, il lança une « hartal », une journée de deuil, qui paralysa le pays tout entier. A Amritsar, dans le Pendjab, la manifestation pacifique se termina malheureusement en bain de sang. Une cinquantaine de soldats britanniques ouvrirent le feu sur la foule, tuant ou blessant quelques 1516 personnes. Après plus de trois siècles de colonisation, la longue marche menant à l'Indépendance de l'Inde, un soir d'août 1947, venait de commencer.

Poussé par les événements et la détermination farouche de sa femme, Ernest décida qu'il était grand temps d'accomplir leur première visite au pays depuis la naissance de leur fille. A la fin de la guerre, rentré à Calcutta, il était devenu un des directeurs de Piggot et Chapman et ses nouvelles responsabilités l'avaient complètement accaparé. Profitant d'un moment de répit et de leur train de vie confortable, les Hartley s'octroyèrent donc quelques semaines de vacances afin de placer Vivian dans l'un des meilleurs pensionnats d'Angleterre. Gertrude avait en effet convenu, au terme du voyage, de confier sa fille aux soins des religieuses du Couvent du Sacré-Cœur de Jésus, à Roehampton, petite contrée rurale au Sud-Ouest de Londres. Dès leur arrivée, en mars 1920, elle alla trouver la supérieure qui accepta de prendre l'enfant en septembre, lorsqu'elle aurait presque sept ans, l'âge requis pour entrer au couvent. En attendant, il fut décidé qu'elle irait habiter chez les parents d'Ernest, au 14, Belgrave Square, à Bridlington. C'est donc au milieu des fleurs, des bonnes odeurs de cuisine et de l'adoration de ses grands-parents que la fillette passa cette période intérimaire. Ernest regagna l'Inde, rappelé par son travail, et Vivian reporta son affection sur huit chats et chatons qu'elle découvrit chez grand-mère Hartley.

En septembre 1920, à deux mois de son anniversaire, elle fit son entrée à Roehampton agrippée au bras de sa mère. Elle était la plus jeune élève à y être admise. Après avoir été choyée, adorée et sans cesse entourée, voilà qu'elle se retrouvait toute seule dans un monde inconnu, avec l'impression terrible d'avoir été abandonnée. Elle recueillit un petit chaton qu'en raison de son âge on lui permit de garder. Il lui fallait à présent se familiariser avec les costumes noirs des religieuses, les habits bleu marine qu'on leur faisait porter et ces chambres-dortoirs séparées par des alcôves de rideaux blancs et pourvues, pour tout ameublement, d'un petit lit de fer, d'une cuvette et d'une commode. Comme elles étaient loins les couleurs de l'Inde ! Il lui semblait tout d'un coup qu'une main sombre venait de s'interposer entre elle et la lumière qui, jusque-là, avait illuminé sa vie. Elle se retrouvait dans un monde gris, elle qui était faite pour la lumière, un monde étroit, elle qui était faite pour l'infini.

— Chapitre II —

L'enfant de Roehamton

Pendant près de sept ans, la vie de Vivian fut régulée par le son aigrelet de la cloche de Roehampton et la claquette de bois des religieuses. Levée tous les jours à 6 h 30, elle assistait à 7 h 15 au premier office dans la grande chapelle et prenait son petit déjeuner à 8 h 00. Les horaires des classes, des repas, des récréations ou des prières étaient soumis à la même discipline triomphante. Mais Vivian n'était pas Jane Eyre, et Roehampton semblait plus près de Capoue et de ses délices que de l'abominable institution Lowood. L'édification spirituelle des élèves entraînait certes quelques excès, mais le salut de l'âme ne s'y faisait jamais au péril de la santé de l'enfant. Lorsque les supérieures rappelaient les paroles d'une jeune novice française, morte en 1897 : « Une heure plus près de la mort, une heure plus près du ciel ou de l'enfer. », elles n'accompagnaient pas leurs préceptes de punitions ou de jeûnes forcés. Certes, l'exemple de Sainte-Thérèse de l'enfant Jésus, canonisée en 1927 après une vie d'ascèse et de souffrance, galvanisait les jeunes élèves qui multipliaient les examens de conscience et inventaient chaque jour de nouvelles mortifications. Mais la dernière en date, et la plus insoutenable, consistait à avaler, les yeux levés vers la croix avec l'air d'un martyr chrétien, un peu de rhubarbe salée.

Aussi étrange que cela puisse paraître, Vivian adora chaque minute de ses années au couvent. Elle se plia sans rechigner à la discipline de Roehampton dont les règles strictes et archaïques lui paraissaient pourtant bien mystérieuses. Ainsi, pendant le bain, leur fallait-il s'envelopper dans une longue chemise de corps afin de ne pas exposer leur nudité ! Le tissu, froid et mouillé, collait à la peau et procurait une sensation bien désagréable. Mais, elle l'admettait, comme elle admettait de ne pas porter de souliers vernis qui auraient pu refléter les dessous des jeunes filles. Toutes ces conventions la fascinaient. Elle ne comprenait encore rien aux mystères du sexe, mais elle brûlait d'envie de se faire accepter par cette nouvelle famille et avait décidé, une fois n'est pas coutume, de mettre son arrogance et sont tempérament capricieux en veilleuse. Elle ne fut pas longue à séduire son monde. Il lui suffisait de creuser une fossette en inclinant sa petite tête sur le côté pour aussitôt faire fondre le cœur des religieuses et de ses camarades de classe. Elle était douce, aimable et subtile avec une tendance fâcheuse — et bientôt pardonnée — à exceller dans les matières frivoles. Elle apprenait et comprenait tout plus vite que les autres, mais n'en tirait pas plus de fierté que ces enfants royaux qui, conscients de leurs privilèges et sûrs de leur position, n'ont pas à redouter d'être laissés pour compte. Entre les cours d'histoire et de géographie, de mathématiques et de littérature, elle prit aussi le temps d'étudier la danse et la musique. Rapidement incorporée à l'orchestre de l'école pour tenir le violoncelle, elle fit preuve d'égales dispositions pour le piano et le violon. Lorsqu'à sa grande joie elle apprit que Roehampton disposait également d'un petit théâtre, elle fréquenta assidûment les cours de Miss Boland. Celle-ci apprenait à ses élèves à scander les vers à coups de chandelle sur la tête. Les cris de souris qu'elle poussa dans sa première représentation de la Fée Moutarde, dans *Songes d'une nuit d'été*, durent autant aux aléas de son organe qu'à l'ombre du grand cierge qu'elle sentait planer dans les coulisses. Cependant, elle regrettait qu'Ernest n'ait pu être là pour l'applaudir. La scène était une révélation et elle comprenait l'attirance de son père pour cet univers chatoyant. Elle était encore trop jeune pour saisir pleinement les subtilités du répertoire, mais s'abandonnait au sentiment grisant d'être aimée par la terre entière lorsque les applaudissements s'élevaient. A une de ses amies, Maureen O'Sullivan, qui lui exprimait un jour son désir de devenir pilote d'avion, Vivian rétorqua qu'elle voulait être actrice, mais pas n'importe quelle actrice, une « grande » actrice.

En mars 1922, Gertrude Hartley revint en Angleterre et resta interdite devant la jeune fille qui lui fit les honneurs du couvent. Sans doute avait-elle toutes les raisons de se féliciter de sa persévérance, car les bonnes sœurs de Roehampton avaient inculqué à Vivian les grâces exquises et les bonnes manières d'une jeune fille accomplie. Certes, son enthousiasme illimité pour le théâtre était un peu déconcertant, mais, après tout, Gertrude jugeait d'un œil plutôt bienveillant le fait qu'une enfant de neuf ans s'initie de manière aussi précoce aux textes de Shakespeare. Quant au charme particulier de sa fille, faisant alterner la pondération et l'intensité dans chacun de ses gestes, il signifiait à Gertrude que si les religieuses de Roehampton étaient parvenues de manière impeccable à travailler « sur l'extérieur de la coupe et du vase », l'intérieur leur avait toujours échappé. Vivian était comme une eau vive, courant légère et virevoltante entre les digues qu'on lui avait dressées, sans jamais diminuer d'intensité. Son tempérament excessif semblait déjà un héritage de l'Inde et ses haines, comme ses passions étaient sans limite. Elle alla voir *Round in fifty*, à l'Hippodrome de Londres, et tomba amoureuse de George Robey, la vedette comique qui entrait sur scène en traînant une paire de défenses d'éléphants. Avant la fin de l'été, elle avait réussi à voir la pièce plus de seize fois et Gertrude s'émerveillait des éclats de rire spontanés avec lesquels elle saluait encore la première réplique de son idole : « Je vais leur apprendre, moi, à ces éléphants, à protester. » Elle repartit vers l'Inde profondément troublée par l'étonnante dualité qu'elle sentait s'affirmer chez sa fille. Bien sûr, il y avait toujours cet écran de bonnes manières pour la rassurer. Alerte et vive, appréciée de ses petites camarades et des religieuses, Vivian était la personnification de l'enfant modèle. « Elle était tout ce qu'on a envie d'être », confierait plus tard Maureen O'Sullivan à son sujet. « Vous connaissez ce petit jeu : “ Qui voudriez vous être ” ? Nous répondions presque toutes : Vivian Hartley. » L'image était trop belle, et Gertrude trop fine. Les sœurs n'avaient pas eu besoin de lui parler de l'enfant mélancolique qui s'isolait parfois près d'une pièce d'eau pour laisser libre cours à toutes les émotions de tristesse et de solitude enfouies au plus profond d'elle-même. Ses camarades de classe, sans doute par peur de l'effrayer, ne l'avaient pas non plus entretenu des brusques changements d'humeur qui s'opéraient en elle. « C'était là, pourtant, et toutes les fois où cela arrivait, on se retrouvait face à une jeune fille complètement différente, lunatique, silencieuse, irritable, grossière et souvent hystérique. Aucune élève ou maîtresse n'était à même de comprendre ces revirements, encore moins de les appeler par leur nom. Sans doute aujourd'hui quelqu'un se serait sérieusement inquiété et l'aurait envoyé se faire examiner par un médecin qui aurait découvert quelque déséquilibre nerveux ou défaut génétique. A l'époque, on mettait ces mouvements d'humeur sur le compte de son isolement. Après tout, elle vivait à des milliers de kilomètres de ses parents et il lui arrivait souvent de rester au couvent pour les vacances alors que toutes les autres jeunes filles regagnaient leur foyer. Mais les crises étaient effrayantes et relevaient presque du dédoublement de la personnalité. » Gertrude accomplit fréquemment de nouvelle visites à Roehampton entre 1922 et 1927, profitant des vacances pour parcourir l'Europe avec Tommy et quelques amis. Vivian découvrit ainsi très tôt les rives enchantées de la Côte d'Azur et de la Riviera italienne, mais aussi Londres, l'Ecosse et la vie fastueuse des hôtels de grand luxe où, enfin débarrassée de l'uniforme, elle affirmait un penchant certain pour l'art de séduire et de plaire. Retenu par ses affaires, Ernest Hartley aurait pu se consoler de l'absence de sa fille en écoutant les serviteurs musulmans lui conter à la veillée la légende des « Djinns », ces petits êtres au corps de flamme, à l'intelligence vive et aux humeurs versatiles qui lui rappelaient si chèrement Vivian. Dans les longues lettres qu'il recevait du collège, elle insistait surtout sur ses prouesses au théâtre et lui rappelait son espoir de pouvoir jouer un jour avec lui sur la scène du Théâtre Royal de Calcutta. Mais elle les ponctuait toujours par une citation des Saintes Ecritures qui faisaient pousser à Gertrude des gloussements de plaisir et avaient le don de l'exaspérer. Lorsqu'il rentrait en Angleterre, une fois tous les deux ans, il faisait tout ce qui était en son pouvoir pour la choyer et la gâter comme au temps où elle vivait encore auprès de lui. En hédoniste convaincu, il essayait d'inculquer à Vivian ses vues épicuriennes de l'existence. Elle, bien sûr, ne demandait qu'à se laisser entraîner. Il la traitait en jeune fille et non en enfant, lui offrait des robes et des bijoux, l'amenait dîner dans les grands restaurants de Londres et l'accompagnait au théâtre. Après chacune de ces escapades, Vivian était toujours partagée entre la fidélité qu'elle devait à sa mère et l'attrait de la vie fastueuse que souhaitait lui voir mener Ernest.

Entre 1920 et 1930, Gandhi intensifia sa croisade contre l'occupant britannique. Après une période de non-coopération, il écrivit au vice-roi qu'il allait passer à une phase de désobéissance civile, incitant les paysans à ne plus payer l'impôt, les citadins à ne plus respecter la loi anglaise et les militaires à ne plus respecter la couronne. Churchill, méprisant Gandhi et le traitant « d'homme de paille », n'en devait pas moins compter avec lui. Ernest Hartley eut vite fait de se rendre à l'évidence que l'Inde n'était plus l'univers romantique qu'il avait connu. Il avait fait fortune relativement jeune et pouvait, à quarante ans, décider d'en profiter pleinement. Il envisageait de faire un tour d'Europe en compagnie de Gertrude et de sa fille depuis un certain temps déjà. En 1927, jugeant le moment venu, il quitta l'Inde sans espoir de retour.

Vivian avait presque quatorze ans lorsqu'elle embarqua pour le continent en compagnie de ses parents. Le 7 juillet 1927, elle franchit les grilles du couvent avec un petit pincement au cœur. Les sept années qu'elle y avait passées en compagnie des religieuses et de ses camarades de classe avaient été les plus profitables de son existence. La fillette joufflue qui était arrivée en agrippant un chaton dans ses bras s'était épanouie en une jeune fille exquise, sensible et intelligente. Elle regretterait le calme de ces longs après-midi de pluie où elle venait se réfugier dans la bibliothèque du collège pour y lire jusqu'à en avoir les yeux rouges de fatigue. Elle n'oublierait pas non plus l'odeur de l'encens ni le visage de cire de l'enfant Jésus de la chapelle pour lequel elle avait sacrifié ses longues boucles. Mais elle savait qu'au dehors se pressait un monde bruyant et coloré qu'il lui faudrait apprendre à connaître, ce monde des adultes parmi lequel elle brûlait de prendre sa place.

— Chapitre III —

Les promesses de l'aube

Pendant quatre années, les Hartley se promenèrent dans toutes les stations touristiques à la mode : Biarritz, Paris, Cannes, Dinard, San Remo, Salzburg, Zürich, Kitzbühel. Quatre années au cours desquelles Vivian, placée dans différentes institutions, eut l'occasion de parfaire une éducation étonnamment variée et de confirmer une nature exceptionnelle dont la principale caractéristique était cette résistance farouche qu'elle opposait à toute attitude autoritaire à son égard.

Placée en pension au Couvent du Sacré-Cœur de San Remo, elle méprisa d'emblée la pruderie hypocrite et la sévérité des religieuses qui décourageaient l'amitié entre les jeunes filles, fouillaient les effets personnels et interceptaient leurs lettres. Au grand dam de sa mère, elle s'éloigna chaque jour davantage des préceptes religieux et, pour la première fois de sa vie, se montra une élève difficile et indisciplinée. Ses accès de mélancolie semblaient s'être aggravés. Elle continuait de dormir rarement plus de cinq heures par nuit, occupant ses heures de veille par d'incessantes lectures. Elle restait frêle et délicate, mais possédée d'une vitalité exubérante et, jamais inactive, compensait son inaptitude totale à tenir sur une paire de skis ou sur une bicyclette par de longues heures de marche. A ses amies restées en Angleterre, elle écrivait qu'elle se sentait plus près du créateur sur une cime des Alpes que prosternée sur un prie-Dieu dans une église. Ce langage rebelle faisait trembler Gertrude d'indignation. Sa seule passion restait le théâtre, et elle ne supportait les longues journées de confinement que dans l'attente des fêtes, lorsque ses parents venaient la chercher pour l'amener au spectacle. Gertrude essayait de tempérer son goût immodéré pour les comédies par quelques œuvres plus sérieuses et, des années plus tard, elle confia que sa vocation lui était venue au cours d'une représentation d'*Hamlet*. Cette fois pourtant, ce n'était pas le jeune prince blond qui l'avait profondément émue, mais le fantôme de son père qui se matérialisait sur scène sous une lumière verte délicieusement terrifiante.

En 1929, Vivian n'avait pas encore seize ans, lorsqu'elle alla perfectionner son français pendant tout un trimestre dans l'élégant cours privé de Mlle Manivèle, à Auteuil. Une actrice de la Comédie Française, Mlle Antoine, y donnait régulièrement des cours de diction, d'élégance et de maintien qu'avec un zèle méritoire, les jeunes filles mettaient en application sur les grands boulevards, ainsi qu'au rayon Mode et Cosmétiques des Galeries Lafayette. Lorsque les lettres de Vivian se firent trop extatiques sur les charmes de la capitale française, les vertus du cours Manivèle, le « chic » de Gaby Morlay et la drôlerie des merveilleuses soirées dansantes qui se prolongeaient fort tard dans la soirée, Gertrude accomplit une visite prompte qui confirma ses soupçons. Vivian avait appris à manier aussi bien le petit pot de rouge que l'accent français. Au début de l'année 1930, après un voyage fastidieux entre Biarritz, Carcassonne, Lugano et Zurich, Vivian fut donc inscrite dans un nouveau collège situé à la frontière Autrichienne. De Bad Reichenhall, elle put assister au festival de Salzbourg qui n'était qu'à trois quart d'heure d'auto et se rendre à l'Opéra de Vienne où elle se perdit avec délices dans les profondeurs de la forêt wagnérienne. Gertrude fut impressionnée lorsque, pour les vacances de Pâques 1931, elle alla passer dix jours à Munich en sa compagnie. Vivian venait de terminer ses études. Elles allèrent voir *Parsifal* à l'Opéra et pendant toute la représentation Gertrude ne quitta pas sa fille des yeux. Intense et tendue, celle-ci avait abandonné au vestiaire toute sa retenue de jeune Lady anglaise. Dans l'obscurité, elle se laissait aller librement à la flamme qui la consumait : riait, pleurait, s'exaltait sans retenue. Et lorsqu'au cours des huit heures de représentation Gertrude essaya de combattre la fatigue en s'éventant au détriment de l'aria pathétique d'Amfortas, elle se retourna sèchement vers sa mère avec un ton de reproche : « Maman, je t'en prie ».

A dix-huit ans, Vivian était pourtant le rêve de toutes les mères : une jeune fille très cultivée et très élégante, particulièrement versée en histoire de l'art et en littérature. Elle parlait couramment l'allemand et l'italien et maîtrisait le français avec une telle perfection qu'elle put, bien plus tard, se doubler dans ses propres films. Assurément elle semblait parée de tous les dons et de toutes les qualités si importantes pour une jeune femme du monde : beauté, style, intelligence et un caractère sociable qui lui permettait de se faire sans difficulté de nombreux amis, et surtout, de les garder. L'admiration qu'elle suscitait autour d'elle allait parfois jusqu'à l'adoration et Gertrude en faisait un nouveau sujet d'inquiétude, en particulier lorsqu'il s'agissait de jeunes gens. Elle essayait par tous les moyens de ne pas laisser Vivian se complaire dans la douce ivresse que lui procurait la conscience de sa féminité. Encore eût-il fallu pour cela briser tous les miroirs qui lui renvoyaient l'image d'une beauté irréprochable. Les documents cinématographiques de son enfance, tournés en noir et blanc par une main familière, permettent de juger de la transformation physique de Vivian depuis ses années de collège, où l'enfant vive et gaie savoure les joies de l'existence avec la voracité d'un petit animal, jusqu'aux années d'adolescence où elle paraît soudainement gauche, mal assurée, presque lourde, fuyant l'objectif de la caméra, rétive, secrète… A dix-huit ans, cependant, elle affiche la lumineuse beauté d'un vivant Boticelli. Elle s'est débarrassée des rondeurs de l'enfance et sa beauté a pris une tournure aristocratique. Sur sa peau blanche d'une qualité incomparable, ses yeux, larges et changeants, font danser des ombres sages ou mutines. « Le fruit acidulé de la bouche » s'ouvre sur un sourire aux dents de bébé, et les sourcils qui se froncent et s'étirent à loisirs, révèlent plus que tout les mouvements de l'âme. Elle possède aussi ce don d'assortir les couleurs et les matières qui font prendre à son regard des teintes allant du gris au violet, en passant par le bleu et le vert. En décidant de donner à sa fille une éducation impeccable, Gertrude espérait faire d'elle une jeune femme accomplie. Toutefois, elle se serait peut être montrée plus circonspecte dans le choix de ses méthodes si elle avait pu se douter un instant que Vivian mettrait autant d'ardeur à tout apprendre, et surtout, à tout retenir.

Depuis la fin de la première guerre mondiale, le Royaume-Uni avait traversé une succession de crises politiques et économiques graves. Mais en 1931, la grande dépression s'étant étendue sur Londres, la situation devint catastrophique. Trois millions de chômeurs défilaient dans les rues, le commerce était momentanément arrêté et la livre sterling subissait un sérieux revers. La fortune d'Ernest Hartley pâtit considérablement de l'effondrement de la bourse. La vie de luxe dans les hôtels de la capitale devint soudain trop coûteuse et, après une dernière saison de pêche près des grands lacs du Connemara, la famille loua une petite maison à la campagne, près de Teignmouth, dans le Devon. Vivian qui commençait juste à prendre goût à la vie brillante et facile n'apprécia guère cet exil bucolique, pas plus qu'elle ne s'enthousiasma à l'idée de reprendre part à la vie familiale sédentarisée. Les tensions entre Gertrude et Ernest lui faisaient accepter de mauvaise grâce un rôle d'intermédiaire subordonné auquel sa réclusion semblait devoir la condamner. Tous les jours elle guettait la moindre occasion de s'évader de chez elle et, lorsqu'au cours d'un repas son père s'exclama, probablement pour ennuyer sa femme : « Tu sais Vivian, tu pourrais toi aussi devenir actrice », elle saisit l'idée au vol. Elle avait appris avec stupeur et envie que son ancienne amie de collège, Maureen O'Sullivan, avait été détectée par un « talent scout » et propulsée star de la jungle Hollywoodienne, dans les bras d'un Tarzan dont elle était devenue la Jane. Etre actrice, une « grande » actrice, c'était depuis toujours l'ambition première de Vivian. Ce que Maureen avait réussi, elle se jurait bien de le faire à son tour, et encore mieux…

Au cours de l'hiver 1931, elle s'était plongée dans la lecture de deux ouvrages qui eurent sur elle une influence considérable. Le premier livre était une biographie de Lillie Langtry, une actrice tapageuse dont la liaison avec Edouard VII fit scandale dans l'Angleterre de Victoria. Dans son acharnement à accomplir son destin et à le maîtriser, Miss Langtry s'était forgée elle-même une règle de conduite dont elle ne s'était jamais écartée et qu'elle avait fait graver dans le bois d'un des clubs les plus prestigieux de Londres : « Les gens parlent. Que disent-ils ? Laissez-les dire. » Le deuxième livre était le roman de David Herbert Lawrence : *L'amant de Lady Chatterley*. Lawrence était mort à Vence, en 1930, des suites de la tuberculose. *Lady Chatterley* était son dernier livre. Publié en 1928, la censure devait l'interdire dans sa version intégrale jusqu'en 1960, mais lorsque Vivian le lut, ce fut pour elle une révélation. Elevée par sa mère et les religieuses dans l'idée que le sexe était un mal nécessaire, inventé par Dieu dans le but unique de la procréation, elle y trouvait une réponse aux sentiments brûlants qui l'assaillaient depuis plusieurs années déjà, et qu'elle avait contrôlé au prix d'efforts désespérés. Les notions de « désir » et de « plaisir » qui y étaient dépeintes auraient fait frémir de dégoût les épouses victoriennes qui subissaient les étreintes de leurs maris en fermant les yeux et en pensant à l'Angleterre. Vivian, elle, venait de comprendre d'instinct que le sexe devait avoir autant d'importance dans la vie d'une femme qu'une belle toilette ou un vase rempli de fleurs. C'est ainsi du moins qu'il en serait dans sa vie et elle n'hésita pas à confier à une de ses amies intimes combien elle languissait de percer enfin le mystère de la sexualité, avant de s'exclamer dans un profond soupir : « Seigneur, comme j'aurais aimé être Lillie Langtry. » L'occasion devait se présenter plus tôt que prévu. Une fois de plus il fallut en rendre grâce à la détermination farouche de Vivian qui savait obtenir plus rapidement que n'importe qui tout ce qu'elle convoitait. Peu de temps après avoir annoncé à sa famille, sans plus de ménagement, qu'elle avait l'intention de s'incrire à l'Académie Royale d'Art Dramatique, elle fit la connaissance, au cours d'un gala de chasse, de son futur époux.

— Chapitre IV —

Enfin, la vie !

Dans les années 30, la chasse au mari se pratiquait avec autant de sérieux et d'habileté que la chasse au renard. Réfugiée pour quelques jours chez ses amies Clare et Hilary Martin, Vivian s'était rendue en leur compagnie dans le petit village de Holcombe pour assister au passage d'une chasse à courre. Après avoir pataugé pendant quelques minutes dans la neige molle de février, les trois amies furent récompensées de leur attente. Un cavalier en uniforme s'écarta un peu du groupe et salua Hilary d'un sourire cordial et chaleureux. Quelques jours plus tard, au cours du bal donné à Torquay par la Société de Chasse du South Devon, une certaine Vivian Mary Hartley insista pour être présentée à ce même jeune homme et, avant la fin de la soirée, l'étincelante beauté en robe turquoise qui dansait si bien la valse lente, lui avait arraché la promesse d'un au revoir. Que le cœur de son cavalier soit déjà engagé par ailleurs ne gâtait rien à l'affaire, bien au contraire. Vivian raffolait instinctivement de tout ce qui lui semblait hors de portée, et Herbert Leigh Holman était le profil rêvé sur lequel jeter son dévolu : des études à Harrow et Cambridge, un cabinet d'avocat à Londres, dans le Temple, et un physique raffiné qui le faisait ressembler à l'idole du moment : Leslie Howard. En ce mois de février 1932, Vivian ne pouvait douter un seul instant qu'elle venait de rencontrer l'homme qu'il lui fallait et, sans plus tarder, se mit à lui faire la cour. Pour un personnage tel que Leigh Holman, qui fréquentait à longueur de journée des banquiers, des avocats, bref, des gens mortellement ennuyeux, c'était plutôt flatteur et rafraîchissant de devenir soudain le centre d'intérêt d'une personne aussi exquise que Vivian. Treize années les séparaient, cependant s'il craignait de paraître un peu trop sérieux pour une jeune fille, elle se faisait un point d'honneur à faire toute seule les frais de la conversation. Personne ne pouvait résister bien longtemps à son babil incessant et à cette aptitude à rendre intéressantes même les personnalités les plus ternes. C'était une des armes les plus dangereuses de Vivian et elle en usait abondamment. Elle avait rapidement détecté en Leigh Holman un cœur noble et généreux, une véritable galanterie teintée de réminiscences chevaleresques. Mais elle était suffisamment lucide pour se rendre compte qu'elle n'éprouvait pas pour lui une passion folle, mais plutôt un attachement romantique. Il était séduisant, mondain, distingué, avec ses cheveux dorés et ses manières impeccables, et sa femme serait certainement très considérée. Le mariage avait cette connotation exotique qui, en plus de sa dimension sociale, promettait de lui ouvrir la porte d'un univers de plaisirs et de privilèges. Elle cherchait surtout à échapper à l'emprise de sa famille et il ne lui fallut que cinq mois pour convaincre Leigh Holman de venir avec elle choisir sa bague de fiançailles.

Entre-temps, au mois de mai, elle avait commencé de suivre les cours de l'Académie Royale d'Art Dramatique. Ernest avait plaidé sa cause auprès d'une Gertrude scandalisée. Au cours de leur séjour à Biarritz, Madame Hartley avait en effet jeté les bases d'un Institut de beauté qui devait se révéler très prolifique. Après leur sérieux revers de fortune, l'heure n'était plus aux balivernes d'histrions et, sans l'intervention de son mari, sa fille aurait certainement rejoint les Indes où toute une ribambelle d'amis dévoués se proposaient de l'accueillir.

Sir Kenneth Barnes, le principal de l'Académie, remarqua Vivian pendant le concours d'admission et Ethel Carrington, qui dirigeait la section shakespearienne la jugea très douée, craignant seulement que sa voix frêle et haut perchée ne soit pas adaptée au répertoire. Manifestement, à cette époque, Vivian ne pouvait se prévaloir d'autres atouts que sa très grande beauté. Il lui restait encore beaucoup de chemin à parcourir pour devenir une « actrice » à part entière, ce qui ne l'empêcha pas de se faire apprécier dans deux petits rôles. Dans l'un au moins, celui de la charmante Rosalinde de *Comme il vous plaira* de William Shakespeare, elle saisit l'occasion de tirer parti d'un aspect de sa personnalité. Dans ce divertissement à la fois grave et brillant, Vivian badinait avec l'amour, s'amusant à le provoquer pour mieux le repousser par la suite. C'était une étude hardie d'un caractère de jeune femme, vierge folle et farfadet, qui se tirait de toutes les situations et qui finissait par arranger elle-même son mariage.

Les cloches de l'église Saint James eurent donc des accents shakespeariens lorsqu'en ce 20 décembre 1932 Vivian s'avança sur Spanish Place au bras de son Orlando de mari. Herbert Leigh Holman avait le sourire perplexe d'un homme qui n'arrive pas à croire à sa bonne fortune. Blanche et légère comme une plume de cygne, la jeune fille de dix-neuf ans qui venait de devenir sa femme lui avait promis avant la cérémonie de renoncer à sa passion du théâtre pour se consacrer uniquement à son foyer, pourtant elle irradiait de bonheur. Vivian Leigh Holman, en effet, n'était pas femme à refuser une promesse à son mari tant qu'il semblait en retirer quelque plaisir, et qu'elle savait pertinemment ne jamais devoir la tenir.

Après leur lune de miel à Kitzbühel, le couple revint s'installer pour la nouvelle année dans l'appartement de célibataire de Leigh, à Eyre Court, dans Saint John Wood. Comme une enfant trop gourmande Vivian avait voulu savourer d'un coup le bonheur intense que son statut d'épouse lui procurait : une femme de ménage, de nombreux amis, une vie sociale bien remplie et une allocation spéciale pour ses frais de toilettes et de garde-robe. Enfin, devenue femme, elle s'étonnait de se reconnaître dans le miroir tant elle avait escompté que cet événement la métamorphoserait. Mais non, c'était bien la même Vivian que ses amis continuaient à surnommer Viv, Vivling ou Vivvy. Ce fut sans doute sa première déception, vite oubliée cependant grâce à sa présentation à la Cour, au mois de mai 1933. En s'inclinant dans une profonde révérence qu'elle avais mise au point devant sa glace, elle entendit comme dans un rêve la bonne Reine Mary murmurer : « Quelle ravissante enfant. » C'était de cette considération-là qu'elle avait besoin, non pas tant par orgueil que pour ce simple besoin d'être aimée et admirée comme elle sentait que jamais un seul être au monde ne parviendrait à le faire. En catimini elle reprit donc le chemin de l'Académie. D'abord par intermittence, puis régulièrement. Elle travaillait un rôle qui la fascinait et que par la suite elle rêva toujours de reprendre sans pouvoir y parvenir, celui de Jeanne d'Arc dans la pièce de Bernard Shaw. Les premiers signes d'une grossesse anéantirent à jamais ses espoirs d'immortaliser les pucelles d'Orléans, et après une unique représentation, elle réintégra son foyer pour se préparer à la « douloureuse » expérience de la maternité. La maison d'Eyre Court, devenue trop petite, les Holmans emménagèrent dans une charmante demeure, Queen Anne, aux belles cheminées et aux hauts plafonds, située au 6, Little Stanhope Street à Shepherd Market, Mayfair. Le 12 octobre, Vivian n'avait pas tout à fait vingt ans lorsqu'elle consigna dans son journal : « Bébé est né : c'est une fille. » Sans plus de commentaires elle entreprit d'oublier rapidement cette nouvelle expérience décevante. Elle confia à une amie que son accouchement avait été « un sale moment à passer » et utilisa même le terme « humiliant » lorsque, des années plus tard, elle en discuta avec Olivia de Havilland sur le tournage d'*Autant en emporte le vent*. S'était-elle sentie piégée par sa grossesse, sa nature rebelle s'était-elle révoltée contre cette soumission momentanée ? Elle jura ses grands dieux qu'elle ne souhaitait pas renouveler l'expérience et, de fait, Suzanne fut son unique enfant.

Selon les visiteurs qui vinrent se pencher sur le berceau de l'enfant, en ce début d'année 1934, Vivian avait toutes les raisons pour nager dans la félicité la plus complète. A vingt ans elle avait un mari qui l'adorait, une petite fille délicieuse, une jolie maison qu'elle s'affairait à décorer en courant les salles de vente et les antiquaires, une position sociale très considérée et plus d'argent qu'il n'en fallait pour faire marcher la maisonnée. Mais voilà, Vivian n'était définitivement pas faite pour jouer les femmes au foyer. Leigh Holman, croyant bien faire, avait engagé une nourrice et une cuisinière qui, avec la femme de chambre, la débarrassaient de toutes les corvées domestiques. Leur petite résidence de Little Stanhope Street était depuis longtemps bourrée de meubles et de bibelots et Vivian, se retrouvant sans d'autres occupations plus palpitantes que d'arranger des fleurs dans un vase ou de se laver les cheveux, se mit à trépigner avec autant d'ostentation qu'une Marguerite Gauthier en exil à Bougival. Pour se distraire, elle renoua avec ses amis de l'Académie et accepta de dîner avec eux en ville, espérant bien un jour ou l'autre, faire revenir Leigh

Holman sur l'opinion absurde qu'elle n'était pas faite pour le théâtre. Elle épluchait consciencieusement toutes les revues qui avaient trait, de près ou de loin, au monde du spectacle, s'inquiétait du dernier auteur à la mode, de la pièce à ne pas manquer et prêtait une oreille attentive aux potins de coulisses qui tournaient invariablement autour du même sujet : savoir qui couchait avec qui. La petite Vivian avait bien changé et les mœurs libres du théâtre qui inspiraient encore quelques capucinades à son chaste époux, loins de la gêner, allaient jusqu'à vivement l'intéresser. Elle s'était mise à boire de manière peu raisonnable et souffrit pendant cette période d'humeurs étranges et momentanées qui inquiétèrent Leigh Holman. Pour rompre son isolement, elle se mit aussi à beaucoup recevoir. Vivian était très fière de sa maison, du train de vie qu'elle menait. A la fin de la soirée il n'était pas un invité pour ignorer que Lynn Fontane — qui formait avec Alfred Lunt le couple le plus célèbre de la scène américaine — avait jadis habité dans la demeure de Little Stanhope Street. Un soir, après avoir une nouvelle fois parcouru en long et en large l'historique du logis, elle amorça une discussion sur son retour éventuel sur les planches. Leigh, qui s'était jusque-là retranché avec mauvaise grâce dans une réserve prudente lui avait fait récemment un discours moralisateur dont elle cherchait à se venger. En le défiant en public, elle espérait qu'il préférerait revenir sur sa décision plutôt que de passer aux yeux de leurs amis pour un esprit étroit et égoïste. Bien mal lui en prit. Loin de se décontenancer, Leigh Holman fit une sorte de déclaration sans appel qu'il jugea devoir définitivement régler le contentieux qui existait entre eux à ce sujet. Maintenant qu'il lui avait acheté la célèbre maison de Lynn Fontane, Vivian n'avait plus besoin de faire du théâtre. Elle ne serait jamais aussi célèbre que la grande actrice américaine et devrait se contenter de vivre dans sa maison, sans plus jamais rêver à la scène. Le tout était ficelé dans un discours si pompeux et condescendant que Vivian, peu habituée à de telles rebuffades, ne sut quelle contenance prendre. Elle opta finalement pour les larmes et sortit de la pièce en courant. C'eut été pourtant bien mal la connaître que d'imaginer un seul instant qu'elle s'en tiendrait là. S'il y avait une chose qu'elle n'avait jamais appris à admettre, c'était bien la défaite, et ses échecs aiguisaient son ambition au lieu de l'émousser. Après l'orage on s'étonnait toujours de la retrouver debout, prête à recommencer. Exiger beaucoup pour obtenir beaucoup. C'était déjà vrai à cette période de sa vie, ça le serait encore davantage des années plus tard.

Pendant tout le début de l'année 1934, Vivian redoubla de cajoleries pour amener Leigh Holman à réviser son jugement. La tâche était d'autant plus difficile que son mari était moins guidé par une quelconque mesquinerie que par le fait qu'il doutait sincèrement du talent de sa femme et que, connaissant sa sensibilité, il souhaitait lui épargner les affres de l'échec et de la désillusion. Grand nombre d'épouses de ses amis faisaient déjà de la figuration ou posaient comme modèles. Elles en retiraient un petit pécule qui n'aurait pas suffi à régler la pâtée de leur chien, mais elles estimaient ainsi « être dans le vent », et cela suffisait à leur prétention. Il en allait tout autrement avec Vivian. Leigh Holman la connaissait trop bien pour ne pas redouter qu'à partir du moment où il l'autoriserait à mener une carrière à sa guise il n'ait plus qu'à tirer un trait sur leur vie de couple. Pourtant il souffrait de contraindre Vivian à l'inactivité alors que lui même s'absentait toute la journée pour travailler au bureau. Harcelé par sa femme et par ses propres scrupules, il décida de soumettre son infernal dilemme aux conseils d'un vieil ami, Oswald Frewen.

Cet ancien commodore de la Royal Navy était un de ces personnages hauts en couleur qui, au début du siècle, aurait pu traverser l'Europe en guerre le cigare aux lèvres et la coupe de champagne à la main, car assurément dans les mémoires qu'il publia par la suite il fit preuve de plus d'exactitude que de perspicacité. Sa parenté prestigieuse avec Winston Churchill, dont il était le cousin germain, lui conférait une aura de respect supplémentaire et, lorsqu'il formula son jugement, Leigh Holman le recueillit avec la même vénération que s'il émanait de Salomon en personne. Frewen conseillait de laisser à Vivian une chance. Si Leigh Holman persistait à interdire à sa femme de reprendre ses cours d'Art Dramatique, elle risquait de lui en tenir rigueur et l'harmonie de leur couple en souffrirait. Par contre, si comme tout le laissait croire, elle se décourageait vite des exigences du théâtre, elle reviendrait vers lui plus aimante et repentante que jamais. Pas une fois il n'envisagea le cas où Vivian, plongée dans l'élément qui lui faisait tant défaut, montrerait par la suite quelque réticence à regagner le bocal étroit d'une vie confortable et douillette. Herbert Leigh Holman se rangea donc à l'avis d'Oswald Frewen. Après tout, un cousin de Winston Churchill devait être éclairé de quelques lumières secrètes. De son propre aveu, ce fut le pire conseil qu'il écouta jamais. A partir du moment où Vivian sentit qu'on lui avait laissé la bride sur le cou, elle se mit à piaffer comme une jeune pouliche, s'échappa de la maison et ne revint jamais vers lui.

« Fermez les portes sur l'esprit de la femme, et il s'échappera par la fenêtre ; fermez la fenêtre, et il s'échappera par le trou de la serrure ; fermez la serrure, et il s'envolera avec la fumée par la cheminée. » (Rosalinde, *Comme il vous plaira*, acte IV, scène I, William Shakespeare).

— Chapitre V —

L'air du large

Comme toutes les fois où elle obtenait ce qu'elle voulait, Vivian était légère comme une bulle de savon. Les cours à l'Académie étaient terminés et, en attendant les offres du West-End, elle travaillait tous les grands rôles et transformait la petite maison de Shepherd Market en salle de répétition. S'il trouvait la passion de sa femme bien envahissante, Leigh Holman n'en souffla jamais mot. Il attendit patiemment que la flamme vacille, faute de propositions. Mais plus Vivian se plongeait dans l'univers riche et lumineux du théâtre, plus elle y mettait d'enthousiasme, au détriment de ses obligations de mère et d'épouse. En secret elle posa pour quelques photographes, espérant que ces clichés lui faciliteraient l'obtention d'un rôle. Elle ne rêvait que des nouveaux horizons que lui ouvraient la scène, d'autres défis à relever, de lauriers à décrocher. Les passions folles qu'elle vivait au théâtre la rejetaient tous les jours davantage dans un monde triste et monotone auquel son mari s'accrochait comme un madrépore à un rocher. Vivian, comme l'écume folle, était attirée par l'air du grand large. Son mariage avait été une terrible erreur et il lui fallait rompre les amarres ou rester à jamais échouée sur le sable. Leigh Holman souffrait secrètement de l'écart qu'il sentait se creuser entre lui et sa femme. Il l'aimait pour ce don unique de rendre magique toute chose autour d'elle, de récréer la beauté et l'illusion du bonheur. Il connaissait peu d'autres personnes capables, comme elle, d'apporter de si belles couleurs au quotidien et c'était, en soi-même, une raison suffisante pour l'aimer et la chérir. Il sentait pourtant qu'elle lui échappait et qu'insensiblement elle le préparait à une rupture.

Au mois d'août 1934, il organisa une croisière sur la Baltique dans l'espoir de renouer entre eux la complicité amoureuse de leur lune de miel. Le destin, hélas, en décida tout autrement. En pleine mer, Vivian reçut un câble lui signalant qu'Albert de Courville, le réalisateur, cherchait des figurantes pour un film qui devait démarrer le 12 du mois. Bien sûr, il ne s'agissait que d'une panne et elle ne serait payée qu'une guinée par jour de tournage, mais c'était une première proposition et l'occasion, peut-être, de se faire remarquer. De tels arguments semblèrent évidemment bien fumeux à Leigh Holman. Il n'arrivait même pas à comprendre comment sa femme pouvait envisager, ne fut-ce qu'une seconde, d'interrompre leur croisière pour jouer les silhouettes dans un petit film minable, et pour un salaire encore plus misérable. Ils eurent une vive discussion à ce sujet et, en partie par entêtement et aussi parce qu'elle ne pouvait repousser une si belle occasion de faire ses vrais débuts en tant qu'actrice, elle quitta le yacht à Copenhague et fila vers l'Angleterre. Laissé à la contemplation de sa chère Baltique, Leigh Holman n'eut d'autre alternative que de se demander si, à l'exemple de la petite sirène d'Eriksen placée à l'entrée du port, toutes ces créatures fragiles et délicates étaient ainsi faites d'acier, de bronze ou d'airain.

Après un long et tumultueux voyage de retour, en train et en ferry, Vivian arriva à Londres pour apprendre que la date du tournage avait été repoussée en raison du mauvais temps. Un peu dépitée elle accepta l'invitation d'Oswald Frewen et de sa sœur Clare Sheridan, et alla passer dans leur maison du Sussex ces longues journées d'un intermède contraint. Elle se plongea dans la correspondance passionnée d'Héloïse et Abélard dont les infortunes amoureuses lui firent un peu oublier les siennes. Elle n'éprouvait déjà plus qu'une grande tristesse pour Leigh dont elle se sentait aussi différente que la glace du feu. Leur union scellée sous le sceau de la précipitation et de l'immaturité était par avance vouée à l'échec. C'est donc sans aucun remord qu'au mois de septembre elle se rendit aux studios de Shepherd Bush pour commencer le tournage de *Things are looking up*. Elle jouait le rôle d'une écolière insolente qui tirait la langue à ses camarades de dortoir et évoluait en pyjama et en short de gymnastique au côté de la vedette féminine, Cicely Courtneidge. Le film ne laisserait pas trace dans les annales, elle s'en rendit vite compte, mais elle était folle de joie à l'idée de travailler. Elle n'avait pas assez de ses deux yeux pour observer tout ce qui se passait sur le plateau. Elle apprit à se familiariser avec les longues heures d'attente entre les prises, et acquit progressivement ces petits « trucs » qui, même à l'arrière-plan, permettaient de ne pas passer inaperçue. Comme à son habitude, elle assimila tout à une telle vitesse qu'Albert de Courville finit par la remarquer. Amusé par son extraordinaire soif d'apprendre et impressionné par son incroyable photogénie, il lui fit la grâce de quelques gros plans et lui accorda même la chance d'une réplique. Du même coup, Vivian se vit propulsée du rang de silhouette à celui de figuration intelligente. Son salaire grimpa d'une guinée à trente shillings par jour et, comme certains extérieurs du film étaient tournés dans le Kent, on lui alloua même une voiture avec chauffeur pour le restant du tournage. On imagine aisément son émotion lorsqu'elle prononça devant la caméra ces lignes immortelles : « Si on ne vous nomme pas directrice, je ne reviendrai pas à la rentrée. » A ce moment-là personne n'aurait pu lui faire démordre qu'il n'y avait pas dans tout Shakespeare, une phrase plus belle que celle-là et que, pour sûr, un destin éblouissant se préparait pour elle.

Aussi étrange que cela puisse paraître, il se trouva à Londres quelqu'un d'assez fou pour partager cette idée extravagante. Après s'être essayé, sans grand succès, au métier d'acteur, John Gliddon était vite revenu vers une carrière plus sûre de journaliste. Occasionnellement, il lui arrivait cependant d'exercer également la fonction d'agent artistique. Cette dernière activité, fortement rémunératrice occupait de plus en plus son emploi du temps à une époque où, pour lutter contre l'invasion du marché par le dollar, l'industrie cinématographique du Royaume-Uni essayait de se constituer elle même un réservoir de stars et de concurrencer la production hollywoodienne sur son propre terrain.

John Glidon était l'un de ces hommes qui, lâché sur le terrain, aurait trouvé la truffe avant le cochon. Son flair infaillible qui lui avait indiqué les avantages à tirer d'un certain protectionnisme ne le trahit pas davantage lorsqu'il se trouva en présence de Vivian. Au cours d'une soirée un peu arrosée, il avait confié à l'actrice Beryl Samson qu'il était à la recherche de jeunes inconnues talentueuses dans le but de leur faire rejoindre le firmament des nouvelles étoiles du cinéma comme Windy Barrie et Merle

Oberon. Sans hésitation, Miss Samson lui avait alors proposé de rencontrer la jeune Madame Leigh Holman. L'entrevue se déroula dans le bureau de Gliddon, au 106 Regent Street. Vivian avait pris autant de soin à la préparation de sa toilette que pour une présentation à la Cour. Les grands rebords de son chapeau devaient lui permettre de dissimuler son visage chaque fois qu'une lueur d'excitation risquait de s'allumer dans ses yeux. Gliddon fut conquis par la grâce exquise de Vivian, ses manières raffinées, ses vives réparties et ces grands yeux clairs, frondeurs et insolents, qui démentaient plus que tout la rigidité de ses attitudes. Lorsqu'il lui annonça qu'il acceptait de devenir son agent et qu'il s'engageait à ne percevoir aucun honoraire avant de lui avoir trouvé un rôle, elle n'eut pas un seul frémissement de paupière. Digne et distinguée, elle joua son rôle jusqu'au bout avec un mélange subtil de modestie et de rouerie qui relevait du grand art le plus évident. On a du mal à croire aujourd'hui qu'après l'avoir raccompagnée à la porte, John Gliddon ait confié à une de ses amies présente au cours de l'entretien : « Très belle, mais aucune personnalité. » Vivian possédait en effet au plus haut point cette « star quality » qu'il affectionnait tant. S'il ne l'engageait pas tout de suite, Barnum risquait bientôt de l'exhiber comme un de ces paradisiers au plumage rare.

Une fois dans la rue, Vivian put enfin laisser libre cours à sa joie. Pendant le trajet du retour, avec un enthousiasme de petite fille, elle raconta à Beryl Samson qui l'avait accompagnée, tous les détails de l'entrevue. Gliddon l'avait convaincue de la nécessité d'adopter un nom de scène plus flamboyant que celui de Vivian Holman. Il proposait April Morn, qui ne l'enchantait guère. Est-ce que son nom de jeune fille, Vivian Hartley, ne pourrait pas faire l'affaire ? Gliddon était sceptique. April Morn rappelait une féerie de printemps, une aube lumineuse sur un champs de tulipes... Très sensible au charme bucolique de la campagne anglaise, Vivian n'en souhaitait pas moins un label de carrière dont le charme puisse opérer en toute saison. A court d'argument, Gliddon aurait alors tranché pour Vivian Leigh et elle se retrouvait à présent avec la dure tâche d'apprendre à son mari, qu'après lui avoir volé sa femme, le théâtre venait aussi de lui voler son nom.

S'il fut contrarié, Herbert Leigh Holman n'eut pas trop l'occasion de s'en plaindre pour la simple et bonne raison qu'il eut de moins en moins l'opportunité de la voir. Avec un zèle et une détermination peu commune, Gliddon s'attacha en effet à promener Vivian dans tous les endroits à la mode fréquentés par les gens de la profession : le Ritz, le Savoy, le Moulin d'Or, le Ivy ou le Colony. Elle était de tous les cocktails, de toutes les premières et s'épuisait à changer de toilettes plusieurs fois par jour. Une introduction, plusieurs têtes qui se retournent, un nom griffonné à la hâte entre un dernier cigare et un verre de digestif, et le tour était joué. Ce traitement promotionnel éreintant n'était bien évidemment pas du goût de Leigh Holman. Passe encore que la rente allouée à Vivian pour ses frais de toilettes soit détournée au profit de costumes de bazars et que la vie à Little Stanhope Street ait pris l'air joyeux d'une buvette de Shaftesbury Avenue. Mais que sa femme se mette, à son insu, à jouer les Sémiramis de salon, cela il ne le tolérerait pas. Au cours d'une entrevue orageuse qu'il eut avec Gliddon, Leigh Holman exigea que l'engagement contracté avec Vivian ne puisse excéder un an, deux ans tout au plus. Mais la rage du berger s'essouffla d'elle-même lorsqu'il comprit que sous la peau de la brebis c'était un loup qui se cachait. Et il fallut bien moins d'un an à Vivian pour atteindre sa nouvelle proie : Alexander Korda.

En 1934, Alexander Korda était considéré comme le pilier de l'industrie cinématographique britannique. Il avait sa propre maison de production, la London Films et venait de diriger Charles Laughton et Merle Oberon dans un succès international : *La vie privée de Henry VIII*. L'interprétation de Laughton avait été récompensée par un oscar à Hollywood et Merle Oberon, sa future épouse, avait suivi un parcours linéaire, depuis sa Tasmanie d'origine jusqu'à l'apothéose de Sunset Boulevard, un soir de première.

Avec ses lunettes à monture d'écaille, sa chevelure léonine et ses gros cigares, Alexander Korda ressemblait à l'un de ces « moguls » d'Hollywood dont il se voulait ouvertement le rival. Vivian savait que c'était lui qui avait lancé Maureen O'Sullivan aux Etats-Unis en l'engageant pour *La princesse et le plombier*. Après avoir tourné *Marius*, d'après l'œuvre de Marcel Pagnol, la Paramount lui avait confié, en 1930, la direction de sa filiale britannique. C'est ainsi que né en 1893 à Tùrkeve, à 150 kilomètres de Budapest, le Hongrois Sandor Kellner se retrouva quarante ans plus tard à la tête d'un empire cinématographique qu'il dirigea avec le même amour tyrannique que sa famille.

Il avait construit à Denham le plus beau studio du monde, et aussi le mieux équipé après les studios de Californie. Quant à son extravagance, elle n'avait rien non plus à envier à celles de Beverly Hills. Lorsqu'il lui arrivait de quitter son usine à rêve, il partait pour le midi de la France où l'attendait un ancien torpilleur de 37 mètres, *l'Elsewhere*, transformé par ses soins en yacht somptueux. Un équipage au grand complet y résidait à longueur d'année ainsi que l'indispensable cuisinier français. A la pointe du navire, un prodigieux salon panoramique ouvrait sur l'horizon azuré ses immenses baies vitrées. Pourtant, c'est avec grand sérieux que Korda débattait farouchement des frontières impalpables qu'il établissait entre le « luxueux » et le « chichiteux ». Tout était dans l'art et la manière, et lorsque ses amis se plaignaient que l'eau de la piscine était trop chaude, il y faisait déverser par camions plusieurs tonnes de glace, avec aussi peu d'ostentation que s'il eut rajouté dans son verre un glaçon. Ses excentricités ne trompaient pourtant personne, ni sa façade de gentleman. Il avait beau acheter ses chapeaux chez Locke et ses chemises chez Sulka, il n'en demeurait pas moins un Hongrois rusé et habile en affaires dont tout le monde se méfiait.

Lorsqu'elle le rencontra pour la première fois, Vivian était à des lieux d'imaginer l'importance du rôle qu'Alexander Korda allait jouer dans sa carrière et dans sa vie. Au début des années trente, il signait des contrats à gauche et à droite avec des actrices encore inconnues, dans la ferme intention d'en faire des vedettes et d'en tirer un joli bénéfice le moment venu. Gliddon avait profité d'une entrevue pour lui vanter la beauté de Vivian, mais il fut tout de même impressionné quand il la vit pénétrer dans son bureau de la *London films*. Fine et délicate, elle parvenait merveilleusement à suggérer la candeur innocente qui avait séduit Gliddon, mais l'autre côté de sa nature, plus sombre et plus complexe, lui échappa complètement. Certes il avait été très touché par son physique véritablement magique, son aura, son intelligence, mais il ne lui trouvait pas de type propre. Pour résumer la situation, elle lui apparaissait comme un de ces jolis marbres qui ravissent l'œil, mais dont on se trouverait bien embarrassé si l'on s'avisait un jour de les acheter.

Si Vivian fut cruellement déçue par ce premier échec, Cecil Gliddon ne lui laissa pas le temps de s'y complaire. Il lui trouva un petit rôle dans un « quota quickie », un de ces petits films que mitonnait l'industrie britannique pour lutter contre l'invasion du dollar. Le gouvernement, en effet, imposait aux distributeurs un certain quota de films nationaux pour chaque diffusion d'un film américain. *The village squire*, n'échappait pas à la médiocrité environnant ce genre de production et qui répondait parfaitement à la devise : « Vite fait, mal fait », mais Vivian avait le rôle principal. Le tournage fut expédié en une semaine et les cinq guinées qu'elle perçut chaque jour de tournage lui procurèrent autant de plaisir que de l'argent volé. Un mois plus tard cependant, elle acceptait d'incarner une dactylo dans *Gentleman's agreement*, un autre de ces petits navets.

Pour les avoir subis au cours de sa brève carrière, John Gliddon savait que le seul remède aux échecs résidait dans l'activité. Au stade initial où se trouvait Vivian, un mauvais film de plus ou de moins ne pouvait lui porter préjudice. En attendant le jour où il faudrait se montrer prudente et difficile dans le choix de se rôles, l'important était de saisir toutes les occasions qui se présenteraient à elle. Sur ces considérations il lui obtint donc son premier rôle au théâtre, dans une pièce de Debonnaire Sylvester et T. P. Wood : *The green sash*. David Horne, qui avait été son partenaire dans les deux petits films qu'elle venait juste de tourner, interprétait le rôle de Marco, son mari. Vivian jouait Giusta, l'épouse jeune et volage qui papillonnait sur scène dans de ravissants costumes du XVe siècle. Malheureusement, les représentations qui avaient débuté au Q Theatre, dans le sud de Londres, au mois de février 1935, ne lui avaient laissé que peu de temps pour se préparer, et elle avoua elle même avoir été déçue par son interprétation. La pièce ne tint qu'une semaine, mais suffisamment tout de même pour permettre au critique du Times de porter la première critique flatteuse à son sujet : « Le personnage de Giusta est si flou et inconsistant que Miss Leigh n'y trouve guère d'occasions de le rendre vivant. Cependant, il y a dans son jeu à la fois tant de précision et tant de légèreté qu'on espère pour elle, prochainement, un rôle où elle pourra donner sa vraie mesure. » Il n'en fallait pas plus pour que, de nouveau, le moral de Vivian soit au beau fixe. Elle ne pouvait pas prévoir que d'autres déceptions allaient l'attendre, n'étant pas sûre, du reste, de vouloir regarder trop loin devant elle. Elle savourait l'instant présent, ne parvenait pas à détacher ses yeux de la critique du Times, bénissait John Gliddon et poursuivait Leigh Holman de ses sarcasmes. N'ayant jamais cru véritablement au talent de sa femme, il fut le premier surpris par ce petit succès et, avec sa manie d'en faire des montagnes, Vivian fut tentée de lui faire admettre non seulement qu'il s'était trompé à son sujet, mais aussi combien la magie et la diversité du monde de la scène s'imposaient sur l'univers rigoureux et étriqué dans lequel il évoluait. Comme tous ceux qui avaient subi des déceptions, elle savait le prix d'une revanche et les discours d'humilité des sœurs de toute la chrétienté n'auraient pu l'empêcher de parader devant Leigh comme un paon. Ce n'étaient pas tant les honneurs ou la vanité qui menaçaient de lui tourner la tête, mais plutôt l'ivresse de savoir qu'il existait quelque part un monde à sa taille, sur lequel se promenaient des êtres tendres et merveilleux. La scène était une balançoire qui permettait de s'élever plus haut, toujours plus haut, et de respirer l'air grisant des sommets. Elle avait conscience qu'il fallait travailler dur et que les embûches étaient nombreuses, mais elle ne doutait pas que le résultat en valait la peine. Elle possédait au plus haut point le goût de l'effort, de la discipline et du travail bien fait. Plus important que tout, elle venait de découvrir le sens véritable de la camaraderie entre les acteurs et l'appartenance à une vraie famille dont les liens se tissaient grâce à un sentiment dont à vingt-deux ans elle venait enfin de faire l'expérience : l'amour.

— Chapitre VI —

Les trois coups

Un soir d'automne 1934, le petit Eros de Picadilly Circus égara une de ses plus belles flèches dans un théâtre voisin de Shaftesbury Avenue. Le Lyric programmait en effet la pièce humoristique d'Edna Ferber et Georges S. Kaufman, *Théâtre royal*. Cette comédie satirique mise en scène par Noël Coward, exerçait son humour corrosif aux dépens de la famille régnante de Broadway, les Barrymore. Tous les soirs, Londres retenait son souffle au moment où, enjambant le balcon, l'interprète principal se projetait plusieurs mètres plus bas sur les marches d'un escalier. Vivian avait entendu dire que depuis le Ben-Hur de Ramon Novarro et les Mousquetaires de Douglas Fairbanks, le public n'avait pas connu d'interprétation aussi audacieuse et excitante. La beauté virile de Laurence Olivier contrastait fortement avec ces générations d'acteurs efféminés qui déclamaient Shakespeare avec des voix de faussets. Avec ses grands yeux sombres et son sourire ironique de Peter Pan énergique, il virevoltait avec audace dans l'armature très compliquée des grands textes. Immédiatement, la passion de Vivian pour la scène se confondit avec l'admiration qu'elle éprouva pour ce beau faune. Elle retourna voir le spectacle huit ou neuf fois en matinée tant elle brûlait du désir de le rencontrer. Très vite, sa passion secrète tourna à l'obsession. Elle inventait n'importe quel prétexte pour justifier ses absences. La vie conjugale avec Leigh Holman n'était qu'une morne plaine dont elle pimentait les rares moments de plaisir en rêvant d'Olivier dans les bras de son mari. Elle allait l'épouser, c'était certain, et ils seraient les nouveaux Lunt et Fontanne. Mais il fallait d'abord qu'elle devienne une actrice de renom pour traiter avec lui sur un plan d'égalité. Ses fantasmes à propos d'Olivier n'avaient pas de limite et elle s'en ouvrait à ses meilleures amies comme de la chose la plus naturelle du monde. Il était inutile de lui rappeler que tous deux étaient mariés chacun de leur côté, elle ne voulait rien entendre. Elle guettait au contraire le moindre potin le concernant et tentait de soutirer à force de cajoleries et de sourires les confidences de ses proches sur la vie du ménage, la personnalité de sa femme et d'éventuelles infidélités conjugales.

Il y avait pourtant peu de choses à apprendre sur Olivier que Vivian ne connaissait déjà. Il était né en 1907 dans une petite contrée du Surrey, à Dorking, et depuis sa plus tendre enfance semblait prédestiné à devenir le merveilleux acteur pour lequel le cœur de Vivian s'était enflammé. Enfant, il avait été impressionné par les sermons que son père, le pasteur Gerald Kerr Olivier, déclamait du haut de sa chaire avec beaucoup d'emphase dans la voix et dans le geste. Très tôt orphelin d'une mère adorée, il considéra cette perte moins comme un malheur que comme une négligence et déploya dès lors des efforts désespérés pour se faire pardonner. La découverte de la scène apaisa un peu ce désir de plaire et permit à sa ferveur religieuse de se prolonger dans ce qui, au départ, n'était pour lui qu'un amusement. Il occupait en effet ses rares moments d'oisiveté, en récréant avec son frère Dickie, de petites pièces chantées et dansées sur une scène de bois construite par leur père. Mais l'enfant faisait preuve d'un talent si précoce que le bon pasteur, qui avait peut-être rêvé un jour de le voir lui succéder au ministère, fut forcé de s'incliner devant ses qualités exceptionnelles. La scène est désormais devenue légendaire où le jeune Laurence, prenant son bain dans la même eau que son père par économie de chauffage, entendit celui-ci déclarer : « Toi, tu seras acteur. » Clovis consacré à Reims ne reçut pas son baptême avec plus de recueillement et de dignité que le petit Larry dans l'eau sale de sa baignoire.

En 1934, la carrière théâtrale de Laurence Olivier ressemble déjà à une longue traîne princière parsemée de petits éclats scintillants. Il a emprunté la petite moustache de Ronald Colman pour jouer *Beau geste* et s'est taillé une réputation méritée de Douglas Fairbanks de la scène grâce à ses acrobaties périlleuses qui arrachent tous les soirs des cris ravis à ses admiratrices. En revanche, son expérience au cinéma s'est avérée moins chanceuse. En 1933, Greta Garbo, la « Divine », ne se contente pas de convertir en toiles de maîtres les 250 000 dollars qu'elle gagne pour chacun de ses films et de dériver entre deux continents « vêtue du deuil cosmique de toutes les nuits de la lune et de l'amour ». Ses contrats lui attribuent un droit de regard sur les scénarios qu'on lui propose, sur les réalisateurs et les partenaires de ses films. Au mois de mars, elle a annoncé à Louis B. Mayer : « Je serai Christine », la Reine de Suède dont elle vient de lire une adaptation dramatique écrite par sa meilleure amie, Salka Viertel. Aussitôt la M.G.M. est en transe. Laurence Olivier, un jeune acteur qu'elle a remarqué dans *Weltward Passage*, vient d'être choisi pour interpréter le rôle d'Antonio de la Prada, l'émissaire espagnol dont la « reine Christine » est amoureuse. Après Robert Z. Leonard, Edmund Goulding et Ernst Lubitsh, le choix du réalisateur se fixe sur Rouben Mamoulian. Les silences de la Reine Garbo s'entendent comme des acquiescements. Pas une fois elle ne fait valoir son droit de veto, et se montre au contraire étonnamment coopérative. Pour Laurence Olivier elle accepte même de tourner un bout d'essai, fait sans précédent au cours de sa carrière. Veut-elle juger elle-même de l'alchimie qui ne manquera pas de se dégager de leur couple ? On peut s'improviser reine, mais pas laborantine. Les ingénieurs chimistes de la M.G.M. se sont trompés dans la formule. Dans les bras d'Olivier, Garbo se raidit comme un marbre. La brume mauve du regard prend la couleur des pierres et la lumière phosphorescente du visage s'évanouit sous sa perruque. Olivier, dans ses *Mémoires*, fera le récit de ses efforts pathétiques : « Un matin donc, avant de commencer le travail, je la trouvai assise sur un vieux coffre du plateau. Je me dirigeais hardiment vers elle et lui débitait deux ou trois phrases que j'avais préparées à l'avance : aucun son ne sortit de sa bouche. Commençant à perdre contenance, je l'entretins alors de tout ce qui pouvait me venir à l'esprit ; quelques bons mots de Will Rogers, de Noël (Coward) — n'importe quoi — jusqu'à ce qu'à court d'inspiration je finisse par m'arrêter, pâle et pantelant. Au bout d'un silence angoissant, elle se releva du coffre en glissant de côté avec ces mots : “Décidément, la vie n'est pas drrrôle”. »

On imagine aisément les répercussions d'un tel camouflet. Après avoir chanté les louanges du jeune Olivier, la presse révélait sa disgrâce. La Divine le chassait presque du plateau, refusant de succomber à ses charmes, et préférant ceux de John Gilbert à qui on l'avait fiancée plusieurs années auparavant. Habitué aux cascades les plus extravagantes « Larry » se releva sans trop de mal de cette dégringolade. Des années plus tard il ne conservait pas la moindre rancune à l'égard de Garbo, confiant même à Margaret Leighton : « Elle connaissait toutes les ficelles du cinéma et je n'avais aucune expérience. Je ne lui arrivais pas à la cheville, alors ils me remercièrent et ils eurent raison. » Il avait aussi d'autres motifs pour ne pas garder de l'Amérique un souvenir trop amer. L'humiliation de la *Reine Christine* l'avait au moins arraché aux griffes d'Hollywood, aux pièges de la célébrité et des contrats à long terme avec la M.G.M. Il revenait vers Londres et le théâtre auréolé d'un double charme, celui d'une liberté fraîchement conquise et celui de Jill Esmond, une actrice anglaise qu'il avait épousée en 1930. Vivian savoura la première et détesta la seconde. Que pouvait-on attendre d'une femme qui avait eu le toupet de déclarer peu avant ses noces que le mariage était certainement tout sauf « un long rêve romantique » ? Cette pensée l'indisposa tout au long des représentations de *Théâtre royal*. Ne venait-elle pas en exacte contradiction avec ce désir qui était le sien, plusieurs fois murmuré à voix basse au velours de sa loge : faire de sa vie entière, un long rêve romantique ?

Le mini-succès personnel de Vivian dans *The green sash*, en 1935, lui avait apporté une convocation aux Studios d'Ealing et un nouveau rôle de comédie aux côtés de Gracie Fields, sous la direction de Basil Dean. Ce dernier était réputé dans tout Londres pour son caractère difficile et sa tendance fâcheuse à se servir de sa langue comme d'un martinet. Il avait dirigé le Théâtre Royal, celui de Drury Lane et celui de St-Martin. C'était lui qui avait mis en scène *Beau geste*, en 1929, avec Laurence Olivier et pour Vivian c'était l'occasion inespérée de s'engager sur les traces de son idole. L'expérience, hélas, se révéla aussi périlleuse et douloureuse que celle de ces houris indiennes marchant sur la braise et le charbon. Suant, fumant, crachant comme un centaure, Dean menait son monde à la baguette et Vivian ne dut qu'au soutien angélique de Gracie

Fields de ne pas s'effondrer au cours du tournage. Pourtant, lorsque *Look up and laugh* fut terminé, elle eut au moins une raison d'être reconnaissante à son réalisateur. Décidant de ne pas renouveler l'option qu'il avait sur son contrat, Basil Dean l'affranchit en effet des cinq années de servitude qui l'auraient obligée à poursuivre une carrière anonyme dont elle se serait vite lassée. Du même coup elle se trouva libre de saisir sa chance lorsque celle-ci passa à sa portée.

Pour n'importe quel producteur, la première vertu d'un acteur consiste à être disponible quand on a besoin de lui. Or, au début du mois de mai 1935, toutes les actrices que Sydney Carroll avait approchées sur la place de Londres étaient déjà retenues par d'autres engagements. Peggy Ashcroft, Anna Neagle, Jane Baxter et Diana Churchill avaient décliné successivement le rôle principal d'une pièce que ce manager du West-End comptait présenter le 15 du mois à l'Ambassadors Theatre. Comme le rôle d'Henriette Duquesnoy, une jeune courtisane française, nécessitait surtout de la part de son interprète une beauté parfaite, John Gliddon n'eut aucun scrupule à arranger une entrevue entre Sydney Carroll et sa cliente. Critique du *Sunday Times* pendant de longues années, Carroll tenait à présent une rubrique théâtrale tous les jeudis dans le *Daily Telegraph*. Il avait écrit plusieurs ouvrages et *The mask of virtue* était sa première expérience de la production. Pour ses débuts, il avait choisi une pièce d'Ashley Dukes, adaptée de Carl Sternheim et basée sur le roman de Diderot : *Jacques le Fataliste*. L'intrigue, dans la veine des romans de mœurs du XVIIIe, contait l'histoire d'une vengance. Econduite par son amant, une vieille femme s'arrangeait en effet pour lui faire épouser une prostituée déguisée en ange de pureté, afin de le ridiculiser en public et de le ruiner.

Très pâle et très digne dans son tailleur noir, Vivian avait passé son audition sur la scène vide de l'Ambassadors Theatre. Au prix d'un effort surhumain elle était parvenue à réprimer le frisson de terreur qui avait parcouru son corps tout entier lorsque Sydney Carroll lui avait tendu le manuscrit de la pièce. Après sa lecture il y avait eu un moment de silence, mais le sourire amical de Maxwell Wray, le metteur en scène, avait rapidement mis un terme à sa torture. C'était gagné. Rendez-vous était fixé le mardi suivant au Phoenix Theatre. Avant de partir, Sydney Carroll lui avait seulement demandé de changer son prénom, Vivian, en Vivien, qui lui semblait plus féminin. Pendant les trois semaines de répétition, Carroll et Wray travaillèrent en commun pour tirer le meilleur parti de la jeune femme, ce qui n'alla pas sans difficulté. *The mask of virtue* était son premier grand rôle et tous les soirs elle redoutait d'apprendre qu'on l'avait remplacée. Maxwell Wray se plaignait constamment de sa voix trop haut perchée et de ses manières affectées. Un soir, au Ivy, elle entendit même une petite voix murmurer sur son passage : « Il faudra bien qu'elle parte, elle est nulle ». Heureusement, sous l'éclairage sophistiqué du chef électricien, l'éclat de sa beauté triomphait de tous les problèmes. Flottant légèrement au-dessus de la scène comme un corps céleste, sa grâce fragile et immatérielle donnait au personnage d'Henriette Duquesnoy et à la pièce une subtilité inespérée. Mais Vivian n'était pas dupe : « J'avais la chance de porter une délicieuse robe rose, une adorable robe noire et une merveilleuse robe du soir... mais je ne savais rien faire. »

Le 15 mai 1935 au soir, *The mask or virtue* affronta la critique et une salle particulièrement brillante. Sydney Carroll avait eu beau lire un destin exceptionnel dans les lignes de sa main, Vivian n'abordait pas moins cette première avec un mélange d'excitation et d'appréhension bien naturel. Par courtoisie envers Maxwell Wray qui avait été membre de la London Films, Alexander Korda avait en effet écourté un repas d'affaires pour pouvoir assister à la représentation. Avant de quitter le Savoy Grill, en compagnie de Joseph Schenck, de la Fox, il avait même gagné un pari lui donnant la priorité d'un contrat dans le cas où cette Vivian Leigh se révélait aussi prometteuse que Wray le laissait entendre.

Dans sa loge, entourée des télégrammes de tous ses amis et de son mari, Vivian vérifia donc une dernière fois son maquillage devant la glace. Elle ne reconnaissait plus le visage poudré de courtisane que lui renvoyait la glace. Les yeux semblaient plus larges, la bouche plus sensuelle. Un ruban de satin enserrait son cou et un nuage de tulle accroché à sa perruque tombait en pans légers sur un corsage largement échancré. Tout à l'heure non plus elle n'avait pas reconnu son nom sur les programmes : Vivien Leigh. Elle avait été tellement abasourdie par la rapidité de son engagement qu'elle n'avait même pas songé à protester lorsque

Carroll avait modifié son prénom. Finalement, c'était assez pratique. Vivian Leigh Holman accrochait ses peurs et ses appréhensions en même temps que son état civil aux cintres de sa loge. Qui était cette inconnue qui traversait les coulisses d'un pas décidé en direction de la scène ? A qui s'adressaient ces sourires, ces signes de la main ? Ne penser à rien. Laisser faire. Gravir cette marche. Inspirer profondément. Trois fois. Tendre son visage vers la lumière. Entrée.

— Chapitre VII —

Peter Pan et Cendrillon

La salle de l'Ambassadors Theatre résonnait encore du vacarme des applaudissements et des bravos, lorsqu'Alexander Korda, suivi de Joseph Schenck, se fraya un chemin vers les coulisses. Il y fut précédé par l'odeur de son cigare et le bruit de caisse enregistreuse qui lui servait de cœur. « Vivien Leigh, célèbre en une nuit ». La presse allait faire ses délices de cette invraisemblable histoire de Cendrillon. Car enfin, qu'une jeune chanteuse remporte un triomphe dès sa première représentation, c'était fort possible ; qu'une actrice soit propulsée au firmament après son premier film, Korda était bien placé pour l'admettre ; mais qu'une débutante fasse tomber à ses genoux un public de connaisseurs et de critiques réputés parmi les plus difficiles du monde, cela ne s'était JAMAIS vu. En tout cas, pas sur une scène de Londres. Il se maudissait déjà pour son manque de flair. Comment avait-il pu négliger la fascinante dualité qui permettait à cette jeune femme d'interpréter un ange de pureté et une fille des rues avec une égale conviction ? Sa voix, douce et agréable, restait un peu trop frêle pour le théâtre, mais chacun de ses gestes était empreint d'une grâce vulnérable et touchante qui compensait largement ces petites imperfections techniques, et qui feraient merveille devant les caméras. Dire qu'il aurait pu l'avoir pour une bouchée de pain. Il avait entendu dire par Maxwell Wray qu'elle était payée dix livres par semaine. Après le triomphe qu'elle venait de remporter ce soir, tous les producteurs de Londres ou d'ailleurs allaient se l'arracher. En se précipitant dans sa loge dès le baisser du rideau, Korda espérait profiter de l'hystérie collective pour lui soutirer un contrat avantageux, mais l'habilleuse qui lui ouvrit la porte avec réticence révéla un spectacle auquel il n'était sans doute pas préparé.

Rose et lasse parmi les bouquets de fleurs qui ornaient sa coiffeuse, débarrassée de son maquillage, mais encore en costume de scène, la nouvelle étoile ne cilla même pas en entendant le nom de ses prestigieux visiteurs. Elle leur décrocha à bout portant un de ces sourires sucrés dont elle avait le secret, histoire de leur faire voir qu'elle était encore plus jolie au naturel que sur scène, puis reprit sa composition de femme du monde, tour à tour courtoise et enjouée. En quelques mots habiles, elle salua ses hôtes, présenta son mari puis son agent, et remercia Korda pour l'intérêt qu'il avait la « gentillesse » de lui porter. Une flamme espiègle brillait dans ses yeux. Elle se souvenait encore de la façon discourtoise dont il l'avait reçue quelques mois plus tôt, la faisant attendre plus d'une heure et demie avant de lui accorder une rapide interview. « On ne me traite pas de cette façon », s'était-elle exclamée le visage rouge de colère, avec dans la voix une violence que Gliddon n'aurait jamais soupçonnée. Aujourd'hui, l'incident d'Isleworth était déjà loin, le hongrois lui-même venait frapper à sa porte et elle savourait avec satisfaction cet intense moment jubilatoire. L'atmosphère fébrile qui augmentait dans la pièce, au fur et à mesure que les autres visiteurs venaient lui rendre hommage, rendait difficile toute conversation un peu poussée. Au moment de prendre congé, elle s'assura cependant que Gliddon avait bien pris soin d'arranger un entretien avec la London Films pour le lendemain. Maintenant, s'excusa Vivien, elle devait se préparer pour aller dîner au Savoy et danser au Florida. Les yeux de Korda se plissèrent comme ceux d'un chat satisfait. En citant ces deux endroits prestigieux, la jeune beauté au nez mutin entendait bien leur faire comprendre qu'elle n'appartenait pas à la « roulotte » et qu'elle entendait être traitée avec certains égards. Loin de s'en offusquer, Korda qui au fond de lui-même était encore plus snob qu'un Lord anglais, admira ce dernier trait de caractère. La petite savait ce qu'elle voulait. Dorénavant, il n'y aurait plus pour elle d'antichambre et John Myers, directeur de la publicité aux Isleworth Film Studios aurait ordre de la recevoir avec toute la courtoisie et la pompe nécessaires. Avant de sortir, il jeta un dernier coup d'œil dans la pièce. John Gliddon et Leigh Holman, figés comme deux bronzes, se tenaient en retrait dans un coin de la loge. Ils n'ignoraient pas que c'était désormais la seule attitude qu'il leur conviendraie d'adopter, l'un dans la carrière de Vivien, l'autre dans sa vie. Korda reporta ses yeux plein de malice vers la jeune beauté rayonnante qui s'affairait auprès de ses invités. « Même un Hongrois peut se tromper », murmura-t-il dans un sourire. Puis il s'inclina et sortit.

Les critiques étaient délirantes. L'encre des journaux était encore fraîche lorsque Vivien et son mari se précipitèrent à Fleet Street pour acheter les premières éditions à la sortie des presses. Les journalistes n'avaient pas de termes assez forts pour exprimer leur enthousiasme : « Une actrice aux dons incomparables », « La célébrité en une nuit », « Une nouvelle étoile fait la conquête de Londres ». L'un d'entre eux, peut-être plus dithyrambique que les autres, promettait même à Vivien un avenir aussi éblouissant que celui de la Duse ou de Sarah Bernhardt. Ayant produit la pièce et « découvert » Vivien, Sydney Carroll, dans sa critique du Daily Telegraph, ne pouvait faire moins qu'agiter l'encensoir plus haut et plus fort que tout le monde. Il termina donc son apologie en arguant que Vivien était pourvue de tant de dons que c'en était véritablement injuste. Le Manchester Guardian, au milieu de ce concert de guimauve, émit cependant une réserve partagée par bon nombre de directeurs de théâtre : « De nos jours, il est dommage de penser que lorsque paraît une actrice dotée d'un tel “glamour”, la scène redoute aussitôt de la perdre au profit de l'écran ». L'acharnement avec lequel Vivien reprit les répétitions dès le lendemain matin aurait suffit à dissiper ces craintes injustifiées. Vivien s'était vouée corps et âme au théâtre. De plus, elle n'était pas femme à se reposer sur ses lauriers, ni à se laisser griser par le succès d'un soir. Au troisième acte elle avait une scène de larmes qu'elle n'arrivait pas à rendre convaincante. C'était le passage le plus important de la pièce. Le marquis découvrant la supercherie dont il avait été la victime, menaçait Henriette Duquesnoy de son pistolet. La jeune femme s'effondrait alors à ses pieds pour implorer son pardon et l'assurer de son amour. Vivien aurait dû s'y montrer bouleversante, mais, selon Oswald Frewen, ne parvenait qu'à suggérer l'ennui, la lassitude et une certaine anémie. Sa beauté, son charme naturel et le talent de ses partenaires l'avaient admirablement supporté, mais il en fallait davantage pour atteindre le niveau d'excellence auquel elle aspirait. Le critique James Agate l'avait comparée à une tulipe, ajoutant même que « certaines tulipes ont de trop longues tiges ». Pendant des années cette réflexion continua de la hanter, l'obnubilant au point de lui faire prêter davantage attention à son cou qu'à son jeu. Elle n'avait pas encore appris à se servir de ses défauts comme autant d'atouts et rougissait de ses mains qu'elle trouvait trop grosses. Elle prit l'habitude de les charger de bagues et de bracelets d'esclaves. Sur scène elle les croisait sous ses avant-bras ou les dissimulait dans les plis de sa robe. Le succès la cueillait à un moment où elle était encore fragile et perméable aux remarques des autres. Mais elle voulait apprendre et travailler afin de ne plus être sous-estimée et devenir l'égale d'Olivier.

Au même moment, dans les bureaux de la London Films, Korda entamait ses négociations avec l'agent de Vivien. C'était la première fois que John Gliddon avait l'occasion de se rembourser de tout le mal qu'il s'était donné pour sa cliente, et il entendait bien tirer quelque profit substantiel de cette opération. Il entamait la joute avec plusieurs avantages dans son camps. Korda avait lu les critiques du matin et il savait que Vivien avait déjà reçu des propositions émanant de la Fox et de la M.G.M. « Je ne marchande pas », avait prévenu Korda sur un ton sentencieux, mais Cliddon, avec l'assurance d'un homme qui a toutes les cartes en main, s'était contenté d'attendre le moment favorable pour dicter ses conditions. Il repoussa la première offre de Korda, 750 livres par an, en expliquant que sa cliente risquait de lui rire au nez et son avocat de mari de lui lancer un duel au pistolet s'il revenait avec une proposition aussi peu sérieuse. Lorsqu'il suggéra que 1500 livres par an constitueraient une base de départ raisonnable pour entamer les négociations, la discussion, déjà animée, transforma vite l'ambiance raffinée de la London Films en souk de Marrakech. Après une tractation épique qui vit Gliddon affirmer qu'Hollywood réclamait sa cliente à cor et à cri et Korda invoquer les montants extraordinaires qu'il versait sous forme de pension alimentaire à une diablesse qui lui servait d'ex-femme, les deux hommes parvinrent à un accord. Vivien Leigh signait un contrat avec la London Films avec une option de cinq ans. Elle touchait 1300 livres la première année et 18000 livres en fin de contrat. De plus, il ne lui imposait que deux films par an et lui garantissait au moins six mois sur douze sans tourner, lui permettant ainsi de poursuivre ses activités théâtrales. C'était la seule condition que Vivien, elle-même, avait tenu à faire figurer expressément dans son contrat. Dès le lendemain, la presse annonça donc un contrat fabuleux pour une actrice encore inconnue. On avança même le chiffre de 500 000 livres qui outrepassait en réalité le total des sommes que Vivien aurait touché en cinq ans. Le département de publicité du studio avait fait les choses dans le style grandiose de Korda. Le Hongrois ne répétait-il pas à qui voulait l'entendre qu'étant jeune à Budapest, il avait obtenu son premier travail important le jour où il s'était acheté un nouveau costume, un chapeau élégant et son premier cigare ? Devenu riche et célèbre, il cultivait un goût du décorum qu'il entretenait en fréquentant les meilleurs hôtels, les meilleurs tailleurs et en adressant à la presse des communiqués excentriques que personne ne mettait en doute. « Logez dans les meilleurs hôtels et dînez dans les meilleurs restaurants, disait-il, et tôt ou tard quelqu'un viendra vous offrir de l'argent. »

Vivien était aux anges et Leigh Holman était furieux. Une fois de plus leurs deux caractères semblaient devoir aussi mal se mélanger que l'huile et le vinaigre. Quand elle se grisait du doux parfum du succès, il se déclarait excédé par les journalistes qui faisaient le siège de leur maison. Quand elle se réjouissait du contrat négocié par Gliddon, il ripostait que le Hongrois s'étant réservé une clause de priorité, pouvait perturber ses projets dès qu'il en aurait envie. L'avertissement, bien que prophétique, ne parvint pas à altérer son bel enthousiasme. Transférée au St-James Theatre, *The mask of virtue* avait pourtant dû quitter l'affiche au bout de douze semaines. Sydney Carroll avait fait un mauvais calcul en pensant maximiser le succès de la pièce dans une salle plus grande. L'Ambassadors Théatre permettait une intimité qui palliait au manque de technique de Vivien. Dans une grande salle, sa voix trop faible se perdait et sa beauté délicate franchissait difficilement les premiers rangs. Un spectateur avait pourtant été impressionné par le charme bouleversant de l'interprète principal : Laurence Olivier.

« La première fois que je posais les yeux sur celle qui possédait une beauté aussi incomparable, ce fut sur la scène du

Théâtre des Ambassadeurs où elle jouait dans la pièce d'Ashley Dukes, *The mask of virtue*. Elle y avait attiré une attention considérable qui n'était peut-être pas encore due à ses talents d'actrice. Outre son physique, qui était absolument magique, elle avait un très joli maintien ; son cou semblait presque trop fragile pour soutenir sa tête qu'elle semblait porter avec un sentiment de surprise comme s'il s'agissait d'un tour de passe passe exécuté avec l'aisance apparente d'un maître jongleur. Elle possédait aussi autre chose : un attrait qui était d'une nature plus troublante que j'eusse jamais connu. C'était probablement son air de dignité qui captivait l'ardente légion de ses admirateurs. »

La pièce terminée, Vivien se retrouva une fois de plus « à pied », comme un cavalier sans monture. Elle regrettait le rôle qui lui avait apporté la célébrité, mais ayant bien assimilé les conseils de Gliddon, n'avait pas l'intention de se laisser oublier. Elle reprit la ronde des cocktails et des réceptions, inaugura une salle de danse, vanta les mérites d'un produit de beauté, posa pour Vogue et Cecil Beaton. En 1935, Beaton n'était pas encore le photographe attitré de l'aristocratie des palais et de la scène anglaise, ni le décorateur et le costumier de génie qu'il allait devenir. Ses photos de Vivien, précieuses et romantiques, la figeaient dans des attitudes rêveuses qu'elle abandonnait immédiatement après la pose. Il y avait belle lurette que Vivien ne croyait plus aux contes de fée et la « gazelle persane » égarée dans le bois dormant des studios brûlait d'aller planter quelques coups de cornes dans le postérieur charnu de plusieurs enchanteurs. Les bureaux de la London Films constituaient, dans leur genre, un fameux nid de sorcières et elle commençait à comprendre les réticences de Leigh Holman au sujet de la clause de priorité qui figurait dans son contrat. Si elle était payée selon le salaire convenu, cela ne voulait pas dire qu'elle doive travailler pour autant. Les studios d'Isleworth avaient déjà produit cinq films et on ne lui avait jamais demandé de faire le moindre bout d'essai. Par contre, il avait suffit que Leslie Howard lui propose d'interpréter Ophélie dans le *Hamlet* qu'il montait à Broadway, pour qu'aussitôt Korda prétende avoir besoin d'elle pour une adaptation de *Cyrano de Bergerac*. Elle devait interpréter Roxane aux côtés de Charles Laughton, le bout d'essai avait été concluant et pourtant la production ne démarrait pas. A la fin de l'année, elle réalisait clairement dans quel piège elle était tombée. Prétextant un tournage fantôme, Korda pouvait l'obliger à rester inactive aussi longtemps qu'il le souhaitait, et au bout de plusieurs mois de ce petit manège, son succès dans *The mask of virtue* risquait de ne plus être qu'un feu de paille.

Elle était donc condamnée à attendre le bon plaisir de Monsieur Korda qui n'avait même pas la correction de lui répondre au téléphone. Leigh Holman aurait eu beau jeu de profiter de la situation en lui rappelant qu'il l'avait prévenu, mais il était trop galant pour ça. Sa présence irritait néanmoins Vivien qui avait toujours détesté reconnaître ses torts. C'était exaspérant de vivre avec un homme aussi sage, qui ne se trompait jamais et qui faisait, en toutes circonstances, toujours preuve de prudence et de raison. Par vengeance ou par ennui, un peu des deux peut-être, elle se mit à le tromper. Bien sûr, il y avait longtemps qu'elle n'éprouvait plus pour Leigh que de l'affection et une tendresse toute fraternelle. Rien de comparable en tout cas au bouillonnement des sens qu'elle éprouvait uniquement en lisant le nom de Laurence Olivier à l'affiche du Whitehall Theatre. Elle ne s'était pourtant jamais aventurée à tromper son mari autrement qu'en pensée. Si elle avait rejeté les pratiques de bigotes inculquées au couvent, le mariage n'en demeurait pas moins à ses yeux un lien sacré. Les mœurs libres du théâtre l'aidèrent sans doute à franchir le pas sans trop de remords. Elle était femme, jeune, avide d'une vie aventureuse et intense qu'elle ne pouvait espérer auprès de son mari. Il lui arrivait de plus en plus fréquemment de dîner au Savoy Grill, au Café Royal et chez Quaglino's en compagnie de jeunes hommes que connaissait son mari. Eve Phillips était une jeune actrice qui, comme beaucoup, arrondissait ses fins de mois en posant comme modèle. Elle avait servi de doublure dans les premiers films qu'avait tourné Vivien et s'était prise d'amitié pour elle. Comme elle aussi n'accordait pas de grande valeur à la fidélité conjugale, elle accepta de lui prêter à plusieurs reprises son appartement. C'est ainsi que Vivien découvrit avec surprise, puis délice, la vie furtive des intrigues sentimentales. Elle éprouvait toujours un plaisir enfantin à transgresser les interdits et il lui importait peu que l'objet du litige en soit un homme ou un de ces petits bouts de papier sur lequel elle avait griffonné quelque obscénité, alors qu'elle n'était encore qu'une élève du couvent de San

Remo. Selon Eve Phillips, elle eut à cette époque deux liaisons secrètes. L'une avec un acteur également marié, l'autre avec un producteur bien connu : Alexander Korda.

La grande faiblesse de Korda pour les femmes était célèbre. En 1935, il était séparé de sa première femme, Maria, une vedette de cinéma muet qui aimait se décrire comme la Greta Garbo hongroise, mais qui « ne partageait malheureusement pas la passion de Garbo pour la modestie et l'anonymat ». Il n'avait pas encore épousé Merle Oberon et était fermement décidé à profiter pleinement de sa vie de célibataire. Maureen O'Sullivan, qu'il avait lancé dans *La princesse et le plombier*, son premier grand rôle à Hollywood en 1930, avait confié à Vivien qu'il avait pour habitude d'essayer de coucher avec toutes les femmes qu'il avait sous contrat. C'était seulement ainsi, d'après elle, qu'il arrivait à savoir quel rôle convenait le mieux à telle ou telle actrice. En fait, Vivien s'en aperçut rapidement, Korda souffrait d'une inaptitude totale à supporter la solitude. Incapable de vivre loin de ses frères, il avait fait de l'un, Zoltan, un metteur en scène très prisé, et de l'autre, Vincent, un décorateur de talent. Entre autres particularités, Alexander Korda adorait aussi jouer les Pygmalion. Nul étonnement que ses deux premières épouses, Maria et Merle, fussent des actrices dont il avait fait des vedettes, et la dernière, Alexandra Boycun, une jeune aventurière dont il fit une Lady.

Lorsqu'il lui téléphona, un soir de novembre, Vivien réalisa qu'en dépit de la rancune tenace qu'elle lui vouait pour avoir immobilisé momentanément sa carrière, elle avait tout intérêt à se montrer docile et compréhensive. Elle accepta donc une invitation à dîner. Korda avait des habitudes alimentaires extravagantes. Il adorait le foie gras, qu'il appelait « foie d'oie », et le champagne à tel point que des années plus tard, sur un lit d'hôpital, il continuait à s'en régaler. Vivien était également sensible à la bonne cuisine et aux mets raffinés. Son père lui avait inculqué très tôt le goût des bonnes choses et une connaissance des vins exceptionnelle.

La conversation porta tout d'abord sur *Cyrano*. Korda énumérait les divers problèmes qu'il avait rencontrés et regrettait de voir partir ce beau projet en lambeaux. Il semblait sincère, et Vivien le considéra sous un jour plus indulgent. Certes, physiquement, il n'était pas ce qu'il convient d'appeler un « bel homme », mais il possédait une constitution robuste et une dignité imposante. Il avait beaucoup d'humour et était étonnamment cultivé. Après avoir quitté la Hongrie, dans ses années de vache maigre à Paris et à Berlin, il avait beaucoup fréquenté les cercles intellectuels et, comme Vivien, il adorait la peinture. Sur les conseil de son frère Vincent, il avait acquis une prestigieuse collection de toiles et de bronzes. Est-ce que Vivien serait intéressée de les voir ? Profitant du moment de trouble de la jeune femme, Korda fit glisser la conversation sur un sujet qui allait l'amener à se dévoiler encore davantage : Laurence Olivier.

L'événement de la rentrée 1935 était la production de *Roméo et Juliette* sur la scène du New-Theatre qui voyait John Gielgud et Laurence Olivier alterner chaque soir entre les rôles de Roméo et de Mercutio. Vivien, bien entendu, s'y était précipitée et, comme toutes les autres jeunes filles dans la salle aurait donné ses deux yeux pour prendre la place de Peggy Ashcroft et devenir Juliette dans les bras du Roméo Olivier. Ce corps de fauve ! Cette poitrine virile ! Ah, murmurer comme Juliette : « Mon amour, je te l'ai donné avant que tu ne l'aies demandé. »

Les critiques étaient sauvages à son égard, le trouvant cabotin et lui reprochant de massacrer la poésie de Shakespeare. Pour Vivien, Olivier apportait au personnage une vitalité et une authenticité toute nouvelle. C'était bien du sang et non du thé que l'on sentait bouillir dans ses jeunes artères, et sa sensualité se répandait en ondes érotiques sur toute la salle. En voyant Korda sourire, Vivien réalisa avec quelle habileté il l'avait amenée à se trahir et à lui confier ses désirs profonds. A son grand étonnement, il ne s'en amusa pas et considéra même avec beaucoup de sérieux un éventuel rapprochement entre les deux vedettes qu'il avait sous contrat. Vivien et Laurence, réunis dans un même film, le public n'y résisterait pas. Mais pour cela, il devait mieux la connaître, si elle voyait ce qu'il voulait dire. Ce fut au tour de Vivien de sourire.

Leur liaison fut de courte durée et Vivien utilisa Korda autant qu'il se servit d'elle. Tout au long de sa vie, il conserva cependant auprès d'elle un rôle de confident, devenant même une sorte de figure paternelle auprès de laquelle elle vint puiser un peu de réconfort lorsque tout se mit à vaciller, un refuge où elle trouva toujours amour et compréhension.

Peu après cette entrevue, Vivien eut enfin l'occasion de rencontrer Olivier pour la première fois. Elle venait d'apprendre que Clemence Dane lui offrait la vedette de *The happy hypocrite*, une pièce de Max Beerbohm, avec Ivor Novello pour partenaire. John Buckmaster, fils de la ravissante actrice Gladys Cooper et ami de la famille, l'avait amené fêter la nouvelle dans le cadre somptueux du Savoy. Vivien était étincelante, tour à tour vive et malicieuse, aussi pétillante que du champagne. Buckmaster n'était pas peu fier d'être vu en compagnie de la plus ravissante créature de la soirée dans un endroit très fréquenté par le milieu du spectacle. Il connaissait beaucoup d'habitués du Savoy Grill et adressait à droite et à gauche de petits signes de mains. C'était une sensation assez grisante pour un homme de sentir les regards envieux converger vers sa table, et il se rengorgeait comme un coq. La sensation était d'autant plus enivrante que Vivien, comme à son habitude, ne semblait avoir d'yeux que pour lui. Suspendue à ses lèvres, captive de son charme, elle fixait sur lui ses deux prunelles d'un vert intense et frôlait son bras d'une main légère. C'était à vous tourner la tête. John Buckmaster aurait dû en profiter pour regarder derrière. Un jeune homme aux yeux sombres dînait en compagnie d'une femme blonde, légèrement plus âgée que lui. L'homme était Laurence Olivier, la femme était son épouse, Jill Esmond. « S'il est marié, mon cercueil pourrait bien être mon lit nuptial », Vivien s'était souvenue des mots de Juliette après sa première rencontre avec Roméo, lorsqu'il n'était encore qu'un inconnu qui lui avait ravi un baiser au cours d'un bal. Dès qu'elle était entrée elle avait repéré Olivier, et c'était pour lui uniquement qu'elle s'était donnée en représentation, renversant la tête dans un éclat de rire, croisant et décroisant les jambes d'un geste pudique, battant l'air tiède d'une main nerveuse pour chasser la fumée de sa cigarette. Les regards des autres hommes sur elle la laissaient indifférente et, malgré les efforts de Buckmaster pour la distraire et la séduire, un profond sentiment de tristesse ne tarda pas à l'envahir. L'homme qu'elle aimait en secret ne l'avait pas regardée une seule fois. A croire que sa femme était un des ces basilics au pouvoir hypnotique. Horrifiée elle les avait vu régler leur note, se lever, dans un instant ils auraient disparu. C'est à ce moment-là, enfin, qu'Olivier sembla les remarquer et adressa un petit signe amical à John Buckmaster. Sentant là une occasion inespérée, Vivien demanda aussitôt à John de les présenter. Ravi d'en imposer davantage à sa délicieuse compagne, Buckmaster héla les Olivier au moment où ils passaient près de leur table. Qui saura jamais ce que Vivien ressentit lorsqu'elle posa enfin sa main dans celle de Laurence ? Beau, ardent, secret, son élégance aristocratique justifierait quelques années plus tard la splendeur des origines que l'imagination enfiévrée d'Emilie Brontë, revue et corrigée par Ben Hecht, accorderait à son personnage d'Heathcliff. Comme la Catherine Earnshaw des *Hauts de Hurlevent*, Vivien, en effet, n'aurait pas été étonnée d'apprendre que son père était un empereur de Chine et sa mère une reine de l'Inde. Lorsqu'il la complimenta pour son interprétation dans *The mask of virtue*, son sang ne fit qu'un tour. Comment, il l'avait vu, et elle ne s'en était pas rendue compte ? Elle ne se le pardonnerait jamais. « Alexander Korda m'a dit qu'il avait l'intention de nous faire tourner un film ensemble », ajouta-t-il d'une voix douce en soutenant son regard. Cette fois, c'en était trop, le cœur de Vivien explosait d'allégresse. Le vieux renard hongrois avait tenu sa promesse. D'un air candide elle répondit qu'elle en serait ravie, mais qu'elle ne pensait pas avoir son expérience en ce qui concernait le cinéma. « Ridicule », intervint Jill Esmond, « dès qu'il s'agit de cinéma Larry se sent comme un poisson hors de l'eau ». « Elle a raison », confirma Olivier, « je suis vraiment mauvais ». « Mais non, voyons. » « Mais si, je vous assure. » « Allons donc »... L'échange de politesse aurait pu encore durer longtemps si Buckmaster, un peu ennuyé d'être tenu à l'écart, ne s'était interposé dans la conversation. Olivier lui avait alors annoncé que la soirée qu'il venait de passer avec sa femme avait été l'occasion de fêter un événement spécial : Jill allait avoir un bébé.

Le visage de Vivien ne changea pas d'expression, mais ses lèvres pâlirent comme si elle venait de recevoir un coup violent. Après le départ des Olivier, elle avait conservé cet air hagard et Buckmaster, se méprenant, crut bien faire d'ajouter que Larry avait un air ridicule sans sa moustache qu'il avait rasé pour jouer *Roméo et Juliette*. Eut-il tapé dans un nid de guêpes qu'il n'aurait pas obtenu pareille réaction. Vivien déclara d'une voix cassante qu'elle ne le trouvait pas du tout drôle et s'avoua même indignée par de tels commentaires. La jeune personne chaleureuse et admirative avait fait place à une harpie silencieuse et irritable qui lui adressa à peine la parole le reste de la soirée. Dégrisé par ce revirement brutal, Buckmaster réalisa enfin la situation. La « petite lionne impatiente » qui s'était servie de lui comme appât, avait depuis longtemps choisi sa proie. Maintenant qu'elle l'avait approchée, elle ne la laisserait jamais s'échapper. Avant de partir, Larry et Jill Esmond avaient en effet invité Vivien et son mari à venir passer un week-end dans leur petite maison de Burchett's Green, près de Maidenhead. Vivien avait si habilement enveloppé le tout que Leigh Holman s'était donc retrouvé un beau dimanche à jouer au football sur les pelouses du prince des comédiens.

Si Vivien avait escompté une petite journée intime à bavarder poésie, art, littérature, théâtre ou cinéma, elle en fut pour ses frais. Les Holman n'étaient pas les seuls invités à Burchett's Green et, des années plus tard, se souvenant de cette journée au cours d'un entretien avec David Lewin, elle se rappelait « un Larry vociférant une minute, pour tomber profondément endormi sous le piano, l'instant d'après ».

Ce n'était pas exactement l'idée qu'elle se faisait du prince charmant, mais si elle fut déçue à l'issue de cette première journée, elle ne l'avoua jamais.

— Chapitre VIII —

Scènes d'amour

Le 20 janvier 1936, la mort soudaine de George V plongea l'Angleterre dans une crise dynastique qui perturba profondément l'opinion pendant une année entière. L'abdication et l'exil volontaire de son fils, Edouard VIII, héritier légitime de la couronne, aggravèrent encore les événements. Son frère, le duc d'York, qui lui succédait sur le trône sous le nom de Georges VI fut en effet désavoué par l'Irlande qui, refusant de reconnaître le nouveau roi, proclama son indépendance et se constitua en République. Indifférente à l'agitation qui animait ses compatriotes au seuil de la nouvelle année, Vivien nageait dans la félicité la plus complète. *The happy hypocrite*, la pièce qu'elle devait jouer pour Clemence Dane, avait été reportée de quelques mois sans qu'elle songe même à s'en plaindre. Une seule chose lui importait. Elle avait revu Olivier. Au cours d'une matinée de *Roméo et Juliette*, elle avait fait irruption dans sa loge pour lancer une invitation à la cantonade. C'était chose courante dans le petit monde du théâtre où l'on avait pour habitude de passer ainsi le week-end chez l'un ou chez l'autre. Olivier était en train de se démaquiller et elle n'était restée qu'une minute, mais en partant elle avait déposé un léger baiser sur son épaule nue. Séduit et intrigué par cette insolente petite beauté, Olivier commença à son tour à guetter les occasions de la rencontrer. Il avait été ravi de constater, au cours des quelques phrases qu'ils avaient pu échanger, qu'elle partageait entièrement ses vues sur le théâtre et le cinéma. Pour Olivier, le théâtre était le seul art noble auquel un acteur méritait vraiment de se consacrer, le cinéma étant juste un moyen rapide et efficace de gagner beaucoup d'argent. Il lui avait donc conseillé de passer une audition devant John Gielgud et Glenn Byam Shaw, qui préparaient *Richard II* pour la Société d'Art Dramatique d'Oxford. A sa grande joie, elle fut engagée pour jouer la reine. Comme les répétitions se déroulaient sur la scène du New Theatre, pendant les dernières représentations de *Roméo et Juliette*, Olivier prit l'habitude de venir tous les jours un peu plus tôt pour aider Vivien à travailler son texte. Pendant les pauses, il l'entraînait dans sa loge et la conseillait sur la façon de bouger, de respirer, de poser sa voix et d'évoquer d'un geste ce que l'auteur aurait seulement pu exprimer en plusieurs lignes. Et Vivien l'écoutait en écarquillant ses grands yeux dociles et en plissant son joli front, comme une enfant appliquée. Sans doute touché par cette volonté de bien faire, par la dévotion qu'elle lui manifestait, son amour du théâtre et son air fragile et innocent, Olivier, sans même s'en rendre compte, commença à prendre sa vie et sa carrière en main. Les représentations de *Richard II* furent donc pour Vivien une véritable fête. Délicieuse dans ses costumes médiévaux, elle émerveilla toute l'équipe par sa bonne humeur et son professionnalisme et, bientôt, tous les jeunes hommes d'Oxford furent à ses pieds. A vingt-trois ans, elle était la plus belle créature qu'ils aient jamais vu et, en dépit du mauvais temps, ils organisèrent pour elle une suite ininterrompue de réjouissances. Ils faisaient la queue devant sa porte pour avoir l'honneur de prendre leur repas en sa compagnie et elle s'amusa à flirter légèrement avec chacun d'eux. Elle écrivit pourtant à Leigh Holman des lettres tendres dans lesquelles elle regrettait son absence et se plaignait de sa « solitude ». Son succès à Oxford fut davantage personnel que critique, et peu avant Pâques, elle enchaîna avec les représentations de *The happy hypocrite*, la pièce en trois actes que Clemence Dane avait tiré d'un récit de Max Beerbohm. Ivor Novello était son partenaire. Avec son profil à la Barrymore, ses cheveux de jais et son regard sombre, Novello avait la réputation d'être l'un des acteurs les plus séduisants de la scène anglaise. En tant qu'auteur dramatique il souffrait pourtant de la comparaison que l'on avait établi entre lui et Noël Coward, le célèbre humoriste. Tandis que l'esprit du « maître » semblait un divertissement réservé à l'élite cultivée et raffinée, Novello apparaissait un peu comme le tâcheron du divertissement populaire. En choisissant d'interpréter le personnage de Lord Georges Hell, « un débauché bouffi, malsain et à la voix éraillée qui, pour l'amour de Vivien, changeait miraculeusement à la fois d'apparence et de personnalité », Novello voulait rompre avec l'image de séducteur romantique qui lui collait à la peau. Sur la scène, il semblait avoir pris un plaisir masochiste à se grimer et à s'enlaidir et la critique apprécia la recherche de la pièce et sa performance d'acteur. Vivien obtint, elle aussi, sa part de succès dans le rôle de Jenny qu'elle interprétait, selon Max Beerbohm, avec « une exquise sensibilité ». Mais le grand public, qui avait boudé la profanation de l'idole, ne suivit pas et la pièce dut quitter l'affiche après seulement trois mois de représentation. Une fois de plus, Vivien était désolée de devoir quitter ses partenaires avec qui elle avait noué des liens d'amitié profonds et sincères. Chaque représentation avait été suivie d'interminables parties de cartes et de soirées dont Vivien était toujours l'organisatrice enthousiaste et infatigable. Au mois de mai, Ivor Novello l'avait accompagnée à une représentation en matinée de la nouvelle pièce que jouait Olivier : *Bees on the boat deck*. En bras de chemise, casquette de marin et mégot aux lèvres, elle le trouva plus désirable que jamais et souhaita ardemment entamer une liaison avec lui. Comme la pièce n'avait pas beaucoup de succès et que le Théâtre du Lyrics était presque désert, Olivier n'eut aucune peine à la repérer dans une loge. A la fin de la représentation, il l'invita à dîner. C'était leur premier repas en tête à tête. Olivier avait beau se sentir irrésistiblement attiré par Vivien, il n'en restait pas moins honorable pour autant, farouchement attaché à ses principes et peu habitué aux intrigues sentimentales dont elle se délectait. Vivien devait donc apprendre à marcher sur des œufs si elle voulait conserver quelques chances de voir éclore la romance qu'elle convoitait. Sydney Carroll lui avait proposé le rôle d'Anne Boleyn dans la version d'*Henry VIII* qu'il comptait monter en plein air à Regent's Park, au mois de juin. Bien qu'admirablement mise en valeur par les costumes Tudor et par la beauté des nuits d'été, Vivien redoutait que sa voix fragile, déjà peu adaptée au répertoire shakespearien, fut tout à fait inaudible en plein air, et fasse courir tout le projet à la catastrophe. Olivier, une fois encore, lui proposa son aide. Mais cette fois, Vivien se promit bien de pimenter les nombreuses sessions derrière la porte close de plusieurs dévotions au culte de Cupidon. Avant la fin des répétitions d'*Henry VIII*, elle s'engageait non seulement à avoir fait goûter à Olivier les fruits défendus, mais aussi à lui en avoir fait apprécier toute la saveur.

Pendant ce temps, Alexander Korda essayait de mettre sur pied un de ces films épiques et flamboyants grâce auxquels il espérait rivaliser avec la production hollywoodienne. Après le succès grandiose d'*Henry VIII*, il s'était mis en quête de sujets pouvant être soumis au même traitement : mise en scène majestueuse, décors chatoyants, distribution éclatante. Son goût prononcé pour l'histoire et la littérature l'avait tout naturellement porté vers des portraits de personnages célèbres, comme *Don Juan, Rembrandt* ou *La Grande Catherine*. Un film retraçant la vie d'Elizabeth I lui semblait parfaitement indiqué pour maintenir sa cote au Box Office et combler le gouffre financier causé par la construction des studios de Denham. Avec leurs sept plateaux, deux salles de projection, un groupe électrogène indépendant, des jardins, un lac avec des cygnes et des bois utilisables pour les tournages en extérieur, les studios de Denham étaient les plus modernes et les mieux équipés d'Europe, une sorte d'Hollywood sur la Tamise. Anthony Asquith avait donc été chargé par Korda de travailler sur le scénario, mais son sujet, la reine Elizabeth I, femme aussi puissante que laide, risquait de manquer singulièrement d'attrait aux yeux du public américain. Korda croyait aux somptueuses romances avec chandelles et violons et demanda à Clemence Dane et à Sergei Nolbandov d'adapter le roman de A.E.W. Mason, *Fire over England*. Le personnage de la reine et l'épopée glorieuse de l'invincible Armada servaient de toile de fond aux amours romantiques de Michael Ingoldsby, officier de la flotte élizabéthaine, et de la fragile Cynthia, suivante de la reine. Korda tenait son sujet, restait à en distribuer les rôles.

Un matin, Laurence Olivier lui téléphona à Denham et le pria de bien vouloir lui prêter sa maison pour l'après-midi. Il ne précisa ni la raison, ni le nom de la personne qu'il comptait amener. Très intrigué, Korda dépêcha un de ses assistants chez lui pour congédier le personnel et surtout pour essayer de savoir le fin mot de l'histoire. Lorsque l'homme revint un peu plus tard, il se montra plutôt vague dans ses réponses. Bien sûr, il avait reconnu la jeune femme, elle était sous contrat chez Korda, mais il savait aussi que son patron avait eu… une « liaison » avec elle.

En révélant son nom, il avait peur de provoquer du grabuge. Korda n'était pas homme à tourner trop longtemps autour du pot. Au bout d'un moment, il finit par exploser : « Mais Bon Dieu, allez-vous finir par me dire qui est-ce qu'il a fait venir chez moi ? » La réponse lui parvint dans un murmure : « C'est cette actrice que vous avez sous contrat. Vivien Leigh. » Au grand étonnement de l'assistant, Korda éclata de rire. Décidément cette petite anglaise ne manquait pas de culot. Un visage d'ange et une malice de singe. Oui, elle lui plaisait énormément. L'idée du pauvre Larry, tellement digne et respectable, empêtré dans les tourments d'une aventure extra-conjugale le fit partir d'un nouvel écat de rire. Soudain, il eut une idée lumineuse. Il demanda à ses secrétaires de téléphoner à Vivien et à Larry dès le lendemain matin à la première heure, et de les convoquer à son bureau tous les deux ensemble. Il leur demanda aussi de préparer un communiqué pour la presse. La distribution de *Fire over England* était bouclée. Vivien Leigh et Laurence Olivier réunis pour la première fois dans une vibrante histoire d'amour. Korda exultait. Il venait de s'offrir un privilège rare pour un producteur ou un metteur en scène, diriger deux amants véritables dans des scènes sentimentales. Il voyait tout de suite le parti à tirer d'un couple aussi beau et aussi talentueux que le tandem Leigh-Olivier. Il prédisait un grand avenir à ces deux-là, tant sur le plan personnel que professionnel et, en les rapprochant pour un film, il ne faisait que hâter un peu la main du destin. Il tira sur son gros cigare et regarda la fumée s'élever, bleutée, légère. Plus que jamais il avait l'air d'un gros chat qui s'étire au soleil. Ses yeux se rétrécirent jusqu'à former deux fentes, identiques en tout point à celles que l'on trouve sur le dos des petits cochons tirelires.

Le tournage de *Fire over England* débuta au mois d'août 1936. Vivien n'avait pas grand chose à faire, sinon paraître belle dans les merveilleuses toilettes que l'on avait confectionnées pour elle. Le rôle de Cynthia n'avait pas beaucoup de consistance et elle devait se débrouiller comme elle pouvait entre les exigences d'un metteur en scène américain, William K. Howard, un producteur allemand, Erich Pommer, un caméramam chinois, James Wong Howe, un costumier russe et un maquilleur italien. Les scènes qu'elle avait avec Flora Robson, qui campait magistralement la Reine Vierge, étaient pourvues d'une grande sensibilité et elle y était délicieuse. Mais elle ne vivait littéralement que dans l'attente des scènes d'amour avec Laurence Olivier. Leur liaison n'était plus qu'un secret de polichinelle. Entre les prises, ils s'isolaient dans leur loge, prenaient leurs repas à l'écart des autres et se promenaient main dans la main à travers les studios de Denham, avec l'innocence touchante de deux adolescents. Korda leur avait pourtant recommandé un peu plus de discrétion. Il ne tenait pas à ce que la presse ait vent de la romance, risquant alors de compromettre leurs carrières respectives et les chances du film en Europe et aux Etats-Unis. Leur amour, freiné en coulisses, explosait donc en toute liberté devant les caméras et, lorsqu'Olivier ne jouait pas de scène avec elle, Vivien l'attendait en faisant des mots croisés.

Le rôle de Michael Ingoldsby semblait un clin d'œil aux films de Douglas Fairbanks pour lesquels Laurence avait une véritable admiration. Il interprétait un émissaire qui, après avoir vu brûler son père sur le bûcher de l'Inquisition espagnole, était envoyé en espion auprès de Philippe II d'Espagne afin de découvrir le nom des agents anglais qui avaient tenté d'assassiner la reine. Fidèle à sa réputation de Peter Pan, Olivier parcourait le film en armure scintillante, échappant de justesse à toutes les situations périlleuses auxquelles il était confronté. Duels farouches, donjons lugubres, galions en flammes, traîtres immondes, il triomphait de tout et de tous, illuminé par la gloire, l'amour de sa belle et la reconnaissance de la reine. Au grand dam de Vivien et du réalisateur, il avait mis un point d'honneur à accomplir lui même toutes les cascades et manqua à plusieurs reprises de se rompre le cou. On avait reconstitué un galion à l'arrière des studios de Denham et, un jour qu'il virevoltait entre les mâts au cours d'une séquence particulièrement périlleuse, on le vit déraper, disparaître dans les flammes et en ressurgir, avant de basculer dans le filet de sécurité placé en contrebas. A peine remis de ses émotions, il avait insisté pour reprendre la scène immédiatement, arrachant un cri d'admiration à Erich Pommer pourtant rendu furieux par les risques qu'en prenant, Olivier faisait aussi courir à la production : « J'aurais du avoir ce type avec moi en 1916, le Kaiser serait aujourd'hui à Buckingham Palace. » A la fin du mois d'août, Olivier commença cependant à présenter des signes flagrants d'épuisement. Le tournage avait pris du retard, les scènes d'action étant toujours difficiles à régler. Mais à un ami qui s'inquiétait de sa petite mine et qui lui conseilla de se faire remplacer pour les scènes acrobatiques, il répondit avec franchise : « Ce ne sont pas les cascades. C'est Vivien. Tous les jours, deux fois, trois fois. Elle m'épuise complètement. »

Vivien Leigh exerçait sur tous les hommes un extraordinaire pouvoir érotique qui contrastait fortement avec son physique de porcelaine. John Buckmaster en avait fait l'expérience lors du fameux dîner au Savoy. Ce qui captivait le plus en elle, en dehors de sa grande beauté, c'était cette aptitude à concentrer toute son attention sur l'homme avec qui elle se trouvait, riant de ses plaisanteries et laissant courir sa main sur son bras dans un geste très sensuel. Elle éprouvait toujours le besoin de manifester physiquement ses émotions. Même lorsqu'elle était en public avec Olivier, elle ne pouvait s'empêcher de lui prendre la main, de le caresser ou d'embrasser la pointe de ses doigts. Elle avait sans cesse besoin d'être rassurée sur l'affection qu'on lui portait et les étreintes répétées qu'elle imposait à Olivier étaient autant de réponses à ses doutes et à la peur qu'il ne la quitte. Le 21 août 1936, elle avait appris catastrophée que Jill Esmond venait de donner un fils à Olivier. Immédiatement elle s'était affolée à l'idée que cette naissance puisse les éloigner. Lorsqu'Alexander Korda leur avait expliqué qu'un scandale risquait de ruiner leurs carrières et celle du film, Olivier avait semblé d'accord pour suspendre leur relation jusqu'à la fin du tournage. Vivien en avait été furieuse. Elle l'accusait de prendre le large avec une passion qu'il jugeait à présent trop encombrante, mais elle avait confié à Eve Phillips qu'elle n'avait pas l'intention de le laisser faire. Le jour du baptême de l'enfant, elle décida donc de créer la sensation en apparaissant vêtue du rouge de la passion aux côtés d'Olivier et en affichant leur liaison devant tous les invités. Elle profita aussi d'une rechute d'un mauvais rhume qu'elle avait contracté en jouant *Richard III* en plein air à Oxford, pour attiser sa jalousie. Laurence Olivier lui rendant une visite impromptue dans sa maison de Little Stanhope Street, avait eu la mauvaise surprise de trouver Oswald Frewen à son chevet. L'agacement de Laurence augmenta au fur et à mesure que Frewen se donnait du mal pour soulager son amie, courant même au pub voisin pour lui chercher un verre de grog brûlant. C'en était au point qu'Olivier ne supportait même plus de le voir assis sur le lit de Vivien. Il essaya par tous les moyens de se débarrasser de l'intrus, mais fut finalement obligé de partir le premier. Frewen avait une voix qu'il disait programmée pour endormir quelqu'un au bout de dix minutes, et Vivien avait acquiescé avec un sourire séraphique. Très en colère, Olivier téléphona dès le lendemain pour savoir qui était cet individu. Partagé entre la fidélité qu'il devait à son épouse et la passion qui l'entraînait irrésistiblement vers Vivien, il hésitait à prendre partie. La vie qu'il menait avec Jill Esmond était sans surprise et sans complication, sûre et fiable comme une horloge suisse. Avec Vivien, c'était tout le contraire. On ne pouvait jamais prévoir ce qui allait se passer l'instant d'après et l'on attendait, d'un air perplexe et ravi, que le coucou se mette à sonner à n'importe quelle heure de la journée. Lorsque Jill avait accepté d'épouser Laurence, elle lui avait expliqué clairement qu'aimant ailleurs elle ne pourrait jamais vraiment lui appartenir entièrement. Issue d'une prestigieuse famille de théâtre, elle était beaucoup plus célèbre que Laurence quand ils s'étaient rencontrés. Les rôles romantiques qu'on lui avait fait interpréter convenaient moins bien à son physique impérial que ceux des femmes intelligentes et froides, à la forte personnalité. Sérieuse, posée, elle ne parlait jamais qu'à bon escient. Tout le contraire de Vivien qui rayonnait de gaieté et de vitalité, parlait à tort et à travers de manière exubérante et pouvait se montrer délicieusement frivole. Elle connaissait un répertoire inépuisable de blagues, le plus souvent ordurières, et parvenait toujours à captiver par sa grâce, son charme et son style. A son contact, Olivier s'était épanoui. Lui, habituellement froid et taciturne, si peu démonstratif en public, se montrait non seulement réceptif aux gestes d'affection de Vivien, mais y répondait. C'était lui qui à présent prenait sa main et, peu à peu, il se laissait à son tour gagner par l'entrain et l'allégresse de la passion partagée. La fin du tournage allait pourtant compliquer les choses. A Denham, Korda s'était toujours arrangé pour leur permettre de s'isoler chaque fois qu'ils en avaient eu le désir. A présent, s'ils voulaient continuer à se voir, ce serait soit en présence de leurs époux respectifs, soit de cette manière abjecte et pourtant inévitable qui consistait à se glisser dans les draps d'un autre.

Dès sa sortie sur les écrans britanniques, *Fire over England* remporta un immense succès. « Ce film surplombe de la tête et des épaules tous les autres films historiques jamais réalisés dans ce pays… et même ailleurs. Dans le rôle des jeunes amants, Vivien Leigh et Laurence Olivier sont extrêmement convaincants. Leurs scènes d'amour sont empreintes d'un naturel et d'une tendresse enchanteurs. » Lionel Collier, de *Picturegoer* ne croyait pas si bien dire… L'accueil sur le continent se révéla également favorable. La France alla même jusqu'à lui accorder la médaille d'or de la critique. Mais le plus incroyable reste encore l'adoration fanatique qu'Adolph Hitler porta à ce film dont il fit saisir une copie à Pragues lorsque les allemands envahirent la Tchécoslovaquie. Plusieurs officiels britanniques qui rendirent visite à Hitler avant la deuxième Guerre mondiale, rapportèrent que le Führer se faisait projeter *Fire over England* dans son bunker, encore et encore, et ne tarissait pas d'éloges à son égard. Pour un film qui, dans l'Angleterre de 1936, fut interprété comme un appel au patriotisme britannique, le fait d'être applaudi par le public enthousiaste de Berchtesgaden représentait un réel tour de force et la meilleure garantie de ses qualités artistiques. Aux Etats-Unis, *Fire over England* fut le premier film « Made in England » à recevoir un traitement promotionnel à l'hollywoodienne. La Première, au Grauman's Chinese Theatre, en fut la consécration. Le magazine *Life* fut pourtant le seul à l'honorer en lui accordant le prix du « Film de la semaine ». Le générique cosmopolite du « grand film britannique » avait dû faire sourire les Américains et la critique. Vivien Leigh avait toutes les raisons d'être satisfaite. Pour son premier grand film, un tel lancement était une chance inespérée, et deux jours seulement après la fin du tournage de *Fire over England* elle enchaîna avec celui de *Dark journey*. Cette fois, l'intrigue était tellement fumeuse qu'elle-même ne parvint pas à comprendre ce qu'elle faisait dans cette histoire qui n'avait d'autre intérêt que de saisir d'admirables gros plans de sa personne. Elle était, semblait-il, une jeune Française qui se faisait passer pour Suisse et qui travaillait dans un magasin de couture en Suède où elle tenait le rôle d'un agent double censé fournir des informations à l'Allemagne. Bien évidemment, critiques et public ne comprirent rien à cette fable, mais tout le monde s'accorda à louer la beauté de Vivien et le charme satanique avec lequel elle parvenait à séduire le glacial Conrad Veidt. De ses talents d'actrice, hélas, personne ne souffla mot et elle se conforta dans l'idée que le cinéma n'était après tout qu'un art bien ingrat. Olivier avait raison. Seul le théâtre restait digne d'intérêt.

— Chapitre IX —

Tempête dans une tasse de thé

Peu après le tournage de *Fire over England*, par un bel après-midi du mois d'août, Tyrone Guthrie, l'un des plus célèbres metteur en scène de l'Old Vic, proposa à Olivier de rejoindre la Compagnie pour la saison à venir. L'offre, malgré son caractère prestigieux, n'avait rien de particulièrement alléchant. Le salaire était dérisoire, 20 livres par semaines, au lieu des 500 qu'il gagnait en travaillant pour Korda. D'abord tenté de refuser, Larry se ravisa lorsqu'il apprit qu'*Hamlet* était au programme. Interpréter le jeune prince danois était le rêve de tout acteur ambitieux et, à vingt-neuf ans, Olivier n'avait pas l'intention de passer le restant de sa vie à jouer les idoles de matinée, dégoulinantes d'eau de rose et de brillantine. Guthrie souhaitait par ailleurs donner la version intégrale de la pièce qui avait toujours été réduite en raison d'une tradition qui limitait la durée des spectacles à deux heures et demie. L'approche freudienne du personnage d'Hamlet, totalement révolutionnaire pour l'époque, était également un défi particulièrement stimulant pour le jeune Olivier. En s'appuyant sur le travail d'un certain Dr Ernest Jones, Tyrone Guthrie expliquait les hésitations d'Hamlet à accomplir le meurtre de son oncle par l'amour incestueux qu'il portait à sa mère. Sous ce nouvel éclairage, le Danois n'était plus cet insupportable bavard indécis qui se promenait la tête entre les mains pendant cinq actes interminables avant de venger son père, mais un personnage complexe, secret et tourmenté comme Olivier les adorait. Il disposait de quatre mois avant la première représentation. Profitant de ce répit, il décida de mettre un peu d'ordre dans sa vie privée. Pendant les deux mois de tournage de *Fire over England*, Vivien avait dansé allègrement sur son cadavre. Epuisé par les exigences de son rôle et de sa maîtresse, il ressemblait à un athlète en bout de course et réclamait seulement un peu d'oxygène. En s'éloignant pour un temps de Vivien, en échappant momentanément à son emprise diabolique, peut-être conservait-il aussi l'espoir de sauver leurs deux mariages. Il entassa dans ses valises toute la documentation qu'il put trouver sur la pièce de Shakespeare et s'accorda trois semaines de vacances à Capri, en tête à tête avec Jill Esmond. Bien sûr, il connaissait assez Vivien pour savoir qu'elle ne resterait pas assise, les mains dans son giron, à attendre qu'il revienne. Mais il était loin d'imaginer la rapidité avec laquelle elle organisa sa riposte. Prétextant un quelconque besoin de repos après les durs mois de labeurs sur ses deux films successifs, elle improvisa sur-le-champs son propre séjour en Méditerranée. Leigh Holman était retenu par ses affaires ? Qu'à cela ne tienne, elle amenait avec elle Oswald Frewen pour lui servir de guide et de chaperon. Le cousin de Winston Churchill n'était que trop flatté d'accompagner cette délicieuse enfant reprendre des forces dans le Sud de l'Italie. Il se chargeait de lui faire apprécier toute la richesse du patrimoine culturel et artistique d'un pays qu'il connaissait bien, et une étape avait été prévue à Rome et au Vatican. C'est donc l'âme légère et le sourire aux lèvres qu'ils partirent en direction de Capri où Vivien avait réservé des chambres à l'Hôtel Quisisana. En ce mois d'octobre 1936, la dictature fasciste n'avait pas encore réussi à troubler la quiétude du golfe de Naples. Les barques se balançaient dans le port et le soleil l'éclaboussait de paillettes argentées. L'atmosphère romantique des nuits italiennes enchanta particulièrement Vivien. En 1940, sur le tournage de *Lady Hamilton*, elle eut l'occasion de leur rendre un vibrant hommage : « Capri au clair de lune. Vous ne pouvez imaginer comme le monde peut être beau. » Le sourire complice de Nelson, interprété par Olivier, entraînait alors sa divine « Lady » bien au-delà des caméras, vers les rivages du souvenir. En arrivant à l'Hôtel Quisisana, Oswald Frewen, eut en effet la mauvaise surprise de tomber « par hasard » sur un autre couple en vacances : Jill Esmond et Laurence Olivier. S'il lui restait encore quelques illusions lorsqu'il vit tout ce petit monde s'embrasser d'un air candide et étonné, Vivien se chargea de les disperser. Ils n'avaient pas défait leurs bagages qu'elle lui avoua sa passion folle et irrésistible pour Olivier. C'était assez inconfortable de devenir ainsi le confident et le complice de la personne que l'on était censé chaperonner. D'autant plus qu'au cours de ces journées passées ensemble, l'amitié toute « fraternelle » qu'il vouait à son exquise compagne avait eu le temps de se compliquer d'élans incestueux difficilement contenus. Il avait aussi beaucoup d'amitié pour Leigh Holman, mais savait que Vivien n'accepterait aucune critique. Il décida donc, pour un temps, de se taire. Pendant les quatre jours qu'ils passérent à Capri, ce ne fut qu'un va-et-vient incessant d'une chambre à l'autre. Impuissant, il assista au spectacle de Vivien effectuant pour Olivier la danse des sept voiles. Elle allait même jusqu'à flirter ouvertement avec lui. Jill Esmond, qui avait toujours mis ces signes de familiarité sur le compte de son tempérament exubérant, commença à s'en offusquer. Elle en prit d'autant plus ombrage qu'elle voyait son mari y répondre, et même les encourager. Après le départ de Frewen et de Vivien pour Rome, elle laissa pour la première fois éclater sa colère. Prenant la défense de Vivien, Olivier qualifia son attitude de « Victorienne ». Ce n'était certes pas un terme que Jill s'attendait à trouver dans la bouche de son mari et elle soupçonna fortement Vivien de le lui avoir soufflé. Pendant tout le trajet de retour vers Londres, elle ne desserra pas les dents. Olivier était effondré. Il avait cru innocemment pouvoir chasser Vivien de sa mémoire et ressouder les liens fragiles qui l'unissaient à son épouse. Il ne s'était certes pas attendu à ce que Vivien lui manque autant. Lorsqu'il l'avait aperçu à l'Hôtel, il n'avait pu refouler plus longtemps le profond sentiment de désir, de bonheur et de gratitude qui l'attachait à elle. De Naples il lui téléphona pour la prévenir que tout était fini entre Jill et lui. Il était prêt à laisser sa femme rentrer tout seule à Londres, et voulait qu'elle vienne le retrouver à Capri. Cette fois Oswald Frewen fut obligé d'intervenir. Il avait bien voulu fermer les yeux jusque-là, mais il n'était tout de même pas prêt à laisser la femme de son meilleur ami folâtrer avec un autre homme en toute impunité. Vivien eut une véritable crise de nerfs, mais il resta ferme. Olivier regagna donc l'Angleterre avec son épouse, comme prévu. Quant à Vivien, si elle accepta la sentence de Frewen, elle ne lui toucha plus jamais un mot sur Olivier.

Le 10 décembre 1936, Edouard VIII, roi d'Angleterre, renonça au trône pour l'amour de Wallis Simpson, une Américaine deux fois divorcée. Des trémolos plein la voix, le futur duc de Windsor avait battu les records d'audience au cours de son allocution radio diffusée, reléguant au rang des amateurs les plus grands tragédiens de la scène britannique. Ce triomphe de l'amour apportait une lueur d'espoir au moment où le monde résonnait, surtout en Espagne, des rumeurs de pillage, de destruction et de mort.

Vivien s'était immédiatement passionnée pour ce conte de fée royal qui réverbérait dans le monde entier l'écho fragile d'une passion scandaleuse qui aurait pu être la sienne. Si Wallis Simpson, qui était loin d'être belle, était parvenue à faire succomber un roi, il n'y avait aucune raison pour qu'elle-même ne parvienne pas à séduire un prince… fût-il Danois pour les besoins d'une pièce. Depuis le 5 janvier 1937, Laurence Olivier avait en effet revêtu la mélancolie, le pourpoint et le grand chapeau à plume de Hamlet le Danois, qu'il jouait sur la scène de l'Old Vic. Le jeune homme pâle et romantique était devenu dans ses mains expertes, un grand garçon énergique rongé par son Œdipe qui révélait des qualités jusque-là insoupçonnées d'humour, d'intelligence, de tendresse et de grâce. Vivien, en « supporter » ardent et enthousiaste, alla l'applaudir quatorze fois. A une époque où les représentations étaient le seul moyen qu'ils avaient de se rapprocher et de se témoigner leur amour, chacune d'entre elles pouvait être considérée comme une parade amoureuse. Vivien restait persuadée que la voie la plus sûre pour gagner l'estime et l'amour d'Olivier passait par le théâtre. Tant qu'elle ne l'aurait pas rejoint au niveau de prééminence qui était le sien, elle continuerait à patauger dans le marécage de ses humeurs contrariées. Elle savait toute l'admiration qu'il vouait au couple Lunt et Fontanne et l'ambition qu'il avait de former un tandem aussi prestigieux pour affronter les grands rôles. Au mois de février, il avait saisi l'occasion de montrer la versatilité de son talent en interprétant Sir Toby Belch dans *La nuit des rois*. A sa demande, Jill Esmond s'était jointe à la troupe pour incarner le double rôle de Viola et de Sebastian. Il n'en fallait pas davantage pour inciter Vivien à battre le rappel de ses vieilles connaissances et à persécuter John Gliddon, son agent, jusqu'à ce qu'il lui obtienne un rôle. Elle était décidée à accepter le premier qui se présenterait, fût-il aussi insipide que celui de Pamela, dans une comédie assez médiocre mise en scène par Norman Marshall : *Because we must.* C'est à peu près à la même époque qu'arriva d'Amérique un gros roman touffu sur le vieux Sud. On ignorait tout de son auteur, une certaine Margaret Mitchell, d'Atlanta, mais l'héroïne, Scarlett O'Hara, dansait déjà à petits pas menus dans la tête de toutes les actrices qui rêvaient de l'incarner à l'écran. Après avoir acheté les droits d'adaptation du roman, le producteur David O'Selznick venait en effet de lancer une campagne de grande envergure pour en découvrir l'interprète idéale. Vivien se plongea dans l'épais volume et se passionna aussitôt pour les aventures de la jeune sudiste : « J'avais le sentiment de l'aimer et de la comprendre, comme si je l'avais connue en personne. » Sa lecture à peine achevée, elle reprit le livre depuis le début en prenant soin d'annoter certains passages à caractère historique, des épisodes de la guerre de sécession qu'elle ignorait ou simplement des traits de caractère du personnage de Scarlett. Elle était possédée. Comme toutes les lectrices qui avaient lu le roman et qui étaient pourvues « de deux bras et de deux jambes », elle était convaincue d'être l'incarnation vivante de Scarlett O'Hara. Elle supplia Gliddon d'envoyer à Selznick des coupures de presse la concernant, mais aussi des photos et une copie de *Fire over England.* Le soir de la Première de *Because we must*, elle offrit même un exemplaire du roman à chacun des membres de la troupe. La réaction de Selznick ne se fit pas attendre. Dans un télex en date du 3 février 1937, il écrivit à Kaye Brown, son agent de New-York : « Rectifiant une erreur sur le sujet dans Télex. Je n'éprouve aucun enthousiasme pour Vivien Leigh. J'en aurai peut-être, mais, jusqu'à présent, je n'ai jamais vu une photo d'elle. Verrons bientôt *Fire over England* et, à ce moment-là, bien sûr, nous verrons Leigh... » Les chances de Vivien de jamais interpréter Scarlett étaient donc pour le moins réduites, sinon inexistantes.

Alexander Korda, se rappelant qu'il l'avait sous contrat, en profita pour l'utiliser aux côtés de Rex Harrisson dans une comédie légère adaptée de James Bridie : *Storm in a teacup.* L'histoire se déroulait dans une petite bourgade d'Ecosse. Un jeune journaliste tombait amoureux de la fille du plus riche citoyen de la ville, mais voyait son idylle compromise par le fait qu'il devait affronter ce dernier devant le tribunal. Ce petit divertissement fut très bien accueilli lors de sa sortie en Angleterre. On regrettait seulement pour Vivien l'absence de rôles plus consistants. Dès la fin du tournage, elle accepta cependant d'incarner le personnage de Jessica, dans une farce grotesque que Sydney Carroll montait à l'Ambassadors Theatre : *Bats in the belfry.* Insensiblement, elle sentait sa carrière s'enliser. Après *The mask of virtue* elle n'avait qu'à tendre la main pour ramasser les étoiles par poignées. On célébrait unanimement sa beauté et la critique la couvrait de louanges. Mais une carrière ne se construisait pas sur un unique succès. Après *Hamlet* et *La nuit des rois*, Olivier poursuivait sa saison triomphale à l'Old Vic en répétant *Henri V* en vue des fêtes du couronnement de Georges VI. Porté par le brillant répertoire de Shakespeare, il courait de succès en succès tandis qu'elle piétinait dans des pièces médiocres qui quittaient rapidement l'affiche. Elle en avait plus qu'assez des Pamela et des Jessica. Ce qu'elle voulait, c'était jouer Juliette, Ophélie ou, pourquoi pas, Scarlett ! Olivier, malgré tout son amour, commençait à douter du secret de ses capacités d'actrice. Il l'avait recommandée à son professeur de diction, Elsie Fogerty, et lui prodiguait d'intarissables conseils, mais elle voyait peu à peu son enthousiasme vaciller. Le registre trop restreint de sa voix demeurait son handicap majeur. Tant qu'elle ne l'aurait pas surmonté pour arriver à couvrir au moins deux octaves, elle ne pouvait pas prétendre aborder le grand répertoire. Ce fut pour Vivien une période noire et, tandis qu'autour d'elle le doute s'installait, elle s'accrocha à la conviction désespérée qu'à force de travail elle parviendrait à devenir l'actrice immense qu'elle avait toujours rêvé d'être. Un mauvais génie semblait pourtant prendre plaisir à s'acharner contre elle. Alexander Korda venait en effet de lui proposer le rôle de Wanda Livinska, dans l'adaptation d'une nouvelle de John Galsworthy. Le scénario était épouvantable et, comble de malheur, le réalisateur n'était autre que le redoutable Basil Dean. Heureusement, quelques petites fées veillaient consciencieusement sur son destin. Un élément lui permit de surmonter allègrement tous ces handicaps : Laurence Olivier avait été choisi pour être son partenaire. Korda avait rapidement comprit l'impact que Vivien et Larry produiraient sur les foules en les réunissant dans un film avec une histoire d'amour appropriée. Il espérait renouveler le succès de *Fire over England*, en confiant à Graham Greene le soin d'adapter *The first and the last*, le récit d'une passion contrariée échappant de justesse à la tragédie. Larry Durant (Laurence Olivier) tuait accidentellement l'odieux mari de la femme qu'il aimait (Vivien Leigh). Apprenant qu'un innocent allait être condamné à sa place, il décidait alors de passer trois semaines de bonheur avec sa dulcinée avant de se rendre à la police. La mort soudaine de l'inculpé permettait heureusement aux amants de vivre un « happy end ». Le récit original de Galsworthy était beaucoup plus lugubre. Après avoir rédigé la confession du crime à l'intention de la police, le jeune couple décidait en effet de se donner la mort. Mais le frère du meurtrier, avocat de métier, détruisait la lettre d'aveux qui innocentait l'inculpé afin de préserver sa réputation. L'intrigue, on le voit, était peu appropriée à une transposition à l'écran. La censure n'aurait jamais accepté l'idée d'un double suicide, et le public n'aurait pu tolérer la condamnation de l'innocent. A la moralité glauque de l'œuvre première, Graham Greene avait donc substitué d'incroyables coïncidences : l'inculpé mourait d'une crise cardiaque en plein procès. Longtemps après, portant sur sa participation au film un regard implacable, Greene avouait l'avoir trouvé « lent, prétentieux, sentimental jusqu'à l'écœurement » et jurait, mais un peu tard, qu'on ne l'y prendrait plus. Pendant toute la durée du tournage, une odeur de catastrophe avait plané sur la production. Les rushes étaient désastreux et Basil Dean, comme à son habitude, tentait de terroriser toute l'équipe. Bien mal lui en prit. Ayant gagné ses galons de vedette, Olivier refusa cette fois de se laisser impressionner. Il se mit à l'appeler « mon chou » à tout bout de champ et ruina plus d'une prise en cédant à des fous rires aussi hystériques que contagieux. A un moment, la situation fut tellement tendue sur le plateau qu'Alexander Korda en personne fut obligé d'intervenir. Il fit rajouter une scène de son crû qui ne suffit pas, hélas, à sauver la totalité de l'entreprise. Finalement, le film fut mis au placard où il serait certainement resté si, quelques années plus tard, il n'avait pu profiter de la célébrité des deux principaux interprètes. Revendu à la Columbia, il ne sortit sur les écrans qu'au mois de mai 1940 et sous un nouveau titre : *Twenty one days together*. Au grand étonnement général, la critique américaine lui réserva un accueil plus que favorable. Larry et Vivien ne changèrent pourtant rien à l'opinion qu'ils avaient du film. Ils interdirent à tous leurs amis d'aller le voir et avouèrent, eux-mêmes, qu'ils n'avaient pu supporter qu'un tiers de la projection lors d'une présentation à New-York. En dépit de toutes les difficultés rencontrées sur le tournage, Vivien vivait intensément la passion folle de son personnage. Sa course effrénée au bonheur ressemblait de plus en plus à une scène du film où les deux héros, égarés dans une fête foraine, s'abandonnaient aux pentes vertigineuses des montagnes russes. L'intensité de leurs scènes d'amour trahissait l'évidence d'une liaison qu'ils ne cherchaient même plus à cacher. Ils apparaissaient ensemble en public, dînaient dans les restaurants à la mode, avant de s'éclipser à la recherche d'un endroit tranquille pour laisser libre cours à leurs étreintes passionnées. Et tandis que Leigh Holman et Jill Esmond continuaient de fermer les yeux sur les apparitions de plus en plus sporadiques de leurs époux respectifs, Laurence et Vivien repoussaient chaque jour les limites jusqu'où il est possible d'aimer. Encore leur fallait-il, comme les amants de Shakespeare, découvrir « un nouveau ciel, une nouvelle terre ».

Un matin du mois de mai, Vivien avait eu la surprise de trouver dans sa boîte aux lettres une enveloppe bleue portant le sceau de l'Old Vic. Plus impatiente qu'intriguée, elle l'avait ouverte sans plus tarder et avait soupiré d'aise en lisant le message qui s'y trouvait : « Les autorités danoises apprécieraient beaucoup que vous consentiez à interpréter Ophélie, et nous aussi en serions enchantés. » Au mois de juin, Olivier devait jouer *Hamlet* à Elséneur, sur le site même où Shakespeare avait situé sa pièce, au château de Kronbourg. Mais jusque-là, les patrons de l'Old Vic avaient tenu sous silence le nom de l'actrice qui interpréterait Ophélie. Avec un pincement au cœur, Vivien avait entendu souffler le nom de Jill Esmond et, lorsque la rumeur avait semblé se confirmer, elle s'était effondrée. Rex Harrisson, qui tournait avec elle *Storm in a teacup*, avait été témoin de la scène : « Elle se laissa aller dans sa loge à une crise d'hystérie, de colère et d'angoisse. Elle ressemblait beaucoup à un chat. Elle pouvait ronronner et griffer, mais dans les deux cas elle était toujours divinement belle. » Du même coup, Tyrone Guthrie, qui avait proposé le rôle à la femme d'Olivier, s'était heurté à la volonté farouche de ce dernier d'imposer Vivien à ses côtés. Guthrie doutait des talents de comédienne de la jeune femme et redoutait que sa voix — toujours elle — ne parvienne à surmonter les difficultés d'une représentation en plein air. Mais Olivier était intraitable. C'était Vivien ou rien, et Guthrie savait parfaitement qu'il était un peu tard pour chercher un autre Hamlet. Il se retrouva donc avec la tâche délicate d'apprendre à Jill Esmond qu'on lui avait trouvé une remplaçante qui, en l'occurence, n'était autre que la maîtresse de son mari. Dans le même temps, il fit envoyer à Vivien une convocation dans les règles qui permit à Olivier de garder secret le rôle qu'il avait joué dans cette affaire. Le tournage de *The first and the last* n'était pas encore terminé, mais Alexander Korda, avec sa complaisance habituelle, fit interrompre les prises de vue pendant une semaine. Basil Dean, au comble de l'exaspération, dut accepter de filmer les extérieurs en attendant le retour des deux tourtereaux. Jill Esmond, en revanche, se montra beaucoup moins conciliante. Fille d'un auteur dramatique et de la célèbre actrice Eva Moore, elle avait connu Laurence Olivier au mois de juin 1928, lorsqu'il avait remplacé, au pied levé, l'acteur Patrick Susands dans *Bird in hand*. Jill n'avait qu'un an de moins qu'Olivier, mais déjà une expérience professionnelle supérieure à la sienne. Elle avait commencé sa carrière à l'âge de quatorze ans sur la scène du St James Theatre. Avait-il été ébloui par son prestige, son talent, sa position sociale ? Trois semaines après l'avoir rencontré, Laurence la demandait en mariage. Jill, en dépit de son succès, n'avait jamais été dupe. Elle avait perçu immédiatement la supériorité du talent d'Olivier. Après leur mariage, elle avais mis volontairement un frein à sa carrière, allant jusqu'à refuser, pour le suivre en Angleterre, le rôle principal de *A bill of divorcement* qui avait propulsé Katherine Hepburn vers la gloire. La trahison de Laurence lui laissait un goût d'autant plus amer dans la bouche que, pour lui, elle avait tout sacrifié. Après l'épisode de Capri, elle aurait dû se montrer plus exigeante, mais elle avait eu peur de le perdre en le mettant au pied du mur. Ses idées libérales sur le mariage avaient beaucoup fait jaser lorsqu'elle l'avait épousé. Pour Jill, la position de la femme devait se situer sur le même plan d'égalité que celle de l'homme, chacun ayant droit à une certaine indépendance. L'union devait être basée sur l'amour, le respect et la confiance, et non sur des concepts bien fumeux de

« droits » et de « devoirs ». Devant le péril qui menaçait son mariage, elle se devait à présent d'agir comme elle l'avait toujours fait, sans emportement ni précipitation. Elle aurait pu se replier dans une dignité outragée, accabler Olivier sans chercher à le comprendre. Au lieu de cela, à se manière directe et franche, elle décida de s'attaquer au cœur du problème. Avant le départ de la troupe pour Elseneur, elle rendit une visite impromptue à Vivien, dans sa maison de Shepherd Market.

A quoi peut bien penser une femme qui fait antichambre chez la maîtresse de son mari ? Si elle devait affronter une séparation, Jill Esmond était femme à vouloir l'aborder les yeux grands ouverts. Après tout, la situation n'était pas plus saugrenue que celles qu'on lui faisait interpréter sur la scène ou à l'écran. A la différence que, cette fois, elle ne connaissait que les répliques de ron rôle. Une femme de chambre était venue la prévenir que la maîtresse de maison n'était pas encore rentrée du studio. Elle en profita donc pour se promener dans ce décor où tout parlait de Vivien. Des fleurs à profusion, des bibelots superbes, des meubles anciens et des tapis de prix. Un grand miroir, ingénieusement placé dans un coin sombre, donnait de la luminosité, en même temps que du volume, à la pièce. Les couleurs chaudes et vives de nombreux coussins égayaient quelque peu les formes strictes du grand canapé moderne. Chaque élément avait une place minutieusement calculée, même la cheminée, et ce superbe bureau à la pâleur vert jade qui pouvait se transformer en écritoire. Figées dans un silence de porcelaine, d'adorables figurines dansaient leur fragile menuet. Enfin, Vivien parut. Il semblait incroyable qu'après une journée de studio elle puisse encore être aussi fraîche et élégante qu'une rose. Le maquilleur de Denham avait certainement été réquisitionné pour un service supplémentaire, le hasard n'ayant aucun rôle à jouer dans l'existence de ces créatures. Elle laissait dans son sillage une traînée de parfum, s'avanca vers Jill en l'appelant « chérie » et sonna la femme de chambre pour du champagne. Elle était parfaite. « De la grâce dans le moindre geste, de l'esprit dans la répartie », et une absence totale de scrupule. Sûre de son amour, rayonnante de joie, incapable d'imaginer qu'on ne puisse prendre plaisir à voir son bonheur. L'expériencc pour Jill fut fascinante. Venue pour combattre une rivale et sauver son ménage, elle s'était préparée pour les cris, les larmes et les menaces. Les sourires extatiques et les rires d'enfant de Vivien, qui semblait retrouver sa copine de classe, la laissaient sans défense. A toutes les questions d'ordre intime que Vivien lui posa sur Olivier — comment aimait-il la cuisson de ses œufs, le repassage de ses chemises — elle s'entendit répondre d'une voix calme et déjà résignée. Pouvait-on lutter contre une déesse ?

— Chapitre X —

Les amants d'Elseneur

Elseneur. Vivien et Laurence pour la première fois ensemble, loins du foyer conjugal et des regards méprisants, savourent pleinement la sérénité d'un bonheur partagé. Défiant les siècles et les passions maudites achevées dans le sang ou la folie, le château de Kronbourg est le cadre romantique qu'ils ont choisi pour entamer leur vie commune. Dans le vent du soir, Olivier regarde la frêle silhouette de Vivien s'attarder près des vieux remparts et adresser ses prières à l'immensité de la mer embrasée par les lueurs rouges du couchant. Elle a écrit à Leigh, resté en Angleterre : « Je suis impatiente d'avoir des nouvelles de la maison. Ne reste pas trop seul et prends bien soin de toi. » Dix jours seulement après son retour, elle le quittera pourtant pour aller vivre définitivement avec Olivier.

L'Old Vic avait répondu à une invitation du Bureau du Tourisme Danois. En 1937, le pays avait voulu fêter le Jubilée d'Argent de son Roi, Christian X, par un événement théâtral sans précédent : la représentation d'*Hamlet* sur les lieux mêmes de la tragédie de Shakespeare. C'était la première fois qu'une troupe anglaise venait y donner une représentation depuis 1585. Pour Vivien, la responsabilité était écrasante. Tyrone Guthrie n'avait pu s'opposer à ce qu'elle joue Ophélie, mais il ne se privait d'aucune occasion de se plaindre de ses maniérismes et de sa voix fluette. Olivier devait déployer des trésors d'ingéniosité pour calmer ses angoisses. Avant leur départ pour Elseneur il lui avait fait répéter son rôle dans la voiture qu'ils utilisaient tous les jours pour se rendre à Denham. Mais c'était compter sans la pression qui accompagna la troupe pendant toute la durée des répétitions. La publicité créée autour de l'événement avait été considérable. Dès l'ouverture des guichets, les places s'étaient arrachées à prix d'or. Parmi les spectateurs, on annonçait des membres du Gotha international, des diplomates, des journalistes célèbres. Avec le mois de juin, une foule de touristes, ravis de pouvoir assiter aux fêtes du Jubilée, avait également afflué dans la cour du château de Kronbourg, menaçant de perturber les répétitions. Tyrone Guthrie avait été obligé de faire répéter la troupe entre minuit et six heures du matin. Ainsi, tandis que certains tentaient de se réchauffer en faisant circuler un thermos de café, souvent arrosé de schnapps, Vivien grelottait de froid en lisant ses répliques sous un parapluie. Même au mois de juin, les nuits d'Elseneur étaient souvent humides. Le mauvais temps s'ajoutait à présent à la fatigue et à ses craintes de décevoir Larry. Le cou entouré d'une serviette, comme un boxeur sur le ring, Olivier l'observait lutter courageusement contre les rafales de vent qui étouffaient complètement sa voix. La veille de la première, l'orage éclata sur Kronbourg. Dans de telles conditions, une représentation était impossible, mais les officiels étaient déjà en route, et il était trop tard pour annuler le spectacle. En désespoir de cause on se rabattit sur la salle de bal de l'Hôtel Merienlyst où l'on érigea une scène de fortune. Vivien, dont l'humeur s'était considérablement altérée depuis leur arrivée, fut peut-être l'une des rares à se sentir soulagée. Sa voix s'accomoderait mieux d'un cadre intimiste. Ce compromis de dernière heure n'allait pas sans une large part laissée à l'improvisation. On se chuchotait encore quelques indications scéniques au lever du rideau. La première fut pourtant un triomphe. Il y avait ce soir-là deux princes du Danemark dans la salle. L'un était Christian X, l'autre le Hamlet d'Olivier. On ne sait lequel impressionna le plus l'autre. Ivor Browne, le critique du *Times*, résuma fort bien l'opinion générale en affirmant que c'était la meilleure représentation d'*Hamlet* à laquelle il avait jamais assisté. Dès le lendemain, avec le retour du beau temps, la troupe regagna la cour du château. Pendant cinq jours, à raison de deux représentations quotidiennes, les deux mille places de Kronbourg ne désemplirent pas.

Le 22 mai, Olivier fêta à Elseneur son trentième anniversaire. A l'aube d'une carrière éblouissante il venait aussi de s'attacher la présence, à ses côtés, de la créature la plus exquise qu'il ait jamais rencontré. Juste avant leur départ pour le Danemark, il avait acheté Durham Cottage, une petite maison dans Christchurch Street, à Chelsea. S'il continuait d'aimer Jill, comme on peut aimer une femme belle, intelligente et digne, il la respectait trop pour vouloir encore tricher avec elle. On ne résistait pas à une enchanteresse, une femme papillon qui tirait de la vie tant de couleur et de rayonnement, que le quotidien prenait avec elle une qualité poétique. L'amour qu'il lui portait ne se confondait plus seulement avec le désir. Ils partageaient la même ambition, le même goût du danger, du suspense, du drame et de la romance. Ensemble ils parviendraient à se hisser au sommet de leur art. *Hamlet* était le premier grand rôle tragique de Vivien. Elle avait travaillé dur afin de mériter ses éloges, refusant de se plaindre, même lorsqu'elle attrapa un mauvais rhume dont elle eut quelques difficultés à guérir. Les représentations l'avaient épuisé et, vers la fin du séjour, elle avait opéré un curieux repli sur elle-même, se comportant de manière bizarre. Un soir, prise d'un accès de fureur incompréhensible, elle attaqua Olivier dans leur chambre d'hôtel. Peu avant la représentation, il était arrivé dans la cour de Kronbourg, encore en état de choc. Il ne pensait pas qu'elle serait en mesure de jouer. Quelques minutes plus tard, pourtant, Vivien arrivait avec une expression étrange dans le regard. Elle était déjà maquillée et avait revêtu le costume d'Ophélie. Elle n'eut pas une seule défaillance en scène, mais après les saluts, elle disparut dans sa loge sans un mot. Le lendemain, elle était suspendue, plus radieuse et amoureuse que jamais, au bras d'Olivier. Le reste de la troupe s'interrogea. Surmenage ? Querelle d'amoureux ? Comme Olivier ne fit aucun commentaire, on fit aussi semblant d'avoir tout oublié.

La grisaille de Londres succéda à l'euphorie d'Elseneur. Le 16 juin, lorsque Daisy, la femme de chambre des Holman, arriva à Little Stanhope Street, elle trouva la maison vide. Elle crut que Vivien était partie plus tôt aux studios où le tournage de *The first and the last* s'achevait. Lorsque le maître de maison lui expliqua que Vivien ne reviendrait pas vivre avec eux, ce fut l'incompréhension. Leigh Holman avait accepté la séparation avec philosophie, mais il repoussait farouchement l'idée du divorce. Comme Jill Esmond, il s'entêtait à ne voir dans la liaison de Vivien et Olivier qu'une de ces amourettes sans lendemain, assez fréquentes dans le milieu du spectacle. Une fois rendus à la raison, il ne doutait pas qu'ils finiraient par retrouver le droit chemin. « Elle peut revenir quand elle veut », avait-il confié à des amis. Et tandis qu'il faisait face courageusement aux nouvelles responsabilités que lui imposaient la garde de Suzanne, il conservait la chemise de nuit et la robe de chambre de Vivien à proximité, au cas où... Elle avait promis de lui écrire, un mois après leur séparation. Ce fut la seule lettre d'elle qu'il ne détruisit jamais. Elle semblait soucieuse de pouvoir établir une nouvelle relation avec lui, basée sur une sincère et solide amitié. Mais, de son retour, il n'était pas question, ni de quitter Larry : « On peut pardonner un tel acte une fois, mais jamais plus. » Pour son anniversaire, en novembre, elle lui fit parvenir une histoire du mobilier mais lui demanda de ne pas lui écrire en retour. En guise de réponse, il lui offrit une bague pour les fêtes de Noël. Oswald Frewen qui lui rendit visite à cette époque, le trouva vieilli. Vivien ne sortirait pas non plus indemne de cette « tragédie ». Au-delà des remords, cette rupture allait lui occasionner bien des complications. Le spectre d'Edouard VIII hantait encore les esprits, et un parfum de scandale entourait toujours les amants maudits. Soumise à différentes pressions, leur existence se révélait moins romanesque qu'ils auraient pu l'espérer. Un éclat risquait à tout moment de porter un coup fatal à leur carrière. Ils devaient se résoudre à redoubler de prudence et de réserve. Et tandis qu'ils reprenaient discrètement le chemin de Denham pour terminer les dernières séquences de *The first and the last*, ils trouvèrent à Iver, un gîte provisoire. Entre les prises, Vivien courait les antiquaires et les brocantes pour meubler Durham Cottage dont les réparations étaient encore en cours. A sa manière excessive, elle commença à la remplir de bibelots qu'elle dénichait sous des tonnes de poussière. Elle possédait ce don unique de trouver la pièce rare dans les endroits les plus inattendus. Même les bonnes œuvres n'auraient pas voulu des objets qu'elle rapportait triomphante, tant ils étaient mangés par les mites et rongés par les rats. Une fois nettoyés, décapés, cirés, lustrés, il s'avérait qu'ils valaient en fait le double du prix auxquels ils avaient été achetés. Vivien n'avait pas son pareil pour recréer des intérieurs raffinés et précieux. Si elle n'était pas devenue actrice, elle aurait pu être une décoratrice d'intérieur exceptionnelle. Avec la même autorité et la même précision qui faisaient l'admiration de ses camarades de couvent lorsqu'elle devait assortir une jupe et un foulard, elle posait un vase, un miroir, une figurine de Sèvres sur le meuble adéquat. Il lui fallut peu de temps pour faire de Durham Cottage un intérieur aussi coquet et confortable que Little Stanhope Street. Elle aimait les pièces claires, les teintes beiges, bleu pâle ou dorées, les rideaux satinés. Olivier, quant à lui, éprouvait le même effarement que Jill Esmond devant la profusion d'objets qui garnissaient les pièces. Il se sentait gauche et maladroit, se prenait les pieds dans les tapis et se cognait aux angles des meubles. L'acteur Ralph Richardson apporta un jour une solution inattendue à tous ses problèmes. Pour fêter l'anniversaire de Vivien et pendre la crémaillère, « Ralphie » et son épouse, Meriel Forbes, avaient été invités à dîner. L'acteur partageait une égale passion pour le champagne et les feux d'artifices. Après avoir vidé à lui seul plusieurs bouteilles, une lueur pyromane s'alluma dans sa prunelle : « Et maintenant, que diriez-vous de quelques explosions ? » Les applaudissements et les cris d'allégresse qui accueillirent l'initiative, se changèrent vite en hurlements de panique. Au lieu de sortir sur la pelouse, Richardson avait en effet installé ses fusées dans la salle à manger. Il comptait les faire partir à travers les fenêtre en direction du jardin. Le scepticisme d'Olivier fut accueilli par un éclat de rire et une gifle amicale : « Oh, mon cher ami. » Vivien, livide, assista impuissante au spectacle horrifiant qui suivit. L'un des engins diaboliques, ayant effectué une pirouette soudaine, explosa en effet au milieu de la pièce, brûlant de haut en bas ses nouvelles tentures. Dans son deuxième livre de souvenirs, *On Acting*, Olivier a raconté la suite des événements. S'apercevant que ses hôtes ne partageaient pas son hilarité, Richardson se replia dans une dignité outragée. « Allons viens, Mu, dit-il à sa femme, il vaut mieux nous en aller. Ces gens ne nous comprennent pas. » En partant il aurait encore défoncé la baie vitrée, brisé plusieurs carreaux et poursuivi le carnage dans le jardin : « ... il tomba dans le bassin, renversa la statuette, et écrasa un ou deux poissons rouges avant d'en ressortir. Puis il s'aventura sur la pelouse. Il traversa une haie de lilas que je venais juste de planter, soufflant et grognant comme un ours, et se dirigea vers le portail qu'il claqua si fort que la poignée en tomba ». Lorsqu'enfin Richardson disparut dans la nuit, il emportait avec lui le sentiment de claustrophobie qui avait oppressé Olivier dans sa nouvelle demeure.

Ce fut au tour de Vivien de manifester quelques signes de nervosité et de fatigue. A la tension des derniers jours de tournage à Denham s'étaient ajoutées les répercussions de la rupture avec Leigh Holman. Plusieurs de leurs amis lui battaient froid et, même dans le monde très libre du théâtre, elle dut faire face à quelques ressentiments. Pour comble de malheur, elle apprit que Suzanne avait été maltraitée par une nouvelle gouvernante. C'est donc avec joie qu'elle accepta l'idée d'un voyage à Venise. Après les longs mois de mauvais temps, le soleil de l'Italie était une véritable bénédiction. Elle retrouvait des couleurs et sa vitalité et ne manquait aucune occasion de prouver à Olivier sa reconnaissance. A l'étranger, où personne ne les connaissait, il était facile de vivre heureux, détachés des réalités. Leur vie commune et leurs carrières les ramenaient pourtant toujours vers l'Angleterre où les attendaient la houle et les quolibets. De retour à Londres, Vivien alla donc chercher conseil auprès d'Alexander Korda. Elle avait pris cette habitude sur le tournage de *Fire over England*. Le Hongrois, que les exigences de ses propres femmes rendaient toujours irascible, se montrait plein de tact et de délicatesse à son égard. Pour lui, il n'y avait qu'une solution à ses problèmes : Hollywood. Là- bas, personne ne s'occuperait d'eux, et ils pourraient continuer d'exercer leur métier sans se préoccuper du qu'en-dira-t-on. Il entreprit donc de se renseigner sur tous les projets de tournage en Californie, et essaya de les placer, même pour des seconds rôles. Il n'ignorait pas cependant que Vivien avait plus de chances qu'Olivier à ce marchandage. Tandis que *Fire over England* et *Dark journey* l'avaient établi en héroïne romantique dont les studios américains raffolaient, Olivier restait encore pour beaucoup : « celui dont Garbo n'a pas voulu ». Immédiatement emballée par l'idée de Korda, elle alla en expliquer l'ingéniosité à Oswald Frewen. Ce dernier, certainement sous la pression de Leigh Holman, venait entamer une ultime démarche pour lui demander de surseoir au divorce. Il émit quelques doutes sur les mœurs soit disant plus « libérales » des Américains. L'esprit puritain y était au contraire plus enraciné qu'ailleurs et un couple ayant quitté époux et enfants pour mener à leur aise une union libre, risquait fort de finir brûlé sur le bûcher de la censure. « Selon Alex », répondit Vivien, « ce serait vrai si nous étions Américains, mais parce que nous sommes Anglais, ils seront fascinés ». Que pouvait-on répondre à ça ? En attendant de se rendre en Amérique, Vivien laissa donc l'Amérique se rendre à elle.

En 1937, la Metro Goldwyn Mayer avait décidé de réaliser plusieurs films en Angleterre, et Michael Balcon, le directeur de production londonien avait pensé à Vivien pour un des rôles principaux de *A Yank at Oxford*. En dépit de son expérience limitée, son talent, sa beauté, et surtout le fait qu'elle se montrait moins gourmande que la plupart des autres actrices, plaidèrent en sa faveur. On lui confia donc le rôle d'Elsa Craddock, l'épouse volage d'un libraire d'Oxford. Lilli Palmer qui faisait ses tout débuts au cinéma se souvint d'avoir réalisé un test en même temps qu'elle : « On me maquilla et me conduisit dans une immense salle assez sombre. Une autre jeune fille y faisait déjà un bout d'essai. Je l'observais avec la plus grande attention. Avec son cou de cygne, ses cheveux bruns et ses yeux vert clair, elle faisait penser à un magnolia. Je déchiffrai le nom inscrit sur le "clap" placé devant la caméra : "Vivien Leigh". Elle se contenta de tourner lentement la tête de droite à gauche, mais rien que cela valait le déplacement ». Louis B. Mayer ne sembla pas partager cet avis. Lorsqu'il apprit que Balcon avait engagé une inconnue pour jouer aux côtés des deux autres vedettes du film, Robert Taylor et Maureen O'Sullivan, il entra dans une rage folle. Peu habitué à ce genre de manifestations hystériques qui étaient de mises chez bon nombre de producteurs californiens, Balcon donna sa démission, mais Vivien conserva son rôle. Il n'y avait pourtant pas de quoi pavoiser. C'était Maureen O'Sullivan qui avait la vedette, et jouer les seconds pneus n'enthousiasmait guère Vivien, surtout vis-à-vis de son amie de collège. Alexander Korda s'empressa de raviver son enthousiasme en lui rappelant que David O'Selznick était toujours à la recherche de sa Scarlett. *A Yank at Oxford* était l'occasion rêvée de se faire remarquer. Hollywood recherchait un nouveau visage, une actrice miracle que Selznick pourrait ne pas payer le prix d'une star, mais dotée de réels talents de comédienne que l'on ne pouvait espérer d'une inconnue. Il n'y avait pas de souci à se faire, c'était du tout cuit. Rechignait-elle encore ? Il lui laissait entendre que Laurence Olivier pourrait à son tour faire un Rhett Butler très convaincant. Il n'en fallait pas davantage pour convaincre Vivien que son rôle de garce dans *A Yank at Oxford*, n'était autre que la version anglaise de Scarlett. Bien sûr, le scénario de Jack Conway n'avait pas beaucoup de consistance, mais Korda s'engageait lui-même à la conseiller sur le tournage et à lui faire dépasser les limites étroites de son rôle. Il l'aida à donner à son personnage « l'impérieuse arrogance d'une Cléopâtre des temps modernes ». Robert Taylor et Lionel Barrymore reformaient le tandem père et fils qu'ils avaient admirablement interprétés dans *Camille*. Tous deux furent considérablement impressionnés par le talent et la beauté de Vivien, ainsi que par sa détermination. John Gliddon faisait constamment les frais de la nouvelle influence d'Olivier sur sa cliente. Capricieuse, exigeante, elle repoussait constamment les propositions avancées par l'agent. « John, vous n'êtres pas assez coriace » revenait comme une petite musique entêtante. Lorsqu'elle refusa les 3500 livres que lui offrait la Paramount pour tourner *Union Pacific* aux côtés de Joel McCrea, il comprit que leur association touchait à sa fin. Maureen O'Sullivan, qui jouait Molly, la rivale de Vivien dans le film, perçut également la transformation. Si elle éprouva quelque plaisir à retrouver son amie d'enfance, elle n'en fut pas moins déconcertée par la manière dont cette dernière réussit à empiéter sur son rôle. Avec ses tenues extravagantes, ses coiffures frisottées jusqu'à l'absurde et ses minauderies irrésistibles, Vivien monopolisait l'écran à chacune de ses apparitions. Pour finir, le jeune assistant réalisateur, Sidney Gilliat, écrivit pour elle la plus célèbre réplique du film. L'influence désastreuse d'Elsa Craddock sur les jeunes étudiants d'Oxford, contraint le directeur de l'école à lui demander de quitter la ville. Lorsqu'on l'interroge sur sa nouvelle destination, elle répond sur un ton d'ingénue : « Nous nous rendons à Aldershot » (une ville du New-Hampshire réputée pour son camp militaire). Au mois de février 1938, lorsque le film fut projeté à New-York, le critique du Daily Mail lui rendit hommage : « Vivien Leigh est une des raisons qui pourrait donner envie à tout le monde de se rendre à Oxford. »

De son côté, Laurence Olivier avait commencé le tournage de *The divorce of Lady X*, avec Merle Oberon pour partenaire. Il retrouvait Vivien le soir, à Durham, et discutaient de leur journée de travail, de leurs rôles respectifs, de leur avenir ensemble. Il semblait priser moins qu'elle l'idée de partir en Amérique. Il nourrissait l'ambition de monter *Macbeth* sur la scène de l'Old Vic. Après *Les douze nuits* et *Henry V*, il souhaitait confirmer sa réputation d'acteur shakespearien. De plus, il avait la Californie en horreur et se satisfaisait pleinement de la vie discrète qu'il menait en Angleterre. Vivien, elle, souhaitait exposer leur liaison au grand jour. Elle en avait assez d'être obligée d'acheter tous leurs meubles sous un faux nom, de s'absenter lorsqu'on venait les livrer. Elle était fière de l'amour qu'elle portait à Laurence et ne voyait aucune raison valable pour le cacher. Ses amis trouvaient exagérées les marques constantes d'affection et d'admiration qu'elle lui manifestait. Elle semblait toujours avoir peur de lui déplaire et de le perdre. Toute sa vie elle devait être victime de ces crises d'angoisse qui la paralysaient et la projetaient au bord du gouffre et de l'hystérie. Dans ces moments tragiques, personne ne pouvait la tranquilliser. Totalement affolée, elle se débattait comme un oiseau prisonnier. Elle rejetait les mains qui se tendaient, l'affection de ceux qui lui voulaient du bien, tout en redoutant de se retrouver seule. Elle faisait donc tout pour séduire Olivier et le garder. Déjà extrêmement élégante, elle redoublait d'attention pour paraître plus belle et plus radieuse. Son sens de la propreté et de l'ordre confinait à la manie. Tous les soirs elle recouvrait son linge d'un carré de soie et de dentelle, ainsi qu'on le lui avait appris au collège. Elle connaissait tous les déodorants, s'inondait de parfum et emportait toujours dans son sac à main une paire de gants de rechange au cas où ceux qu'elle portait viendraient à être souillés. A cette époque une rumeur affirmait que même lorsqu'elle faisait l'amour avec Olivier, elle n'avait pas une mèche ou un cil de travers, et qu'elle ne transpirait jamais. Même apocryphe, l'anecdote n'en était pas moins significative. En matière de sexe, nul ne doutait cependant que Vivien en connaisse un bon bout, puisqu'elle s'en vantait constamment. C'était l'un des traits les plus singuliers de son caractère, à la fois dérangeant et fascinant. A force d'arpenter les plateaux de tournage, elle avait acquis un répertoire d'injures et d'obscénités qu'elle ne se privait jamais d'utiliser. Pourtant, entre ses lèvres, même les mots les plus orduriers se transformaient en accords de musique. Larry, comme tous ceux qui l'approchaient, était captif de ce charme ambigu. En même temps, on le sentait sur le qui-vive. Après une visite à Durham Cottage, un de leurs amis résuma la situation : « Je comparais leur bonheur apparent à deux exquises figurines de Chine vacillant sur le rebord d'une étagère. On les regardait fasciné, redoutant de les voir tomber et se briser en mille morceaux sur le sol. »

— Chapitre XI —

Les jours heureux

Au mois de novembre 1937, Laurence Olivier rejoignit l'Old Vic pour une nouvelle saison théâtrale. Michel Saint-Denis, qui avait dirigé la Compagnie des Quinze, était maintenant installé à Londres. Partisan de l'Ecole Naturaliste dont Stanislawski et le Théâtre d'Art de Moscou avaient été les pionniers, il avait décidé de monter *Macbeth* avec Olivier dans le rôle principal. Vivien espérait incarner la célèbre Lady à ses côtés, mais elle se vit ravir le rôle par l'actrice australienne, Judith Anderson. Cette dernière poursuivrait sa carrière dans les rôles sinistres en interprétant, en 1940, le personnage de Madame Danvers, la terrifiante gouvernante du *Rébecca* d'Alfred Hitchcock. Vivien en fut très dépitée. Elle était sûre qu'auprès d'Olivier elle aurait pu donner une merveilleuse interprétation de ce caractère de femme, rusée et ambitieuse qui, à force de charme et de séduction, poussait son mari jusqu'au crime. En 1934, elle avait déjà donné un aperçu de sa conception du personnage. John K. Newnham, journaliste de *Film weekly*, avait été impressionné par une séquence de *The village squire*, le « quota quickie » tourné pour la Paramount de Londres. Vivien avait l'opportunité de jouer Lady Macbeth au cours d'une représentation de théâtre amateur. Selon Newnham, « c'était l'unique scène qui témoignait véritablement de ses dons d'actrice et elle y était très bien ». Deux jours après Noël, Tyrone Guthrie déposa dans ses chaussons un superbe lot de consolation. Parce qu'elle avait « exactement le poids qu'il faut » et surtout parce que, depuis le *Hamlet* à Elseneur, elle était remontée dans son estime, il lui confia le rôle de Titania dans *Songe d'une nuit d'été*. Guthrie avait situé la pièce à l'époque victorienne et la mise en scène était un véritable enchantement. Oliver Messel, travaillant dans un tourbillon de mousseline et de paillettes, avait créé des décors et des costumes merveilleux. L'Old Vic ne pouvant se permettre un tel luxe, il avait même accepté de prendre en charge toutes les dépenses superflues. Ninon de Valois avait réglé un ballet aérien de petites fées et la partition musicale était de Mendelssohn. Aux côtés de Vivien et de Ralph Richardson, Robert Helpmann tenait la vedette dans le rôle d'Oberon. Passionnée de ballet, et spectatrice assidue du Sadlers Wells, Vivien avait suivi l'ascension exceptionnelle de cet ancien danseur reconverti au théâtre à force d'intelligence et d'acharnement. Elle éprouva immédiatement une vive sympathie pour ce personnage fantasque réputé pour son esprit malfaisant et ses réparties assassines. Elle le fit rapidement entrer dans sa cour où il occupa, jusqu'à sa mort, la place privilégiée et redoutable du fidèle bouffon. *Songe d'une nuit d'été* fut la première pièce shakespearienne à laquelle assistèrent les petites princesses Elizabeth et Margaret. Pour la future Elizabeth II, à peine âgée de onze ans, le divertissement manqua de tourner au drame. L'héritière du trône d'Angleterre était à ce point intriguée par la façon dont les petites fées s'élevaient dans les airs, qu'elle tenta d'en faire autant en se penchant hors de sa loge. Elle fut rattrapée de justesse par les chevilles, créant un vif émoi dans la loge royale. Le même après-midi, pendant l'entracte, Vivien et Robert Helpmann furent présentés à la Reine. Au moment de s'incliner dans une profonde révérence, les coiffures très élaborées du Roi et de la Reine des Fées s'emmêlèrent au point que le couple resta ainsi la tête en bas, accrochés comme deux clés à un trousseau, jusqu'à ce que sa majesté et les petites princesses ravies ne parviennent à les séparer. *Songe d'une nuit d'été* fut un immense succès pour l'Old Vic et pour Vivien. Cette fois, la chance semblait être de son côté. Avec *Macbeth*, Olivier n'avait pas reçu l'accueil escompté. La production n'avait pas échappé à la malédiction qui semblait planer sur cette pièce de Shakespeare. De nombreuses complications étaient venues perturber les répétitions. Michel Saint-Denis avait été victime d'un accident de voiture, Olivier avait attrapé un mauvais rhume et, enfin, la veille de la première, toute la troupe avait appris avec consternation la mort de Lilian Baylis, l'esprit bienveillant qui depuis trente ans présidait au destin de la compagnie.

L'interprétation courageuse d'Olivier ne parvint pas à sauver la situation. Vivien venait de lui offrir une boîte de maquillage, et il usa de l'artifice jusqu'au grotesque, modelant son visage au point de ressembler à « un empereur Mongol ». Vivien résuma la situation à un ami : « Et bien, on entend d'abord la première réplique de Macbeth, puis le maquillage de Larry fait son entrée, suivi de Iago, et enfin Larry apparaît. » Cette légère déconvenue n'empêcha pas Laurence de poursuivre sur sa lancée en jouant *Othello* au mois de février 1938, et *Oriolan* au mois de mai. Vivien, qui venait de terminer *Songe d'une nuit d'été*, se rendit presque tous les soirs au théâtre pour l'encourager. Elle lisait beaucoup, hantait les musées, et saisissait toutes les occasions d'accroître ses connaissances déjà fort étendues. Elle avait fait de Durham Cottage un petit nid douillet, calme et chaleureux. Ensemble ils y avaient passé un merveilleux jour de Noël. Ils se retrouvaient souvent dans le salon, près d'un bon feu de cheminée. C'était la pièce la plus intime, avec une grosse peau d'ours blanc couchée devant l'âtre et une table basse où l'on servait l'apéritif. La place préférée de Vivien était un petit fauteuil en forme de cube situé à proximité des étagères remplies de beaux livres. Partout, des porcelaines, des vases, des fleurs, une grosse lampe, un bougeoir, des magazines éparpillés, des paquets de cigarettes. Les fenêtres donnaient sur le jardin, entouré d'un mur bas que surmontait un treillage. Un chemin en vieilles dalles serpentait entre les grands arbres et les massifs de fleurs. Pour clore la tournée de *Coriolan*, et fêter les trente et un ans d'Olivier, ils y organisèrent une soirée et réunirent une cinquantaine d'amis autour d'une petite formation de jazz installée dans la serre. Jusque-là, Olivier avait toujours éprouvé quelques réticences à afficher leur liaison. Tant que leurs conjoints n'avaient pas consenti au divorce, il était inutile de donner prise aux commérages et au scandale par des raouts mondains déplacés. Il conservait aussi le rêve enfantin de préserver intactes les amitiés nouées au temps de son premier mariage et d'éviter, chez leurs proches, la constitution de groupes rivaux. Au cours d'une représentation de *Richard III*, il avait rendu visite à l'acteur Emlyn Williams dans sa loge : « Vivien te transmet ses amitiés. Elle est dehors dans la voiture. Elle est désolée de ne pouvoir venir, mais elle sait que tu comprendras. » Cette discrétion calculée n'avait pu empêcher certains débordements. Larry avait un jour reçu par la poste une brique enveloppée dans du papier journal. Une âme bien intentionnée avait eu l'amabilité d'y joindre un petit mot : « Pour la folie d'Olivier. » Sans doute, dans le public, se trouvait-il quelque individu pour souhaiter qu'il se l'attache autour du cou avant d'aller sauter dans la Tamise. Tous les soirs, au sortir des représentations, il se sentait en effet dévisagé avec le même air de dégoût et de répulsion qu'aurait inspiré Jack l'Eventreur. Vivien, qui s'accomodait fort mal de cette clandestinité, aurait préféré que leur liaison finisse par s'ébruiter. Si la presse s'était saisie de leur affaire, la peur du scandale aurait peut-être forcé Leigh Holman et Jill Esmond à consentir au divorce. Pour elle, tout le blâme de la situation incombait à leurs conjoints respectifs qui les obligeaient, par leurs refus successifs, à vivre continuellement « en état de péché ». Son raisonnement, peut-être pas très moral, n'en conservait pas moins une certaine logique. Ils s'aimaient, souhaitaient se marier, mais on les en empêchaient. Elle ne voyait pas ce qu'on pouvait leur reprocher, à eux personnellement. Pourtant, dès que l'on abordait le sujet des répercussions d'un divorce éventuel sur leurs enfants, on la sentait sur la défensive, profondément émue, au bord des larmes. Au cours de la soirée, à Durham, Olivier annonça à tous ses invités son intention de jouer *Macbeth, Othello, Hamlet* et *Le roi lear* à la rentrée prochaine. Après mûres réflexions, il avait décidé d'imposer Vivien à ses côtés. Elle chancela sous la nouvelle. C'était un défi écrasant à relever pour une actrice aussi jeune et aussi inexpérimentée qu'elle à la scène classique. Elle sentait qu'il cherchait à l'éprouver. L'affection juvénile qu'elle lui portait ne lui suffisait plus. Il voulait l'avoir à ses côtés non seulement en tant que femme, mais aussi en tant qu'actrice. Son rêve de former un tandem comparable à celui de Lunt et Fontanne reprenait corps. Au cours de la saison écoulée à l'Old Vic, il avait beaucoup mûri, son talent s'était affiné et il venait d'entamer des pourparlers pour financer la saison prestigieuse qu'il convoitait. La première réaction de Vivien fut l'affolement. C'était un fouet que brandissait Olivier au-dessus de sa tête. Elle entendait déjà la rumeur qui ne manquerait pas d'accompagner l'entreprise. Olivier ayant complètement perdu la tête, avait pris le risque de l'engager uniquement parce qu'elle était sa maîtresse. C'était entre eux une sorte de test final. Un échec ou un refus porterait un coup fatal aux espérances qu'il avait placées en elle. Au risque de compromettre sa santé, déjà si fragile, elle accepta de relever le défi. Elle était prête à se surpasser, travailler jusqu'à l'extrême limite pour lui donner satisfaction. Cette résolution tourna dès lors à l'obsession.

Peu de temps après cette soirée, Vivien reprit le chemin des studios. Korda l'avait cédée à Erich Pommer, qui tournait pour une firme indépendante, la Mayflower Productions. La vedette était Charles Laughton. *Saint Martin's Lane* racontait l'histoire d'un chanteur des rues (Laughton) qui aidait une enfant perdue, capricieuse et égoïste (Vivien) à devenir une reine de music-hall. Le tournage fut épuisant. Elle devait danser et chanter pour les besoins du rôle, et surtout elle éprouvait une vive antipathie pour son partenaire, Charles Laughton. Elle le tenait responsable de l'échec du projet de *Cyrano* qui lui avait tant tenu à cœur. Laughton s'était en effet opposé au choix de Vivien pour jouer Roxane. Ce n'est que sur l'insistance de Korda qu'il s'était ravisé, à condition qu'elle se fasse teindre les cheveux en blond. Vivien, évidemment, avait catégoriquement refusé et ne lui avait jamais pardonné cette humiliation. L'épisode du « nez » de Cyrano l'avait, en revanche, beaucoup amusée. Pour Laughton, ainsi que bon nombre d'interprètes, la clé du personnage de Cyrano résidait dans la dimension de son nez. Toutes les troupes qui montent la pièce éprouvent toujours un certain embarras au moment de se mettre d'accord sur la taille adéquate de l'organe. Pour Laughton, le problème tournait à la névrose. Il refusait systématiquement tous les modèles qu'on lui présentait, trouvant les uns grotesques, ridiculement petits ou trop proéminents. Comment ne pas paraître stupide dans la fameuse réplique : « C'est un pic, un cap, une péninsule. » ? Excédé par tant de simagrés, Korda avait fini par faire venir à Londres un spécialiste viennois de la chirurgie plastique flanqué d'un sculpteur et d'un maquilleur. Pendant des semaines, l'équipe extraordinaire travailla dans l'ombre à l'élaboration du nez idéal et définitif de Cyrano, tel que Rostand l'avait imaginé. L'arrière des studios de Denham était déjà encombré d'exemplaires ratés qui poussaient dans l'herbe comme de curieux champignons, lorsqu'enfin on annonça que le chef d'œuvre était prêt à affronter les yeux du public. Korda convoqua dans son bureau quelques membres privilégiés de son personnel, offrit une tournée de cigares et attendit dans le plus profond recueillement. Au bout de quelques minutes, le spécialiste de la chirurgie plastique entra, suivi de ses deux accolytes aussi raides que des santons d'église. Il posa sur la table un gros plateau d'argent recouvert d'une pièce de tissu, et dans un geste mélodramatique découvrit la merveille. Il y eut un long silence. Le chirurgien savourait son triomphe. Korda regardait Laughton. Laugthon regardait Korda, puis l'objet tubulaire en mastic qui devait bien mesurer dans les vingt centimètres. Finalement le directeur artistique sentit l'interrogation des deux homme en face de lui : « Alors ? », dit-il. Il se tourna vers Laughton d'un air navré : « Si tu veux connaître mon opinion Charles, ça m'a tout l'air d'une grosse bite rose ! ». Le nez splendide de ce qui aurait dû devenir le plus grand *Cyrano* de tous les temps, rejoignit donc ses confrères à l'arrière des studios. Ainsi naissent et meurent les légendes...

Pendant toute la durée du tournage de *Saint Martin's Lane*, Vivien et Laughton se mirent d'accord pour respecter une trêve et enterrer la hache de guerre. Olivier fit de fréquentes visites sur le plateau. Selon le compositeur Larry Hadler, sa présence était due aux scènes romantiques que Vivien avait avec Rex Harrisson, l'autre vedette du film. Entre les prises, Vivien et Olivier s'isolaient dans une loge et il était très difficile de la faire revenir. Charles Laughton, par contre, fit preuve d'un professionalisme impeccable. Pour les besoins d'un raccord, il n'hésita pas à sacrifier un week-end à la campagne pour donner en « hors champ » la réplique à Vivien. En dépit de cette bonne volonté, le film ne fit pas grand chose pour son prestige personnel, ni pour celui de sa partenaire. Aux Etats-Unis, où il sortit sous le titre de *The sidewalks of London*, la vision qu'il donnait de la vie londonienne fut jugée trop austère et il n'emporta ni l'enthousiasme de la critique, ni celui du public. Peu après le tournage, Vivien tomba malade. Les docteurs lui recommandaient un peu de repos. Olivier et elle s'octroyèrent donc quelques jours de vacances. C'était le dernier été avant la guerre. Au mois de mars, l'Europe entière avait appris avec stupéfaction la proclamation de l'Anschluss. L'armée allemande avait pénétré en Autriche, les nazis avaient éliminé leurs adversaires, et Hitler, par un plébiscite, venait de ratifier le fait accompli. Charles Laughton avait poussé la bonne volonté manifestée sur le tournage jusqu'à tracer pour Vivien et Olivier un itinéraire partant de Boulogne et passant par Paris, qui les conduirait jusqu'à une petite baie située à la pointe d'Agay, entre Cannes et Saint-Raphaël. Ils quittèrent donc Londres dans leur vieille Ford V8 pour un périple dans le Sud de la France qui leur réservait plusieurs étapes sur la « Route gastronomique ». Après un court séjour à Saint-Paul-de-Vence, ils emménagèrent dans un petit hôtel pourvu d'un restaurant et de deux chambres seulement. Le séjour fut idyllique. Ils firent un régime de coquillages, de baignades et de soleil. Au grand ravissement de Vivien, la patronne de La Calanque d'Or possédait dix-huit chats siamois. Jamais Vivien n'avait été aussi jolie, aussi détendue. Elle parcourait les vieilles ruelles fleuries de géraniums d'un pas souple et léger. Elle ne se séparait jamais d'une paire de lunettes fumées et d'un énorme chapeau de paille. Elle ne cherchait pas encore à protéger son anonymat, mais plutôt sa peau blanche et délicate des ardeurs du soleil de juin. A Vence, ils retrouvèrent John Gielgud et Hugh Beaumont, le producteur sur lequel comptait Olivier pour pouvoir mener à bien sa saison shakespearienne. Mais Beaumont était catégorique. Il n'apporterait son soutien au projet que si Gielgud, dont il était aussi l'agent, faisait partie de la distribution et assurait une partie de la mise en scène. En dépit du respect qu'Olivier portait à Gielgud pour ses talents d'acteur, il s'était rendu compte au cours de la représentation de *Roméo et Juliette*, en 1935, qu'ils partageaient des opinions complètement divergentes sur la manière de mettre en scène Shakespeare. Gielgud était surtout attaché à la poésie, au lyrisme du texte, alors qu'Olivier essayait d'introduire un aspect plus réaliste, plus naturel pour lequel il avait souvent été critiqué.

Pendant ce temps, Alexander Korda conservait l'espoir de « vendre » ses poulains à Hollywood. Il venait de « prêter » Merle Oberon à Goldwyn pour incarner la farouche Cathy dans l'adaptation par William Wyler du célèbre roman d'Emily Brontë : *Les Hauts de Hurlevent*. Il savait que Wyler avait quelques difficultés à trouver son interprète masculin. Il lui expédia donc illico presto la copie d'un film d'Olivier. Wyler ne pouvait qu'être séduit par le feu, la passion et la sensualité qui se dégageaient du jeu de l'acteur. Il était idéal pour le rôle d'Heathcliff. Douglas Fairbanks Jr. avait réalisé un test, mais son apparition était si outrancière que la bobine était vite devenue la risée du tout-Hollywood. La composition nuancée d'Olivier était un peu de baume au cœur de Wyler qui câbla immédiatement sa réponse à Korda : « OLIVIER OKAY HEATHCLIFF. ARRANGER ». Restait encore à convaincre le principal intéressé.

— Chapitre XII —

Les chants de Hurlevent

Vivien et Larry poursuivaient tranquillement leur séjour dans leur hôtel de la Calanque d'Or. Plusieurs de leurs amis se trouvaient sur la Côte d'Azur cette année-là. Ils se retrouvaient pour quelques heures, au cours d'un dîner, d'une baignade. Hitler et la possibilité d'une guerre revenaient souvent dans la conversation. Ils n'en éprouvaient qu'un besoin plus intense et poignant de se distraire, de s'amuser. Ils pressentaient déjà que, plus tard, ils porteraient sur ces longues journées d'été, un regard nostalgique et douloureux. Rien ne serait plus jamais pareil. En 1949, au cours d'un pélerinage sentimental, la roue du temps les déposerait une fois de plus sur la plage blanche d'Agay. Mais l'hôtel de la Calanque d'Or avait été détruit pendant la guerre, et les patrons, accusés de collaboration, avaient été exécutés par la Résistance.

En 1938, le soleil chauffait encore les façades roses sur lesquelles quelques grands pins jetaient leurs ombres tremblantes. Oubliant les nuages à l'horizon, Vivien s'amusait follement en apprenant à conduire. Elle avait adopté un petit chaton qu'elle souhaitait ramener en Angleterre. Elle écrivit à ses parents qu'elle n'avait pas la moindre idée de la date de son retour. Un câble de Korda vint cependant rompre l'harmonie du couple au mois de juillet : « SERIEZ VOUS INTERESSE PROJET GOLDWYN TOURNER HAUTS DE HURLEVENT AVEC VOUS VIVIEN ET OBERON - STOP - DEBUT 1er SEPTEMBRE. REPONDRE DES QUE POSSIBLE ». Le plus grand doute était laissé quant au rôle que l'on proposait à Vivien, et Olivier fut tenté de répondre par un « non » définitif. Il éprouvait beaucoup de réticences à abréger un repos mérité pour se précipiter dans la fosse aux serpents qu'Hollywood représentait à ses yeux. De plus, il était furieux de la manière dont Korda utilisait Vivien pour exercer sur lui une sorte de chantage. Le Hongrois connaissait parfaitement l'ambition qu'elle avait de jouer Scarlett O'Hara dans *Autant en emporte le vent*. D'après les rumeurs, le projet promettait de devenir le plus grand film de toute l'histoire du cinéma, reléguant loin derrière lui le pourtant très célèbre *Naissance d'une nation* de David Ward Griffith. L'actrice qui décrocherait le rôle était sûre par conséquent d'accéder immédiatement à la célébrité. Korda était tenu au courant, au jour le jour, de l'évolution du projet et de la distribution des rôles. En proposant à Vivien le personnage secondaire d'Isabelle, la sœur d'Edgard Lindton dans *Les Hauts de Hurlevent*, il espérait faire d'une pierre deux coups : convaincre Olivier d'accepter le rôle d'Heathcliff, et permettre à Vivien d'être sur place pour saisir sa chance lorsque l'occasion se présenterait. Selznick ne pourrait attendre indéfiniment. Ses financiers le pressaient chaque jour de commencer le tournage et le premier tour de manivelle avait été prévu avant la fin de l'année. Après avoir discuté ensemble du projet et s'être fait envoyer le script, signé Ben Hecht et Charles Mac Arthur, Olivier câbla sa réponse : « NON POUR LES HAUTS DE HURLEVENT EXCEPTE SI VIVIEN DANS LE ROLE DE CATHY ». Cette condition équivalait à un refus. Tous deux savaient pertinemment, en effet, que le rôle avait déjà été confié à Merle Oberon. Il était peu probable que la distribution soit modifiée au dernier moment, d'autant plus qu'Oberon était, à ce moment-là, la maîtresse de Korda. Soutenue par Olivier, Vivien resta ferme sur sa décision. Après avoir eu la vedette dans plusieurs productions, dernièrement aux côtés de Charles Laughton, elle n'était pas prête à supporter l'affront d'un second rôle, même pour Hollywood. Elle expliqua une fois encore son point de vue à William Wyler dès leur retour en Angleterre. Le metteur en scène, qui venait de terminer *Jezebel* avec Bette Davies, n'hésita pas en effet à accomplir une visite de courtoisie dans leur maison de Christchurch Street. Entre le saumon froid et le vin d'Alsace, il tenta vainement de ramener Vivien à la raison. Mais la dualité fascinante du personnage de Catherine Earnshaw avait déjà conquis Vivien. Après Scarlett, c'était le seul rôle qu'elle rêvait d'interpréter. Elle se reconnaissait dans son air « d'indomptable petite friponne », qui avait « l'œil le plus gai, le sourire le plus caressant et le pied le plus léger de toute la paroisse », ce personnage de femme déchirée entre sa passion intense pour Heathcliff et la vie élégante et mondaine que lui promettait Edgard Lindton. Pour bien convaincre le réalisateur qu'elle était faite pour le rôle, Olivier avait organisé une projection privée de *Saint Martin's Lane*. Wyler reconnut volontiers avoir été impressionné par l'ardeur que mettait Vivien dans chacune de ses scènes, mais Merle Oberon avait déjà signé pour le rôle. Pourquoi pas Isabelle ? Elle ne pouvait rêver de trouver mieux pour ses débuts à Hollywood. Il proposa à Olivier 75 000 dollars pour interpréter Heathcliff ainsi qu'un séjour à Hollywood tous frais payés pendant la totalité du tournage. L'offre était alléchante. Le financement de sa saison shakespearienne lui posait encore quelques problèmes. Vivien comprenait son hésitation. Il avait relu le découpage du film pendant le tournage de *Q Planes*, un petit film d'espionnage qu'il avait tourné à Denham aux côtés de Ralph Richardson, et il découvrait peu à peu la profondeur du personnage de Brontë. C'était l'occasion inespérée d'un retour en force aux Etats-Unis. Sous la houlette experte de Wyler, nul doute que le film serait un succès. Un peu de célébrité ne pourrait pas lui faire grand mal. Beaucoup d'argent non plus. « Nous apprenions lentement que les acteurs doivent mener leur carrière avec une conscience froide et déterminée », confia plus tard Olivier. Vivien excellait dans ce domaine. Lorsqu'elle réalisa qu'elle était la seule raison au refus de Larry - ils s'étaient promis de ne jamais se séparer - elle le persuada de revenir sur sa décision. Trois mois d'absence n'étaient pas la fin du monde. Et puis elle souffrait de se sentir devenir une étrangère pour sa fille. Sa mère, Gertrude, qui avait pris en main l'éducation de l'enfant, ne cessait de la harceler à ce sujet. Elle mettrait à profit cette séparation pour remédier à ses négligences. Olivier avait du mal à comprendre les scrupules de Vivien. Il avait entièrement rompu avec Jill Esmond. En fait, il soupçonnait Vivien de vouloir profiter de son départ à Hollywood pour retourner vivre avec Leigh Holman, avec qui elle avait repris contact. Il avait bien tort de s'inquiéter à ce sujet. Même si Vivien entretenait toujours certains rapports avec celui qui était encore légalement son époux, cela se passait sur un plan tout à fait amical et platonique. Elle était incapable de réellement couper le cordon qui la reliait aux autres, conservant toujours avec les êtres qu'elle aimait, un contact régulier. Elle dépensait des sommes folles en frais de poste et en cadeaux, ayant toujours un anniversaire ou une fête à souhaiter. Elle avait surtout compris que la réussite de leur carrière respective était une condition essentielle à leur bonheur, et elle ne voulait pas interférer avec la chance qui se présentait à Olivier. Elle traversait pourtant une période cruelle, venant d'essuyer le refus le plus cinglant de sa jeune carrière. Michel Saïnt-Denis, qui avait mis en scène le *Macbeth* d'Olivier au mois de novembre 1937, montait une reprise des *Trois sœurs*, d'Anton Tchekhov. Elle avait espéré tenir le rôle de Masha, aux côtés de John Gielgud, Peggy Ashcroft et Gwen Ffrangcon-Davies. C'était un rôle merveilleux. Olga Knipper l'avait créé à Moscou en janvier 1901, avant d'épouser Tchekhov. Vivien aurait fait une admirable Masha, cachant derrière son visage pensif et enfantin une âme déchirée et bouleversée par le chagrin, mais qui jusqu'au bout continue de murmurer : « Il faut vivre... Il faut vivre ». Michel Saint-Denis ne sembla pas partager cet avis. Pour lui, Vivien n'était rien d'autre que « la maîtresse d'Olivier », tout au plus ravissante, mais certainement pas une actrice. Lui confier un rôle dans la pièce de Tchekhov aurait été un « sacrilège ». Elle se contenta donc du rôle principal de *Serena Blandish*, une production insignifiante qui n'avait pour seul intérêt que de lui opposer Stewart Granger pour partenaire. D'après l'acteur, elle n'avait à cette époque que deux choses en tête, sa passion pour Laurence Olivier et son désir d'incarner Scarlett O'Hara. Les rumeurs de guerre s'amplifiaient et, tandis qu'Olivier s'interrogeait toujours sur la décision à prendre, Vivien s'imaginait déjà au milieu des obus, convoyant les blessés au volant d'une ambulance. L'Angleterre mobilisée se préparait à un conflit imminent dans lequel, le moment venu, elle espérait bien tenir un rôle. Le 5 novembre, Olivier embarqua sur le Normandie à destination de l'Amérique. C'était l'anniversaire de Vivien. Elle avait vingt-cinq ans. Elle l'accompagna jusqu'à Southampton où le palace flottant était ancré, puis regagna Londres et les représentations de *Serena Blandish* dont c'était la dernière semaine. 1938, s'achevait sur une note sinistre. Pour la première fois, depuis qu'ils avaient décidé de vivre ensemble, Vivien était séparée d'Olivier. Plus grave que tout, elle n'avait pas réalisé ses ambitions. Elle campait encore au théâtre des rôles médiocres et on lui refusait ceux qu'elle convoitait. Le mépris de Michel Saint-Denis l'avait profondément blessée, mais elle entrevoyait cependant une petite lueur d'espoir. Tyrone Guthrie l'avait priée de reprendre le rôle enchanteur de Titania dans *Songe d'une nuit d'été* pour les fêtes de Noël. Leigh Holman, qui refusait toujours le divorce, venait de consentir à lui accorder la garde de Suzanne pendant quelques jours. Enfin, elle n'avait pas totalement perdu espoir, ayant sans doute de bonnes raisons pour cela, d'interpréter le rôle le plus convoité de toute l'histoire du cinéma, celui de Scarlett O'Hara dans *Autant en emporte le vent*.

Deuxième partie

1938 - 1948

LE VENT ET LA TEMPETE

— Chapitre XIII —

Le chemin de Tara

Margaret Mitchell n'était encore qu'une inconnue d'Atlanta lorsqu'elle arriva sur la scène de la littérature américaine. Haute comme trois pommes, un visage ovale dont la seule beauté résidait dans deux immenses yeux bleus, elle avait gardé d'une chute de cheval un léger boitement qu'elle essaya toute sa vie de compenser par des chaussures orthopédiques. Avec les gros rubans qu'elle avait pour habitude de nouer dans ses cheveux, elle avait davantage l'air d'une poupée miniature que d'un véritable auteur à succès. Elle avait tenu une rubrique féminine dans un journal local d'Atlanta, mais jusque-là ses exploits journalistiques s'étaient limités à une interview de Rudolph Valentino, à nourrir un éléphant dans un cirque et à se pendre au bout d'une chaise du haut d'un gratte ciel. Tout portait à croire que ses dons littéraires se réduisaient à ces quelques excentricités. Elle avait commencé un roman sur l'âge du jazz, mais l'avait abandonné après plusieurs chapitres, ne se prenant pas suffisamment au sérieux pour se considérer elle-même comme un auteur à part entière. Son caractère fantasque déconcertait souvent ses proches. Après un premier mariage d'une brièveté déconcertante elle décida d'épouser John Marsh, un ancien prétendant peu rancunier qui avait servi de témoin à son premier mari lors de ses noces. Au cours d'une garden-party elle s'était même lancée dans une danse apache furieuse, provoquant un vif émoi chez les respectables matrones d'Atlanta. Pourtant, grâce à ses talents de conteuse, elle se faisait tout pardonner. Lorsqu'après un repas on lui demandait de bien vouloir raconter une histoire, on le faisait avec la même déférence que si l'on s'était adressé à Shéhérazade en personne. Son sujet préféré était celui de la guerre de Sécession et du Vieux Sud qu'elle faisait résonner du « rire sonore des nègres revenant des labours » et du galop des beaux cavaliers entre les champs de coton. C'était l'âge d'or qu'elle récréait pour ses hôtes, et de sa voix fluette elle brouillait les couleurs du présent et les parfumait d'odeurs caractéristiques : celles du « mint-julep », des magnolias et de cette terre de Géorgie pour laquelle elle trouvait des accents pathétiques. Elle était née en 1900. Les ruines fumantes du Vieux Sud se dressaient encore aux alentours, lorsqu'à la suite de mauvais résultats scolaires, sa mère la fit monter en calèche et l'amena devant les vestiges de ces anciennes demeures grignotées par le temps. Il est facile d'imaginer l'impression indélébile que firent sur une enfant sensible ces images de désolation. Quelle leçon extraordinaire de la part d'une mère. Voilà ce qu'il advenait des faibles et des perdants, de tous ceux qui affrontaient la dureté de la vie sans y être préparés. Il fallait se battre pour subsister, ceux qui ne le comprenaient pas seraient ainsi balayés par le temps et le vent. Sans doute « Peggy » Marsh Mitchell s'en souvint-elle lorsqu'à vingt-cinq ans, immobilisée par un accident à la hanche, elle se lança à corps perdu dans la rédaction d'un roman sur le Sud. Elle n'avait pas encore d'idée pour le titre, elle devait changer plusieurs fois le nom de ses personnages, mais depuis des années l'histoire était si clairement ordonnée dans sa tête qu'elle put en commencer la rédaction par le dernier chapitre. Il lui suffisait de se laisser aller. C'était l'histoire de sa vie qu'elle racontait. L'histoire des gens de sa race, d'une nation qui s'était relevée de toutes les persécutions et de toutes les défaites. L'histoire d'une Amérique, formée par la rage et par le sang, et marquée d'un profond attachement à ce qu'elle avait de plus précieux : « La terre, la seule chose qui dure. »

En 1936, la publication d'*Autant en emporte le vent* déclencha une rafale violente sur l'Amérique. Les troupes du général Sherman semblaient avoir repris leur marche à travers la Géorgie. Avant de devenir un événement cinématographique, le roman de Margaret Mitchell avait constitué un phénomène d'édition tel que, vers la fin de l'année, il se vendait à raison de 3700 exemplaires par jour. Lorsqu'en novembre 1938, Laurence Olivier arriva à Hollywood pour tourner *Les Hauts de Hurlevent*, Margaret Mitchell avait obtenu le Prix Pullitzer et la barre du million d'exemplaires vendus avait été largement franchie. En fait, on ne parlait plus que des divers problèmes que rencontrait Selznick pour réaliser l'adaptation du livre, le principal étant qu'il n'avait toujours pas trouvé sa Scarlett. Le 30 octobre, il avait confié à la presse : « Je conserve toujours l'espoir de présenter au public américain une inconnue dans le rôle de Scarlett, une jeune fille qu'ils n'auront pas tendance à associer à de trop nombreux rôles. Mais trouver une actrice inconnue qui ait assez de talent pour l'interpréter est presque impossible. D'un autre côté, trouver une actrice qui ait suffisamment d'expérience et, en même temps, l'âge adéquat pour le personnage, constitue aussi un réel défi. Pourtant, il va nous falloir absolument trouver quelqu'un, et vite. »

1400 candidates avaient été auditionnées, on avait dépensé des fortunes en bouts d'essai et 110 « talent-scouts » avaient parcouru le pays, fouillant chaque buisson, chaque campus, chaque cours d'art dramatique, et même chaque night-club, à la recherche de la jeune fille idéale. Les plus grandes stars d'Hollywood, comme Bette Davies, Norma Shearer, Katharine Hepburn, Claudette Colbert, Carole Lombard, Margaret Sullivan, Ann Sheridan, Jean Harlow, Irenne Dunne, Loretta Young, Joan Croawford, et même Tallulah Bankhead avaient vu, à un moment ou à un autre, associer leur nom glorieux à celui, non moins magique, de Scarlett. Pourtant, six semaines après sa déclaration à la presse, le soir du 10 décembre, Selznick trouvait enfin « sa » Scarlett O'Hara, et la version des faits donna naissance à ce qui fut peut-être la plus grande mystification de toute l'histoire du Septième Art.

La légende voudrait qu'Olivier, qui languissait sur le plateau des *Hauts de Hurlevent*, se soit mis à écrire tous les jours à Vivien de longues lettres mélancoliques. Il se plaignait de la façon méprisante dont Wyler le traitait. Merle Oberon l'accusait de lui postillonner au visage et, comble de malheur, il avait contracté une verrue plantaire qui le faisait horriblement souffrir et qui l'obligeait, entre les prises, à marcher avec des béquilles. Il languissait loin d'elle et se maudissait d'avoir accepté le rôle. Chaque jour de tournage apportait son cortège de vexations. En dépit de son immense talent d'acteur, il était encore novice pour tout ce qui touchait au cinéma. Il se maquillait trop — l'habitude du théâtre — et en l'apercevant au cours des rushes, Sam

Goldwyn avait failli être frappé d'apoplexie. A Hollywood, même un garçon d'étable devait avoir l'allure d'un jeune premier. Olivier voulait jouer réaliste. Goldwyn le trouvait « sale » et « hideux » et menaçait d'interrompre le tournage si l'acteur ne corrigeait pas son apparence. « Ce type va me ruiner », hurlait-il à la cantonade. Méprisé par le producteur, mené d'une main de fer par le metteur en scène et irrité par sa partenaire, Larry trouvait un exutoire dans les longues lettres qu'il envoyait à Vivien. En même temps, il l'entretenait de tous les derniers potins qui circulaient à propos d'*Autant en emporte le vent*, et de l'état critique dans lequel se trouvaient le film et son producteur. Toujours selon la légende, Vivien aurait alors décidé sur un coup de tête de réserver une place sur le Queen Mary et pris un vol qui l'aurait amenée de New-York à l'aéroport de Clover Fields, à Los Angeles. Le début des répétitions de *Songe d'une nuit d'été* ne lui laissaient, en tout et pour tout, que cinq jours à passer auprès d'Olivier, mais elle était prête à accomplir cette folie uniquement pour le retrouver. Venant d'elle, c'était un geste qui n'avait rien d'étonnant. Le 8 décembre 1938, une voiture vint l'accueillir à l'aéroport. Larry était assis, recroquevillé à l'arrière. Ce n'était pas ainsi qu'elle avait envisagé leurs retrouvailles, mais elle se rendit vite compte que l'opinion de Korda sur les mœurs libérales des Américains différait quelque peu de la réalité. Il lui apprit que Paulette Godard, pressentie pour le rôle de Scarlett, était depuis peu l'objet de violentes attaques. Se disant mariée à Charles Chaplin, l'actrice était incapable d'en fournir la preuve légale et les ligues puritaines n'acceptaient pas la version selon laquelle le contrat de mariage aurait été détruit accidentellement. La terrible Hayes Office, planait au-dessus de la ville comme un dangereux volatile, et les amoureux en goguette devaient multiplier les stratagèmes pour échapper à son courroux. Ronald Colman n'avait pas hésité à percer un trou dans le mur de sa maison pour permettre à Benita Hume, une ravissante actrice anglaise qu'il avait pour voisine et maîtresse, d'aller et venir en toute liberté. Tout le monde, évidemment, ne pouvait recourir à de telles astuces, et nombre de passions tournèrent à l'aigre, à force de vivre dans la peur obsessionnelle de la censure. L'œil de rapace des échotières, comme Louella Parsons ou Hedda Hooper, faisait frissonner même les grands pontes de l'industrie. Les scandales de Fatty Arbuckle et de Mabel Normand résonnaient encore dans toute la ville et chaque acteur sous contrat dans un studio devait respecter une clause de « moralité ». Faute de quoi, il pouvait être purement et simplement remercié... Encore qu'à Hollywood, rien n'ait jamais été ni pur, ni simple. Louella Parsons avait le bec aussi acéré que celui d'un dindon, dont elle avait les exactes proportions ; quant à son gloussement, il en avait toute la discrétion. Le 5 décembre, elle écrivait : « L'intrigante vamp anglaise, Vivien Leigh, est dans nos murs, mais pas pour tourner un film. Il semblerait que l'explication en soit une romance avec Laurence Olivier, en dépit du fait que certains ici, essaient d'associer le nom de ce dernier avec celui de Merle Oberon ». Eûssent-ils appris que la « columnist » lisait ses renseignements dans le sang de poulets égorgés, que Vivien et Larry n'en auraient pas été plus étonnés. On leur conseilla de redoubler de vigilance. Ce n'est qu'une fois en sécurité dans leurs quartiers respectifs du Beverly Hills Hotel, qu'Olivier lui aurait annoncé qu'il avait pris l'initiative de parler d'elle à Myron Selznick, le frère du producteur. Myron était l'agent d'Olivier aux Etats-Unis, et tous deux avaient combiné pour Vivien une présentation peu ordinaire. Le 10 décembre, David O'Selznick devait entamer le tournage d'*Autant en emporte le vent* par la scène de l'incendie du dépôt de munitions d'Atlanta. Le décor avait été érigé en assemblant des anciens éléments qui avaient servi pour la réalisation de *King Kong*, du *Petit Lord Fontleroy*, du *Jardin d'Allah* et du *Dernier des Mohicans*. Toutes les compagnies de pompiers de la région étaient mobilisées à l'arrière des studios M.G.M. où, dans l'enchevêtrement des fausses façades sensées reconstituer la ville d'Atlanta, on avait disposé un système complexe de tuyauterie vaporisant un gaz liquide inflammable. Ce soir là, Olivier et Vivien se serrèrent dans la petite voiture de Myron et roulèrent jusqu'à Culver City, en direction des flammes que l'on voyait déjà s'élever tandis qu'une épaisse fumée noire se dégageait. Toute la nuit, les lignes de gendarmeries et de pompiers furent encombrées par les appels incessants de particuliers qui signalaient que la M.G.M. était en feu. Le spectacle, il est vrai, était grandiose et effrayant, et tous ceux qui y assistèrent en gardèrent un souvenir inaltérable. Parmi eux, évidemment, Laurence Olivier : « ... David faisait brûler une vingtaine d'hectares d'anciens extérieurs de film pour reconstituer l'incendie d'Atlanta. Nous vîmes passer à trois reprises le cheval et la carriole sous l'entrée de la grange en flammes. On utilisa les trois fois le même figurant pour Gable, mais on interchangea les Scarlett ; après le dernier passage, on tira sur un câble et le toit de la grange s'effondra sous les flammes... Je me tournais vers Vivien dont la chevelure évoquait si parfaitement celle de Scarlett. Un joli rose lui était monté aux joues, ses lèvres s'étaient adorablement entrouvertes et ses yeux verts dansaient en pétillant d'excitation dans la lumière des flammes ; je me dis intérieurement : "David n'y pourra pas résister". Je me reculai alors pour laisser le champ libre à Myron ; David et Georges (Cukor) s'approchèrent et Myron vint à leur rencontre. Il leur indiqua Vivien en disant : "David, je te présente Scarlett O'Hara". Je jetai un regard sur elle, et sus qu'il avait raison », déclara Selznick en 1941. Jamais, selon lui, il ne devait se remettre de ce premier coup d'œil. Le tableau était idyllique : Scarlett O'Hara en personne, avec ses boucles brunes, ses yeux frondeurs, sa peau de magnolia et sa taille de quarante trois centimètres, surgissait des flammes d'Atlanta. Irrésistible. Même les vieux dragons comme Louella, Hedda ou Elsa, toujours prêtes à retourner le chapeau du magicien Hollywood, n'y verraient cette fois que du feu... le mot était bien choisi. Aujourd'hui encore, cette version de Cendrillon revue et corrigée par un Selznick jamais à court d'inspiration, est la plus couramment utilisée par les magazines, et la presse en général, lorsqu'il s'agit de commenter une reprise cinématographique du film. Il est pourtant peu probable que Selznick ait jamais commencé le tournage d'*Autant en emporte le vent* sans savoir exactement qui allait en interpréter le rôle principal. Et tout porte à croire que le choix s'était depuis longtemps déjà porté sur Vivien Leigh.

Parmi la foule de « memoes » dont Selznick bombardait littéralement son « staff », on en relève deux en date du 13 janvier 1937 et du 17 février 1938, qui prouvent que quelques mois à peine après avoir lancé la spectaculaire campagne de recherche pour la « Scarlett idéale », il s'était déjà fait projeter deux films de Vivien : *Fire over England* et *A Yank at Oxford*. Il connaissait donc déjà son visage et avait pu juger de son talent. Comme Alexander Korda le lui avait confié, Vivien avait tous les atouts en main pour obtenir le rôle qu'elle convoitait. Selznick voulait une inconnue, et en dépit du bon accueil fait à certains de ses films aux Etats-Unis, elle était encore loin d'y être une star. Il voulait aussi qu'elle possède des qualités d'actrice exceptionnelle, tout en pouvant la payer au prix d'une débutante. Korda, bien décidé à faire obtenir à Vivien le rôle qu'elle convoitait, ne pouvait se montrer trop gourmand. Depuis qu'il avait acheté les droits d'adaptation du roman pour 50 000 dollars — la plus forte somme jamais versée pour une telle opération — Selznick entendait les chiffres danser dans sa tête. La transaction qui lui avait permis d'emprunter Clark Gable à la Métro pour jouer Rhett Butler, le forceur de blocus, lui avait laissé un goût amer dans la bouche. Gable, alors sous contrat chez M.G.M., était le seul candidat possible, choisi à l'unanimité par le public au cours d'un sondage, à l'exception notoire de Margaret Mitchell qui lui aurait préféré Groucho Marx. Selznick était marié avec Irene, la fille de Mayer, mais dans ces circonstances, le sens de la famille passait après celui des affaires. La M.G.M. s'engageait à fournir Gable et à avancer une partie des coûts de production du film, de l'ordre de 1 250 000 dollars. En échange, elle désirait recevoir un pourcentage sur les bénéfices, s'échelonnant de 50 % à 25 % au bout de quelques années, et le contrôle absolu de la distribution. C'était cher payé, mais Selznick n'avait pas d'autre choix. Comme il était lié par contrat avec la United Artists qui distribuait tous ses films, il devait en attendre l'expiration, en décembre 1939, pour pouvoir sortir *Antant en emporte le vent* par le biais de la M.G.M. Il disposait donc d'un délai de deux ans qu'il mit rapidement à profit avec l'aide de Russel Birdwell, un jeune journaliste embauché comme chargé de publicité au studio. La campagne de recherche de la « Scarlett idéale » était un coup de génie. Parfaitement orchestrée à l'échelle de la nation, elle retint l'attention du public et de la presse sur l'ensemble du projet. Le contrat avec la M.G.M. stipulant que Gable devait commencer à tourner à la mi-février 1939, dernier délai, Selznick décida d'y mettre un terme par un autre coup d'éclat : la découverte de son héroïne au cours du tournage de l'incendie du dépôt de munitions, le 10 décembre 1938. Il est difficile de dire à partir de quel moment Vivien fut effectivement mise au courant du choix de Selznick, mais une correspondance secrète se serait rapidement établie entre le producteur américain et Alexander Korda.

Une copie privée de *A Yank at Oxford*, plusieurs factures concernant la location de tous les films anglais de Vivien, et de nombreuses photos de la jeune femme — toutes datées entre février et août 1938 — furent retrouvés dans les affaires personnelles de Selznick après sa mort. Pressentie par les studios américains pour tenir un rôle dans *The gay banditti*, Vivien fut écartée par Selznick qui tenait à la conserver dans l'ombre. Il demanda également à Laurence Olivier de remettre l'idée d'un divorce à plus tard, afin de permettre à Vivien de conserver toutes ses chances à Hollywood. Tout se passa ensuite selon le scénario convenu excepté le fait que Larry et Vivien arrivèrent à Culver City à l'heure prévue tandis que Myron était en retard pour faire les présentations. Voyant les flammes baisser d'intensité, Selznick avait commencé à s'impatienter. Son imbécile de frère allait tout faire rater. Enfin Myron arriva, un peu éméché, mais assez professionnel tout de même pour tenir son rôle jusqu'au bout. A la dernière minute, le magicien tirait le lapin blanc de son chapeau et Scarlett, telle le Phénix, naissait des cendres d'Atlanta.

— Chapitre XIV —

« *J'ai beaucoup oublié, Cynara* »

Si *Autant en emporte le vent* fut le fruit de la collaboration de plusieurs centaines de personnes, il fut surtout la revanche d'un homme, celle de son producteur : David O'Selznick.

Né à Pittsburg en 1902, Selznick n'avait jamais oublié la façon dont les magnats de l'industrie cinématographique avaient ruiné son père. Lewis J. Selznick était encore bijoutier lorsqu'il avait commencé à s'intéresser de près à la production d'images animées. S'il n'était pas encore considéré comme un art majeur, le cinéma n'en représentait pas moins un moyen rapide et efficace de gagner de l'argent, beaucoup d'argent. Très tôt, il avait suscité chez deux de ses fils, Myron et David, un intérêt profond pour ce monde magique qui ouvrait les portes de la richesse et du pouvoir. Mais la banqueroute de sa société et la rapidité avec laquelle ses anciens amis lui tournèrent le dos, firent comprendre à David que la lampe d'Aladin contenait aussi quelques mauvais génies. Il n'oublia jamais l'humiliation causée par le déménagement de toute sa famille dans un modeste trois pièces, après avoir vécu avec 750 dollars d'argent de poche par semaine dans un magnifique palace, entouré de serviteurs, avec plusieurs Rolls Royce attendant dans le garage. Il n'apprécia pas non plus de devoir quêter un premier job auprès de ceux qui avaient mené son père à la ruine. Ravalant son orgueil et son désir de vengeance, il traita avec les nouveaux maîtres et fit ses classes chez M.G.M., Paramount, R.K.O., puis de nouveau M.G.M. Lorsqu'en 1935, il décida de fonder sa propre compagnie, la Selznick International Pictures, il avait réussi à accoler son nom à des productions aussi retentissantes que *King Kong*, *What price Hollywood*, *Bird of paradise, Anna Karénine* ou *David Copperfield*, et il était aussi célèbre pour son talent que pour son mauvais caractère. Après avoir achevé, en 1936, la lecture du synopsis d'un livre dont il venait - pour une somme extravagante - d'acheter les droits sans l'avoir jamais lu, il comprit qu'il tenait dans ses mains l'opportunité d'une revanche, et décida d'imposer le nom de Selznick à toute la colonie cinématographique. Le sujet, la guerre de Sécession, était réputé pour être un « casse-pipe ». Après l'admirable *Naissance d'une nation* de Griffith, tous ceux qui avaient osé s'aventurer sur le même chemin avaient essuyé de formidables revers. La Warner, avec *So red the rose*, en était le dernier exemple en date. Le succès foudroyant du livre constituait aussi un problème majeur. En tous points des Etats-Unis, il avait déjà ses ardents défenseurs, prêts à fondre sur quiconque essaierait de toucher ne fût-ce qu'un cheveu de l'un des personnages du roman. Les membres des Ligues du Vieux Sud, les Veuves des Anciens Combattants, les Filles de la Confédération étaient pour la plupart d'exquises vieilles dames. Elles n'en étaient pas moins déterminées à brandir leurs aiguilles à tricoter comme autant de baïonnettes pour repousser l'envahisseur. Selznick était idéalement placé pour comprendre l'ampleur du défi qu'il s'apprêtait à relever. Depuis son tout jeune âge, il s'était exercé à faire des comptes rendus pertinents sur toutes ses lectures, avec une prédilection pour les classiques comme *Anna Karénine* et *David Copperfield*. En 1936, il avait réussi à donner à Garbo un de ses plus beaux rôles dans le personnage de Tolstoï et à révéler un jeune acteur, Freddie Bartholomew, en héros de Dickens. Son humilité en face de l'œuvre originale ne s'était jamais démentie et lui avait fait écarter toutes les suggestions sentimentalistes et les « happy-ends » qui faisaient l'ordinaire de la production hollywoodienne. A trente-quatre ans, Selznick était un jeune homme cultivé et extrêmement ambitieux. Il venait d'épouser Irene Mayer, fille du patron de la M.G.M., avait réussi à fonder sa propre compagnie et s'apprêtait à jouer, sur un coup de dés, sa fortune, sa réputation et sa santé. Cela, uniquement pour porter à l'écran l'histoire de cette garce sudiste qui faisait face avec courage et détermination aux assauts de la vie et qui défiait les hommes et les guerres pour quelques arpents de terre rouge. Le cœur de colon de l'Amérique s'était mis à battre pour ce diable en jupons qui n'hésitait pas à « mentir, voler, tricher et même tuer » pour ne plus jamais connaître la faim, la misère et les privations. Elle maniait la houe, labourait la terre et ramassait le coton comme une fille de ferme. Symbole de la survivante Amérique, Scarlett O'Hara avait ensorcelé tous les esprits, y compris celui de Selznick rapidement convaincu que c'était l'histoire de sa vie qu'il lisait.

Le 26 janvier 1939, George Cukor lançait pour la première fois le mot « Action » sur le plateau d'*Autant en emporte le vent*. La scène était le tableau d'ouverture. Scarlett, en robe de mousseline verte, était assise sous la véranda « fraîche et ombreuse » de Tara, et se lamentait auprès de ses soupirants des rumeurs de guerre qui risquaient d'empêcher tout le monde de s'amuser en ce printemps 1861. Assez ironiquement, d'autres rumeurs de guerre circulaient aussi sur le plateau, mais qui n'avaient rien à voir avec le cinéma celles-là. Le 15 mars, les troupes allemandes pénétraient en Tchécoslovaquie. La Californie avait beau être considérée par beaucoup comme une sorte de pays d'Oz où coulait le jus d'orange et la crème glacée, il était impossible de faire la sourde oreille aux événements qui se passaient en Europe. Assez étrangement, le dernier tour de manivelle eut lieu sept mois plus tard pour filmer la troisième version de cette même scène d'ouverture. Cette fois, Vivien avait revêtu la robe blanche qu'elle porte dans la version définitive du film et ses répliques sur l'éventualité d'un conflit suscitaient d'étranges résonances. Huit jours plus tard en effet, le 2 septembre, le monde entrait en guerre.

A partir du moment où l'on annonça qu'elle avait été choisie pour incarner Scarlett, Vivien Leigh ne connut plus un instant de répit. Le tout Hollywood brûlait d'envie de connaître celle à qui incombait l'honneur d'interpréter le plus grand rôle de toute l'histoire du cinéma, et le plus convoité. Cette « petite Anglaise » dont la nationalité avait fait un peu « tiquer » avant qu'on ne lui invente des origines françaises et irlandaises qui l'apparentaient si judicieusement à cette chère Scarlett. On voulait en savoir davantage sur elle, l'approcher, être vu en sa compagnie. Vivien, qui avait espéré mener en Californie une vie idyllique aux côtés d'Olivier, en fut une fois de plus pour ses frais. Tant que le film n'était pas terminé, il était hors de question qu'ils habitent ensemble. Les Ligues de vertu ne plaisantaient pas avec la morale et Larry fut obligé de déménager officiellement du Beverly Hills Hotel où ils s'étaient installés à leur arrivée, pour prendre un appartement au Beverly Wilshire. Selznick fit poster des vigiles devant la maison de Vivien, chargés vingt-quatre heures sur vingt-quatre d'éloigner la presse et de surveiller les allées et venues d'Olivier. Auraient-ils voulu se voir davantage qu'ils ne l'auraient pas pu. Le tournage de leurs films respectifs les absorbaient totalement. Ils se levaient aux aurores, rentraient tard dans la soirée et n'avaient le temps d'être ensemble que pendant les week-ends. En public, il leur fallait encore, sur les recommandations de Selznick, adopter une « prudence de serpent ». Vivien avait d'autres raisons de mécontentement. Le contrat qui la liait pour sept ans à Selznick lui faisait considérer d'un œil plus indulgent le problème de l'esclavagisme évoqué dans le film. Quant aux 20 000 dollars de son salaire, comparés aux 100 000 que toucherait Gable pour la moitié de son temps de tournage, ils lui apparaissaient comme une autre injustice à combattre. En fait, comme le remarqua Wolfe Kaufman dans un article de *Variety* du 5 mars 1969, à partir du moment où elle eut obtenu le rôle de Scarlett et posé un pied sur le plateau, « elle rendit infernale la vie de tous ceux qui l'approchaient, à moins qu'ils ne fassent exactement ce qu'elle voulait. En dépit de quoi elle était entourée d'une cour d'admirateurs qui lui vouaient un culte dévot et qui étaient toujours prêts à exaucer le moindre de ses désirs ». Au cours d'une interview, elle fit référence à l'expression favorite de Margaret Mitchell « comme un canard sur un hanneton » et ajouta, amusée, qu'elle n'avait jamais vu de hanneton. Cette information substantielle fut largement reprise par la presse et bientôt, venant de tous les coins du pays, on vit arriver par dizaines, des petits paquets étrangement ficelés et libellés à l'attention de « Scarlett O'Hara. Hollywood ». Intriguée, la secrétaire de Vivien finit par soulever le couvercle d'une de ces boîtes. Aussitôt, une kyrielle de hannetons, certainement énervés par la longueur du voyage, se mirent à vrombir dans toute la pièce, créant plusieurs commotions parmi le personnel féminin de la Selznick International. Très touchée par la sollicitude de ses loyaux sujets, Vivien insista cependant pour faire diffuser un communiqué dans lequel elle s'estimait à présent complètement renseignée sur les mœurs de ces gentilles bestioles. Elle ajouta, non sans humour, que chaque hanneton lui avait été personnellement présenté.

Ses rapports avec ses camarades de tournage furent marqués par son assurance et le mépris qu'elle affichait pour Hollywood : « En fait, je crois que les seules choses agréables aux Etats-Unis sont le football, et la gentillesse des employés de garage… » Elle établit avec Clark Gable des rapports exclusivement professionnels. Elle lui trouvait mauvaise haleine, il la trouvait collet monté, mais chacun était impressionné par la forte personnalité de l'autre. Dans un article de *Photoplay*, publié en 1940, Gable décrivit leur première rencontre au cours d'une soirée organisée par Cukor, le jour de Noël 1938. Petite, vêtue d'une jupe sage, légèrement maquillée, elle avait plus l'air d'une sainte nitouche que de l'héroïne ardente et passionnée de Margaret Mitchell. Quelques mois plus tard, cependant, il était revenu sur sa première impression. Harassée par le retard que prenait la production et les longues heures de présence au studio, elle arpentait le plateau comme une hyène en cage, déversant à tout propos des chapelets d'obscénités et déployant dans le travail une énergie de furie. Olivia de Havilland jouait le personnage de Melanie Hamilton, garante des valeurs morales et spirituelles du Vieux Sud. Elle rencontra Vivien dans le bureau de Selznick, au cours d'une séance de photo à laquelle participait aussi Leslie Howard et George Cukor : « Elle s'avança vers moi, traversant la pièce pour venir me serrer la main. Elle était très calme. C'est ce qui me frappa. Ce calme, cette tranquillité apparente et, bien sûr, ce charme. C'était un charme distant, tout à fait personnel. Très polie. Je la revois à présent si clairement, si distinctement, se dirigeant vers moi de la sorte, ce qui était très gentil de sa part, très gracieux. »

Elle n'était pas toujours aussi agréable avec ses partenaires. Leslie Howard, son idole de jeunesse, fit plusieurs fois les frais de ses soudaines sautes d'humeur. A quarante-cinq ans, il se trouvait trop vieux pour le rôle d'Ashley Wilkes, le gentleman sudiste dont Scarlett était romantiquement amoureuse. Non seulement il ne comptait pas passer toutes ses journées aux petits soins des maquilleuses, mais en plus il déclarait ouvertement être las des héros romantiques et intellectuels dans lesquels on l'avait cantonné. Vivien était constamment scandalisée par la mauvaise volonté qu'il mettait à travailler. Selznick avait dû lui promettre de lui confier la mise en scène, ainsi que le rôle principal, aux côtés d'Ingrid Bergman d'*Intermezzo*, qu'il tournait parallèlement à *Autant en emporte le vent*, pour le faire revenir sur son refus initial. Il ne s'intéressa pas pour autant au rôle d'Ashley, se vantant même de n'avoir jamais lu le livre. Un « memoe » de Selznick à son attention, témoigne de l'humour du producteur et de l'intérêt qu'il portait à chacun de ses interprètes : « 27 mai 1939 - Cher Leslie, Je vous envoie ci-joint un exemplaire de ce livre que vous devriez trouver le temps de lire un jour, appelé *Autant en emporte le vent*. Je pense que ce roman a un grand avenir et pourrait faire un très bon film. »

Si Leslie Howard n'accordait que peu d'intérêt au roman de Margaret Mitchell, Vivien qui considérait de plus en plus son expérience sur le tournage comme celle d'un naufragé luttant contre la tempête, s'y était raccrochée comme à une bouée, et le brandissait à tout bout de champ pour lutter contre les aléas de la mise en scène. Au stade de crispation et d'épuisement auquel était parvenu Selznick, qui non seulement se voyait obligé de réécrire le script au jour le jour, mais en plus de travailler sur le montage des scènes déjà filmées et de tenir des conférences sur les décors, les costumes, les seconds rôles et les effets spéciaux, les exigences de Vivien étaient autant de pierres chaudes lancées au funambule. Il ne tenait déjà plus que grâce aux injections de Dexedrine. « S'il vous plaît, débarrassez-vous de ce foutu bouquin », arrivait-il encore à la supplier dans un sursaut de savoir-vivre, tandis que Victor Fleming, qui avait pris la relève de Cukor, lui conseillait plus trivialement de « se le foutre au cul ». Le ressentiment de Vivien à l'égard des changements incessants, et de dernière minute, apportés au scénario n'était pas sans justification. Il trouva un nouvel écho dans une lettre adressée à Margaret Mitchell par Susan Myrick, conseillère technique sur le tournage : « La façon dont les producteurs traitent ici le problème des scénarios rappelle un peu la manière dont un grand chef prépare un potage. Au départ il s'inspire d'un potage qu'il a dégusté. Puis il passe plusieurs jours à élaborer un bouillon convenable. Il le goûte, ajoute des condiments, goûte encore. Il fignole jusqu'à obtenir le velouté le plus succulent de tout l'univers. A ce moment-là, il appelle les autres chefs, ils se réunissent autour de la soupe et se mettent à faire pipi dedans. Et voilà, d'après les plus perfides d'entre nous, ce qui est arrivé à *Autant en emporte le vent*.

Pendant ce temps, Laurence Olivier achevait le tournage des *Hauts de Hurlevent* dans une ambiance qui n'avait rien à envier à celle des plateaux Selznick. Merle Oberon déployait des efforts méritoires pour se rendre insupportable et David Niven et Olivier avaient décidé de se venger sur elle du tour désagréable qu'avait pris toute la production. Un jour que surprise par ses règles elle avait dû quitter momentanément le plateau, les deux larrons mirent la main sur une pile de tampons. Ils les ficelèrent les uns aux autres de manière à obtenir de ravissantes guirlandes Hawaïennes qu'ils se passèrent autour du cou. Lorsque Merle revint au bout d'un moment, elle demeura interdite devant les modifications qui avaient été portées aux costumes de ses partenaires. Olivier lui annonça alors assez crûment qu'ainsi, la prochaine fois, elle n'aurait qu'à se servir pour s'essuyer plus rapidement. Toute l'équipe explosa de rire. Nul doute qu'en pareille circonstance, Vivien serait aussi partie d'un fou rire hystérique. Mais la future Lady Korda avait déjà des allures de grande dame et, fondant en larmes, elle s'enfuit du plateau en courant.

Dès la fin du tournage, Olivier accepta avec enthousiasme un rôle aux côtés de la grande Katherine Cornell, dans une pièce de S.N. Behrman qui devait être montée à New-York : *No time for comedy*. Vivien était encore occupée pour plusieurs mois sur les plateaux d'*Autant en emporte le vent* et en dépit de la nouvelle séparation qu'ils devaient affronter, l'ambition de retrouver la scène avait été la plus forte. L'offre était providentielle et Olivier se demanda si Selznick n'y était pas un peu pour quelque chose. Lui à New-York, Vivien à Hollywood, le producteur n'aurait plus rien à redouter des rumeurs nées à leur sujet, et qui auraient pu nuire à la carrière du film dont il attendait tant. Vivien, quant à elle, prêtait à Selznick un esprit tellement tordu qu'elle n'aurait pas été surprise d'apprendre qu'il avait organisé ce départ, uniquement pour la préparer à la scène de larmes, qu'avec un à propos frisant le cynisme, il lui fit jouer à son retour de l'aéroport. Olivier parti, elle se remit au travail avec d'autant plus d'acharnement. Il lui arrivait parfois de prendre des risques insensés. Dans la scène de panique qui suit le bombardement d'Atlanta, elle devait se frayer un chemin à travers la cohue qui désertait la ville. La scène était délicate à diriger, elle comportait de réels dangers pour la jeune femme, mais elle avait refusé une doublure. A la moindre erreur de tempo, elle aurait pu être écrasée et réduite en bouillie par une de ces carrioles folles qui dévalaient la rue des Pêchers. Au cours d'une prise, elle partit à contretemps et se raidit au milieu du parcours en voyant arriver droit devant elle un attelage mené par plusieurs chevaux. Elle ne dut d'avoir la vie sauve qu'à une rafale de vent providentielle qui, soulevant sa crinoline, effraya les chevaux, les stoppa net dans leur course et les força même à reculer. C'était cette sorte de courage et de ténacité qui réduisaient au silence tous ceux que ses caprices exaspéraient. Et lorsque Rhett Butler, le flibustier au grand cœur, murmurait par la bouche de Gable : « Ca, c'est une femme », on ne savait trop si le compliment s'adressait en priorité à Vivien ou à Scarlett.

Le renvoi de Cukor, le 13 février, avait été un coup rude porté à Vivien. « Il était ma dernière chance de jamais aimer le film », avait-elle écrit à Leigh Holman. Ce départ inopiné du réalisateur reste l'une des grandes énigmes du tournage d'*Autant en emporte le vent*, et a déjà donné lieu à toutes sortes d'hypothèses. Selon David O'Selznick, Cukor était un excellent réalisateur de films d'ambiance. Il excellait dans des productions comme *Camille, Little women* ou *Sylvia Scarlett,* à s'attacher aux personnages et à jouer sur les nuances les plus subtiles. Mais il craignait qu'il ne parvienne à capter le souffle épique du roman et que son souci du détail ne ralentisse considérablement l'action. La deuxième hypothèse, soutenue par beaucoup, dont Vivien, accusait Gable d'être à l'origine du renvoi de Cukor sous prétexte que ce dernier avait la réputation d'être un réalisateur « de femmes ». L'acteur, déjà réticent pour incarner Rhett Butler, craignait que sous la houlette de Cukor son personnage, déjà plutôt mince, ne soit totalement dominé par celui de Scarlett. Il aurait alors demandé à Selznick de remplacer le réalisateur par le plus viril Victor Fleming. Avec la même rage qui lui avait fait aimer le livre et rêver d'en interpréter le rôle principal, Vivien se mit dès lors à haïr chaque aspect du tournage. Elle acceptait de travailler de quatorze à seize heures par jour, uniquement pour en finir le plus rapidement possible et rejoindre Olivier à New-York. Aucune scène n'était tournée selon la chronologie de l'histoire, et il lui fallait souvent dans la même journée, passer de la coquette de seize ans au sourire acidulé à la femme durcie par la guerre et les

1917 : « Dès l'âge de quatre ans, Vivian Mary Hartley décida de n'en faire qu'à sa tête… » : Little Bo Peep à Oocatamund.

1925 : « L'enfant de Roehampton » (rangée du milieu, 3e en partant de la droite).

1934. *Gentleman's agreement.*

1935. Henriette Duquesnoy dans *The mask of virtue*.

1936. Scène d'amour avec Laurence Olivier dans *Fire over England.*

1936. Vivien et Conrad Veidt :
Dark journey.

1937. Avec Rex Harrisson dans
Storm in a teacup.

1937. Hamlet et Ophélie, les amants d'Elseneur.

1937. *A Yank at Oxford* (collection Viollet).

1938. *Saint Martin's Lane* et déjà le regard de Scarlett.

1939. That Scarlett Girl (collection Herb Bridges).

1939. Essais de costumes pour *Autant en emporte le vent* (collection Herb Bridges).

1939. Vivien Leigh et Clark Gable répètent la valse du bazar d'Atlanta (collection Herb Bridges).

1939. Avec Sunny Lash Alexander, sa secrétaire et amie pendant le tournage (collection Herb Bridges).

14 décembre 1939. Olivia de Havilland, David O'Selznick, Vivien Leigh et Irene Selznick arrivent à Atlanta (collection Herb Bridges).

15 décembre 1939. Vivien Leigh le soir de la Première au Loew's Grand Theatre (collection Herb Bridges).

Vivien Leigh au début des années 40.

1940. Vivien et Laurence
ou Juliette et Roméo.

1941. *Lady Hamilton.*

1941. Emma Hart et Horatio Nelson.

1941. Monsieur et Madame Laurence Olivier.

Durham Cottage : Les Olivier « at home » !

1943. *Springparty* en Afrique du Nord. Vivien est entourée de Beatrice Lillie (debout), Kaye Young (à genoux) et deux autres membres de la troupe.

1945. Les charmes dangereux et inquiétants de Cléopâtre, dans le film de Gabriel Pascal.

privations. Comme l'avait fait Olivier sur le plateau des *Hauts de Hurlevent*, elle se mit à écrire de longues lettres mélancoliques dans lesquelles elle se plaignait sans cesse de Selznick, de Gable ou de Victor Fleming. Elle passait ses rares moments libres autour de la piscine de Cukor, qu'elle continuait à consulter. Elle prenait un bain, s'allongeait au soleil et s'endormait. Un jour, en se réveillant, elle eut un petit rire : « J'ai été une horrible garce sur le plateau, hier. » Ils avaient tourné la scène du verger, après la guerre, lorsque Scarlett demande à Ashley de l'amener au loin. Cukor l'avait dirigé dans la même scène lors d'un test en noir et blanc qui avait définitivement décidé Selznick à lui confier le rôle. Elle y avait un pouvoir névrotique, désespéré et effrayant que l'on ne retrouvait pas dans la version finale. Elle avait donc conseillé à Fleming d'aller visionner le test pour apprendre ce qu'était une mise en scène. C'était sa façon mesquine de se venger des manière brusques du réalisateur qui la bousculait sans cesse, lui hurlant de « mettre en valeur ses nichons » et de jouer les scènes comme elle avait l'habitude de le faire, « en cabotinant ».

Peu de temps avant le départ d'Olivier pour New-York, Vivien avait emménagé dans une petite villa, au 520, Crescent Drive. Tous les samedis, elle conviait fréquemment quelques hôtes pour des repas fins de homard et de champagne, servis dans une exquise porcelaine de chine et de beaux verres en cristal. Journaliste dans une localité proche d'Atlanta et amie personnelle de Margaret Mitchell, Susan Myrick avait été engagée par les studios Selznick pour enseigner l'accent du Sud aux acteurs blancs. Dans le même temps, elle était aussi chargée de veiller à l'authenticité du dialecte des gens de couleurs, au détail des costumes, à la justesse des couleurs, bref, à tout ce qui aurait pu entraîner Hollywood trop loin de la réalité historique et du roman. Elle ne put, malgré tout, empêcher certains excès. Selznick tenait à sa version idéalisée du Vieux Sud. Il fit construire des façades de décors qui rappelaient davantage le Parthénon que les solides fermes Géorgiennes. Pire que tout, il fit danser Scarlett en voilette dans la séquence du Grand Bazar d'Atlanta. Jamais femme de goût n'aurait osé porter une coiffe en pareille occasion. Même pas l'indomptable demoiselle O'Hara. Pourtant, au bout du compte, Susan Myrick fut assez satisfaite du résultat. Elle ne trouvait jamais de termes assez élogieux pour qualifier l'interprétation de

Vivien. La rapidité avec laquelle cette dernière avait réussi à maîtriser parfaitement les intonations traînantes du Sud, son impertinence et sa beauté la confondaient. En public, elle faisait écho à une réflexion déjà formulée par Sydney Carroll après *The mask of virtue* : « Il semble presque injuste qu'elle ait à la fois l'intelligence et la beauté. Mais c'est pourtant ainsi. » Dans l'intimité de son journal, elle s'interrogeait pourtant sur certains aspects ambigus de sa personnalité et notamment sur sa passion irraisonnée pour Laurence Olivier : « Vivien est une petite créature impudique, ravissante, avec le diable au corps. Je ne comprends pas POURQUOI Laurence Olivier, alors qu'elle pourrait avoir n'importe qui ! ».

Au fur et à mesure que les semaines passaient, le comportement de Vivien devenait de plus en plus étrange. Tenue au silence, Miss Myrick n'y faisait allusion qu'en privé, préférant concentrer l'attention du public sur la beauté de l'héroïne. Le 23 avril 1939, elle écrivait : « Il est difficile de décider quelle est la couleur qui sied le mieux à Vivien Leigh. Lorsqu'elle est en vert (comme c'est souvent le cas dans le film), je la trouve ravissante ; puis elle apparait vêtue d'un pantalon rose et je suis persuadée que le rose est définitivement SA couleur. Mais l'autre soir, au cours d'un dîner chez elle auquel j'étais conviée, elle portait une longue robe à traîne bleue pâle, et j'eus la sensation immédiate que c'était la couleur la plus seyante qu'elle pouvait porter. » Au mois de mai, elle relata cependant un épisode qui lui permit de s'attarder davantage sur la personnalité de Miss Leigh : « Vivien est l'une des personnes les plus passionnées que je connaisse. Elle s'investit complètement dans tout ce qu'elle entreprend. Y compris dans les jeux de société. » Vivien avait en effet demandé à Susan Myrick de venir un jour dans son bungalow, entre deux prises, pour faire une partie de bataille navale. Ce jeu était très à la mode parmi toute l'équipe, et elle y était imbattable. « Sue » Myrick n'y avait porté qu'un intérêt amusé, préférant détailler, avec l'acuité d'une professionnelle, l'élégance du décor qui l'entourait. Le bungalow de Vivien était constitué d'une seule pièce, de manière à pouvoir être facilement transporté d'un plateau à l'autre. Le mobilier en était très simple, une coiffeuse avec un miroir, un canapé, deux chaises. Mais la décoration, dans les tons bleus et roses, donnait un air gai à l'ensemble, rehaussé par la présence, dans un coin, sur une petite table, d'un magnifique vase avec des roses splendides et des delphiniums. Miss Myrick était fascinée par l'intensité qu'elle lisait sur le visage de Vivien, « aussi excitée et passionnée qu'une enfant » à l'idée de lui couler toute sa flotte. Eric Stacey, un assistant-caméraman, passa soudain la tête à la porte : « Allez Taratata, on a besoin de vous sur le plateau ». Vivien supplia : « Vous ne pouvez pas attendre une minute, Eric, que je joue encore une fois ? J'ai presque battue Sue. » La réponse fut impitoyable : « Ça revient trop cher d'attendre », et Vivien dut rejoindre les caméras, furieuse d'avoir été interrompue. Son étrange méthode de travail avait déjà beaucoup étonné Olivia de Havilland. En effet, elle semblait ne pas avoir besoin de concentration avant une scène. Elle était en train de parler, de s'amuser, tout d'un coup on l'appelait. Elle s'interrompait, jouait son rôle, et revenait reprendre la conversation à l'endroit exact où elle s'était arrêtée. Entre-temps, elle avait puisé en elle toute la violence, l'angoisse et l'hystérie désespérée qu'exigeait souvent son personnage. Pour Olivia de Havilland, ce phénomène relevait presque du dédoublement de personnalité et Vivien était très amusée à l'idée qu'elle était la seule à pouvoir accomplir un tel prodige. Arriva pourtant le moment où elle se ressentit de toutes ces heures de tension et de labeur. Au cours d'une soirée elle invita ses amis à jouer à une sorte de jeu macabre qu'elle intitula : « Comment tuer des bébés ». « Vivien mima une scène, raconte Roland Flamini, elle conduisait une voiture tout en parlant à un enfant assis à côté d'elle. Elle le prenait sur ses genoux, lui parlait affectueusement à l'oreille, puis d'un mouvement brusque, jeta l'enfant fantôme par la fenêtre et s'éloigna rapidement en souriant et fredonnant. »

David O'Selznick lui-même commença à s'inquiéter à son sujet. Elle fumait beaucoup, mangeait peu et dormait à peine quatre heures par nuit. Elle insistait toujours pour rester le plus longtemps possible au studio, pestant contre ceux qui ralentissaient le tournage : « Mais qu'est-ce qu'ils foutent, bordel ! ». Elle tirait son énergie d'on ne sait quelle ressource. Pourtant, en dépit de sa fragile constitution, elle avait « survécu » à Victor Fleming. Le réalisateur qui avait quitté le tournage du *Magicien d'Oz,* pour enchaîner directement sur *Autant en emporte le vent*, s'était en effet effondré au mois d'avril et avait dû être remplacé par Sam

Wood. Un soir, après les rushes, elle demanda à Selznick de lui octroyer un week-end de vacances pour lui permettre de retrouver Olivier à Kansas City, dans le Missouri. Au stade où en était le tournage, le moindre accident survenant à sa vedette principale aurait entraîné la production à la catastrophe. Préférant courir ce risque que d'avoir à affronter les affres d'une Vivien en colère, le producteur décida pourtant de la laisser partir. Lorsqu'à son retour il lui demanda si tout s'était bien passé, elle lui répondit : « Oh, David. Comme je vous suis reconnaissante. Larry m'attendait dans le hall de l'hôtel. Nous sommes montés et nous avons baisé, baisé, pendant tout le week-end. » C'était le genre de propos qui déconcertaient, venant de ce petit bout de femme au comportement par ailleurs très distingué. Une provocation permanente que démentait un maintien royal et qui faisait alterner le chaud et le froid avec le même ravissement qu'une omelette norvégienne. « Cette créature exquise et rabelaisienne », disait Cukor à son sujet, « elle pouvait vous raconter des histoires scabreuses, de cette voix au timbre clair et glacé, et vous donner envie de pleurer. »

Le 27 juin 1939, avec « bombance et carillon », David O'Selznick proclamait officieusement la fin du tournage. Il restait néanmoins un énorme travail à accomplir, le montage, la synchronisation, le tournage des raccords, la bande musicale... Le tournage d'*Autant en emporte le vent* avait été une expérience épuisante pour Vivien, tant sur le plan physique qu'émotionnel. Au cours de la « party » donnée pour l'occasion, Olivia de Havilland, qui ne l'avait pas vue depuis plusieurs semaines, passa à côté d'elle sans pratiquement la reconnaître tant elle avait maigri et portait sur le visage les marques de l'épuisement. Scarlett lui donna la gloire instantanée dont elle avait toujours rêvé, mais elle lui vola en retour quelque chose qui ne lui fut jamais rendu, ce petit air de jeunesse et d'innocence dont Laurence Olivier était tombé amoureux. Lorsque le tournage fut terminé, elle était devenue Scarlett de bien des manières. Même arrogance, même caractère autoritaire et obstiné, même détermination farouche de toujours parvenir à ses fins, quoi qu'il put lui en coûter : « La plupart d'entre nous sont obligés de faire des compromis dans la vie, ceux qui luttent pour défendre leurs idées nous émerveilleront toujours. » C'est donc avec un courage de lionne qu'elle s'était battue pour faire de Scarlett autre chose que la garce sudiste que Fleming voulait lui voir jouer. Elle avait réussi à faire maintenir au montage une scène qui la touchait profondément. Celle où Scarlett, après la mort de son deuxième mari, confie à Rhett Butler qu'elle aurait souhaité ressembler à sa mère, « avoir son calme, sa gentillesse ». « C'était pour moi l'un des aspects les plus sympathiques du personnage de Scarlett... », écrivit-elle peu de temps avant sa mort, « La guerre de Sécession et cette impérieuse nécessité de survivre avaient rendu ce rêve impossible. Mais c'était l'un des traits les plus significatifs de la personnalité profonde de Scarlett ». Peut-être s'en voulait-elle, au fond, de ne pas avoir su à son tour appliquer les bons préceptes chrétiens de Gertrude, et d'avoir trahi la confiance des religieuses de Roehampton en jouant avec elles la comédie de l'enfant modèle, alors que sa nature était déjà toute de feu et d'impétuosité. « Lorsque j'étais petite fille et que je me rendais à une fête, maman me disait toujours : « Essaie de penser à ce qui pourrait faire plaisir à tes hôtes », et lorsque c'était à mon tour de recevoir, maman me disait : « Essaie de penser à ce qui pourrait faire plaisir à tes invités. » Et moi, je m'écriais : « Quand donc pourrais-je faire ce que MOI j'ai envie de faire ? ».

En ce mois de juin 1939, tout ce dont Vivien avait envie, c'était de plusieurs jours de repos en compagnie de Laurence Olivier. Il restait encore quelques scènes à filmer, mais Selznick lui avait accordé un mois de vacances pour se remettre des efforts du tournage. Elle prit le premier avion pour New-York et rejoignit Larry qui habitait chez des amis. Ensemble ils décidèrent de profiter de cette accalmie pour rentrer en Angleterre après avoir fait un crochet par leur France adorée. Le 11 juillet, rayonnante de bonheur et d'espoir, serrée contre l'homme qu'elle aimait, Vivien monta à bord de l'Ile de France. Comme Scarlett, elle regardait l'avenir avec confiance et croyait aux lendemains qui chantent.

— Chapitre XV —

« *That Scarlett girl* »

Le spectacle de Londres les prit par surprise. La nation semblait engagée dans une répétition générale de deuxième Guerre mondiale. On construisait des abris dans les parcs, on entassait des sacs de sable sur les toits des bâtiments publics et une foule interminable faisait la queue devant les mairies pour retirer des masques à gaz. Le 9 août, la ville entière fut plongée dans l'obscurité pour se préparer au « black-out ». Vivien, le cœur brisé, retrouva leur petite maison de Chelsea. Le bonheur s'était dissipé en même temps que les volutes de fumée de l'Ile de France, quelque part au-dessus de l'Atlantique. A bord du paquebot, ils avaient été obligés d'occuper des cabines distinctes, et une main discrète avait gommé leurs deux noms de la liste des passagers. En débarquant à Plymouth, le 28 juillet, ils avaient déclaré aux journalistes que leur présence à bord, tous deux en même temps, était une simple coïncidence. Les conventions de la vie publique, à cette époque, nécessitaient de tels stratagèmes dont personne n'était dupe. Jill Esmond et Leigh Holman refusaient toujours le divorce, et Vivien était furieuse à l'idée de devoir poursuivre cette existence de paria. Sa colère augmenta lorsqu'elle soupçonna Olivier d'être responsable de l'entêtement de sa femme. Il semblait qu'il refusait de payer la pension alimentaire qu'elle lui réclamait pour elle et leur fils, Tarquin. « Pour l'amour de Dieu, Larry, paie-lui ce qu'elle demande. Je vais gagner suffisamment d'argent pour nous deux. » L'idée d'être entretenu par Vivien n'était pas pour plaire davantage à Olivier. Ils essayèrent pourtant de profiter de leurs vacances en oubliant les soucis domestiques et l'imminence d'un conflit, auquel personne ne semblait croire. Mais le cœur n'y était pas. Le tournage d'*Autant en emporte le vent* l'avait épuisée, et l'idée de devoir retourner en Californie pour terminer les prises de vue, l'empêchait de se relaxer complètement. Elle se raccrochait pourtant à l'espoir d'interpréter le rôle principal de *Rebecca*, aux côtés de Laurence Olivier. Selznick avait en effet acheté les droits du dernier roman gothique de Daphné du Maurier et en avait confié la réalisation au maître du suspense, Alfred Hitchcock. Le cinéaste britannique avait déjà, en 1938, accepté une offre du producteur. Mais le projet, comme son sujet, le Titanic, avait fini par faire naufrage. Lorsqu'il avait débarqué à Hollywood, avec sa femme et sa fille, au mois de mars 1939, le tournage d'*Autant en emporte le vent* était toujours en cours. Pourtant, Selznick trouvait encore le temps de finir *Intermezzo* et de préparer *Rebecca*. Il fit travailler Hitchcock sur le script, avec l'aide de plusieurs auteurs, dont le dramaturge Robert E. Sherwood. Pour interpréter le rôle de l'aristocratique Max de Winter, il avait d'abord songé à Ronald Colman, mais le désintérêt manifeste de ce dernier l'obligea à pousser plus loin ses recherches. « Son visage était intéressant, sensible, avec je ne sais quoi de médiéval. » En relisant, un soir, dans son lit, le livre de Daphné du Maurier, la description du héros l'incita à porter un nom dans la marge. A New-York, *No time for comedy* obtenait un triomphe. Tous les soirs, une foule compacte d'admirateurs se pressait à la sortie des artistes pour apercevoir leur nouvelle idole, dont le dernier film *Les Hauts de Hurlevent*, était sorti sur les écrans au mois de mai. Laurence Olivier accepta immédiatement l'offre de Selznick. Trop jeune pour le rôle, il consentit à se blanchir les tempes sans aucune difficulté. Tourner avec Hitchcock, un compatriote et un génie, l'enthousiasmait particulièrement. De plus, le personnage du gentleman britannique, distingué et mystérieux, était aux antipodes du caractère passionné et méphistophélique d'Heathcliff. Il y voyait l'occasion de satisfaire un goût prononcé pour la métamorphose qu'il maniait avec la virtuosité d'un caméléon humain. Pour interpréter le rôle de la narratrice, on avait pensé successivement à Margaret Sullivan, qui l'avait déjà joué à la radio aux côtés d'Orson Welles, puis à Anne Baxter et à Loretta Young. C'était compter sans Vivien qui, à partir du moment où elle apprit qu'Olivier remplaçait Colman, fit le siège des bureaux Selznick. L'intérêt soudain qu'elle manifesta pour ce personnage de godiche, n'avait d'égal que son désir de jouer aux côtés de l'homme qu'elle aimait. Selznick en était bien conscient, mais pour lui faire plaisir et s'éviter bien des tourments, il consentit à lui laisser tourner un test qui se révéla catastrophique. On ne jouait pas Scarlett impunément. Vivien, qui était la pétulance, la beauté et la détermination même, n'arrivait pas à rendre crédible ce rôle de jeune femme timide, hantée par le souvenir éclatant de la première femme de son mari, disparue dans des circonstances mystérieuses. En l'occurrence, le seul rôle qui aurait pu lui convenir était celui de la défunte, Rebecca de Winter, une créature à la beauté éblouissante, qui menait sa vie comme un attelage de chevaux fougueux, à coups de cravache et d'éperons. « Elle faisait ce qui lui plaisait ; elle vivait à sa guise. » Selznick avait pourtant promis de lui laisser faire un nouvel essai, mais dès la fin du tournage d'*Autant en emporte le vent* elle était partie rejoindre Olivier sans repasser devant les caméras. Au cours de son séjour en Angleterre, elle arrangea un nouveau test qu'elle fit parvenir à Selznick par courrier aérien. Une fois encore elle y était peu convaincante. George Cukor avait assisté à la projection, et en dépit de son amitié pour elle, il n'avait pu s'empêcher de pousser des hurlements en la voyant sur l'écran. L'opinion de Selznick était confirmée. Elle n'était pas du tout faite pour le rôle. Il lui fit parvenir sa réponse à bord de l'Ile de France, tandis qu'elle regagnait l'Amérique aux côtés de Laurence Olivier et de sa mère, Gertrude. C'était une grande déception pour elle. Cela signifiait qu'ils allaient encore être séparés pendant de longues semaines. Heureusement, la présence de sa mère à ses côtés, serait un grand réconfort. Gertrude était encore sous le choc de la mort de son cher Tommy, des suites d'un cancer à la gorge. Son académie de beauté l'avait complètement accaparée pendant plusieurs mois, et elle avait besoin de repos. A la demande de Vivien, elle accepta de les accompagner en Californie pour un court séjour. Ce serait peut-être aussi l'occasion de dissiper le malaise qui existait entre elles depuis la séparation avec Leigh Holman. Gertrude appréciait beaucoup Olivier, mais elle souffrait cependant de la relation illégitime qu'il entretenait avec sa fille. L'adoration permanente que Vivien lui manifestait n'était pas faite non plus pour arranger les choses. Ils arrivèrent à Hollywood le 23 août. Le même jour, l'Europe consternée apprenait la signature du pacte germano-soviétique. Ils s'installèrent ensemble au 606, North Camden Drive, une ravissante maison avec une petite piscine. Gertrude avait amené sa caméra. Elle tourna de petits films qui permettent aujourd'hui de témoigner de la douceur de ces longs après-midis à Beverly Hills. Tandis que Larry testait le plongeoir en short et bonnet de bain, Vivien, souple et ondulante comme une plante aquatique, cueillait de merveilleux bouquets de delphiniums. Puis, ayant quitté sa robe verte à motifs imprimés pour un petit ensemble de bain rouge, elle courait se réfugier dans les bras d'Olivier. Dans sa hâte à le rejoindre, elle avait failli trébucher dans l'herbe. Joan Fontaine, la sœur d'Olivia de Havilland, avait interrompu son voyage de noces pour tenir le rôle principal dans *Rebecca*, aux côtés d'Olivier, et Vivien ne vécut bientôt plus que dans l'attente des week-ends, lorsqu'elle pouvait avoir de nouveau Larry bien à elle. Passionnée de golf, Gertrude les suivait alors sur les greens de la région et se glorifiait du swing impeccable de sa fille. Leur cercle d'amis était à cette époque assez restreint et leur plus grand divertissement restait ces longues balades sur l'océan, à bord du yacht de Douglas Fairbanks Jr. George Cukor venait parfois les y rejoindre. Dissimulant son mal de mer sous son grand chapeau de paille, Vivien adressait alors à la caméra de Gertrude des sourires éblouissants. Mais les longs mois de fatigue et de déceptions accumulées avaient eu raison de sa vitalité et de son éclat. Lorsque, la mort dans l'âme, elle reprit à son tour le chemin des studios Selznick, elle pouvait difficilement passer pour la jeune fille de seize ans qui captivait ses soupirants de ses charmes, au cours de la nouvelle version de la scène d'ouverture. Le premier week-end de septembre, profitant d'un congé prolongé, Douglas Fairbanks Jr. eut l'idée d'organiser une croisière sur le Pacifique. Ils partiraient le samedi matin et ne reviendraient pas avant le mardi, car le lundi étant fête nationale, tous les studios seraient fermés. Sa nouvelle épouse, Mary Lee, Larry, Gertrude, David Niven, Ronald Colman, Robert Coote et Nigel Bruce entouraient Vivien. Mais alors que le bateau se trouvait au large de Catalina Island, à une centaine de kilomètres de Los Angeles, quelqu'un alluma la radio. Neville Chamberlain, le premier ministre britannique, prononçait un discours qui la plongea dans l'horreur et l'incompréhension. L'Europe venait d'entrer en guerre.

Sur deux cent soixante-quatre films projetés à Londres avant la guerre, cinquante seulement étaient réalisés sur place. Hollywood était véritablement la capitale mondiale du cinéma et beaucoup de Britanniques y travaillaient. Certains y vivaient depuis des années sans avoir pour autant renoncé au « British way of life ». Ils lisaient les articles défraîchis du *Times*, fréquentaient les « thés » du dimanche après-midi d'Ernest Torrence et les tournois de cricket chez Cecil Aubrey Smith. Aussi, dès l'annonce de la déclaration de guerre, le consulat britannique fut assailli par une horde de résidents souhaitant mettre un terme à leur « exil » volontaire. Parmi eux se trouvait tout un générique d'acteurs célèbres, dont Laurence Olivier, prêts à abandonner leur carrière pour rejoindre ce qu'ils croyaient être leur place, auprès de leur famille et de leurs concitoyens en détresse. Le consul déconseilla cependant toute précipitation en ce domaine. Selon lui, ils serviraient davantage la cause de leur pays en demeurant à Hollywood pour exalter les vertus de l'âme anglaise, qu'en venant ajouter à la confusion qui régnait déjà sur le sol britannique. Ils n'avaient aucune préparation militaire, gêneraient plus qu'ils n'aideraient, et le Royaume-Uni n'avait pas davantage besoin d'un supplément de « bouches à nourrir et à employer ». Plusieurs semaines s'écoulèrent, sans que leur parviennent d'autres informations concernant d'éventuels affrontements. Peu à peu, les esprits s'apaisèrent et chacun retourna à son travail. La « drôle de Guerre » semblait s'éterniser. Gertrude Hartley, ainsi qu'une poignée d'irréductibles, décida quand même de rentrer en Angleterre pour être auprès de son mari et de sa petite fille, Suzanne. Elle consentit, sur les instances de Vivien, à renouveler auprès de Leigh Holman et de Jill Esmond, une demande en divorce. Olivier, qui avait rejoint les plateaux de *Rebecca*, se mit à prendre discrètement des cours de pilotage au petit aéroport de San Fernando Valley. Il espérait ainsi pouvoir être engagé dans la Royal Air Force lorsqu'il rentrerait en Angleterre. Tous les matins, il se levait à cinq heures, prenait sa leçon, et se précipitait aux studios. Lorsqu'il y arrivait, entre sept heures et demie et huit heures, il avait encore les genoux tremblants et les dents qui claquaient de l'expérience terrifiante qu'il venait de vivre. Comme Vivien, il avait une peur panique de l'avion, au point qu'il manquait s'évanouir à l'idée de devoir y monter. Mais il était déterminé à obtenir une qualification qui lui permettrait de rejoindre ses compatriotes quand le moment viendrait. C'était un sujet de préoccupation supplémentaire pour Vivien qui s'inquiétait déjà de tout, de la guerre, de la situation de sa famille en Angleterre, de son divorce et, dernièrement, du film qu'on voulait lui faire tourner. En remerciement du soutien que Louis B. Mayer avait apporté à la réalisation d'*Autant en emporte le vent*, Selznick avait accepté de la prêter à la M.G.M. pour tourner *La valse dans l'ombre*. Le rôle du capitaine Roy Cronin, qui était prévu à l'origine pour Laurence Olivier, venait, à son grand dépit, d'être confié à Robert Taylor. Jerry Dale, qui s'occupait des relations d'Olivier avec la presse durant son séjour à Hollywood, la croisa un jour dans les bureaux de Selznick. Il s'avança vers elle pour lui dire bonjour, mais elle se contenta de le regarder fixement, comme si elle ne l'avait jamais vu auparavant. Olivia de Havilland avait également perçu le comportement étrange et les signes de nervosité de Vivien. Olivier la couvait du regard, comme s'il redoutait à tout moment de la voir s'effondrer. Une nouvelle suffit pourtant à illuminer son visage d'un beau sourire : Laurence Olivier l'accompagnerait à la Première d'*Autant en emporte le vent*, qui devait avoir lieu le 15 décembre, à Atlanta.

Afin de respecter les délais prévus, tout en travaillant sur *Rebecca* et *Intermezzo*, Selznick avait effectué une course contre la montre. Le 11 décembre, quatre jours seulement avant la Première, il avait envoyé un télégramme à Kaye Brown, son agent New-Yorkais qui avait tant insisté pour lui faire acheter les droits du roman : « VIENS JUSTE DE TERMINER AUTANT EN EMPORTE LE VENT. QUE DIEU NOUS BENISSE TOUS, SEPAREMENT ET COLLECTIVEMENT. » Le 13 octobre, après deux longs mois de repos, Vivien avait en effet paru une nouvelle fois devant les caméras de Selznick. Elle avait retrouvé toute la fraîcheur et la vivacité nécessaires pour donner, à vingt-six ans, une interprétation convaincante de jeune adolescente. La blancheur virginale de sa robe à crinoline, et les quelques jonquilles qu'elle agitait dans sa main, accentuaient d'autant plus l'innocence du tableau. Des « previews » organisées dans différentes salles, entre le mois de septembre et le mois de décembre, permirent de roder le film devant le public et la presse et de corriger certains aspects du montage. La version que Selznick comptait présenter aux spectateurs le 15 décembre, devait avoir cette qualité d'achèvement et de perfection qu'il ambitionnait. Lui et son équipe de publicité mirent autant de soin à préparer la sortie du film qu'à lancer la grande campagne qui avait permis de découvrir la Scarlett idéale. Pendant toute la durée du tournage, les studios avaient tenu solidement les brides à l'information. Il était important de ménager un peu de suspense, et surtout de ne pas lasser le public avant l'heure. Au mois d'août, Selznick avait même envisagé de faire détruire toutes les photos existantes du film, afin d'empêcher toute publicité prématurée. Eurith D. Rivers, le gouverneur de Géorgie, avait proclamé le vendredi 15 décembre, jour férié dans tout l'Etat, et le maire d'Atlanta, William B. Hartsfield, avait organisé trois jours de fête. L'événement devait laisser dans la mémoire de ses concitoyens et de ses hôtes un souvenir durable et inégalé. La façade du Loew's Grand Theatre, où devait avoir lieu la projection, avait été décorée de manière à ressembler à une maison géorgienne. Des immenses posters de Vivien Leigh et de Clark Gable en décoraient le fronton et le hall d'entrée. Partout flottait le drapeau de la Confédération. Howard Dietz, chef de publicité de la M.G.M., s'était fait le maître de cérémonie de toute la manifestation. Il avait encouragé la population d'Atlanta à se costumer pour l'occasion. Le clou des festivités devait être un grand bal costumé au cours duquel Clark Gable et Vivien Leigh feraient leur apparition vêtus de costumes ressemblant à ceux qu'ils portaient dans le film. Pour la Première au Loew's Grand, rien n'avait été laissé au hasard. Pour ne pas gêner la qualité de l'écoute au cours de la projection, on avait même pris un soin particulier au choix du papier utilisé pour les programmes et pour les emballages de friandise. Jamais, depuis peut-être la mort de Valentino, un événement touchant le monde du cinéma, n'avait suscité un tel engouement, une telle fascination. Dans la coulisse, pourtant, la légende prenait visage humain. Clark Gable, qui avait épousé Carole Lombard le 29 mars, refusait d'accomplir le trajet jusqu'à Atlanta dans le même avion que Selznick. Ce dernier, en effet, avait eu un petit désaccord avec Victor Fleming au sujet du générique du film. Par sympathie pour son vieux compère, Gable, qui n'aimait déjà pas beaucoup ce genre de manifestations, menaçait de la boycotter. Il fallut toute l'habileté et la diplomatie de Carole Lombard, qui avait beaucoup d'affection pour Selznick depuis le tournage de *Made for each other* pour faire revenir le « King » sur sa décision. Sans Rhett Butler, la cérémonie perdrait de son éclat. Les studios avaient dépensé des fortunes pour cet événement, et il ne fallait pas décevoir l'attente du public. Gable se laissa fléchir, mais il exigea que l'on affrète un avion spécialement pour lui et sa femme. A l'exception de Victor Fleming, le seul absent de taille fut donc Leslie Howard qui avait regagné l'Angleterre. Jusqu'au bout il avait continué de se désintéresser de son rôle, et avait rompu son contrat avec les Artistes Associés qui lui réclamaient 18 000 dollars de dommages et intérêts.

Avant de s'envoler pour Atlanta, on avait demandé aux interprètes du film de préparer un petit discours de circonstance. Lorsqu'un journaliste du *Hollywood Reporter* demanda à Vivien ce qu'elle avait l'intention de dire, elle répondit : « Oh, j'ai préparé un discours superbe. C'est très court, mais je suis sûre qu'ils vont aimer. Je vais dire : 'J'éprouve autant de plaisir à me trouver ici, en Géorgie, que le général Sherman lui même.' Dans l'après-midi du 14 décembre, quelques 300 000 spectateurs investirent les rues de la ville pour assister à la Parade des Etoiles. Un peu plus tôt dans la journée, David O'Selznick, sa femme Irene, Vivien, Laurence Olivier, Claudette Colbert et Olivia de Havilland avaient atterri à bord d'un petit Constellation. Le temps d'un petit sourire aux photographes, les bras chargés de fleurs, Vivien s'engouffra rapidement dans une limousine. En attendant la venue de Clark Gable, tout le « cast » d'*Autant en emporte le vent* fut emmené dans un endroit tenu secret où chacun put se restaurer et se changer. A 15 h 30, enfin, le cortège se mit en place. Les stars, installées à l'arrière de plusieurs décapotables furent acheminées lentement vers leur lieu de résidence : le Georgian Terrace Hotel. Une plate-forme en bois avait été construite à l'angle de Peachtree Street, pour permettre aux invités de s'adresser à la foule et à la nation tout entière, par le biais des stations de radio. Accueillie par les gouverneurs de cinq états du Sud, un orchestre de Jazz et le vent tenace de Géorgie, Vivien était rassurée par la présence d'Olivier. On avait expliqué sa venue à ses côtés en le présentant comme la vedette d'une production Selznick à venir, *Rebecca*. Cela n'empêcha pas les journaux du matin de titrer : « Scarlett va épouser Olivier. » Ils manifestaient leur affection d'une manière que certains trouvaient touchante ou enfantine, s'embrassant, se caressant ou se tenant par la main chaque fois qu'ils se trouvaient dans l'ascenseur ou dans un couloir obscur. Mais les occasions étaient peu nombreuses. C'était la première fois que la télévision allait couvrir la Première d'un film et Vivien était au centre des projecteurs. L'ensemble des festivités fut parsemé de moments inoubliables. La première rencontre entre Margaret Mitchell et « ces gens de cinéma » eut seulement lieu le lendemain, au cours du thé organisé au Club de la Presse Féminine sur Piedmont Street, à deux pas de chez elle. La veille, Peggy Marsh Mitchell avait en effet boycotté le bal organisé par la Junior League, organisation respectable qui avait pourtant eu le mauvais goût de l'exclure de ses rangs, dix-huit ans auparavant, à la suite de sa danse apache. Escortée par Olivier, Vivien y avait fait une apparition éblouissante dans une robe garnie d'hermine que Walter Plunkett avait dessinée pour elle. Clark Gable avait ouvert le bal avec la fille du maire d'Atlanta, après avoir remis un prix à Margaret Palmer, une jeune fille qui portait la réplique exacte de la robe de Scarlett. Un incident manqua faire tourner la soirée au drame. Au cours du bal, le costume d'une invitée prit feu, mais on parvint à l'éteindre en renversant sur elle une coupe entière de « mint-julep ». Heureusement, l'ambiance de la « tea-party » de Piedmont Street fut beaucoup plus conventionnelle. Les invités étaient triés sur le volet et chaque entrée était étroitement surveillée. Décidément habituée aux coups d'éclats, Miss Mitchell fit pourtant la Une des journaux du lendemain. Prenant le grand Gable par la main, elle alla en effet s'enfermer avec lui dans une pièce voisine. De ce qui se dit, ou se fit, derrière cette porte, nul n'en sut jamais rien. Interrogé par les journalistes, Clark Gable se borna simplement à dire, dans un sourire équivoque, que Margaret Mitchell était « la femme la plus fascinante que j'aie jamais rencontré ». Le 15 au soir, pour la Première au Loew's Grand, l'hystérie atteignit son comble. Le maire d'Atlanta avait promis pour l'occasion d'en faire « la ville la mieux éclairée du monde ». Neuf projecteurs éclairaient ainsi « a giorno » la superbe façade du cinéma. Une pelouse artificielle avait été déroulée sur Peachtree Street en guise de tapis rouge, et tandis qu'à l'extérieur 12 000 personnes manifestaient leur enthousiasme dans le froid de décembre, les 2051 privilégiés assis à l'intérieur du Loew's Grand frémissaient d'impatience. Certains avaient payé leur ticket 200 dollars au marché noir. Une ovation sensationnelle accueillit l'arrivée de Vivien Leigh, de Clark Gable au bras de Carole Lombard, puis de Margaret Mitchell empapillottée de tulle rose. Cette euphorie persista pendant toute la projection. Le 9 décembre, le premier soldat britannique était tombé sur le sol français. Pourtant, sur l'écran, c'est pour les martyrs confédérés que l'on pleurait d'une rage inassouvie. Au moment des acclamations, les survivants de cette époque révolue, que l'on avait fait entrer en début de cérémonie pour leur éviter la bousculade, reçurent, hagards, les hommages du public pour une guerre qu'ils n'avaient même pas gagnée. Puis, ce fut au tour de Margaret Mitchell de remercier, au nom de sa « pauvre Scarlett », tous les acteurs du film et surtout « le courage, l'obstination et la détermination » de David O'Selznick. Il fallut toute la délicatesse et la générosité du maire d'Atlanta, Monsieur Hartsfield, pour demander aux spectateurs d'avoir une pensée spéciale pour les comédiens noirs du film. En raison de la ségrégation toujours en vigueur, Hattie MacDaniel, la truculente Mamma, et Butterfly MacQueen, l'insupportable Prissy, avaient été tenues à l'écart des réjouissances. A Atlanta, comme ailleurs, la Guerre et le Vent n'avaient pas tout emporté...

L'enthousiasme soulevé par *Autant en emporte le vent* se confirma dans toutes les villes où le film fut présenté, New-York, Washington, Hollywood. Les journalistes et les spectateurs s'accordaient tous à dire que personne n'aurait pu incarner Scarlett avec autant de fougue et de brio que Vivien Leigh. Il semblait que pour elle le succès n'attendait pas. Renouvelant le triomphe miraculeux de *The mask of virtue*, elle devint célèbre en une nuit. Cette fois, pourtant, son étoile brillait au firmament d'Hollywood et elle entrait dans la légende par la grâce d'un unique rôle. Elle accepta cet honneur sans surprise apparente. Lors de la Première à Washington, Olivia de Havilland fut impressionnée par sa dignité et son calme souverains. Elle la vit répondre aux ovations par un seul mouvement gracieux de la tête : « C'était le comportement à attendre d'une altesse impériale, tout à fait fascinant et inattendu. » Depuis sa plus tendre enfance, Vivien avait été habituée à susciter le respect et l'admiration autour d'elle, ce qui pouvait expliquer son comportement. Mais son ambition lui permettait également de voir au-delà d'un succès qu'elle savait éphémère. Etre « star » ne l'intéressait pas. Elle voulait être une véritable actrice, travailler pour mettre en valeur toutes les facettes de sa personnalité multiple et complexe. Elle n'avait pas l'intention d'incarner Scarlett toute sa vie, et trembla en lisant la sinistre prophétie d'Edda Hooper : « A présent, le problème pour Vivien va être que dans tous les films qui vont suivre, quoi qu'elle fasse, il y aura des nuances du personnage de Scarlett. »

— Chapitre XVI —

Ne pleure pas Juliette...

« SCARLETT POURSUIVIE EN DIVORCE PAR SON CONJOINT. » Le *Los Angeles Examiner*, fut le premier à révéler au mois de janvier ce que les studios avaient réussi à dissimuler pendant plusieurs mois. Scarlett et Heathcliff s'aimaient d'amour tendre et leurs époux respectifs venaient de consentir publiquement à une rupture. Gertrude était parvenue à convaincre Leigh Holman et Jill Esmond d'entamer la procédure. Le premier geste de Vivien fut de s'installer avec Laurence Olivier dans une maison plus grande, meublée à l'ancienne, au 1107, San Ysidro Drive. Elle rayonnait de joie et avait confié à l'actrice Gladys Cooper qu'à présent, rien ne pourrait les empêcher de jouer tous deux ensemble. Ce en quoi elle se trompait lourdement. La Metro Goldwyn Mayer avait l'intention d'adapter le roman de Jane Austen, *Orgueil et préjugés*, en confiant le scénario à Aldous Huxley et Jane Murfin. L'idée initiale était de profiter du succès d'*Autant en emporte le vent* pour reformer le tandem Vivien Leigh-Clark Gable. Mais l'acteur qui n'avait pas une trop haute opinion de ses talents de comédien, et qui détestait par dessus tous les « rôles en costume », refusa net le projet. Olivier constituait alors le choix idéal pour interpréter Darcy, le dandy hautain et méprisant. Selon George Cukor, Vivien aurait été parfaite en Elizabeth Bennet. Mais les patrons des studios en décidèrent autrement. Greer Garson qui faisait la pluie et le beau temps chez M.G.M. obtint le rôle et Vivien se vit confier celui de Myra Lester dans *La valse dans l'ombre*. Ce personnage de jeune danseuse névrotique qui, croyant l'homme qu'elle aime tué au front, sombre dans la prostitution avant de se jeter sous les roues d'un camion, tranchait catégoriquement avec celui de l'ardente Scarlett. L'héroïne de Margaret Mitchell, vibrante et passionnée, était un hymne à la vie ; celle de Robert Sherwood véhiculait un sentiment de peur, de fatalité et de mort, mais Vivien réussit à y être tout aussi émouvante. La Guerre intervenait dans le film comme un troisième personnage qui réunissait les amants dans un abri, pour une première rencontre, avant de les séparer de manière déchirante. Les héros ne contrôlaient jamais la situation, mais se contentaient de subir les aléas d'un destin tour à tour heureux, puis cruel. En dépit du peu d'intérêt qu'elle accorda à toute l'entreprise, Vivien réussit une composition bouleversante. Sa pureté enfantine et ses grâces de petit chat mouillé, donnaient à son interprétation « une beauté, une inspiration et une sensibilité que je ne pense pas voir égalées cette année », comme l'écrivit un journaliste de l'*Evening News*. Mervin Le Roy, le réalisateur, éprouva immédiatement pour elle une profonde sympathie. Comme Vivien, son physique contrastait avec sa personnalité. Petit, de constitution fragile, un regard bleu chaleureux, il se mettait à vociférer comme un diable dès que les caméras commençaient à tourner. A Peter Ustinov, qui lui demanda un jour quelque conseil sur le tournage de *Quo vadis*, il répondit par un surprenant numéro de claquettes. Il avait été autrefois danseur, et son caractère fantasque s'accorda à merveille avec celui, tout aussi extravagant, de Vivien. Il la considérait comme l'une des meilleures actrices ayant jamais existé, mais aussi comme l'une des plus grossières, ce qui n'altérait en rien son admiration pour elle, bien au contraire. Cette fascination réciproque donna naissance à une œuvre d'une grande sensibilité, dont le parfum tragique et romantique était merveilleusement soutenu par la musique d'Herbert Stothart et la photographie de Joseph Ruttenberg. L'un des moments les plus marquants du film restait celui où les deux amants valsaient dans la pénombre du Candelight Club, tandis que l'orchestre entamait « Auld Lang Syne » repris en France sous le titre : « Ce n'est qu'un au revoir. » Entre les prises, Vivien s'enfermait dans sa loge pour déguster les salades d'avocats que lui apportait John, son serviteur, ou pour tricoter des écharpes et des bonnets de laine pour les soldats. Plusieurs fois par semaine elle prenait des cours de ballet, en vue du petit passage du « Lac des Cygnes » qu'elle avait à danser dans le film. Mais elle consacrait tout son temps libre aux cours de diction qu'avait accepté de lui donner Dame May Whitty. Olivier attendait en effet d'avoir terminé le tournage d'*Orgueil et préjugés* pour se lancer dans une aventure palpitante, la réalisation de *Roméo et Juliette* sur une scène américaine. L'idée lui avait été soufflée par George Cukor et Olivier l'avait trouvée à ce point géniale qu'il s'était mis aussitôt à en composer la partition musicale. Vivien, bien sûr, était enthousiaste à l'idée d'interpréter la pièce, et elle avait rejoint l'avis de Larry sur la nécessité de la mettre en scène et de la produire eux-mêmes. L'exercice était tentant. Le rôle des amants de Vérone semblait avoir été écrit pour eux. Ils en avaient, sinon la jeunesse, au moins l'éclat, la beauté et l'amour, et leur gloire récente constituerait un facteur d'attraction supplémentaire. Ralph Richardson, auprès duquel Olivier avait pour habitude de prendre conseil, trouva l'idée de la pièce « un peu trop luxueuse pour une période de guerre ». En effet, Olivier voulait donner au public l'impression véritable de se trouver dans la Vérone de la Renaissance Italienne et aucune dépense n'avait été épargnée. Les sœurs Motleys, que l'on fit venir d'Angleterre pour réaliser les costumes et les décors, furent horrifiées par les coûts de la production. Plus tard, elles devaient confier sur un ton amusé qu'elles avaient réalisé la version londonienne de *Macbeth* pour le prix des perruques de *Roméo et Juliette*. Vivien et Laurence misèrent toutes leurs économies d'*Autant en emporte le vent* et des *Hauts de Hurlevent* sur le projet, ce qui représentait environ 60 000 dollars. La Warner Bros, qui espérait utiliser Olivier pour un film retraçant la vie de Disraeli, accepta de leur en avancer tout autant. Le risque était insensé, mais s'ils réussissaient, comme ils l'espéraient, ils se constitueraient un joli petit magot avant de regagner l'Angleterre. Le 29 janvier, Jill Esmond avait obtenu le divorce et la garde de Tarquin. Un mois plus tard, ce fut au tour de Leigh Holman de citer Olivier comme codéfendeur et de conserver Suzanne à ses côtés. Dans six mois, lorsque le jugement provisoire deviendrait définitif, Vivien et Laurence seraient libres de se marier. Elles étaient donc enfin terminées toutes ces années de cauchemar où l'amour était une faute et le plaisir semblait volé. Les sarcasmes, l'anonymat et la honte, ils allaient pouvoir tout oublier. Cette fois, le bonheur était vraiment à portée de main. Ils choisirent le cadre exotique du Cocoanut Grove de l'Hôtel Ambassador, à Los Angeles, pour faire ensemble leur première apparition publique. Le 28 février 1940, la télévision s'apprêtait à retransmettre la douzième cérémonie de la remise des Oscars. Cette grande cérémonie à l'hollywoodienne semblait avoir été inventée pour vérifier la devise de la M.G.M. : « Plus d'étoiles qu'il n'y en a dans le ciel. » Sur la piste de danse ou riant et plaisantant devant leur table, les plus grandes stars du moment étaient là. L'année 1939 avait été particulièrement riche en événements cinématographiques : *Le magicien d'Oz, Ninotchka, Gunga Din, Goodbye Mr Ships, The women, Autant en emporte le vent, Les Hauts de Hurlevent*, figuraient au palmarès et promettaient une compétition sévère. Vivien arriva au bras de David O'Selznick et se fraya un chemin à travers les tables en serrant les pans de son grand manteau d'hermine blanche prêté par le studio. Elle n'affichait pas à l'adresse de la caméra, un de ces sourires de « starlette », mais plutôt un air prudent et réservé. Olivier la rejoignit à sa table. Norma Shearer et Judy Garland s'y agitaient déjà comme deux puces. Hedda Hooper leur souhaita bonne chance pour la tournée de *Roméo et Juliette* qu'ils devaient entreprendre dès le mois de mai. Les cheveux simplement rejetés en arrière, vêtue d'une longue robe verte à la coupe très ordinaire, Vivien était pourtant le centre de tous les regards. Sa beauté sans artifice était uniquement agrémentée d'un gros bracelet ancien qu'elle portait au bras gauche et d'un pendentif en aigue-marine qui soulignait la couleur changeante de ses yeux. L'amour d'Olivier lui servait de plus belle parure et son sourire était éblouissant. Lorsque Spencer Tracy déchira l'enveloppe de l'Academy of Motion Picture Art and Sciences qui désignait la meilleure interprète féminine de l'année, une incroyable ovation et un tonnerre d'applaudissements accueillirent le nom de la gagnante : « Miss Vivien Leigh ». Souple et légère elle parcourut la distance qui la séparait du podium d'un pas rapide et, après avoir reçu la statuette des mains de l'acteur, elle grimpa jusqu'au micro. Elle avait abandonné tout air de Scarlett, prenant des manières de petite fille timide et baissant les yeux dans un sourire pudique. Elle commença par s'excuser de son petit discours qui pouvait paraître inadéquat, mais ajouta que s'il lui fallait citer le nom de toutes les personnes qui avaient contribué au succès d'*Autant en emporte le vent*, il lui faudrait se lancer dans une énumération qui risquait de durer plus longtemps que le film lui-même. « Si vous me le permettez », poursuivit-elle, « je voudrais dédier mes remerciements à ce parangon d'énergie, de courage et de gentillesse vers qui convergent tous les aspects d'*Autant en emporte le vent*, Monsieur David O'Selznick. » Comme le fit remarquer avec humour Bob Hope, animateur de la soirée, cette douzième nuit des Oscars prit la tournure d'une manifestation organisée au profit de Selznick. Le film remporta dix récompenses, dont la plus prestigieuse, l'Irving Thalberg Award, pour son producteur. Clark Gable fut le grand perdant de la cérémonie, puisque l'Oscar du meilleur interprète masculin revint à Robert Donnat pour sa performance dans *Good bye Mr Ships*. Vivien ne parvenait pas à croire à sa bonne fortune. Tout était si soudain. Les années trente s'étaient achevées dans la grisaille, mais les années quarante, en dépit de la guerre en Europe, s'annonçaient sous de merveilleux auspices. A vingt-six ans, elle avait tout ce qu'une femmme peut rêver d'avoir: jeunesse, talent, fortune, beauté, mais aussi la gloire internationale et l'amour d'un homme que de récents sondages proclamaient comme « le plus beau du monde » et « l'acteur le plus talentueux de sa génération ». En rentrant chez eux, elle déposa la statuette sur le manteau de la cheminée. Elle tenait à l'avoir en permanence sous les yeux afin de se persuader qu'elle n'était pas en train de vivre un merveilleux rêve et d'avoir constamment à l'esprit la promesse qu'elle s'était faite: devenir une grande actrice. Le deuxième voeu qu'elle avait formulé en secret était d'un ordre plus intime, mais tout aussi important, sinon plus : épouser Laurence Olivier. En attendant le mois d'août avec impatience, Vivien se lança à corps perdu dans les répétitions de *Roméo et Juliette*. A vingt-six ans, elle serait l'une des plus jeunes Juliette de toute l'histoire du théâtre, et l'idée d'être réunie avec Olivier pour un projet de cette importance la comblait de joie. Ils allaient enfin pouvoir démontrer aux gros bonnets hollywoodiens que leur couple pouvait rivaliser avec les tandems les plus célèbres. Ils avaient le piquant de Bill Powell et Myrna Loy, l'élégance aristocratique de Fred Astaire et Ginger Rogers, l'aura romantique de John Gilbert et Greta Garbo et l'intelligence et la finesse de Spencer Tracy et Katharine Hepburn. Rien cependant ne laissait prévoir que l'ensemble de la production allait tourner à la farce, et qu'en fait de couple célèbre, ils ne parviendraient à évoquer que ceux d'Abbot et Costello et de Laurel et Hardy.

Au fil des semaines, les responsabilités écrasantes de Laurence Olivier avaient miné l'énergie qu'il aurait dû réserver à l'interprétation de son rôle. La veille de la Première à San Francisco, il avait encore passé la nuit à régler les éclairages et à diriger une dernière répétition, avant d'endosser sans transition le costume du jeune Montague. Un plateau tournant devait présenter successivement les divers décors de la pièce. Mais ce qui avait semblé au premier abord une idée ingénieuse, se révélait un gadget lamentable, car en tournant les grincements du plateau couvraient les voix. Harassé par ces divers problèmes techniques, épuisé par le manque de sommeil, les exigences du rôle, celles de Vivien, il n'avait plus au soir de la Première, l'énergie et la fougue pour accomplir la mise en scène acrobatique dont il se faisait un point d'honneur à pimenter chacune de ses réalisations shakespeariennes. Après la célèbre tirade du balcon, il sauta comme prévu en direction du mur des Capulets, mais au lieu de l'escalader d'un simple coup de rein, il manqua son élan et resta suspendu par les doigts, suant et gigotant, sans parvenir à accomplir son rétablissement. Le public, d'abord médusé, se mit à ricaner avant d'éclater grossièrement de rire. Lorsqu'enfin, le régisseur eut la présence d'esprit de faire l'obscurité sur la scène, Olivier s'était résigné à se laisser pendre lamentablement comme une figue. Mortifié, il disparut l'oreille basse en direction des coulisses. La critique bien entendu s'en donna à coeur joie, ce qui n'empêcha pas une foule enthousiaste de venir les accueillir à la gare de Chicago en agitant d'immenses banderoles: « BIENVENUE A LAURENCE OLIVIER ET VIVIEN LEIGH ». Pendant tout le séjour, ils furent poursuivis par une horde de fans hystériques qui voulaient voir et toucher Scarlett et Heathcliff en chair et en os. Vivien avait toujours été épouvantée par ces énergumènes qui allèrent même un jour jusqu'à déchirer un bout de sa robe. L'attaché de presse, emporté par une verve grandiloquente, avait cru bon d'adresser à la presse des communiqués plutôt fumeux: « De vrais amants s'aiment en public. » Avec de tels titres, Vivien espérait que les spectateurs ne s'attendraient pas à les voir copuler à même la scène. En fait, il ne s'en fallait pas de beaucoup pour que ses craintes soient justifiées. Le public venait voir des stars de cinéma et se fichait pas mal du texte de Shakespeare, quant aux critiques, elles étaient très mitigées. Olivier donnait l'impression de débiter ses tirades « en se brossant les dents », la mise en scène était jugée prétentieuse, et seule Vivien avait droit à quelques éloges. Le tableau d'ouverture présentait une Juliette encore dans l'enfance. Vivien jouait à la balle contre un mur, scandant de cette manière son premier soliloque, et l'abandonnant dès qu'entrait la nourrice. Sa fraîcheur juvénile faisait merveille, ainsi que les accents étrangers et inconnus qu'elle utilisait pour évoquer l'épouvante dans la scène du poison, réputée très difficile. En fait, son manque d'expérience et de maturité se ressentait surtout dans les grands passages lyriques et les scènes d'amour qui nécessitaient beaucoup de subtilité et une gamme d'effets très étendue. De méchantes langues commencèrent alors à murmurer qu'Olivier sous-jouait pour se mettre à sa portée, une attitude bien peu cohérente et peu professionnelle, venant de sa part. Plus vraisemblablement, Olivier avait fait de son Roméo un personnage un peu gauche et puéril, transfiguré par l'amour alors que, dès le départ, Juliette était présentée comme le personnage dominant de la tragédie. Ayant toujours assimilé une représentation théâtrale à une performance d'athlète, Olivier souffrait également de sa mauvaise condition physique. A New-York, la troupe s'installa au Théâtre de la 51e Avenue. Ils réservèrent une suite dans l'hôtel le plus luxueux de la ville et commandèrent plusieurs caisses de vins fins pour célébrer leur triomphe. En dépit des critiques, un public nombreux et enthousiaste avait jusque-là accouru à chacune des représentations, accueillant le spectacle par des cris d'adoration. Cette fois, il en alla différemment. Pendant la scène du poison, le soir de la Première, une porte claqua. Vivien continua néanmoins son monologue : « A moi fiole .... Et quoi. Si ce breuvage n'agissait pas . Serais je donc mariée demain matin ? ... Non, non.» Bientôt on entendit un vacarme venant des coulisses, des pas de course, des rires. Quelques fans audacieux avaient réussi à s'introduire dans les coulisses et cherchaient à échapper au service de sécurité. La presse fut convaincue qu'il s'agissait là d'un « truc » publicitaire à l'hollywoodienne, et descendit la pièce en flèche. Brooke Atkinson, surnommé « le boucher de Broadway » critiqua la performance de Vivien dans le *New York Times* : « Il faut avouer à sa décharge, qu'elle essaie sérieusement d'interpréter le rôle tel qu'il est écrit. Mais son talent d'actrice n'est pas encore assez confirmé pour lui permettre d'atteindre les profondeurs d'un personnage imaginaire forgé dans une poésie pleine de sensualité. » Olivier reçut les coups les plus rudes : « maniéré et affecté », « un moineau batailleur », « dégurgite ses tirades comme autant d'huîtres avariées », « tout le romantisme d'un laveur de carreaux »... Ce ressentiment soudain de l'ensemble de la presse s'expliquait par l'énorme battage publicitaire qui avait entouré la personnalité des deux interprètes pendant toute la tournée de la pièce : « Compte tenu de l'absence de Shakespeare... appelons ce qu'ils nous font là « Laurence et Vivien », et n'en parlons plus. » Dès le lendemain, une foule dense se rassembla devant le Ziegfeld Theatre. Après vérification, on s'aperçut que les spectateurs venaient réclamer le remboursement de leurs places. Ulcérés par ce dernier coup du sort, Vivien et Larry se rendirent eux-mêmes au guichet et affrontèrent courageusement un des moments les plus humiliants de leur jeune carrière. La pièce quitta l'affiche au bout de douze jours, et des mesures d'urgence s'imposèrent pour faire face à un tel « bide ». Pour commencer, ils déménagèrent de l'hôtel où ils s'étaient installés et renvoyèrent les caisses de vins, qu'ils avaient commandés.

Katharine Cornell leur prêta sa maison de Sneden's Landing, sur l'Hudson, et ils apprécièrent à sa juste valeur ce signe d'amitié. En peu de temps ils étaient devenus les « persona NON grata » du tout Broadway. Personne ne songea plus à les inviter, à l'exception d'Alfred Lunt et Lynn Fontane, qui firent preuve, une fois de plus, d'élégance et de générosité. Noël Coward les avait conviés à un bal organisé au Radio City Music Hall, au bénéfice de l'effort de guerre. En les voyant apparaître, il ne put s'empêcher de s'exclamer : « Mes chéris, comme c'est courageux à vous d'être venus. » Plus de 96 000 dollars avaient été engloutis dans l'entreprise et la tentation de regagner l'Angleterre pour échapper aux quolibets était de plus en plus forte. Vivien venait aussi d'apprendre avec consternation que les Allemands s'étaient déployés vers l'Ouest, et des rumeurs soutenaient qu'ils allaient bientôt envahir l'Angleterre. Olivier, qui avait repris des cours de pilotage près de l'Hudson, nota une légère modification dans son comportement. Elle était très souvent la proie d'humeurs passagères qu'il mit sur le compte de la déception causée par l'échec de *Roméo et Juliette*, et aussi sur le fait qu'elle supportait mal l'alcool. Cornel Wilde jouait Tybalt dans la pièce, et il avait été frappé par le comportement bizarre de Vivien alors qu'ils se trouvaient encore à Chicago. Elle semblait soupçonner Olivier de lui tenir rigueur des critiques favorables qu'elle avait obtenues, alors que lui n'avait soulevé que sarcasmes et dérision. Sa complète dépendance à son égard, cette manière de s'en remettre à lui en tout et pour tout, étaient à l'origine de ses craintes. L'idée qu'Olivier, pour une quelconque raison, ait pu lui en vouloir et cesser de l'aimer, lui était insupportable et lui faisait adopter un comportement irrationnel qui, avec les années, tourna à la névrose. Ses amis avaient beau juger ce comportement excessif et malsain, lui répéter que cette demande d'attention perpétuelle risquait de lasser un homme aussi réservé et indépendant qu'Olivier, elle conservait toujours ce besoin d'être ainsi entourée, protégée, rassurée et aimée. La seule idée de la solitude lui était insupportable. Autant elle avait une phobie des foules déchaînées, autant elle se plaisait à entretenir autour d'elle une bande de joyeux drilles, amusants, dévoués et sincères. Parmi la troupe de *Roméo et Juliette*, se trouvait un jeune acteur du nom de Jack Merivale, qui interprétait le petit rôle de Balthazar et qui servait aussi de doublure au *Roméo* d'Olivier. Tous les soirs, il guettait chez l'acteur une défaillance qui lui aurait ainsi permis de jouer aux côtés de Vivien dont il était secrètement amoureux. C'était une passion d'autant plus attendrissante qu'elle était désespérée, l'amour de Vivien pour Larry étant désormais légendaire. Il l'avait rencontrée pour la première fois dans les coulisses de l'Old Vic, en 1937, lorsqu'il avait remplacé au pied levé l'acteur qui jouait Malcolm dans le *Macbeth* d'Olivier. Elle n'avait fait que lui souhaiter bonne chance, mais il ne s'était jamais remis de cette première vision. Cela n'avait rien d'étonnant, quand toute la moitié des jeunes gens de Londres se consumait d'amour pour elle. Dame May Whitty, qui jouait la nurse dans *Roméo et Juliette*, raconta que, sans doute flattée et amusée par le comportement du jeune homme, Vivien l'avait un peu adopté comme un fils. Régulièrement, de petites soirées étaient organisées dans la maison de Sneden's Landing où chaque membre de la troupe était invité à tour de rôle. Un dimanche soir, ce fut au tour de Jack Merivale. En tant que comédien, il avait un peu un statut à part. Son père, Philip Merivale, avait été un acteur très célèbre qui avait épousé en secondes noces la merveilleuse Gladys Cooper, que Vivien et Larry adoraient avec la même ferveur. Après le repas, tandis qu'Olivier se plongeait dans un traité de navigation aérienne en vue de son diplôme, Vivien et Merivale entamèrent une partie d'échecs. Transporté à l'idée de se retrouver en tête à tête avec la dame de ses rêves, le jeune homme ne prêta guère attention aux signes de nervosité qu'elle se mit à manifester. Alors qu'il était en train de remporter la partie, il assista soudain à un revirement de personnalité aussi imprévisible qu'effrayant. La jeune femme légère et tendre se transforma en furie, repoussant l'échiquier, l'accusant de tricher et de vouloir l'éloigner d'Olivier. Ebranlé par cet accès de fureur, Merivale eut l'impression de se trouver face à une inconnue, dont la voix et le regard s'étaient soudain faits durs et impitoyables. Sans doute avaient-ils trop bu cette nuit là. Au petit matin, il quitta pourtant Sneden's Landing sans même avoir pris congé de ses hôtes. Il garda de cet épisode malheureux un profond sentiment de malaise. Il était à des lieux d'imaginer, une fois assis dans le train qui le ramenait vers New-York, que des années plus tard il occuperait auprès de Vivien, une place privilégiée.

— Chapitre XVII —

... nous te marierons ...

Au cours du mois de juin 1940, Vivien souffrit d'humeurs contradictoires. La Broadway Association venait de la désigner comme la vedette incontestée de Time Square. Son nom figurait simultanément au Capitole, pour *La valse dans l'ombre*, au Rivoli, pour *Twenty one days together*, et à l'Astor, pour *Autant en emporte le vent*. Cependant, la satisfaction intense de cette consécration était atténuée par les nouvelles douloureuses venant d'Europe. La « drôle de guerre » était terminée. La Belgique et les Pays-Bas étaient tombés aux mains des Allemands. La France était en difficulté et le sort de l'Angleterre était des plus incertains. Winston Churchill préparait son célèbre discours : « We'll never surrender. » De concert avec l'industrie cinématographique, il espérait ébranler le mouvement isolationniste américain et susciter un élan de sympathie à l'égard de l'Angleterre. C'était une tâche difficile, car l'opinion publique américaine était farouchement opposée à une implication dans le conflit européen, et Roosevelt s'était présenté pour un troisième mandat présidentiel avec la promesse de ne plus jamais verser de sang américain en Europe.

Churchill comptait beaucoup sur l'un de ses concitoyens pour organiser cette propagande, et dépêcha aux Etats-Unis rien moins qu'Alexandre Korda en personne. Il avait déjà choisi le sujet du film qu'il souhaitait voir réaliser, l'histoire d'Horatio Nelson et de Lady Hamilton, deux figures héroïques et romantiques dans l'histoire de l'Angleterre. Quant aux principaux interprètes, ils résidaient déjà en terre américaine et seraient idéalement distribués dans le rôle des amants légendaires : Vivien

Leigh et Laurence Olivier. Tous deux avaient plusieurs bonnes raisons pour accepter le projet, en dehors d'un simple sentiment de patriotisme. Les pertes considérables de *Roméo et Juliette* avaient lourdement entamé leurs finances. Dans l'état actuel des choses, ils étaient incapables de faire venir leurs enfants en sécurité aux Etats-Unis, comme ils en avaient eu immédiatement l'intention. Le tournage de *Lady Hamilton* était donc providentiel. Pour l'instant, le film n'en était encore qu'au stade du projet. R.C. Sherriff, le scénariste, commençait à peine à s'attaquer aux dialogues. Il fallait aussi construire les décors, fabriquer les costumes, distribuer les rôles. Ils disposaient donc d'environ deux mois avant de regagner Hollywood. Ils en profitèrent pour aller passer quelques jours dans le Vermont. Alexander Woolcott y possédait une maison sur le lac Bomoseen. De là, ils se rendirent chez Katharine Cornell, dans le Massachussets, avant de faire un crochet par le Canada. A la mi-juillet, Gertrude Hartley et Suzanne y arrivèrent par le même bateau que Jill Esmond et Tarquin Olivier. Les retrouvailles donnèrent lieu à une de ces scènes pitoyables et gênantes qui avaient pour effet de plonger Vivien dans de véritables transes. Tarquin, alors âgé de trois ans et demi, avait eu une attaque de méningite cérébro-spinale, et il était resté quelque temps paralysé. Il avait encore beaucoup de mal à coordonner ses mouvements et ne reconnut pas son père. Quant à Suzanne, elle ne manifesta guère plus d'enthousiasme à l'idée de revoir sa mère. Pendant toute la traversée, Jill Esmond et Gertrude Hartley avaient tout fait pour s'éviter. Mais c'était compter sans les exercices de sauvetage qui les réunirent sur le pont et les obligèrent à se tenir par la main. A peine arrivées, toutes deux filèrent dans des directions opposées. Gertrude amenait Suzanne à Vancouver pour l'y faire entrer en pension et Jill Esmond gagnait Hollywood où elle espérait décrocher quelque contrat et veiller au rétablissement de Tarquin. Lorsqu'à leur tour ils retrouvèrent la Californie, Vivien et Laurence étaient encore sous le choc de cette rencontre. La maison dans laquelle ils s'installèrent, au 9560, Cedar Brook Drive, ne fit rien pour améliorer l'humeur mélancolique de Vivien. Garson Kanin, le scénariste, partageait pourtant la demeure. Il était installé dans une maisonnette située en bout de jardin, près d'une petite piscine en forme d'oeuf. Mais le lourd mobilier victorien, les ombres lugubres du Coldwater

Canyon qui, dès quatre heures, s'étendaient sur la pelouse, ne faisaient qu'accentuer la déprime de Vivien et son sentiment d'insécurité. Olivier avait repris ses cours de pilotage à la base aérienne de Clover Field, puis de Metropolitan Airfield. L'Armée de l'Air avait en effet fixé à vingt-huit ans la limite d'âge pour le recrutement des pilotes et leur formation. A trente-huit ans, Olivier devait d'abord décrocher son diplôme pour pouvoir espérer que sa candidature soit retenue. Vivien tremblait chaque fois qu'elle le voyait partir pour sa leçon et campait près du téléphone, s'attendant à tout moment à recevoir un appel de la base, l'informant qu'il venait de se rompre les os. Pendant sa période d'entraînement, Olivier réussit tout de même à rendre inutilisable trois appareils. Heureusement, il parvint à survivre jusqu'au 20 août, date à laquelle leurs divorces devenant effectifs, ils étaient libres de se marier. Selon la loi californienne, ils devaient respecter un délai supplémentaire de trois jours. Le vendredi 31 août, juste après minuit — Vivien n'aurait pu supporter de patienter une minute de plus — ils devenaient enfin Monsieur et Madame Laurence Olivier.

La cérémonie eut lieu à Santa Barbara, de manière fort discrète. Pour échapper à la presse, Ronald Colman et Benitta Hume leur avaient conseillé d'organiser la cérémonie dans leur Ranch de San Ysidro, à Montecito. De là, ils pourraient se retrouver à San Pedro où le « Dragoon », le schooner de Colman, avait été apprêté pour leur lune de miel. Pour ne pas éveiller les soupçons, Benitta Hume était allée choisir l'alliance de Vivien, qui se révéla un peu trop large. Garson Kanin, leur voisin, apprit la nouvelle au dernier moment. Dérangé en plein travail, il ronchonnait un peu, mais la voix de Vivien au téléphone coupa court à ses protestations : « C'est capital. On a besoin de toi, tête de mule ! » Quelques instants plus tard, il apprit donc qu'il avait été choisi comme garçon d'honneur, et proposa immédiatement Katharine Hepburn pour lui servir de cavalière : « Fantastique », s'écria Vivien. Réveillée en pleine nuit, Miss Hepburn accepta néanmoins l'idée avec enthousiasme. Elle demanda seulement quelques minutes, le temps de prendre une douche, de s'envelopper la tête d'un foulard et de chausser une paire de lunettes de soleil, avant de rejoindre le mini-cortège dans la voiture. Garson Kanin fit le récit de cette nuit agitée : « En voulant couper par des raccourcis, nous nous égarâmes. Et quelques minutes avant de s'unir, le couple le plus romantique et le plus beau du monde commençait à se quereller. Nous atteignîmes le Ranch des Colmans avec une heure et demie de retard. Pour retenir le juge de paix qui ignorait encore tout de l'identité de ses « clients », on l'avait fait boire, si bien que la cérémonie se transforma en une scène annonciatrice du Théâtre de l'Absurde. » Le mariage eut lieu sur la terrasse. Olivier avait beaucoup insisté pour se tenir en direction de l'Angleterre lorsqu'il prononcerait le « oui » qui l'unirait à Vivien. Quant à elle, après avoir attendu aussi longtemps cet instant, elle avait bien du mal à se persuader qu'il était enfin arrivé. Elle demanda au juge de paix s'il ne voulait pas pousser la gentillesse jusqu'à prononcer une deuxième fois sa bénédiction, et cette fois dans la version longue. C'était tout à fait caractéristique de sa part, ce besoin irrésistible de retenir l'instant de bonheur, de le prolonger comme si elle avait eu peur soudain de le voir s'enfuir au loin, et disparaître. « Il y avait toujours en elle une dimension tragique, même dans ses moments d'intense bonheur », confia un jour George Cukor. Le juge de paix s'exécuta donc pour la deuxième fois et, après avoir joint leurs deux mains, il les proclama mari et femme en laissant retentir un « Bingo » aussi sonore qu'incongru. Immédiatement, Vivien téléphona pour apprendre la nouvelle à sa mère. Le 4 septembre, elle écrivit à Leigh Holman : « Nous nous sommes mariés aussi discrètement que possible, je t'ai envoyé un câble aussitôt et je t'aurais écris auparavant, si j'avais pu moi-même prévoir que tout arriverait aussi vite. » Les Colmans avaient bien fait les choses. Sur le « Dragoon », une suite nuptiale avait été spécialement aménagée, avec des oreillers de dentelle, des bouquets de gardenias et du champagne. Lorsqu'ils arrivèrent, entre trois heures et quatre heures du matin, un petit gâteau de mariage et un magnum de champagne les attendaient sur le pont. Le lendemain, la journée se passa au large de Catalina Island, en rires, en baignades, en toasts portés en l'honneur des nouveaux mariés, et en approches discrètes auprès du poste de radio. Aux informations de deux heures, la nouvelle du mariage n'avait toujours pas été annoncée. Feignant l'indifférence, Vivien et Larry guettèrent cependant les flashes de quatre heures, puis de six heures. Ils arrivaient encore à rire et à plaisanter sur leur secret bien gardé. Mais à neuf heures, l'ambiance à bord devint lugubre. « Après tout », comme le fit remarquer Ronald Colman, « il n'y a pas d'intérêt à partager un secret que les autres refusent de connaître ». « A dix heures, Dieu merci, l'histoire finit par éclater, et un soulagement à peine déguisé se peignit sur chaque visage. 'Dommage' fit Larry ragaillardi. 'C'était trop beau pour durer', soupira Vivien avec un sourire lumineux. 'Et bien, c'est la vie', conclut malicieusement Benita. » Après quoi ils passèrent une excellente soirée.

Le tournage de *Lady Hamilton* fut expédié par Korda en moins de six semaines. Tout le monde aurait pu croire que Vivien et Larry se trouvaient alors à l'aube d'une éblouissante carrière. Ce fut pourtant le dernier film qu'ils tournèrent jamais ensemble. Bien sûr, de nombreux triomphes les attendaient encore sur toutes les scènes du monde, mais pour une raison ou une autre, tous les projets cinématographiques qu'ils firent par la suite ne parvinrent jamais à se concrétiser. Sur les plateaux de Korda, ils semblaient néanmoins isolés du reste du monde, absorbés dans la contemplation l'un de l'autre. Leur entourage s'accordait à dire qu'il se dégageait véritablement quelque chose d'électrique et d'aphrodisiaque de leur couple : « Je commence à avoir une érection dès que j'appuie sur leur sonnette », plaisanta un jour un de leurs amis. Pourtant, l'exil forcé aux Etats-Unis, la célébrité de Vivien, l'échec de *Roméo et Juliette*, n'avaient pu manquer d'apporter quelques déséquilibres et quelques ombres au tableau. Leur amour, présenté comme l'idylle du siècle, devait déjà faire face à certaines tensions. La dévotion quasi obsessionnelle de Vivien pour Larry en était une des causes, et non des moindres. Le tournage de *Lady Hamilton* fut donc accueilli comme un heureux divertissement. Korda avait plusieurs raisons de vouloir hâter les choses. L'intrigue amoureuse entre Emma Hamilton et Horatio Nelson n'en masquait pas moins le contenu politique de l'histoire. Si le Sénat venait à soupçonner le discours idéologique que véhiculait le film, il était fort probable qu'il en ferait interrompre le tournage. Comment justifier devant le Congrès isolationniste des dialogues aussi transparents que le long monologue de Nelson, suppliant les Lords de l'Amirauté de repousser les offres de paix de Napoléon: « Il n'y a pas de paix possible avec les dictateurs. Il faut les détruire, les anéantir. » Certains soupçonnaient même Winston Churchill d'en avoir rédigé lui-même une bonne partie. *Lady Hamilton* n'en conservait pas moins tous les attributs d'un film de la griffe Korda, une merveilleuse histoire d'amour parcourue d'un souffle épique et romantique. Vivien et Olivier avaient tous deux des moments d'intense émotion et le film ajouta beaucoup à leur prestige personnel. On avait reconstitué la maquette du Victory, le navire de Nelson, et une ingénieuse machinerie, mise au point par Vincent Korda, recréait sur le plateau le mouvement de la houle. Vivien, qui avait le mal de mer, dut se bourrer de dramamine. Pourtant, comme le raconte Michael Korda, « plusieurs de ses meilleures scènes durent être recommencées à plusieurs reprises, car soudain, au milieu d'un baiser, elle s'exclamait : 'Mon Dieu, je vais être malade'. » Pour solutionner les problèmes occasionnés par un budget des plus serrés, il fallut déployer des trésors d'imagination, et Vincent Korda fut l'un des principaux responsables de la qualité évidente des décors et des effets spéciaux. On ne lui menait pourtant pas la partie facile. Après avoir monté le décor d'une scène romantique qui se passait dans le bureau de Nelson, il dut le transformer en chambre à coucher en l'espace d'une nuit. Pour reconstituer la bataille de Trafalgar dans le bassin du studio, on dissimula un technicien derrière chaque maquette de bateau. Chacun d'entre eux avait la responsabilité de hisser les voiles et de faire tirer les canons, tandis qu'un gros ventilateur récréait le mouvement des vagues. A ces considérations d'ordre technique s'ajoutèrent les démêlés de Korda avec la censure qui voyait dans le film une apologie de l'adultère. R.C. Sherriff fournissait les dialogues au jour le jour, travaillant sur le plateau, entre les prises de vue ou pendant la nuit à l'hôtel. Une large part était aussi laissée à l'improvisation, et Olivier et Vivien purent teinter leurs personnages de couleurs tout à fait personnelles. Korda n'avait ainsi pas pu présenter le scénario à l'approbation de la Hayes Office avant le début du tournage. Joe Breen, le directeur de la commission de Censure, n'avait pas voulu tenir compte de la réalité historique de la passion adultère entre Emma Hamilton et Horatio Nelson. Il menaçait de frapper le film d'une interdiction si on n'y introduisait pas certains éléments à portée morale. C'est ainsi que Vivien dut revêtir un masque en caoutchouc pour les besoins d'une séquence supplémentaire qui devait servir de prologue. On y voyait une Emma vieillie et déchue errant sur les quais de Calais, volant une bouteille de cidre dans une taverne et jetée en prison après avoir été traînée dans le ruisseau et giflée par la police. Olivier, quant à lui, se voyait contraint de prononcer une réplique dans laquelle il condamnait la passion déshonorante qui l'entraînait vers Lady Hamilton. La morale était ainsi sauvegardée et le problème de la censure contourné. Il en alla tout autrement des difficultés de Korda avec le Congrès. Le comité « America First », supporté par le consul et l'ambassadeur d'Allemagne aux Etats-Unis, ne fut pas long à accuser le film de propagande et son producteur d'espionnage. Assigné à comparaître devant le Sénat, le 12 décembre 1941, Korda fut sauvé de justesse par un événement imprévu. Le 7 décembre 1941, au petit matin, l'aéronavale japonaise attaquait par surprise la base navale de Pearl Harbor, dans les îles Hawaï. Quatre jours plus tard, l'Allemagne et l'Italie, liées par le Pacte de Berlin, déclaraient la guerre aux Etats-Unis.

Dès sa sortie, *Lady Hamilton* connut un immense succès auprès du public américain et européen. De la même manière qu'Hitler avait été un admirateur fervent de *Fire over England*, Winston Churchill conserva toujours un faible pour ce film. Il disposait d'une copie personnelle qu'il faisait projeter chaque fois qu'il recevait des invités. On raconte même qu'il en emporta un exemplaire à bord du « Prince of Wales », lorsqu'en août 1941, il rencontra le président Roosevelt à la base navale d'Argentia, pour définir les principes de la charte de l'Atlantique. En dépit du fait qu'il le voyait pour la cinquième fois, il fut ému jusqu'aux larmes et déclara : « Messieurs, j'ai pensé que ce film vous intéresserait, puisqu'il traite d'événements similaires à ceux dans lesquels vous venez de prendre part. » *Lady Hamilton*, fut aussi, entre autres particularités, le premier film non soviétique à être projeté dans toutes les salles d'U.R.S.S. où Vivien devint la « pin-up » nationale.

A la fin du mois de décembre, plus rien ne retenait les Olivier aux Etats-Unis. Après 200 heures de vol, Larry avait finit par obtenir son brevet de pilotage. Suzanne et Tarquin étaient en sécurité, et le cachet providentiel de *Lady Hamilton* avait permis de renflouer leurs finances. Le moment était venu de regagner l'Angleterre. En guise d'adieux, ils participèrent à une émission de radio de deux heures, destinée à être diffusée le matin de Noël. Quelques quatre-vingts stars britanniques avaient apportées leur contribution à cette célébration, parmi lesquelles : Greer Garson, Philip Merivale, Douglas Fairbanks Jr, Gladys Cooper... George Cukor et Garson Kanin offrirent à Vivien une bague qu'elle promit de porter en Angleterre, elle représentait deux mains enserrant un coeur de rubis. Pas une fois elle ne s'était posée la question de savoir si elle devait accompagner Olivier en Angleterre, ou comme Jill Esmond, rester en sécurité aux Etats-Unis. Sa place était aux côtés de son mari, et elle entendait bien le prouver de manière éclatante en laissant derrière elle des amis, une brillante carrière et l'assurance d'une vie confortable et sans danger. Selznick risquait de l'attaquer pour rupture de contrat, sans parler des risques encourus lors de la traversée de l'Atlantique. La tragédie du « City of Benares », un paquebot torpillé alors qu'il transportait à son bord plus d'une centaine d'enfants, avait créé un traumatisme profond dans la conscience populaire. Mais une aventure périlleuse n'avait jamais rebuté Vivien qui ne manquait certes pas de courage. L'amour de Laurence lui tiendrait lieu de bouclier. « J'aime la tempête. » Elle aurait pu reprendre à son compte l'expression favorite de Christine de Suède, la reine Cavalier. Vivien dépérissait pendant les périodes d'accalmie, elle ne pouvait envisager l'existence autrement que comme une succession de moments intenses et d'affrontements dont résultaient victoires et défaites. Le résultat importait peu — il lui arriverait de défendre des causes désespérées — mais seule la lutte lui semblait digne d'intérêt, ainsi que les forces que l'on mettait en jeu. Le trajet de retour fut à la hauteur de ses espérances. Il s'effectua dans une ambiance de feuilleton d'espionnage et de roman noir. A cette époque, la traversée de l'Atlantique se faisait en deux étapes. Le 27 décembre, ils avaient embarqué sur « L'Excambion » en même temps que vingt-trois autres passagers et le trajet jusqu'à Lisbonne fut des plus mouvementés. Il n'y avait rien de rassurant, en effet, à naviguer ainsi en eaux dangereuses sous les ordres d'un capitaine allemand qui, le soir de Noël, se mit à chanter « Deutschland über Alles ». Trois jours après leur arrivée au Portugal, ils parvinrent à trouver un vol pour Bristol. On leur communiqua au dernier moment l'heure d'envol et les hublots de l'appareil furent camouflés de papier journal par mesure de sécurité. En juin 1943, c'est dans un vol aux conditions semblables que Leslie Howard, le romantique Ashley Wilkes d'*Autant en emporte le vent*, devait trouver la mort. Blond, fin, romantique, plein d'un humour un peu désabusé, il avait dit à une dame qui l'invitait pour le lendemain : « Excusez-moi, mais demain à cette heure je ne serai pas ici. » Ce qu'il était venu faire à Lisbonne, personne ne le saurait jamais. Immédiatement, on parla de coïncidences mystérieuses, un des passagers ressemblait à s'y méprendre à Winston Churchill. Goebbels avait mis sa tête à prix et une éblouissante créature qui naviguait dans son sillage, la comtesse Miranda, s'était révélée être une espionne à la solde d'Hitler. Aucun scénariste hollywoodien n'aurait osé soumettre un tel scénario, mais c'est pourtant ainsi que Leslie Howard termina sa carrière, dans les débris calcinés d'un avion civil abattu au-dessus de la baie de Biscaye.

Rien d'aussi tragique, heureusement, ne vint perturber le voyage de Vivien et Larry jusqu'à Bristol. Mais la réalité de la guerre, le premier contact avec l'Angleterre dans le nuit et dans le froid, les bouleversa. La ville ressemblait à un paysage lunaire sur lequel aurait été organisé un incroyable spectacle de sons et lumières. Partout des cratères de bombes, des pans de mur déchirés comme du carton, et la faim, la peur, le bruit des sirènes et les feux des projecteurs qui fouillaient la nuit. Les vitres de leur hôtel avaient été brisées par la déflagration des obus. Grelottants de froid, ils s'endormirent l'un contre l'autre sans même avoir pris la peine de se déshabiller. A peine venaient-ils de fermer les paupières que de violents coups portés à la porte les réveillèrent brusquement. Olivier se leva d'un bond et alla ouvrir, redoutant d'apprendre qu'il leur fallait évacuer d'urgence leur chambre à cause d'un raid aérien. Vivien entendit la conversation se prolonger dans le couloir, et vit son mari revenir se coucher avec un air contrarié. « Qu'est-ce que c'était ? » demanda Vivien terrorisée. « La presse », répondit Olivier. « Il voulaient savoir si nous avions fait bon voyage. »

— Chapitre XVIII —

Flammes sur l'Angleterre

Londres ne leur offrit pas un accueil plus rassurant. La petite maison de Little Stanhope Street où Vivien avait vécu avec Leigh Holman, n'était plus qu'un tas de ruines, soufflée par les bombes. Leur cher Durham Cottage avait également subi quelques dommages. La détresse succéda rapidement à l'horreur des premiers jours. L'Angleterre n'accueillait pas forcément à bras ouverts ces fanfarons d'Hollywood qui s'imaginaient endosser le costume de soldat aussi facilement qu'au rayon des accessoires de la M.G.M. David Niven, qui était un des premiers Britanniques à avoir quitté le sol américain, dès le début des hostilités, s'était vu plusieurs fois opposer un barrage catégorique : « Vous n'arriveriez même pas à me faire rentrer aux toilettes des dames de Leicester Square », déclara-t-il un jour d'un ton amer à un lieutenant-colonel de la Riffle Brigade. Olivier eut davantage de chance. Déclaré inapte à servir dans la R.A.F. à la suite d'un examen médical, il accepta un rôle dans *49e Parallèle* puis fut appelé près de Portsmouth, en tant que sous-lieutenant de la Royal Navy Volunteer Reserve. Transféré près de Winchester, ses qualités médiocres d'aviateur lui valurent la réputation de commettre plus de dégâts que l'aviation allemande. Vivien l'avait bien sûr suivi dans tous ses déplacements, transportant dans ses bagages tous les éléments d'un décor qu'elle affectionnait particulièrement et dont elle aimait à être entourée : des carpettes indiennes, une tapisserie d'Aubusson et deux peintures à l'huile de Sickert et de Boudin. Même en pleine guerre, Vivien restait d'une élégance folle, circulant fièrement au volant de sa petite voiture ou faisant cuire de merveilleuses grillades pour Olivier et ses amis officiers. Le rôle de la Madelon n'était pourtant pas de ceux qu'elle pouvait jouer trop longtemps. Elle était redevenue nerveuse et s'était entichée de « Tissy », un petit chat noir et blanc qu'elle promenait partout avec elle. Sa fascination pour les chats remontait à l'enfance, et il s'était opéré entre elle et eux un curieux mimétisme. Ceux qui la voyaient pour la première fois, étaient toujours surpris par sa personnalité « incroyablement féline », sa démarche souple et son visage aigu dont les yeux brillants semblaient deux minéraux précieux et charmants.

Elle avait repoussé l'offre de Selznick d'interpréter Clio, la courtisane créole de *Saratoga*. Le personnage louchait un peu trop sur Scarlett O'Hara et elle l'abandonna à Ingrid Bergman. Elle refusa aussi une proposition émanant du Theatre Guild de New-York pour jouer *César et Cléôpâtre* de Bernard Shaw, à Broadway. Elle était catégorique : « Je n'ai pas l'intention de laisser des propositions de films à Hollywood ou des pièces à Broadway m'éloigner de mon propre pays. Ma place est ici, aux côtés de Larry. » Elle suivit en revanche le conseil d'Olivier, qui la poussa à accepter le rôle de Jennifer Dubedat dans *The doctor's dilemma*, une autre pièce de Bernard Shaw. Hugh Beaumont, le directeur de la Compagnie H.M. Tennent, fit réaliser de merveilleux décors et de somptueux costumes de l'époque edwardienne qui mettaient particulièrement bien sa beauté en valeur. Les répétitions devaient commencer le 11 août et Larry l'accompagna à Londres sur la BMW toute neuve et rutilante qu'il venait de se procurer. S'il manifestait son amour de manière plus discrète, Olivier n'en vouait pas moins un culte dévot à Vivien. Il encensait sa beauté et son talent devant leurs proches et lui lançait des regards d'adoration « qui auraient suffi à mettre le feu à une liasse de bons de guerre ». Avant d'atteindre Londres, la pièce devait partir en tournée pendant six mois. La Première était prévue à Manchester, au mois de septembre, puis ce serait Aberdeen, Edinburgh, Glasgow, Leicester, Leeds et Derby. Depuis leur mariage, ils ne s'étaient jamais séparés, et il se sentait aussi perdu qu'elle. Ils parcouraient des distances inouïes pour se retrouver dans les petits hôtels de campagne au cours du week-end. Cette tournée en Ecosse, dans les premiers mois qui suivirent leur mariage, resta toujours pour Vivien un des souvenirs les plus tendres à son coeur. Aux soirées triomphales, entourée d'invités prestigieux, elle préférerait évoquer cette période intense de bonheur, ainsi que d'autres moments simples et précieux : « marcher dans notre jardin à la campagne après la pluie ; s'asseoir à la terrasse d'un petit café de Provence pour boire le 'vin de pays'. » Son incroyable succès n'avait jamais réussi à porter atteinte à son naturel et à son goût sincère pour les choses profondes et vraies. Au mois de mars 1942, *The doctor's dilemma* s'installa sur la scène du Haymarket et ils purent recommencer à vivre ensemble dans leur bungalow de Worthy Down. Qui aurait pu reconnaître le bel et farouche Heathcliff, lorsqu'à six heures trente du matin, Olivier sortait sa moto du garage et partait en pleine nuit pour la base ? Qui aurait pu reconnaître l'ardente et trépignante Scarlett dans la petite figure pâle et solitaire de Vivien alors qu'elle prenait tous les matins le train pour Londres ? Serrée dans un imperméable, le visage dissimulé par un foulard, elle oubliait l'inconfort du voyage dans les wagons bondés et enfumés en se plongeant dans la lecture des oeuvres de Dickens qu'elle venait de redécouvrir.

Avec finesse et intelligence, elle sut se tirer habilement d'un rôle réputé difficile. Mariée à un peintre aussi rocambolesque que tuberculeux, Jennifer Dubedat se retrouvait en effet avec la tâche impossible de convaincre un public sceptique que les docteurs avaient bien mal agi en laissant mourir de sa maladie cet insupportable époux. George Bernard Shaw avait lui-même confié que la qualité de l'interprétation dépendait beaucoup du charme de la comédienne. « Madame Dubedat est sans conteste une jeune femme à la beauté souveraine. Elle a cette grâce et cette nature poétique que l'on prête aux créatures sauvages, tout en ayant l'élégance et la dignité d'une dame de qualité. » Sur ce point, Vivien n'avait pas de soucis à se faire, puisque selon Alan Dent, critique au *News Chronicle*, toute l'Angleterre était déjà sous le charme de son « impudente petite beauté ». La pièce obtint de ce fait un succès considérable. En dépit des raids aériens, elle tint l'affiche pendant treize mois à Londres, et Vivien établit un record personnel de 474 représentations. Les mois qui suivirent la fin de la pièce n'en furent que plus difficiles. Les Olivier avaient encore déménagé. Ils s'installèrent cette fois dans le Buckinghamshire, près du petit village de Fulmer. L'inactivité y était moins pesante. Après le brouillard et l'ennui de Londres, il y avait les week-ends et les amis. Rex Harrisson, Lillie Palmer, David Niven et sa femme Primmie étaient des hôtes fréquents. Pendant qu'Olivier découpait le poulet ou récitait en armure « La Belle Dame sans Merci », Vivien, enroulée dans quelque vieux draps, montait le cheval d'une ferme avoisinante. Ces spectacles hallucinants, tenus au clair de lune, faisaient oublier la guerre et ses rigueurs.

Comme un coquillage oublié par la marée, Olivier avait échoué sur les rivages de la guerre, tandis que ses amis affrontaient la mitraille et les dangers du front. Il maudissait jour et nuit le nerf endommagé à l'intérieur du tympan qui l'avait dispensé du service actif. Son poste d'instructeur auprès des jeunes recrues de l'Air Training Corps était loin de satisfaire ses rêves d'aventures et de missions périlleuses. A son grand dépit, l'Amirauté l'utilisait de plus en plus souvent pour soutenir le moral des troupes. Il enchaînait donc sur un rythme monotone les opérations de propagande pour le recrutement ou des émissions pour la BBC. Un jour à l'Albert Hall, l'autre au Garrison Theatre, les champs de bataille d'une guerre en dentelle étaient invariablement les mêmes, tapissés de velours rouge et seulement ébranlés par les cris des « bravos ».

« Oh, dieu des batailles, durcis le coeur de mes soldats. Fais qu'ils ne connaissent pas la peur... » Lorsque Filippo del Giudice, qui avait déjà produit des films de propagande comme *In which we serve* de Noël Coward, lui proposa de prononcer à l'écran la prière d'*Henry V*, Vivien fit tout pour le convaincre d'accepter. Elle venait d'apprendre avec horreur qu'il avait demandé son affectation dans une autre unité, en tant que pilote de Walruses, ces véhicules amphibis catapultés par les vaisseaux de guerre. Il profita cependant du laps de temps nécessaire à son transfert pour tourner un petit film de propagande pro-soviétique, *Demi-Paradise*. Vivien, venait pour sa part d'organiser une visite de courtoisie à George Bernard Shaw, dans sa maison de Whitehall Court. Elle avait appris en effet que le Hongrois, Gabriel Pascal, envisageait d'adapter au cinéma une des pièces les plus fameuses du barde irlandais : *César et Cléôpâtre*. Shaw, qui n'avait pas pour habitude de se déranger pour assister à la représentation de ses oeuvres, se réservait toutefois un droit de regard sur le choix de ses interprètes. Cassant, incroyablement orgueilleux, conscient de son génie comme seul un génie peut se permettre de l'être, il était, avec ses cheveux rouges et sa barbe de patriarche, l'une des figures les plus terrifiantes du théâtre britannique. Il ne connaissait pas Vivien, ne s'était pas déplacé pour aller applaudir sa Jennifer Dubedat, mais avait été intrigué qu'avec sa réputation de jeune beauté fragile elle s'intéresse à un personnage comme Cléopâtre. « Il est curieux de constater », aurait-il confié, « que toutes les actrices qui se prennent d'amour pour ce rôle précis, sont invariablement des géantes ou des personnes ayant dépassé la cinquantaine. Miss Leigh doit être vraiment exceptionnelle. » Les cheveux sagement tirés en arrière, vêtue d'une petite robe aux motifs imprimés qui accentuait son air juvénile, Vivien fit immédiatement la conquête du dramaturge. Hugh Beaumont, qui l'avait accompagnée, assista très amusé à l'entretien. La campagne de Vivien pour obtenir le rôle convoité fut un chef d'oeuvre de stratégie. La conversation porta sur les sujets les plus divers, sans que jamais ne soit abordé celui de Cléopâtre. Pleine de rouerie, Vivien portait sur Shaw un regard tour à tour candide et malicieux, affectant des grâces de chatons qui n'étaient pas sans rappeler celles que la reine du Nil utilisait pour séduire César. L'écrivain, qui pour avoir vécu une intense liaison avec l'actrice Pat Campbell, en savait un bout sur la ruse des femmes, ne fut pas dupe un seul moment, mais il laissa l'entretien s'écouler sans rien paraître. Tandis qu'elle flirtait légèrement, se tenant tout contre lui avec un petit air de défi, il sentait d'agréables ardeurs adolescentes réchauffer son corps de noble vieillard. Il est fort possible que sur le balcon il se soit même enhardi jusqu'à lui pincer les fesses car, lorsque plus tard, Lillie Palmer à son tour vint rendre visite au barde, elle évita soigneusement la terrasse sur les conseils de Vivien. Ce n'est qu'au moment de se quitter, qu'il mit un terme à ce petit jeu et la rattrapa sur le pas de la porte : « Vous avez l'air d'un petit chat siamois. Savez vous ce que vous devriez faire ? Interpréter Cléopâtre. » Aux protestations de convenance, il opposa que le rôle était sensationnel et que l'actrice qui l'interpréterait n'aurait qu'à se laisser porter. L'air ingénu de Vivien le fit sourire, et il ajouta malicieusement : « Vous êtes la Mrs Pat Campbell de notre époque », sans préciser toutefois s'il faisait allusion à ses talents de comédienne ou à ses grandes qualités de stratège.

« Dieu pour Henry, l'Angleterre et Saint George. » Après avoir lancé à la radio ce cri célèbre de ralliement, Olivier s'apprêtait à le pousser devant les caméras de Filippo del Giudice. Le tournage d'*Henry V* devait en effet commencer en janvier 1943. Le retrait de service des hydravions de type Walrus, au début de l'année, ayant définitivement tiré un trait sur sa carrière militaire, il avait abandonné ses scrupules et s'était plongé dans la préparation du rôle. Dans un élan d'enthousiasme, il avait exigé, et obtenu, la maîtrise complète du film. Del Giudice ne s'était pas fait prier pour lui confier la mise en scène du projet. Le petit producteur italien, qui avait été emprisonné sur l'Ile de Mans au début de la guerre, puis relâché pour servir la propagande, adorait les paris impossibles. Mais après quelques jours de réflexion, Olivier qui était novice en matière de réalisation, alla piteusement tirer les sonnettes chez William Wyler, Carol Reed et Terence Young. « Le petit média anémique » qui ne pouvait pas se hisser à la hauteur des « grandes interprétations », venait de se refermer sur lui comme un piège. Aucun réalisateur n'était libre, et il devait se débrouiller lui-même. Mais le jeu en valait la chandelle. *Henry V* était un merveilleux cri de guerre destiné à réveiller les forces nationales assoupies. Il avait bien sûr songé immédiatement à Vivien pour jouer le petit rôle de Catherine, la princesse française dont Henry est amoureux. Mais un câble de Selznick vint mettre brutalement un terme à cet espoir : « IL EST ABSOLUMENT HORS DE QUESTION QUE VOUS INTERPRETIEZ UN ROLE MEDIOCRE DANS HENRY V. VOUS ETES TOUJOURS TENUE SOUS CONTRAT PAR SELZNICK. VOUS VOUS EN SOUVENEZ ? ALORS STOP. DAVID. » Renée Asherson la remplaça au pied levé, sous prétexte que sa taille correspondant à celle de Vivien, les costumes n'auraient pas à être retouchés. Furieuse d'être ainsi écartée, Vivien partit enfouir son chagrin dans les sables d'Afrique du Nord. Selon les accords passés avec le Ministère du Travail, chaque acteur, en temps de guerre, devait consacrer au moins six semaines à travailler en usine ou à divertir les soldats. Lorsqu'elle apprit qu'Hugh Beaumont montait un spectacle, *Springparty*, à l'intention des troupes de la VIIIe Armée, stationnées entre Gibraltar et le Caire, elle demanda à être du voyage. Pendant trois mois, à raison de trois représentations par jour, le spectacle, rehaussé par la présence de Vivien, souleva à chaque fois un égal enthousiasme. Hugh Beaumont lui avait demandé de réciter quelques poèmes patriotiques, des textes de Lewis Carroll et même un couplet satirique sur Scarlett O'Hara. La chaleur et l'épuisement l'avaient beaucoup amaigrie, mais elle était parfaitement heureuse. Les lettres qu'elle échangeait avec Olivier, qui avait finalement décidé de tourner *Henry V* en Irlande, témoignaient de ses nombreux succès. Elle avait joué devant les généraux Eisenhower, Spaatz, Doolittle et Montgomery. A Tunis, elle avait même été présentée à sa majesté le roi George VI, sur la terrasse de la Villa de l'amiral Cuningham. Le monarque lui avait demandé d'ajouter à son récital un de ses poèmes favoris d'Alice Duer Miller : « Les Blanches Falaises de Douvres ». Ses plus grands triomphes, pourtant, c'est devant les « rats du désert » qu'elle les obtenait, lorsque s'avançant en robe longue sur une scène improvisée elle déclenchait un silence religieux suivi d'applaudissements et de hurlements frénétiques. Cette gratitude la touchait infiniment, et lorsqu'à la fin du spectacle les jeunes soldats se levaient pour chanter le « God Save the King » elle se sentait « submergée par l'émotion ». Alec Guiness, en poste à Djijelli, attendait avec sa garnison l'annonce du débarquement en Sicile lorsqu'il reçut une invitation de Vivien. Elle le conviait à une représentation qui avait lieu dans l'après-midi, à Bougie, sur la route d'Alger. Accompagné d'un ami, il arriva en retard pour le spectacle, mais rejoignit Vivien et Beatrice Lillie dans les coulisses. « Là nous passâmes, Peter et moi, vingt délicieuses minutes avec nos deux amies et Michael Wilding, puis nous commençâmes à nous inquiéter sérieusement de notre voyage de retour. Vivien déclara qu'elle s'en chargeait et passa directement à l'action. Elle se mit à faire effrontément les yeux doux à un amiral qui n'en revenait pas. Après avoir caressé doucement le revers de sa tunique et s'être extasiée sur ses rubans de décorations, elle lui demanda brusquement ce qu'il faisait dans les heures à venir. Les joues écarlates et les yeux brillants, il lui dit : « Rien. » « Alors, remarqua Vivien, vous n'aurez pas besoin de votre voiture ? » « Elle est à votre disposition jolie dame. » « Vous êtes trop gentil », dit-elle alors. Voyez vous, j'ai deux amis très chers qui sont ici et il faut à toute force qu'on les reconduise à un petit coin tout près d'ici, qui s'appelle Dji-Dji. Alors, adorable comme vous êtes, vous allez les faire reconduire dans votre voiture. » L'amiral se décomposa quelque peu, mais il accepta sportivement sa défaite. « Pour vous montrer combien je vous suis reconnaissante, reprit Vivien, je vais vous donner un tout petit baiser et puis, peut être, un très grand verre. » Personne ne pouvait résister bien longtemps aux charmes de cette ensorceleuse quand elle avait décidé quelque chose. La nature l'avait pourvue généreusement de tous les dons indispensables pour séduire les hommes, et elle déployait, à les utiliser, une habileté de virtuose. Même lorsqu'on était le jouet de ses caprices et de sa fantaisie, il était difficile de lui tenir rigueur, tant elle avait mis de grâce et de finesse à vous envelopper dans ses filets. Tout en elle forçait à l'admiration et au respect. En dépit d'un mauvais rhume et du désir intense de retrouver Olivier, elle insista pour prolonger de plusieurs semaines la tournée de *Spring party*, afin de pouvoir se rendre dans les unités plus petites et visiter les hôpitaux. Larry l'accueillit à son retour d'Afrique à la fin de l'été 1943. Ils emménagèrent dans une ravissante petite maison à Prestwick qu'elle s'empressa de garnir de ce qui lui était le plus indispensable, des fleurs et des amis. Tissy, la chatte, avait donné naissance à toute une portée de petits, et Larry avait ramené d'Irlande « Blaunche », l'énorme cheval blanc qu'il avait monté durant le tournage d'*Henry V*. De nouveau, c'était le bonheur. Elle allait tourner *César et Cléopâtre* avec Gabriel Pascal. Claude Rains était arrivé d'Hollywood pour interpréter César à ses côtés. Il venait souvent à Prestwick, ainsi que les amis fidèles, Bob Helpman, Stewart Granger, John Mills ou Noël Coward. En raison de nombreux problèmes, le tournage, prévu pour le mois de novembre 1943, fut repoussé au mois de juin 1944. Bien que son enthousiasme pour le projet ait alors considérablement diminué, Vivien ne nageait pas moins dans la félicité la plus complète. A trente et un ans, elle venait de s'apercevoir qu'elle était enceinte. Elle n'écouta pas les conseils du docteur qui la prévint que le tournage de *César et Cléôpâtre* risquait de représenter un trop gros effort pour elle. C'était ridicule, jamais elle ne s'était sentie aussi forte, jamais elle n'avait vu l'avenir sous un jour plus souriant. Elle avait commencé à chercher une nouvelle demeure. Elle avait repéré un superbe prieuré du XIIe siècle, transformé en somptueuse demeure et entouré d'un beau parc près de Woodlands, mais le prix la faisait encore hésiter. Finalement, lorsqu'elle se décida, il était trop tard, Stavordale Priory avait été vendu.

Elle se prépara donc pour le rôle et se rendit compte que le personnage de la Reine du Nil l'obsédait. Il éveillait en elle d'étranges échos. C'était de nouveau un personnage à la Scarlett, frivole, capricieuse et entêtée, et Olivier s'inquiétait parfois des ombres qu'il voyait passer sur son visage. Il y avait en elle quelque chose de sauvage et d'ardent qu'il n'avait jamais soupçonné. Cléopâtre ressemblait à un petit animal cruel, et une fois de plus, Vivien subissait les effets du rôle qu'elle interprétait. Six semaines après le début du tournage, elle tomba malade et perdit l'enfant qu'elle attendait.

— Chapitre XIX —

Les brouillards d'Alexandrie

L'été anglais 1944 fut anormalement froid. Il semblait hésiter entre un printemps tardif et un automne précoce. La pluie et le brouillard faisaient peser une atmosphère morose sur les plateaux de *César et Cléopâtre*. La plupart des scènes tournées en extérieur à Denham étaient supposées avoir lieu dans le désert d'Alexandrie. Grelottant de froid dans les robes vaporeuses d'Oliver Messel, Vivien parvenait cependant à paraître vive et enjouée. En trois ans, son jeu avait acquis plus d'assurance et de précision. Elle était exigeante, parfois impatiente, mais toujours incroyablement professionnelle, répétant encore et encore un simple geste, une attitude, une intonation. C'est à ce prix qu'elle parvenait à donner à son jeu cette facilité apparente qui déconcertait ses partenaires, s'arrachant aux mots croisés du *Times* pour se plonger instantanément dans la peau de son personnage. Impériale. Souveraine. Le film se débattait pourtant au milieu de multiples problèmes. Le mauvais temps et les raids aériens sur Londres avaient causés de nombreux retards dans le planning de tournage. Il ne se passait pas un jour sans que quelqu'un maudisse les pénuries causées par la guerre. Pour interpréter Ftatateeta, la servante de Cléopâtre, Flora Robson était obligée de s'enduire le corps d'une substance grasse qui fonçait la peau. Le rationnement de charbon l'empêchant de prendre régulièrement plusieurs bains chauds, elle commençait à se demander si elle retrouverait un jour sa couleur naturelle. On ne trouvait plus de peinture, de plâtre et de teinture. La main d'oeuvre se faisait rare et de nombreuses grèves de techniciens paralysaient les productions. La visite que G.B. Shaw rendit à Gabriel Pascal, ne fit rien pour arranger les choses. Il reprocha à Vivien de dire tellement mal son texte qu'on n'arrivait même plus à la comprendre. Désavouée par l'auteur, mollement dirigée par son metteur en scène et atterrée par les dépassements du budget, Vivien commença à adopter un comportement qui trahissait sa nervosité. Elle reporta son animosité sur ses partenaires. Stewart Granger, qui jouait Appollodore, flirtait avec la ravissante Deborah Kerr lorsqu'il s'entendit rappelé à l'ordre par une voix irritée : « Tu ferais mieux de te concentrer sur ton rôle que sur Deborah. » De la même manière, elle fit une scène à son habilleuse à cause d'un oubli porté à son costume. Elle s'inquiétait également de l'évolution de sa grossesse. Au mois d'août elle avait écrit à Leigh Holman : « Devine ce qui m'arrive. Je suis enceinte. Tout le monde est très très en colère et on me demande sans arrêt si j'ai une idée sur la façon dont ils vont pouvoir me donner l'air d'une Cléopâtre de 16 ans. Je leur réponds que je n'y peux rien, que c'est la volonté de Dieu et que dans ma situation ils n'ont pas à s'en prendre à moi ! Au fond, je pense que c'est une bonne chose, car ça va les obliger à activer un peu le film. » Gabriel Pascal chamboula en effet tout le plan de tournage et filma en priorité les scènes où elle apparaissait. Au cours d'une séquence particulièrement physique, elle devait courir d'un bout à l'autre du palais reconstitué de Memphis en fouettant un esclave. Vu les circonstances, elle aurait pu exiger une doublure, mais répugna à se plaindre. Au moment de s'élancer pour une nouvelle prise, elle glissa et tomba lourdement sur le sol. On envoya immédiatement chercher un docteur. En vain. Elle fit une fausse couche.

Après seulement quelques jours de repos, elle refit son apparition sur les plateaux de Denham. Refusant la compassion, elle sembla prendre au contraire un plaisir masochiste à se malmener, buvant beaucoup et fumant ses « Players » plus que de raison. Déjà fragile de la poitrine lorsqu'elle était enfant, elle tomba malade à la fin du tournage. Lorsque Larry rentrait le soir, il la trouvait souvent enfermée dans sa chambre dans un état dépressif peu habituel. Elle éclatait en sanglots sans raison apparente et souffrait même d'étranges métamorphoses au cours desquelles elle se jetait parfois sur lui en le frappant et en l'insultant. Lorsqu'elle émergeait de ces épisodes maniaques, bien sûr, elle ne se souvenait de rien. L'état de Vivien prit Olivier par surprise.

Le 13 septembre, sa nouvelle pièce, *Richard III*, avait triomphé sur la scène du New Theatre. Pour relancer l'Old Vic, dont le vieux Théâtre, construit en 1811 près du pont de Waterloo avait été détruit par les bombes, Tyrone Guthrie avait en effet demandé à Ralph Richardson de l'aider à mettre sur pied une saison prestigieuse. Richardson était venu chercher conseil auprès de John Burrel, et peu après la fin du tournage d'*Henry V*, Laurence Olivier signait à son tour le contrat de cinq ans qui portait le triumvirat Richardson-Burrel-Olivier à la tête du nouvel Old Vic. Après *Peer gynt* et *Le héros et le soldat, Richard III* était donc le grand événement de cette rentrée 1944-1945. Surgissant de l'ombre en glissant comme un reptile, Olivier donna ce soir-là une interprétation légendaire du personnage satanique de Gloucester. Il jura plus tard avoir senti l'odeur du succès flotter dans la salle. « Une odeur étrange, une odeur d'huîtres. » La veille de la Première, Vivien lui avait fait réciter ses répliques jusqu'à quatre heures du matin. A présent il se reprochait la fatigue supplémentaire qu'il lui avait occasionné. Il savait que le tournage de *César et Cléopâtre* avait été difficile. Bernard Shaw ne permettait aucune modification dans son texte, exceptées celles qu'il réalisait lui-même, et l'entreprise s'était vite réduite à du théâtre filmé. Par sa mise en scène fastueuse et tous les retards qu'avait pris le tournage, Pascal menait ses producteurs à la faillite. Avant même que le film ne soit achevé, on parlait déjà d'un budget de cinq millions de dollars. Vivien ne lui avait jamais pardonné la négligence dont il avait fait preuve à son égard et, jusqu'au dernier jour de tournage, elle avait essayé par tous les moyens de le faire renvoyer. A la perte du bébé, la tension du tournage et celle causée par la pièce d'Olivier, s'étaient ajoutés les combats incessants qu'elle devait mener contre Selznick qui la sommait de revenir à Hollywood honorer son contrat de sept ans. Pour la faire fléchir, le producteur était même allé jusqu'à lui proposer le rôle de *Jane Eyre*, dans lequel sa fille Suzanne pourrait tenir le rôle de Jane enfant. On murmurait aussi que pour lui laisser tourner *César et Cléopâtre*, il avait réclamé 50 000 dollars aux producteurs du film, ainsi qu'une part des droits de distribution en Amérique. Cette guerre des nerfs avait eu raison des dernières forces de Vivien. A tout moment Selznick pouvait la contraindre à une nouvelle séparation que, dans son état actuel, elle aurait été incapable de supporter. Elle se sentait prise au piège, dévorée par un profond sentiment d'insécurité que même son mari était incapable de soulager. Le programme de la nouvelle saison accaparait complètement Olivier et, en se réfugiant dans son travail, il donnait à Vivien l'impression qu'il l'abandonnait. « Il fait noir et je suis seule » aurait-elle pu murmurer à l'instar de la Cléopâtre de Shaw. Jamais elle n'avait traversé de crise aussi profonde. Chaque fois que, dans sa carrière ou dans sa vie, elle avait atteint un sommet, elle s'était toujours fait un devoir de ne pas regarder au-dessous d'elle. A présent, elle se sentait attirée par le vide, la dégringolade, avec ce sentiment affreux d'étouffement, de noyade, de panique. *César et Cléopâtre* sortit sur les écrans londoniens le 11 décembre 1945 et fut descendu en flèche par la critique qui trouva le film trop luxueux, prétentieux et d'une lourdeur indigeste. George Bernard Shaw confia en privé que l'oeuvre de Pascal lui rappelait « l'illustration colorée d'une Bible bon marché ». Certes, la mise en scène était souvent maladroite, la distribution pas toujours excellente, mais Vivien était prodigieuse. Dans la première partie, alors que la Reine d'Egypte n'est encore qu'une enfant craintive, elle parvenait à être attendrissante, et avait des scènes délicieusement comiques avec Claude Rains. Elle évoquait un de ces chats capricieux et imprévisibles qui courbent le dos sous la caresse d'une main, pour mieux y planter les griffes l'instant d'après. L'amour de César l'épanouissait en une femme fascinante aux charmes dangereux et inquiétants. Pour donner plus de relief à la maturité nouvelle de son personnage, au cours des scènes finales, Vivien avait même réussi à modifier sa voix, trouvant des intonations plus graves et plus profondes. Mais la transformation qui s'était opérée en elle au cours du tournage était tout aussi bouleversante, et certainement plus terrifiante.

Au début de l'année 1945, Laurence Olivier et Vivien Leigh étaient considérés, après les Windsor, comme le couple le plus populaire de Grande-Bretagne. Le succès extraordinaire d'*Henry V*, l'accueil enthousiaste fait à *Richard III*, qui venait de clôturer la saison de l'Old Vic, permettaient désormais à Olivier d'évoluer sur les cimes de la renommée et de la gloire. Une horde de fans hystériques le poursuivaient jusque sur le toit de sa voiture, scandaient son nom et s'évanouissaient à chacune de ses apparitions. Vivien, dans une certaine mesure, était soumise au même traitement. Ils étaient jeunes, beaux, célèbres et leur amour triomphait des guerres, des privations et du rationnement. L'Angleterre affaiblie voyait en eux la promesse de jours meilleurs. On s'arrachait leurs photos et les échos de leur vie mondaine. En dépit des restrictions, ils venaient d'acheter une abbaye du XIIIe siècle située dans le Buckinghamshire. Personne n'eut l'idée de trouver cet étalage de fortune proprement indécent. Bien au contraire. Les princes du théâtre venaient enfin, après deux ans de recherche, de trouver leur château. Au départ, Vivien était plutôt sceptique. Notley Abbaye était une folie. Elle avait tenté par tous les moyens de dissuader son mari en faisant appel aux conseils avisés de leurs vieux amis, David Niven ou Robert Helpmann. En vain. Il semblait déterminé à devenir châtelain. Notley lui était une revanche. Quel triomphe pour le fils d'un petit pasteur de Dorking. Les ombres d'Henry V et d'Henry VIII planaient encore sur la vieille demeure. C'était aussi un refuge, loin de la vie tapageuse de Londres, qui répondait à l'un des aspects de la personnalité profonde d'Olivier, ce besoin de calme et d'évasion, de paix et de sérénité. Vivien était tout le contraire. Le type même de la citadine et du papillon mondain, ne pouvant rester une minute en place, parfaitement à l'aise entourée de personnalités brillantes et prestigieuses. En fait, elle ne parvint réellement à aimer Notley que lorsqu'elle put se persuader que l'abbaye serait un lieu de fêtes et de plaisirs idylliques pour les week-ends. Elle avait fait connaissance avec la demeure par une journée grise, au cours d'une promenade à travers la campagne anglaise, de Aylesbury à Long Grendon. Notley était située à environ soixante-dix kilomètres de Londres. C'était l'hiver, le paysage semblait figé. Une allée bordée d'arbres grêles conduisait à la plus grosse porte en chêne massif qu'elle avait jamais vu. Un petit pont enjambait un doigt de la Tamise et en dépit du fait qu'elle avait, au cours des siècles, perdu sa fonction religieuse et servi de ferme, il pesait encore sur la bâtisse une dignité impressionnante. Olivier avait parcouru les vingt-deux pièces battues par le vent avec une joie enfantine. Tout l'émerveillait, les fenêtres à meneaux, l'escalier menant à une tour centrale crénelée. Vivien, elle, avait jeté un coup d'oeil horrifié sur le jardin à l'abandon, sur les charpentes vermoulues, les plafonds lézardés, les conduites d'eau crevées... Les réparations promettaient d'être longues et coûteuses, et l'administration distribuait au compte goutte les permis de construire. Qu'importe, avait répondu Olivier, ils prendraient leur temps, restaureraient une pièce après l'autre. Vivien ferma les yeux et laissa fonctionner son imagination. Elle se voyait dans son rôle d'hôtesse, descendant l'escalier, faisant admirer la roseraie aux invités ou dînant en robe de soirée dans la grande salle à manger. Peu à peu l'idée fit son chemin et Olivier n'était pas retourné à Londres qu'elle avait déjà décidé de prendre en main la direction des travaux. Dans un sens, il fut rassuré de la savoir occupée pour un temps. Ses phases de mélancolie, d'hystérie ou d'amnésie avaient eu tendance à se multiplier ces derniers temps. Il avait essayé de la convaincre d'aller voir un docteur, mais il s'était toujours heurté à un refus obstiné de sa part. Elle ne voulait pas admettre qu'il y ait quoi que ce soit d'anormal en elle. La tension qu'elle faisait peser sur lui au cours de ses crises était pourtant écrasante. Olivier avait fini par conclure que l'inactivité était néfaste à la santé de sa femme et il recherchait toujours quelque projet qui puisse lui convenir. Lorsqu'à la fin du printemps, Thornton Wilder lui envoya un exemplaire de sa pièce *The skin of our teeth*, il décida immédiatement de la monter à Londres et confia à Vivien le rôle de Sabina. C'était un choix extrêmement courageux et osé. *The skin of our teeth* était une allégorie extravagante, décrite par l'auteur lui-même comme « une histoire de l'humanité en bande dessinée » et truffée de références symboliques. Lorsque pour la première fois la pièce avait été montée à New-York, plusieurs personnes étaient sorties après l'entracte. Vivien était ravie de reprendre le rôle créé en Amérique par Tallulah Bankhead. C'était véritablement pour elle l'occasion de se démarquer une fois pour toute du personnage de Scarlett O'Hara qui lui collait à la peau depuis bientôt six ans. Elle avait elle-même confié un jour à un journaliste : « Quoi que je fasse après Scarlett, il me sera très difficile d'impressionner à nouveau le public. J'essaierai nâturellement. Mais au cas où je n'y parviendrai pas, je veux avoir quelque chose qui témoigne de mes efforts. Je veux être sûre que dans l'intervalle j'en aurais appris davantage sur le métier de comédienne. » Le rôle de Sabina était donc un merveilleux exercice pour elle, et surtout l'occasion de faire voler en éclat l'image de la star pour confirmer le talent de l'artiste. Cependant, au beau milieu des répétitions, elle reçut un nouveau télégramme de David O'Selznick. Faisant allusion au résultat catastrophique de *Roméo et Juliette*, il lui interdisait formellement de se compromettre dans une autre entreprise liée à Olivier. Il la menaçait également d'utiliser tous les moyens dont il disposait légalement pour l'obliger à respecter les termes de leur contrat. Cette fois, la réponse de Vivien fut cinglante. Le ministère du Travail, qui l'avait gracieusement exempté de service de guerre pour lui permettre de jouer *The skin of our teeth*, pourrait très bien l'envoyer travailler dans une usine de munitions si elle n'exerçait pas son métier d'actrice en Angleterre. « VIVIEN LEIGH POURAIT FAIRE DES MENAGES », avait titré le *Daily Mail*. Est-ce que Monsieur Selznick, qui se faisait tant de souci pour sa réputation, ne trouvait pas plus préjudiciable que Scarlett soit employée comme cuisinière par le gouvernement plutôt qu'en tant que comédienne par Laurence Olivier ? L'argument était irréfutable, Leigh Holman s'en était assuré, et Selznick dut s'incliner. Lorsqu'Olivier fit la lecture de la décision de justice qui permettait à Vivien de rester Anglaise, toute la troupe accueillit la nouvelle par un tonnerre d'applaudissements.

The skin of our teeth entama sa brillante carrière à Edimburgh, devant un public perplexe, mais chaleureux. On n'avait pas l'habitude au théâtre de voir des mammouths et des dinosaures évoluer sur la scène, encore moins de se voir prendre à parti par des acteurs qui n'hésitaient pas à critiquer leur rôle et leur metteur en scène. C'était, de plus, une vision bien déconcertante que de voir Scarlett O'Hara se promener habillée en femme de ménage, une brosse à dents dans les cheveux ou s'exhiber dans le justaucorps rouge et les bas résilles de Miss Atlantic City. La Première à Londres, le 16 mai 1945, se déroula dans une ambiance électrique. Huit jours plus tôt on avait célébré la Victoire et le public était venu au Phoenix Theatre pour fêter la fin des hostilités avec les Olivier. Les femmes avaient revêtues leurs plus beaux bijoux, leurs fourrures et leurs robes du soir un peu démodées. Les hommes étaient impeccablement mis dans leurs smokings et leurs cols fraîchement amidonnés. Le « Tout Londres » était là, prêt à s'enthousiasmer et à acclamer la pièce d'un auteur américain presqu'inconnu, uniquement parce qu'elle était bénie de la présence du couple fétiche de la scène anglaise. Quelques petits incidents perturbèrent, sans gravité, le déroulement de la soirée. Au deuxième acte, une mauvaise synchronisation des éclairages plongea les acteurs dans l'obscurité, tandis qu'un projecteur balayait un coin de la pièce complètement vide. L'effet était bien sûr un peu exagéré, mais la pièce présentait tellement d'extravagances auxquelles le public de Londres n'était pas habitué, qu'au lieu d'en être consternés les spectateurs l'accueillirent comme une trouvaille du metteur en scène. A Edimburgh, l'audience n'avait pas semblé plus choquée lorsqu'au milieu de la représentation une jeune déséquilibrée était montée sur la scène, déclenchant seulement la stupeur des acteurs qui l'avaient énergiquement repoussé vers les coulisses. Un autre incident, en revanche, manqua d'avoir des conséquences plus graves sur l'avenir de la pièce. Olivier, très énervé par l'excitation créée autour de la Première au Phoenix, s'aperçut qu'au début du troisième acte, juste après l'entracte, le célèbre critique du *Sunday Theatre*, James Agate, n'était toujours pas revenu du bar. Il s'agissait des dix minutes essentielles qui donnaient tout son sens à la pièce. Lorsqu'enfin, après plusieurs minutes passées à ronger son frein, il reconnut la silhouette chauve et trapue qui se faufilait vers sa place dans l'obscurité, il bondit de son siège et se dirigea droit sur lui : « Vous êtes en retard, espèce d'enfoiré », lui hurla-t-il tout en lui assénant une formidable bourrade sur l'épaule. « Qui diable êtes vous ? », parvint à bredouiller le pauvre Agate. « Vous savez bien qui je suis », siffla encore Olivier, dressé comme un cobra. Puis, regagnant son siège, il commença déjà à regretter son geste. Dans son article du lendemain, Agate ne fit pourtant aucune allusion à l'algarade de la veille. Il n'eut que louanges pour la pièce, ses interprètes, son metteur en scène, et surtout pour Vivien, « femme de ménage mi-souillon, mi-libellule, la meilleure performance du genre depuis Yvonne Printemps ». Ce fut pour elle un triomphe personnel de grande importance, et Sabina resta pendant de longues années son rôle mascotte, au même titre que celui de Scarlett. « Aussi étincelante qu'un diamant, aussi volatile que le vif argent. » La critique était unanime et Beverley Baxter du *Evening Standard*, les résuma toutes en déclarant : « Miss Leigh est époustouflante. Oubliez Scarlett

O'Hara et son interprétation rigide de l'épouse de l'artiste dans *The doctor's dilemma*. Nous la voyons enfin sous son vrai visage — à moitié gamine, à moitié femme — une comédienne, une artiste. » Ce compliment lui alla droit au coeur. Il était la preuve qu'en dehors de son rôle de star et d'épouse de Laurence Olivier, elle pouvait avoir une existence et une trajectoire artistique qui lui soient propres. Elle put enfin reprendre confiance en elle. Son sens de la dérision et de l'autocritique ne l'avait pourtant pas quitté et, tout au long des représentations, elle s'amusa à collectionner, pour le plus grand plaisir de ses amis, les réflexions désenchantées de certains membres du public. Selon Felix Barker, la palme revint à deux délicieuses vieilles ladies qui avaient assisté à une matinée au Phoenix : « Ma chère, je suis vraiment désolée de vous avoir amenée. J'ai bien peur de ne pas avoir lu les critiques. J'étais bien loin d'imaginer qu'il s'agissait de ce genre de pièces. Je vous en prie, laissez-moi au moins vous offrir une tasse de thé. » Une réponse sévère s'ensuivit : « Oh non, ma chère, ne leur donnons surtout pas un sou de plus. » Pourtant, lorsqu'Olivier s'embarqua avec la troupe de l'Old Vic pour une tournée sur le continent, Vivien se retrouva seule, une fois de plus, et son humeur s'en ressentit. Pendant la tournée de *The skin of our teeth*, elle avait attrapé un mauvais rhume et elle ne parvenait pas à se débarrasser d'une toux sèche et persistante. Son docteur lui avait conseillé de se rendre chez un spécialiste dès qu'elle serait à Londres, mais elle avait mis deux mois à suivre cet avis. Entre-temps, elle avait considérablement maigri, devenant cette « pâle beauté poids-plume » dont avait parlé le critique Kenneth Tynan. Ses forces s'étaient amoindries, et elle avait de plus en plus de mal à supporter l'atmosphère bruyante et enfumée de certains restaurants. Lorsqu'enfin elle se décida à passer des examens, à la fin du mois de juillet, les résultats lui causèrent un nouveau choc : les rayons X avaient décelé une tache au poumon. Elle accepta de suivre le traitement de six semaines à l'University College Hospital, mais refusa catégoriquement de partir en Suisse exécuter une cure dans un sanatorium. Olivier ne devait rien savoir de son état. Elle avait peur de perdre son estime s'il venait à apprendre qu'elle était tuberculeuse. Comme une bête traquée, elle préférait s'isoler pour souffrir en secret. C'était encore un réflexe de son éducation. On n'importunait pas les autres avec ses problèmes intimes, d'autant plus quand il s'agissait d'une chose aussi honteuse et humiliante que la maladie. C'est donc par hasard qu'Olivier fut mis au courant de l'état de santé de sa femme. Il se trouvait à Paris, où il avait eu l'honneur de jouer *Richard III* sur la scène de la Comédie Française. Immédiatement il se précipita au chevet de Vivien et se rangea à son refus obstiné de suivre un traitement en sanatorium. Un nouvel examen avait prouvé que l'affection dont elle souffrait n'était pas aussi grave qu'on le pensait. Il ne voulait pas se séparer d'elle et engagea une nurse pour veiller sur elle, pendant toute la durée de sa convalescence qu'elle accomplirait à Notley. Il avait appris par plusieurs membres de la troupe que la fatigue physique de Vivien s'était accompagnée de mouvements d'humeurs assez troublants. Ne connaissant rien du processus des maladies mentales, Olivier s'était senti un peu rassuré à l'idée que les crises qu'elle avait traversées pouvaient être liées uniquement à sa tuberculose. Une fois guérie, elle redeviendrait la Vivien qu'il connaissait, gaie, spirituelle et pleine d'entrain. Elle devait d'abord cesser complètement de boire et de fumer, et surtout apprendre à ménager ses forces. Pendant des années, elle s'était négligée physiquement, imposant à son corps fragile de cygne « le rythme d'un G.I. en permission », selon le mot de Noël Coward. Ce surmenage avait évidemment constitué un terrain favorable pour tous les maux dont elle avait été victime : fausse couche, dépression, tuberculose. Exilée à Notley, elle dut passer quatre mois entiers clouée au lit, et en profita pour se replonger dans la lecture : Dickens, Confucius, Montaigne, Balzac. Elle avait toujours eu une prédilection pour les classiques et les auteurs français. De sa fenêtre, elle pouvait assister aux changements de saisons et fit le point sur sa carrière, tout en poursuivant une correspondance assidue avec tous les amis qu'elle aimait et à qui elle ne disait rien de sa maladie. Lorsqu'enfin elle fut autorisée à se lever, elle était encore bien faible et passait de longues heures assise au soleil, enveloppée dans un châle. De la terrasse, elle pouvait surveiller la progression des travaux, fit tondre les pelouses et dessiner de nouvelles allées. Elle interdisait qu'une fleur soit plantée sans son consentement et expliquait aux jardiniers la manière dont les haies devaient être taillées et les massifs arrangés. Le jardinage avait toujours été sa passion et l'un de ses sujets de conversation favoris. Au bout de neuf mois de convalescence, elle avait appris à connaître et à chérir chaque parcelle de l'abbaye. Naturellement portée sur les ambiances claires et tamisées, elle s'était habituée aux plafonds hauts, aux couloirs sombres et aux ouvertures étroites qui auraient fait les délices de la littérature gothique de Mrs Radcliffe ou de M.G. Lewis. Au cours des fouilles qui avaient eu lieu à Notley au XIXe siècle, on avait retrouvé le squelette d'un moine, cousu dans un linceul de cuir. Mais Vivien portait sur toutes ces légendes le regard malicieux d'une Jane Austen, et elle s'attacha à faire de la demeure le temple de l'amour pur et romantique qu'elle vouait a Olivier. La nouvelle saison de l'Old Vic avait encore rehaussé son prestige grâce à un programme éblouissant qui avait vu alterner à l'affiche du New Theatre : *Oncle Vanya, Henry IV, Œdipe roi* et *The critic*. Vivien était dépassée. Au cours des longs mois solitaires elle avait pris conscience de l'écart professionnel qui s'était creusé entre eux. En octobre, le critique James Agate lui avait envoyé un petit mot : « Dépêchez-vous de vous rétablir ou les gens vont finir par croire que Larry se trouve bien de votre absence. Il est en train de devenir un grand acteur... » Sans le savoir, il venait de toucher un point sensible dans leur relation. En consacrant la plupart de ses forces et de son énergie à bâtir une carrière digne de ses ambitions illimitées, Olivier était en train d'accomplir un transfert d'affection qu'il n'aurait jamais cru possible. Désormais, les trompettes d'amour qu'il faisait résonner pour célébrer chacun de ses grands rôles — Henry V, Richard III, Mr Puff ou Œdipe — ne lui laissaient que peu de souffle pour le délicat carillon de Vivien. Et tandis qu'elle persistait avec grâce à s'incliner devant le génie du maître, Vivien se soumettait tous les jours davantage à celui du rival. Elle semblait avoir complètement perdu le sens de sa propre valeur et se reprochait sans cesse les divers problèmes que sa maladie avait causés à son mari. Plusieurs fois par semaine, lorsqu'il ne restait pas coucher à Durham Cottage, Olivier venait la retrouver à Notley, ajoutant aux fatigues de la représentation du soir, celles du voyage. Elle s'en voulait aussi d'être une charge financière supplémentaire. Le modeste salaire de l'Old Vic suffisait à peine à entretenir leurs deux maisons et à payer la pension de Jill. Elle n'avait pas travaillé de tout l'été et les docteurs lui avaient encore interdit toute activité pendant un an. Larry envisageait sérieusement d'accepter le premier rôle qu'on lui proposerait à Hollywood lorsqu'il apprit que Selznick, le tenant responsable de toute l'histoire du procès avec Vivien, avait juré qu'il ne tournerait plus jamais en Californie. Ce n'était pas une menace en l'air, ce genre de boycott avait déjà eu des précédents, et des stars pourtant bien établies étaient devenues du jour au lendemain, des brebis galeuses dont plus personne ne voulait. Leur situation financière était devenue préoccupante et Vivien essayait par tous les moyens de l'aider. Elle faisait face aux problèmes avec cette impatience et cette manière directe et radicale qui la caractérisait et, très souvent, ne parvenait qu'à tout compliquer. Lorsque Tarquin Olivier rentra en Angleterre, il avait neuf ans et se montrait réticent à répondre aux signes d'affection que tentait maladroitement de lui exprimer son père. Croyant bien faire, elle se mit aussitôt à faire sa conquête en le flattant, le couvrant de cadeaux et en se transformant pour lui en un tourbillon de poudre d'or qui laissa l'enfant tout ébloui. Evidemment, ce genre de manifestations avaient le don d'irriter Olivier, qu'une saison éprouvante avait presque mené au bord de l'effondrement. Ce fut au tour de Vivien de s'inquiéter à son sujet et, lorsqu'au mois d'avril 1946 l'Old Vic partit en tournée aux Etats-Unis, elle décida de l'accompagner.

— Chapitre XX —

La châtelaine de Notley

Six ans s'étaient écoulés depuis que Vivien avait quitté New-York en serrant contre elle un manteau de fourrure identique à celui qu'elle portait à son arrivée à l'aéroport de La Guardia. La presse l'accueillit comme si elle était partie la veille, avec infiniment de tact et de gentillesse. « Je suis ici pour la promenade », confia-t-elle avec humour. Bien sûr qu'elle était heureuse de revoir l'Amérique. « C'est comme quitter un foyer pour un autre. » On la fêta comme l'enfant prodigue, oubliant un peu le principal événement de la journée. C'était la première fois dans l'histoire du Théâtre, qu'une compagnie entière traversait l'Atlantique en avion. Et tandis que les trente et un membres de l'Old Vic embarquaient au petit aéroport de Hurn, le Queen Mary transportait dans ses soutes des tonnes de décors et de machineries destinés au Century Theatre, New-York. Par souci de leur image, plus que de leurs finances, les Olivier s'installèrent au St Regis, l'un des plus grands et des plus luxueux hôtels de Manhattan, situé dans la 55e rue. Les plus beaux meubles qui soient, une porcelaine exquise signée Royal Worcester, Royal Minton ou Sèvres, du marbre en quantité (on murmurait même qu'il y en avait dans les sous-sol) et un piano Steinway les attendaient dans leur suite. Après Londres et la guerre, une telle profusion enchantait Vivien. Partout des fleurs et des messages de bienvenue qui portaient les noms de leurs amis les plus chers : Garson Kanin et sa femme, Ruth Gordon, George Cukor, les Lunt, Helen Hayes, Katharine Cornell... Elle était émue jusqu'aux larmes de toutes ces marques d'attention. Plus que jamais, elle avait besoin d'être entourée, réconfortée. Les crises effrayantes s'étaient espacées pendant les longs mois de convalescence qu'elle avait passés à Notley, sans disparaître tout à fait. Olivier la surveillait. Elle avait plusieurs fois remarqué les coups d'oeil inquiets qu'il jetait dans sa direction. Attentif. Perpétuellement sur ses gardes. Elle voulait tout faire pour le rassurer, lui prouver qu'elle n'avait rien de grave. Elle se lança donc dans un tourbillon de fêtes, de dîners et de mondanités qui se prolongeaient souvent jusqu'à une heure tardive. Pourtant elle irradiait toujours d'énergie, de gaieté et de vitalité et plus personne ne pouvait mettre en doute sa bonne santé. Une dispute stupide avait pourtant failli rompre le fragile équilibre. Parlant de la comédie de Nicollo Machiavel, *La Mandragore*, avec Garson Kanin, Vivien s'était lancée dans une violente polémique quant à la prononciation du titre en italien. Pour Vivien, c'était Mandr-A-gola, un point c'est tout. Kanin, lui, ne jurait que par Mandrag-O-la. Un dîner au Colony, en compagnie de Somerset Maugham devait sceller leur réconciliation. Mais sans doute vexé d'avoir été remis à sa place par la voix impérieuse de Vivien, Kanin décida de remettre « La Mandragore » sur la table du restaurant et prit Somerset Maugham à témoin. Victime de begaiements irrépressibles, l'auteur, conscient qu'on attendait son verdict, se cramponna à la nappe et lutta courageusement pour satisfaire ses hôtes : « Mmmagenameringolamedranlolo. » « Ah, tu vois », fit Vivien triomphante « Qu'est-ce que je t'avais dit ? Mandr-A-gola ».

Au cours de ces soirées, Olivier quittait souvent Vivien de bonne heure. Son programme de travail à New-York n'avait rien d'une partie de plaisirs et il était exténué. Pendant le séjour de l'Old Vic à New-York, il dut assumer successivement les rôles d'Oedipe dans *Œdipe roi*, celui de Mr Puff dans *The critic*, ceux d'Hotspur et Shallow dans les deux parties d'*Henry IV* et enfin, celui du Docteur Astrov dans *Oncle Vanya*. Pour des raisons purement budgétaires, il fut aussi amené à accepter plusieurs participations à des émissions de radio dominicales. Vers la fin du séjour, il commença à accuser la fatigue résultant d'un emploi du temps surchargé. Il se mit à mal dormir et fut en proie à d'horribles cauchemars. Dans l'un d'eux, il s'écrasait en avion. Le 19 juin, après six semaines passées en Amérique, les Olivier posaient pour un dernier adieu aux photographes, avant d'embarquer sur un appareil de la Pan Am. Ils étaient tous deux follement élégants, détendus et souriants. Vivien, les cheveux tirés dans une résille, avait revêtu un petit chapeau à voilette tandis qu'Olivier arborait un feutre mou et une paire de lunettes. Qui aurait pu soupçonner, en les voyant ainsi apprêtés, qu'ils regagnaient l'Angleterre avec seulement dix sept dollars et quarante-six cents en poche ? Le St Regis avait une haute conception du décorum qui se ressentait douloureusement sur ses notes et Vivien, caressant amoureusement le manteau de vison que son mari lui avait offert, avait dilapidé le peu d'argent qu'il leur restait en festivités et en cadeaux pour les amis. Il devait être 17 heures passées, l'avion venait à peine d'entamer son ascension à travers les nuages lorsque, regardant par le hublot, Vivien poussa un cri horrifié. Olivier crut d'abord qu'elle était victime d'une nouvelle crise. Il en avait décelé les signes avant-coureurs quelques jours auparavant. Mais en se penchant à son tour il s'aperçut avec consternation que l'aile de l'appareil était en feu. Pendant les minutes qui suivirent, il eut l'impression de vivre son cauchemar tout éveillé. Dans quelques instants ils allaient s'écraser, la peur, les cris, le vide... et l'explosion finale. Vivien s'était agrippée à lui, raidie par l'épouvante, au bord de l'asphyxie. Elle avait toujours eu une peur panique de l'avion. Deux jours plus tôt, lorsqu'il s'était rendu à Boston pour recevoir le diplôme *Honoris Causa* que lui décernait le Collège Universitaire de Tufts, elle avait insisté pour l'accompagner, aux côtés de Jerry Dale. Ils devaient rentrer à New-York le soir même, mais voyant la cérémonie se prolonger, Olivier avait envoyé Vivien et son attaché de presse de l'avant pour essayer de faire patienter le pilote. Lorsqu'enfin il était parvenu à s'échapper, il était trop tard, et il était arrivé juste à temps pour voir l'avion décoller. Vivien était furieuse. A travers le hublot elle l'avait vu leur faire des signes en riant. « Il sait très bien que je déteste voler sans lui », avait-elle sifflé entre ses dents. Pendant tout le trajet de retour jusqu'à New-York, elle était restée agrippée à la main de Jerry Dale tout en maudissant Larry. Et lorsque ce dernier était arrivé à l'aéroport de La Guardia par l'avion suivant, elle lui en voulait encore.

La situation, à présent, était autrement sérieuse et les quarante et un passagers étaient figés par l'horreur. Heureusement, ils n'avaient pas pris beaucoup d'altitude, et lorsque le pilote repéra un petit terrain d'aviation à Willimantic, dans le Connecticut, il décida de tenter un atterrissage forcé. Alors qu'ils se trouvaient prêts à toucher le sol, le train d'atterrissage resta bloqué. Finalement, après quelques violentes secousses, l'engin s'immobilisa et Olivier, en vétéran de la R.A.F. se leva comme tout le monde pour ovationner le pilote. Après avoir reconnu leurs bagages, ils furent acheminés sur Hartford d'où ils embarquèrent sur un Constellation, sans incident cette fois. Ils arrivèrent en Angleterre le 20 juin 1946, éreintés, encore sous le choc du voyage et sans un sou en poche. Mais la perspective d'un été tranquille à Notley suffisait à faire oublier tous les soucis.

En attendant le début de la saison théâtrale au cours de laquelle Olivier avait prévu d'interpréter *Le roi Lear*, et Vivien de reprendre *The skin of our teeth*, ils décidèrent de s'immerger dans l'atmosphère reposante de la campagne. Larry n'était jamais aussi heureux qu'assis sur un tracteur, taillant les arbres, tondant les pelouses ou drainant les cours d'eau. Il aimait cette vie de gentleman farmer et il avait même fait venir son frère Dickie et sa femme Hester, pour s'occuper de la propriété et de la laiterie. Vivien avait baptisé chaque vache du nom de l'un des personnages qu'elle avait interprétés à la scène ou à l'écran. Il y avait donc la vache Cléopâtre, la vache Titania, la vache Ophélie... mais étrangement, pas de Scarlett. Et tandis que le prince de la scène se relaxait, les mains dans la terre et les pieds dans le fumier, Vivien, elle, régnait sur les roses et sur les invités. Tous les matins elle cueillait les fleurs les plus belles et les arrangeait dans ses beaux vases. Elle réussissait ses bouquets à merveille et les disposait un peu partout dans la maison, et surtout dans les cinq chambres réservées aux hôtes de passage. Les tentures des rideaux y avaient soigneusement été choisies pour s'assortir aux draps, aux plateaux déjeuners, et parfois, au papier de toilette. Elle choisissait les menus, les vins, les livres qu'elle faisait déposer sur chaque table de nuit, l'heure des drinks, celle des jeux : charades et canasta, notant soigneusement dans son carnet chaque détail de la journée afin d'établir un programme chaque fois différent. Mille prévenances inouïes qui faisaient d'un séjour à Notley un véritable enchantement. Noël Coward, George Cukor, Cecil Beaton, David Fairweather, en parlaient toujours avec émotion et gratitude. Le temps paraissait s'y suspendre comme dans un conte de fées, et lorsque le moment venait de se coucher,

Vivien, qui avait déployé une énergie furieuse pendant la journée, trouvait encore le temps d'inspecter le plateau du petit déjeuner de ses hôtes, avant de consentir à aller dormir à son tour. Jamais, pourtant, elle n'avait semblé en meilleure forme, parfaitement relaxée, toujours fraîche et radieuse comme une rose de son jardin. Elle était impatiente de retourner au travail et parfaitement heureuse. Olivier venait d'apprendre que Selznick avait levé le boycott organisé contre lui. Au mois d'août, le producteur en personne lui avait offert le rôle principal d'un film à grand spectacle dont le tournage devait débuter au printemps suivant : *Cyrano de Bergerac*. Pour Vivien, c'était l'occasion d'une revanche sur le temps, sur Charles Laughton et ses flacons de teinture. Tout semblait au mieux dans le meilleur des mondes. En septembre, ils regagnèrent Durham Cottage. Le 11 du mois, après plus d'un an d'absence, elle fit sa réapparition sur la scène du Picadilly Theatre avec la reprise de *The skin of our teeth*. Larry, de son côté, inaugura la saison de l'Old Vic par un *Roi Lear* qui laissa la critique dubitative, mais qui déchaîna l'adoration du public. C'était la première fois qu'un grand acteur classique suscitait les mêmes débordements hystériques qu'une idole de la chanson. Des centaines de fans déchaînés l'attendaient à la sortie des artistes, perchés sur les rebords de fenêtres ou sur le toit des cabines téléphoniques pour mieux le voir passer. Un cordon de police lui frayait tous les soirs un chemin jusqu'à sa voiture, pendant que ses admiratrices en transe lui envoyaient des baisers et tentaient d'arracher les boutons de son pardessus ou un morceau de son pantalon. La pièce de Thornton Wilder que jouait Vivien avait reçu un accueil plus raisonnable, pourtant elle eut également à subir le contrecoup de cette gloire démesurée. Un soir, alors que les Olivier rentraient tranquillement chez eux, un illuminé surgit des buissons et se précipita sur elle pour tenter de l'embrasser. Olivier eut heureusement le temps de s'interposer et de rosser l'énergumène, avant d'appeler la police. Il commençait à redouter que ces débordements frénétiques aient des répercussions désastreuses sur Vivien qui, depuis six mois, n'avait manifesté aucun signe de perturbation. La lésion du poumon semblait s'être parfaitement cicatrisée et ils avaient toutes les raisons de se montrer optimistes. Le succès de leurs pièces avait éloigné, au moins pour un temps, tous leurs soucis d'argent et la perspective de jouer *Cyrano* ensemble les comblait de joie. Ils étaient de nouveau le couple idéal dont parlaient les journaux. Leur amour et leur talent éclatait à la face du monde. Il semblait désormais que plus rien ne pourrait porter atteinte à leur bonheur. Et pourtant... Dès le mois de novembre, les troubles revinrent au Paradis. Olivier était parti en tournée avec le *Roi Lear*. A Paris, il apprit que Vivien venait de subir une nouvelle crise mentale. Peu de temps auparavant, Selznick les avait en effet prévenu que le projet de *Cyrano de Bergerac* avait été ajourné. Le destin s'acharnait sur eux de manière cruelle. Filippo del Giudice, le producteur d'*Henry V*, venait toutefois de contacter Olivier pour lui proposer une adaptation cinématographique d'*Hamlet*. Bien sûr le cachet proposé était bien inférieur aux 300 000 dollars qu'aurait dû leur rapporter le film de Selznick, mais il y avait peut-être l'occasion d'un rôle pour Vivien, et Larry avait fait inclure dans le devis du film un séjour d'une semaine sur la Riviera italienne afin de permettre à sa femme de prendre un peu de repos. Quelques jours avant Noël, Vivien souffrit pourtant d'une deuxième dépression et dut abandonner les représentations de *The skin of our teeth*. Plusieurs de ses amis soupçonnèrent que cette nouvelle crise avait été causée par le refus de Suzanne de venir passer les fêtes de fin d'année à Notley. Elevée par sa grand-mère loin des rigueurs de la vie londonienne, la jeune fille était rentrée du Canada vers la fin de la guerre. Entre-temps, elle était devenue une adolescente de treize ans qui parlait l'anglais avec un formidable accent américain. Elle ne se sentait pas beaucoup d'affinité avec une mère qui ne s'était guère souciée d'elle jusqu'à présent, lui envoyant quelques livres pour Noël, histoire de se donner bonne conscience mais qui, la plupart du temps, oubliait jusqu'à la date de son anniversaire. Leigh Holman, en revanche, avait conservé d'excellents rapports avec son ex-femme, devenant même au cours des ans une sorte de « cousin » de la famille. Il avait plusieurs fois envisagé de se remarier, notamment avec une jeune danseuse de 19 ans, sans jamais parvenir à concrétiser ses espérances. Il aimait toujours Vivien, et elle se rassurait de sa présence, n'ayant pas comme avec Olivier cette obsession de devoir se surpasser pour ne pas le perdre. Ils s'écrivaient souvent, s'échangeaient toutes sortes de conseils et peu à peu Olivier lui même en vint à apprécier sa présence. Comme Vivien lui faisait entièrement confiance, Leigh

Holman lui fut également d'un grand secours pendant les périodes de troubles de sa femme. Suzanne, en revanche, était beaucoup moins indulgente. L'amour possessif qu'elle vouait à son père lui faisait rejeter Vivien avec d'autant plus de force. Ebranlée par l'attitude de sa fille, Vivien dut, peu de temps après, affronter une déception tout aussi cruelle. Lorsqu'Olivier lui avait annoncé son intention de tourner *Hamlet*, elle s'était imaginée naïvement interpréter Ophélie à ses côtés. Mais à trente-quatre ans, même avec un maquillage très soigné, il lui aurait été difficile de suggérer la fraîcheur et l'innocence d'une adolescente de quinze ans. Olivier contourna le problème de l'âge plus facilement. Les cheveux teints en blond, le front élargi en se faisant raser la base des cheveux, il pouvait, à quarante ans, faire un Hamlet tout à fait acceptable. Aucun artifice n'aurait pu rendre à Vivien ce qu'elle avait perdu. Cet air indéfinissable de confiance et de candeur juvénile qu'elle avait jusque-là affecté devant l'avenir. Le prix du bonheur était cher à payer, et lorsqu'elle avait enfin cru pouvoir le saisir, tout s'était mis à chanceler. Sa fausse couche et les tourments de sa maladie l'avaient cruellement marquée. Si son visage était toujours intact, elle prenait conscience qu'il s'était modifié. Les joues rondes de l'enfance s'étaient creusées, les traits s'étaient durcis, l'arête du nez était devenue plus saillante et le front s'était barré d'un pli sérieux. Quant au regard, ce n'était plus celui de Scarlett, défiant l'avenir et ses promesses, mais plutôt celui, inquiet, d'une biche égarée. Bien sûr, après les succès retentissants qu'elle venait de connaître au théâtre et au cinéma, il lui serait facile de prétendre qu'il serait mal venu pour elle d'interpréter un rôle mineur dans *Hamlet*. Mais le problème restait entier. Elle se sentait trahie par la vie, qui lui avait volé sa jeunesse, et par Olivier, qui avait choisi pour la remplacer une actrice de dix-huit ans. La beauté de Jean Simmons n'était pas sans rappeler celle de la Vivien légère et souriante d'Elseneur, avant que la guerre et les difficultés ne l'aient prématurément meurtrie. Yolande Donlan, une jeune actrice invitée à Notley, perçut la tension extraordinaire qui pouvait affleurer même dans les moments les plus paisibles. Un dimanche, après le repas, tandis que Vivien était plongée dans les mots croisés du *Sunday Times*, Olivier s'était isolé dans un coin de la pièce avec une maquette du plateau d'*Hamlet* pour travailler sur les angles de prise de vue.

« Le seul dialogue dont je me souvienne, au cours de cet après-midi, fut lorsque Larry demanda : 'Vivien, voudrais-tu me verser un verre ?' et que Vivien, son nez ravissant encore plongé dans les mots croisés, répondit, 'Vas-y toi même !' ».

— Chapitre XXI —

Le destin d'Anna

Filippo del Giudice avait royalement fait les choses. La suite luxueuse de cinq pièces qu'il leur avait réservée à l'Hôtel Miramare, était garnie de meubles anciens spécialement loués pour l'occasion. « Je voulais faire de leur première soirée un moment de bonheur », expliqua-t-il à ses financiers. De leur terrasse, les Olivier pouvaient contempler la beauté du golfe de Rapallo, et inspirer dans l'air du soir le parfum tenace des orangers, des mimosas et des bougainvillées. Après le long voyage en train, à travers des paysages couverts de neige, le soleil de Santa Marguerita Ligure et le spectacle des premiers vacanciers fendant les eaux froides de février leur fit l'effet d'un véritable stimulant. Ils passèrent dix jours de repos complet à profiter des charmes de la campagne italienne, avant d'être rejoints par Alan Dent qui venait travailler sur le script d'*Hamlet*. Le critique dramatique au visage rubicon était tombé littéralement amoureux de Vivien lorsqu'il l'avait rencontré pour la première fois, alors qu'il assistait déjà Olivier sur le projet d'*Henry V*. Il admirait son talent, sa grâce, sa beauté, sa distinction, mais aussi son esprit vif et ses réparties incisives. Un jour qu'il dînait en sa compagnie, il n'avait pu s'empêcher de lui demander pourquoi une femme aussi sublimement belle éprouvait tout de même le besoin d'utiliser des cosmétiques. Elle n'avait pas répondu à sa question, se contentant d'incliner son petit visage d'un air modeste et irrésistible. Peu après, comme ils devaient partir se promener en forêt, elle était montée dans sa chambre pour prendre un manteau et en était redescendue fardée deux fois plus que de coutume. Merveilleuse créature, aussi charmante qu'imprévisible, et capricieuse comme le diable. Au cours d'un autre repas en tête à tête à Durham Cottage, il avait fait les frais de son humour piquant. C'était par un beau jour d'automne, et une fois de plus Vivien s'était révélée une hôtesse incomparable. Il y avait du faisant rôti au menu, qu'elle avait assorti d'une bonne bouteille de Bourgogne. Vivien adorait le vin, et à la différence de nombreuses femmes, elle ne se contentait pas de faire la différence entre un Bordeaux et un Bourgogne, mais savait aussi reconnaître un bon crû d'un mauvais. Le vin, ce jour là, était excellent. Au milieu du repas, sur un ton anodin, elle demanda soudain au critique de lui dire, franchement, entre Laurence Olivier et John Gielgud, quel était l'acteur qu'il préférait. Alan Dent essaya bien sûr de se sortir de cette situation délicate en protestant que la question était injuste. De la même manière que l'on ne pouvait pas demander à un amateur de comparer le Bordeaux et le Bourgogne, il ne lui était jamais venu à l'idée de se prononcer plus en faveur de Gielgud — qui dans ce cas aurait pu s'apparenter à un vin de Bordeaux — que d'Olivier qui avait tant de points communs avec le Bourgogne. Sur ce, Vivien le gratifia d'un sourire ensorcelant avant d'ajouter sans marquer une pause : « Très bonne réponse mon cher. Maintenant voudriez-vous, s'il vous plaît, emplir votre verre de ce DELICIEUX Bourgogne, et me passer la bouteille ! » Les retrouvailles en Italie, égayèrent un peu Vivien qui, ne participant d'aucune manière à la préparation d'*Hamlet*, avait la désagréable sensation d'être mise sur la touche. Au cours d'une randonnée entre Santa Marguerita et Porto Fino, elle eut de nouveau l'occasion de se divertir aux dépens d'Alan Dent. Franchissant un chemin escarpé, le critique avait été pris de vertige, et tandis que suant et tremblant il s'accrochait à la roche, Vivien et Larry, le sourire aux lèvres, l'avaient obligé à reconnaître quelle déplorable et odieuse profession était la sienne, avant d'accepter de lui venir en aide. Mais les occasions de se détendre étaient peu nombreuses et, lorsque le séjour en Italie arriva à sa fin, Vivien était en passe de sombrer dans une profonde dépression.

En 1947, la guerre cinématographique anglo-américaine battait son plein. Pour lutter contre l'invasion des films « Made in USA », le gouvernement de Londres avait été amené à prendre des mesures radicales, au risque de mécontenter un public particulièrement friand de tout ce qui se faisait à Hollywood. C'était une occasion inespérée pour toutes les compagnies anglaises de reconquérir leurs parts de marché en comblant le « vide » cinématographique qui n'avait pas tardé à s'installer. Alexandre Korda était plus que jamais déterminé à faire de sa compagnie, la London Films, la fierté de l'industrie britannique, et de partir à son tour à la conquête de l'Amérique. Ses films avaient toujours une dimension internationale. C'étaient pour la plupart de grandes fresques historiques romancées, situées dans des décors grandioses et financées à des coûts vertigineux. Son goût prononcé pour la littérature et les classiques, l'apparentait à certains « tycoons » consciencieux, épris comme Selznick d'art et de culture, et cherchant à flatter chez le public un penchant pour le rêve et l'évasion. C'était une conception tout à fait personnelle dans le cinéma anglais de l'époque, avec sa tradition documentariste, proche des préoccupations quotidiennes. En rentrant en Angleterre, Vivien apprit que la London Films avait trois super productions en chantier : *La grande révolte, Un mari idéal*, et *Anna Karénine*. Korda, qui avait toujours conservé auprès de Vivien son rôle d'ami et de confident, ne fut pas long à percer ses inquiétudes. Il savait que l'inactivité était pour elle le pire des maux. Il venait de distribuer Paulette Goddard dans le rôle de Mrs Cheveley, l'héroïne d'Oscar Wilde, mais elle ferait une merveilleuse Anna. Son statut de star internationale ouvrirait aussi le film à une plus large audience, et il regrettait que Laurence Olivier, déjà engagé sur le projet d'*Hamlet*, ne puisse tenir le rôle de Vronsky. Ensemble, ils n'auraient pas manqué de renouveler le succès de *Lady Hamilton* qui lui avait permis de devenir la première personnalité du cinéma à être anoblie, à la demande expresse de Churchill lui-même. Sir Alexandre expédia donc Vivien à Paris en compagnie de Cecil Beaton, pour choisir les tissus nécessaires à la confection des costumes. Ils logèrent à l'Ambassade de Grande Bretagne, chez Duff Cooper et sa femme, la célèbre Lady Diana. Pendant ce temps, dans les studios de Shepperton, on construisait les intérieurs moscovites des Arcadiévitch, les champs de course et la fameuse gare où, dans la vapeur et dans la neige, se jouait le destin d'Anna. Cecil Beaton, qui l'avait photographiée pour *Vogue* en 1937, la trouvait changée, irascible et capricieuse. La fille de la grande couturière, Madame Karinska, avait créé pour elle des chefs d'oeuvre, mais elle se plaignait de la taille de ses gants qu'elle trouvait trop courts. « Ce sont vos mains qui sont trop grosses », s'exclama Beaton en abandonnant pour un temps toute diplomatie. De la même manière, elle semblait exagérément soucieuse de son apparence et se plaignait des altérations que le temps avait pu apporter à la perfection de son visage. Elle évitait les lumières vives et se réfugiait constamment sous les fourrures, les voilettes et les ombrelles d'Anna. Ralph Richardson, connaissant les problèmes de Vivien, avait accepté pour rendre service à Olivier, de jouer le rôle du comte Karénine. Pendant les longues semaines de tournage qui promettaient d'être éprouvantes, il pourrait ainsi conserver un oeil vigilant sur la femme de son meilleur ami. Un petit différend s'était pourtant élevé entre les deux hommes lorsque, quelques temps plus tôt, Richardson avait été anobli par le roi. Olivier, jaloux, avait crié à l'injustice et s'était lancé dans une violente diatribe, mettant en cause la valeur corruptrice des décorations et expliquant que, par principe, un artiste devait toujours refuser ces marques de considération, etc. Lorsqu'à son tour, il avait reçu l'annonce de son élévation au rang des pairs du royaume, il avait su trouver des accents tellement déchirants pour les combattre, que Vivien s'attendait à un refus net et catégorique. Mais tout génie qu'il était, Olivier n'en était pas moins homme, et laissant à l'acteur ses grandes envolées lyriques sur l'honneur et la dignité, il fila tête basse en direction de Buckingham Palace. Elle lui en voulut terriblement. Sa trajectoire personnelle était celle d'un aigle impérial et non d'un lapin de garenne. Peut-être ne connaissait-elle rien des faiblesses humaines, elle qui depuis sa naissance s'était vue décerner les marques d'attention dignes d'une reine. Ou pour les connaître trop bien, peut-être regrettait-elle plus simplement de ne pas être faite Dame, en même temps ? Lorsque Cecil Beaton, qui avait appris la nouvelle par le journal, se précipita dans sa loge pour la féliciter, le miroir lui renvoya l'image d'une véritable furie : « Réellement, c'est trop bête! Le croiriez vous ? La couturière de Paris a attendu toute la journée à son hôtel, et le studio a oublié de commander une voiture pour aller la chercher. Jamais je n'ai travaillé pour un film comme celui-ci. » Elle détestait Julien Duvivier, le réalisateur, qui rudoyait tout le monde sur le plateau, refusait de recevoir les journalistes qui n'avaient pas été annoncés et accepta d'accompagner Olivier à Buckingham Palace, uniquement parce que Korda l'y contraignit en suspendant le tournage pour l'occasion. Le 8 juillet 1947, toute de noir vêtue, pâle et sans bijoux, elle attendit dans le hall du Palais tandis que le comte de Clarendon introduisait Larry auprès de sa majesté. La chevelure blonde d'*Hamlet* qui contrastait fortement avec le costume strict, surprit George VI : « La d-d-d-ernière fois que je vous ai vu, vous n'étiez pas b-b-b-blond... » « Non », répondit Olivier, « je me suis teint les cheveux pour jouer Hamlet, le Danois. » L'épée du souverain se posa alors sur chacune de ses épaules, deux petites tapes légères comme son bégaiement qui firent de lui un Sir, et de Vivien, une Lady. « Relevez vous Sir Francis Day », ponctua le Roi, en faisant allusion à Frances Day, une artiste de cabaret à la chevelure platine. Au cours du dîner bien arrosé qui suivit la cérémonie, l'humeur sombre de « Lady Olivier », rafraîchit quelque peu l'atmosphère. Au cours de la « party » organisée sur le plateau d'*Hamlet*, elle avait pourtant souri aux photographes, en servant elle-même les boissons aux membres de l'équipe. Bien sûr, elle était fière de son nouveau titre, ayant toujours eu une conscience aiguë du rang et du prestige. Mais, une fois de plus, elle le devait à Olivier, et ses sentiments confus l'emprisonnaient dans des humeurs contradictoires. Le retour aux studios d'*Anna Karénine* fut très tendu. On était en plein été et les lampes à arcs surchauffaient l'ambiance des plateaux. Le cinéma semblait prendre plaisir à cultiver les paradoxes. Lorsqu'elle avait tourné *César et Cléopâtre*, elle avait dû évoluer en robe de gaze dans le vent et le froid. A présent, en plein mois de juillet, il lui fallait patauger dans la neige artificielle, emmitouflée dans d'énormes fourrures. A son tour, elle devenait cinglante. Elle n'était plus au temps où, petite actrice encore timide, elle acceptait de se plier à la discipline de fer et à la tyrannie d'un Basil Dean. Devenue Lady Olivier, et star internationale, elle entendait être traitée avec les plus grands égards. Duvivier était donc obligé de reporter ses animosités contre les techniciens et les seconds rôles. Il y eut plusieurs manifestations syndicales pendant le tournage, et Vincent Korda fut à plusieurs reprises obligé d'intervenir pour calmer les esprits. Au cours de la grande scène du bal, le réalisateur s'en prit aux figurantes qui étaient toutes de jeunes filles visiblement amaigries par les duretés de la guerre et le rationnement : « On dirait des jeunes anglaises qui n'ont pas eu de quoi manger. Trouvez-moi quelques filles à belle poitrine qui ressemblent à des aristocrates russes. » Ce genre de réaction indignait Vivien qui se retirait dans sa loge entre les prises pour lire le journal ou prendre ses repas en compagnie de « New », son chat siamois. Pourtant, même dans les pires moments, elle pouvait se montrer capable d'attentions touchantes envers les autres. Un jour, elle intervint personnellement auprès de Duvivier pour permettre à une jeune actrice de se libérer à temps afin d'aller passer un bout d'essai sur une autre production. C'était sa manière à elle de lutter contre les assauts d'une maladie, dont elle commençait peu à peu à prévenir les crises. Gertrude Hartley venait alors lui tenir compagnie sur le plateau. Jean Anouilh, Guy Morgan et Julien Duvivier, qui avaient travaillé sur le script, avaient fait d'*Anna Karénine*, l'histoire tragique d'une héroïne tourmentée dont elle avait perçu toute la complexité. Son interprétation fut pourtant jugée monotone et inférieure à la version tournée par Garbo en 1935. Selon la biographe Anne Edwards, Vivien s'était à tel point identifiée à l'héroïne de Tolstoï que la « mélancolie morbide » du personnage avait fini par ôter toute flamme et toute passion à son jeu. Pour John Russel Taylor, au contraire, elle était trop différente du rôle pour rendre crédible un personnage de femme qui se fait le jouet de ses émotions. On avait le sentiment qu'à la place d'Anna, Vivien serait parvenue à suivre le cours de sa passion adultère, tout en continuant à mener une vie sociale éblouissante et sans encombre. « Je connais Anna. Je l'ai été de l'intérieur. Je sais tout sur elle, et pourtant on me dit que je ne suis pas à la hauteur. » Pour avoir vécu des situations douloureusement similaires à celle de l'héroïne de Tolstoï, Vivien savait le côté impitoyable de la passion amoureuse. Elle semblait froide, presque dure, incapable d'émotions, alors que Duvivier ne rêvait que de romantisme en dentelles. Leur désaccord ne fit qu'augmenter au fur et à mesure du tournage. Connaissant aujourd'hui les symptômes de la maladie dont elle souffrit pendant des années et qui faisait alterner des périodes d'excitation intense avec des phases de mélancolie profonde, il paraît évident qu'*Anna Karénine*, fut surtout mal synchronisé avec une des périodes dépressives de Vivien. Olivier, complètement accaparé par le tournage d'*Hamlet*, n'était pas à ses côtés pour la rassurer. Parfois même, il restait coucher aux studios de Denham pour pouvoir commencer à travailler de très bonne heure, le lendemain matin. Vivien était persuadée qu'il la trompait avec Jean Simmons. Elle s'en ouvrit à une amie qui essaya de la persuader du contraire. Mais elle devint alors comme enragée, accusa la jeune femme de vouloir la faire passer pour folle et refusa de lui adresser la parole pendant plusieurs mois. Sa peur de la folie s'accompagnait d'une terreur encore plus grande : perdre Larry. Lorsqu'il restait à Denham, elle lui téléphonait sans cesse au milieu de la nuit, une autre caractéristique de son état. Sans doute l'imaginait-elle dans les bras de Jean Simmons. Compte tenu des nombreuses difficultés rencontrées au cours du tournage d'*Hamlet*, une telle éventualité aurait été bien improbable. Toujours soucieux de donner une interprétation très physique de Shakespeare, Olivier s'était blessé à la jambe en tombant d'une estrade. A peine venait-il de se rétablir qu'un chariot de caméra lui était passé sur le pied, lui brisant deux os. Enfin, au cours d'une scène de duel, il avait été blessé par un coup d'épée. Passant la moitié de son temps sur des béquilles, il lui aurait donc été difficile d'accomplir la nuit, davantage de prouesses que le jour. Mais Vivien ne l'écoutait pas et pensait qu'il l'avait abandonné : « Mon amour devient de plus en plus passionné, de plus en plus exigeant, et le sien s'attiédit de jour en jour : voilà pourquoi il nous faut nous séparer... Il n'y a point de remède... Pour moi il est tout, et j'exige qu'il se donne à moi de plus en plus... Lui, au contraire, désire de plus en plus s'éloigner de moi... Avant notre liaison, nous allions à la rencontre l'un de l'autre ; maintenant chacun va de son côté... Et il n'y a rien à faire... Il me dit que je suis jalouse d'une façon insensée et je me suis dit moi-même que je le suis sottement, mais ce n'est pas vrai, je ne suis pas jalouse... Je suis malheureuse. » C'était le cri d'Anna, c'était aussi celui de Vivien, capricieuse et exigeante, mais tellement tendre, aimante et désespérée. Parce que ses rôles n'étaient jamais que l'extension d'une personnalité déchirée par le remords et l'angoisse, dominée au prix d'efforts spectaculaires, elle attendait des autres la même grandeur, le même courage. John Mills raconta la manière dont Vivien l'apostropha au cours d'une soirée qui eut lieu en novembre, peu après le bouclage d'*Hamlet*. Pendant tout le repas, elle n'avait cessé d'espionner Jean Simmons qui dînait à une table voisine en compagnie de Stewart Granger. Leur liaison s'étalait au grand jour, mais Granger était encore marié à Elspeth March. Avec toute la mauvaise foi dont elle était capable, Vivien fit part à John Mills de son indignation, trouva la situation dégoûtante, et dépêcha l'acteur auprès du jeune couple pour leur faire connaître sa façon de penser. Mills venait juste d'interpréter le rôle de l'explorateur intrépide dans *Scott de l'Antarctique*. Il éprouvait beaucoup de sympathie pour Stewart Granger, mais plutôt que d'affronter le courroux d'une Vivien contrariée, il vida sa coupe de champagne et se dirigea vers la table des amoureux. Lorsqu'il revint s'asseoir quelques minutes plus tard, elle se précipita pour connaître leur réaction. Mais John Mills lui opposa un sourire mièvre : « Et bien en fait, Vivien, l'occasion ne s'est pas présentée. » Son petit visage aigu se contracta légèrement, le sourcil droit se releva en accent circonflexe et elle émit un petit son qui ressemblait à un étrange sifflement : « Scott de l'Antarctique, mon cul ! »

Anna Karénine reçut un accueil glacial de la part de la critique. Kieron Moore, trop mièvre et trop falot, ne servait que de « pâle repoussoir » à Vivien. Seul Ralph Richardson s'en tira avec quelques honneurs. Olivier, en revanche, eut davantage de chance avec *Hamlet*. Après le triomphe du *Roi Lear* et l'hystérie collective que soulevait chacune de ses apparitions, on parlait maintenant avec le plus grand sérieux de le couler dans le bronze, ou de l'exposer parmi les joyaux de la couronne. Salué par la famille royale au grand complet, lors de la Première qui eut lieu en mai 1948, *Hamlet* entama une extraordinaire carrière, récompensée par cinq oscars dont deux au moins directement attribués à Laurence Olivier : celui de la meilleure interprétation, et celui du meilleur film de l'année. Définitivement réconcilié avec le cinéma, il put se glorifier au terme de cette expérience, d'avoir obligé Hollywood à s'acquitter d'une vieille dette envers lui. Et, lorsqu'un vieux fantôme exilé vint frapper à la porte de Durham Cottage, son bonheur fut complet. Après six ans d'une retraite anticipée, Greta Garbo envisageait en effet de réaliser son « come-back » sous les traits de George Sand. Elle espérait qu'Olivier voudrait bien interpréter son Chopin. Vivien, qui avait toujours maintenu que c'était elle qui l'avait fait chasser du plateau de *La reine Christine*, se déclara scandalisée par le toupet de la Suédoise « Mademoiselle Gratta Garbo... ». Que Larry songe un instant à accepter le projet lui semblait impensable. Olivier, savourant peut-être sa revanche, prétexta d'autres engagements et Garbo regagna seule son royaume de neige et de traîneaux. La même année, Hitchcock proposa encore de les réunir dans *Le procès Paradine*, mais le projet n'aboutit pas. Garbo ne fit jamais son retour devant les caméras.

Après un petit séjour en famille sur la Côte d'Azur, les Olivier s'attelèrent à ce qui devait constituer le gros de la saison 1948, une tournée en Australie et en Nouvelle-Zélande, avec la troupe de l'Old Vic. L'entreprise avait été commanditée par le gouvernement, en vue de signifier le remerciement de la Grande-Bretagne aux autres pays du Commonwealth qui avaient apportés leur soutien pendant la guerre. Ce serait aussi l'occasion d'une répétition générale pour la visite de leurs majestés, le roi George et la reine Elizabeth qui devait avoir lieu au printemps de l'année suivante. Partout fêtés, choyés, adulés, Sir Laurence et Lady Olivier, entrés vivants dans la galerie des amants de légende, donneraient à cette expédition une portée symbolique inespérée. Mais ils emporteraient aussi dans leurs malles, et loin du miroir que leur tendait les foules, la terreur souterraine d'un couple soudain confronté au vrai visage d'une passion débarrassée des obstacles qui l'avaient fait naître, avec le devoir de la réinventer pour survivre : « Car après ces longues périodes où, la plupart du temps, ils avaient été séparés, ils disposaient à présent d'une année entière pour être, nuit et jour, ensemble. »

— Chapitre XXII —

« Je t'ai perdu, mon cœur… »

« Comment, pas de koalas ? » Le cri de déception de Vivien Leigh en ouvrant les fenêtres de son bel appartement de Perth, qui dominait la Swan River et le King's Park, résonna longtemps aux oreilles amusées de Laurence Olivier. Dans le chaos et le tumulte qui avaient suivi l'arrivée de l'Old Vic en Australie, le 14 mars 1948, il lui avait semblé en effet qu'à l'exception des kangourous, des koalas et des boomerangs, tous les habitants du pays s'étaient déplacés afin de leur être présentés. A Freemantle, ils avaient retrouvé une partie des membres de la compagnie, détendus et bronzés, qui les y attendaient depuis une semaine. Olivier avait pris beaucoup de soin à s'entourer d'une troupe jeune et vaillante avec laquelle il s'appliqua à tisser des liens d'amitié profonds et durables. A plusieurs reprises, il fit preuve d'humanité et d'élégance morale. Peter Cushing, pressenti pour cette expédition, redoutait d'abandonner sa jeune femme pendant un an. « Il n'en est pas question », avait tranché Olivier, « beaucoup trop d'entre nous ont dû souffrir de ce genre de privation pendant la guerre. Tu amènes Hélène avec toi. » Il avait aussi encouragé chaque membre de la troupe à ne pas garder pour soi les problèmes qui risquaient de survenir au cours du voyage, mais au contraire de venir en débattre ouvertement. Enfin, il souhaitait que lui et sa femme soient appelés par leurs prénoms, Vivien et Larry. Il espérait ainsi récréer le climat de confiance, presque familial, qui s'était établi au cours de la tournée fatidique de *Roméo et Juliette*. On les surnommait déjà « Dieu et l'Ange », et l'admiration et le respect firent bientôt place à la dévotion et à la tendresse. Le choix du répertoire et la répartition des rôles avaient pourtant provoqué quelques grincements de dents. Pour beaucoup, il était évident que Vivien bénéficiait d'un favoritisme malvenu, car tous les premiers rôles lui étaient attribués. Dans *Richard III*, elle était Lady Anne, dans *The skin of our teeth*, elle était Sabina et dans *The school for scandal* la seule nouveauté du programme, elle interprétait Lady Teazle. Il y avait bien sûr plusieurs bonnes raisons pour justifier ce choix. Tous deux étaient des stars internationales, et leurs seuls noms sur les affiches garantiraient une affluence de spectateurs et donc d'importants bénéfices dont la trésorerie de l'Old Vic avait grand besoin. En dépit de l'intervention de Ralph richardson, une pétition fut pourtant adressée au conseil d'administration par certains membres insatisfaits. C'était la première fois qu'Olivier voyait ainsi son autorité contestée et son association avec Vivien ouvertement remise en cause. Cela ne les avait pourtant pas empêchés de donner une soirée fracassante à Durham Cottage pour inaugurer la tournée.

Soixante-dix personnes s'étaient pressées dans la maison de Christchurch Street et, entre les petits fours et le champagne, on s'était échangés conseils et recommandations. De l'avis d'Olivier, le plus précieux fut celui de Danny Kaye qui lui suggéra de ne pas préparer les discours qu'il aurait à prononcer tant il serait sollicité. Le 14 février au matin, après des adieux larmoyants à « New », le chat siamois de Vivien, les Olivier et toute la troupe prirent le train en gare d'Euston. Ils se rendaient à Liverpool où les attendaient le *SS Corinthic*, un cargo réfrigéré de 15 000 tonnes qui emportait aussi à son bord une centaine de passagers de première classe. C'était le jour de la Saint-Valentin, la fête des amoureux, et il semblait que tout Londres s'était déplacé pour acclamer ceux qui en offraient l'incarnation la plus parfaite. Les hurlements hystériques des fans retenus par les cordons de police, les flashes des journalistes, les caméras de télévision et les bouquets de fleurs qu'on leur offrit contribuaient à donner grand style à ce départ pour les Antipodes. Le chef de gare avait même revêtu son habit de cérémonie pour l'occasion. Ce déploiement d'attentions avait été jusque-là réservé exclusivement aux membres de la famille royale. Une fois à bord, la féerie se poursuivit. Des masses de fleurs avaient été arrangées dans les cabines, des centaines de télégrammes les attendaient et, sur le quai de Liverpool, toujours autant d'admirateurs, de photographes, de reporters. Pour les Olivier, cette tournée à la fin des années 40 resterait comme un sommet, couronnant définitivement aux yeux de la foule le prestige de leur couple au moment où celui-ci combinait parfaitement le rayonnement personnel à la maturité artistique. Ambassadeurs du coeur de la Grande-Bretagne, ils prirent part à des manifestations officielles qui, jusque- là, n'avaient été réservées qu'à des chefs d'état ou à des têtes couronnées : réceptions chez le ministre, le gouverneur ou le maire, visites aux hôpitaux, universités, musées, galeries, usines et mémorials de guerre... L'apothéose étant un défilé de la Royal Navy australienne, devant un Laurence Olivier raidi dans un garde-à-vous superbe. Le même accueil triomphal fut accordé tous les soirs à chacunes de leurs représentations, et l'entreprise fut un énorme succès, tant sur le plan culturel que financier. En six mois, ils donnèrent 179 représentations et jouèrent devant quelques 300 000 personnes. Le parfum de gloire et de royauté qui les accompagnait partout où ils allaient les poussait singulièrement vers la grandeur et, au sein même de la troupe, chacun s'efforçait de donner le meilleur de lui-même. Peter Cushing, qui n'en était pas encore à jouer les chasseurs de vampire pour la Hammer, se souvenait avec quelle amabilité Vivien et Larry avaient accepté d'abandonner leur loge aux membres de la troupe, effectuant leurs propres changements de costumes derrière des pans de décor ou des rideaux de scène. A Perth, sur la Côte Ouest de l'Australie, Vivien avait même aidé à repasser les costumes. Elle pétillait de charme et d'énergie, la presse l'avait surnommée « Miss Vitamine B » et elle était unanimement adorée du public australien. Elle se plaignait constamment des cérémonies officielles, mais Laurence Olivier la soupçonnait fortement d'en apprécier au contraire chaque parcelle. Elle savourait cette gloire si longtemps convoitée et surtout la satisfaction d'avoir atteint une parfaite maîtrise de son art qui lui valait tous les soirs l'admiration de la critique et la reconnaissance d'Olivier. Ils semblaient avoir profité de cette tournée pour dissiper les nuages qui avaient assombri leur union, et tous ceux qui avaient entendu circuler des rumeurs concernant la solidité de leur mariage étaient maintenant étonnés de les voir se comporter presque comme deux collégiens. C'était assez touchant de les voir s'embrasser derrière les décors, après un nouveau triomphe de *The skin of our teeth* ou de *The school for scandal*. Trader Faulkner, un jeune acteur australien engagé comme « extra » pour *Richard III* raconta comment un soir, au moment du lever de rideau, le régisseur avait trouvé la porte de leur loge fermée à clé. En dépit de plusieurs coup répétés, la porte était restée close, retardant ainsi la représentation. D'abord choqué par cette absence de professionnalisme, le jeune Faulkner avait admiré par la suite ce comportement si merveilleusement tendre et humain. Olivier s'était toujours senti responsable des crises de Vivien. En l'entraînant à ses côtés au bout du monde, il comptait rassembler les éclats éparpillés d'une passion trop longtemps négligée sur les chemins menant à la gloire. Il se préoccupait aussi beaucoup de l'évolution de son état de santé, et consignait toutes ses impressions dans un « journal de bord » qu'un admirateur lui avait offert au début du voyage. Une fois l'excitation du départ un peu calmée, Vivien avait semblé un peu tendue, silencieuse, mangeant à peine et il avait redouté une nouvelle dépression : « 17 février - Ce soir, au cours du dîner à la table du capitaine, Vivien s'est tournée soudain vers moi avec un éclair sauvage et alarmant dans le regard : « Ce soir, je voudrais jouer aux dominos ». Mais, par la suite, son comportement l'avait rassuré. Jamais elle n'avait été aussi gaie, aussi dynamique et aussi séduisante. Le 15 mars, il consignait : « Vivien tout à fait bien » ; le 24 avril : « Vivien ravissante dans une robe vert pâle avec une rose sanguine accrochée à sa taille. » Il ne cessait de s'extasier sur sa beauté, son talent, sa bonne santé et ses merveilleuses toilettes. Elle avait emporté à bord une garde robe considérable du dernier « chic » parisien, dont 14 robes du soir, 14 robes de cocktails, 10 ensembles et une quantité considérable de chapeaux, chaussures et accessoires. Avec Vivien, le « New-Look » fit son entrée en terre australe. Une fois encore, isolés du reste du monde, leur amour avait semblé triompher des pièges de leurs carrières, de leurs ambitions personnelles et de la vie étourdissante de Londres. Ils étaient de nouveau les amants d'Elseneur, fondus dans l'admiration et le respect qu'ils se portaient l'un à l'autre. De retour en Angleterre, Olivier s'aperçut pourtant que la victoire était fragile et le bonheur illusoire : « Je t'ai perdu, mon coeur, en Australie. »

Dès les premiers jours à bord du *SS Corinthic*, il parut évident que Vivien semblait un peu grisée par le vent de liberté et d'aventure qui soufflait dans les coursives. En Angleterre, où leur couple était déséquilibré par la prééminence d'Olivier, sa supériorité écrasante que la critique se chargeait bien de souligner, Vivien n'avait d'autre alternative que de lui tenir la chandelle. En Australie et en Nouvelle-Zélande, c'était bien différent. C'était elle que l'on acclamait, que l'on voulait voir, toucher, Scarlett O'Hara en chair et en os que les photographes se disputaient. Olivier avait même eu l'élégance de le reconnaître : « Je suis tellement habitué à voir les figures s'allonger de plusieurs kilomètres lorsque j'arrive seul quelque part, que je suis à jamais convaincu du charme de ma femme. Mais je comprends cette réaction - car lorsqu'à mon tour je pense à Vivien Leigh, il me paraît impossible d'avoir autre chose en tête. » Recouvrant la santé en même temps que le goût de séduire et de plaire, elle portait une attention redoublée à sa toilette, paraissait toujours impeccable et fraîche. Confortablement installée dans une chaise de pont, enroulée dans plusieurs couvertures et lainages, elle avait passé ses premières journées en haute mer à boire du Black Velvet (un mélange de champagne et de bière) entourée des plus jeunes membres de la compagnie. Les témoignages d'admiration multiples qu'on lui manifestait avaient rassuré son ego tourmenté. En même temps s'était réveillé en elle un de ses pires démons, ce besoin de domination, d'assujettissement de l'autre à ses propres exigences. Elle voulait qu'à son tour Olivier se montre jaloux, que ses pensées et ses désirs reviennent sans cesse vers elle. Elle brûlait du désir de le vaincre, peut-être même de l'humilier, car vint un jour où il fut obligé de lui demander de ne pas flirter aussi ouvertement avec un jeune membre de la troupe ; ce à quoi elle voulut bien consentir d'un air entendu qui semblait dire : « D'accord, je serai plus discrète. » Elle avait, dans ses malles, quelques robes outrageusement décolletées, fendues jusqu'à la taille, dont elle se servait pour susciter tour à tour, le désir et la colère. Et qu'importe si après l'étreinte succédait le malaise, puisqu'elle avait l'illusion de le posséder encore. Les blessures ouvertes en Angleterre, son rejet d'*Hamlet*, sa maladie, avaient d'étranges conséquences maintenant que ses nombreux admirateurs tombaient à ses pieds comme des mouches et qu'en dépit d'une toux persistante, elle se croyait guérie. Olivier était le seul homme qu'elle n'avait jamais pu dominer complètement et, d'une certaine manière, il ne lui avait jamais appartenu comme elle l'aurait souhaité. Elle voulait tout d'un homme, son corps, son coeur et son âme, mais c'était beaucoup plus qu'il n'était prêt à lui donner. Il y avait toujours eu le théâtre entre eux, pour les réunir ou les séparer, et à présent qu'elle croyait l'avoir rejoint, même leurs disputes s'effectuaient, selon leurs voisins, « sur un ton hautement dramatique et théâtral ».

Et tandis que la vague de chaleur qui s'était abattue sur Perth cédait la place aux pluies maussades de Melbourne, elle affichait l'image perpétuelle de son gracieux sourire et de son incroyable énergie. Multipliant jusqu'à l'aube les parties de bouteilles et de Gin Rummy, elle épuisait par son inaptitude au sommeil même les membres les plus résistants de la troupe. Dans l'avion qui les amenaient de Perth à Adelaïde, elle avait attendu fébrilement le lever du soleil dans un négligé bleu pâle immaculé et elle avait semblé étonnée de ne susciter qu'un mièvre intérêt de la part des quelques têtes hirsutes et froissées que son cri avait réveillées. A la fin du mois d'avril cependant, elle manifesta plusieurs signes de fatigue, contracta une forte fièvre et manqua plusieurs représentations.

A Hobart, en Tasmanie, la troupe s'installa au Théâtre Royal, dans un froid piquant. Construit en 1847, le théâtre avait été longtemps laissé à l'abandon. Parcourue de courants d'air, la scène était une véritable glacière et, tous les soirs, pour assister à la représentation, le public amenait ses propres couvertures. Perchée sur un immense tabouret, Vivien attendait le moment de dire ses répliques, en lisant des romans policiers, vêtue de son manteau de vison et pelotonnée contre son petit radiateur électrique.

Il parut bientôt évident que toute la troupe avait besoin de repos avant d'entamer la deuxième partie de la tournée. Pour se soustraire au cortège officiel qui les propulsait de cocktails en inaugurations comme de vivants boomerangs, les Olivier disparurent pendant une semaine sans laisser d'adresse. Ils s'étaient réfugiés à Southport, dans un endroit connu comme le paradis des surfers. La presse ne fut pas longue à retrouver leur trace. La veille de leur arrivée à Sydney, le *Sunday Telegraph* publia leur photo en maillots de bain, foulant, la main dans la main, le sable chaud de Brisbane. Le regard dissimulé par ses énormes lunettes à montures blanches, Vivien n'y révélait pas moins un corps délicat et considérablement amaigri par le rythme effrayant qu'elle s'était imposée depuis trois mois. Le coiffeur de l'Australia Hotel, qui eut l'honneur de s'occuper du couple pendant leur séjour à Sydney, confia à ses amis que Vivien Leigh était « une très belle femme, qui paraissait cependant souffrir de consomption ». Le soir de la dernière représentation de *The skin of our teeth* au Tivoli, elle avait regagné sa loge en tremblant, au bord de l'effondrement. « Miss Leigh est épuisée », avait simplement expliqué Olivier à leur sortie des coulisses, tandis que sans un sourire et sans un mot, Vivien s'engouffrait dans la voiture venue les attendre. A peu près à la même époque, ils reçurent une lettre de Lord Esher, président du conseil d'administration de l'Old Vic. On signalait très poliment à Olivier que son mandat de cinq ans, en tant que co-directeur de la compagnie, arrivait à son terme dans quelques mois et qu'il ne serait pas reconduit. Les « jeunes turcs » qui avaient protesté contre son administration et le favoritisme flagrant à l'égard de Vivien, avaient gagné leur combat. Ils avaient fait courir le bruit en Angleterre que ce qui au départ s'annonçait comme une tournée théâtrale de prestige, s'était au fil des semaines transformé en une gigantesque « garden-party » pour redingotes et robes longues. C'était oublier un peu facilement les 10 000 livres sterling qu'ils rapporteraient dans les caisses de l'Old Vic et le prestige que le théâtre britannique et la nation tout entière retirerait de cette opération. Pendant les longs mois passés à parcourir l'Australie et la Nouvelle-Zélande de fond en comble, ils allaient susciter des vocations, former des talents parmi les acteurs et les techniciens, encourager des productions et ramener dans leurs bagages de jeunes acteurs pleins de promesse, comme Trader Faulkner et Peter Finch.

Brisbane, où ils arrivèrent en pleine saison des pluies tropicales, fut l'occasion d'une pause appréciée après les fatigues de Sydney. Passant de l'hiver au printemps sans la moindre transition, ils accueillirent avec gratitude la chaleur, les guirlandes de fleurs, et leur premier kangourou. Une seule pièce était au programme, leur laissant davantage de temps pour se reposer, organiser des pique-niques en bord de plage et se baigner dans l'océan. Le 31 août, Vivien et Larry fêtèrent leur huitième anniversaire de mariage. Selon Gary O'Connor, ils continuaient de se comporter aux yeux de la troupe comme « des parents un peu fiers, et un peu vieux jeu » qui, en dépit de la dérive de leur amour, tenaient « à dissimuler ce secret aux enfants, leur présentant l'image d'un couple uni et dévoué ». Dans l'intimité, le silence et l'ennui annonçaient seulement la prochaine crise.

Alors que l'avion qui les emportait vers la Nouvelle-Zélande survolait la mer de Tasmanie, Vivien eut un malaise. Les yeux écarquillés, elle se mit à se débattre, au bord de l'asphyxie. Le pilote dut amorcer une descente rapide, pour se stabiliser à 16000 mètres d'altitude, tandis que l'hôtesse de l'air lui appliquait un masque à oxygène sur le visage. C'était la première alerte sérieuse et, en arrivant à Auckland, Olivier, encore sous le choc, l'envoya suivre un traitement au Green Lane Hospital. « La pauvre petite créature », commenta un étudiant, « sa maladie devait l'avoir complètement épuisée. Parfois, elle semblait si éthérée qu'on avait l'impression qu'elle allait s'envoler ». Cette fois, il fallut bien consentir à s'expliquer et interrompre la ronde des mondanités. Il leur restait encore cinq semaines à tenir, avec environ une dizaine de représentations par semaine, et déjà ils commençaient à penser à la saison prochaine. Olivier déclara à un reporter : « Vous l'ignorez peut-être, mais vous parlez à deux morts-vivants. » Assez ironiquement, il présentait à son tour les signes d'une santé chancelante. Une vieille blessure qu'il s'était faite au genou, pendant le tournage d'*Henry V* s'était rouverte lors d'un duel dans *Richard III*, et il souffrait horriblement. Pendant plusieurs jours, il avait même été obligé de jouer avec des béquilles, ce qui représentait déjà une performance en soi. En Nouvelle-Zélande, un docteur avait recommandé une intervention immédiate, et il était prévu que vers la fin de la tournée il rentrerait à l'hôpital pour se faire opérer du cartilage endommagé. En attendant, arrivé à Christchurch, il dut encore affronter un problème d'un genre nouveau. Un conflit ouvrier avait retardé le cheminement des costumes de *The school for scandal* jusqu'au théâtre Saint James. Pour rattraper le temps perdu, plusieurs jeunes filles des environs avaient été réquisitionnées pour déballer hâtivement les paquets avant le début de la représen-tation. Installées dans les sous-sol du théâtre, elles s'affairaient à la tâche lorsque Vivien, habillée en Lady Teazle, fit son apparition et, sur un ton exaspéré, demanda où étaient ses chaussures rouges. En l'affaire de quelques minutes, la pièce se transforma en ruche bourdonnante, on inspecta chaque recoin, on vérifia les étagères, on retourna tous les cartons, en vain. Les chaussures de Lady Teazle étaient introuvables. Vivien entra alors dans une rage épouvantable. Le regard, accentué par le maquillage de scène, se fit dur et mauvais, la voix stridente, et les jeunes filles terrorisées reculèrent contre le mur. Au même moment, Laurence Olivier entra et ordonna à Vivien de monter sur scène. Ils étaient déjà en retard, pourtant elle refusa de quitter la pièce tant qu'elle n'aurait pas retrouvé ses chaussures. Barbara Packwood, une jeune étudiante présente dans le sous-sol, raconta à Garry O'Connor la scène qui suivit : « Il la gifla et dit : 'Monte sur la scène, espèce de petite garce.' Elle le gifla à son tour en s'écriant : 'Comment oses-tu porter la main sur moi, espèce... espèce de salaud.' Il la regarda et, tout en lui tapotant le nez, poursuivit calmement de sa plus belle voix : « Ne t'avises pas de me traiter de salaud, car, entre nous, nous savons qui est le salaud, n'est-ce pas ? » (Il faisait allusion au fait qu'elle avait abandonné Leigh Holman et sa fille Suzanne). Elle se mit alors à pleurer, en disant : 'Il faut toujours que tu rejettes ça sur moi'. Sur ce, il la prit par le bras en disant : 'Allez, viens, monte en scène, je vais t'en trouver des chaussures', et ils sortirent. »

Au début du mois d'octobre, Olivier entra au Lewisham Private Hospital, à Wellington. Le 16, au matin, les premiers membres de la compagnie embarquèrent sur le *SS Corinthic*. Du balcon de la chambre 49, les Olivier adressèrent un dernier salut à la population au cours d'une émission radio. Le lendemain matin, enveloppée dans un imperméable, Vivien assista à l'embarquement de Larry. Lorsqu'on tira de l'ambulance la civière sur laquelle il était étendu, une jeune admiratrice sortit de la foule pour le protéger de l'averse avec son parapluie. Toujours incapable de marcher, il fut hissé sur le pont supérieur du navire comme un vulgaire cageot de marchandise. L'image royale, construite dans la pompe et dans la liesse, menaçait de tourner à la farce grotesque. Professionnellement, l'ensemble de la tournée avait été un immense succès, mais, une fois encore, au détriment de leur vie personnelle. Et tandis qu'avec une détresse grandissante ils avaient réalisé leur incapacité à raviver les flammes de l'amour mort, s'était soudain imposée à eux la nécessité de dissimuler encore au regard des autres l'échec et la blessure. « Je t'ai perdu, mon coeur, en Australie. » Du bonheur des premiers jours il ne restait en effet plus rien, que cette image ridicule d'une civière tournant au bout de sa corde comme une girouette, et ce petit visage, plusieurs mètres plus bas, battu par la pluie, le vent et le froid.

Troisième partie

1948 - 1956

QUELQUE CHOSE DE TENNESSEE

— Chapitre XXIII —

Fantasmagories

En 1947, une nouvelle rafale soufflant du Sud déposa sur le bureau d'Irène Selznick, à New-York, un tourbillon de feuilles qui allaient devenir flammes. *Un tramway nommé désir*, était le chef d'oeuvre de Thomas Lanier Williams, un écrivain du Mississippi qui, au moment de se choisir un prénom, préféra celui d'un autre état voisin, le Tennessee. Une fois de plus, l'héroïne, Blanche Dubois, semblait sortie du tiroir d'une belle du Sud, entre les pétales froissés d'une fleur de magnolia, un morceau de robe de bal et la photo jaunie d'une demeure à colonnade.

Un peu plus de dix ans après la publication d'*Autant en emporte le vent*, le fantôme de Scarlett O'Hara continuait de hanter l'Amérique. En dehors de son attachement romantique aux valeurs chevaleresques du Vieux Sud, Tennessee Williams n'avait pourtant pas grand chose en commun avec Margaret Mitchell. Le Sud qu'il évoquait dans ses pièces n'était pas celui des grandes plantations, des joyeux barbecues et des solides Géorgiens. C'était le monde clos et étouffant de la Nouvelle-Orléans, la mort et le désir s'y enlaçaient sur un air de jazz, et la décomposition des âmes se conjuguait à celle des bayous, à l'odeur de la vase et au pourrissement de la mousse espagnole. Des créatures pathétiques qui n'avaient « rien de noble, ni d'héroïque », y affrontaient seulement les réalités d'un quotidien sordide et, dans presque tous les cas, la lutte était perdue d'avance.

Parce que Williams déchirait sur des dentelles en fer forgé les longs voiles d'illusion de l'Amérique puritaine, on le traita d' « outlaw », de « pornographe ». La promiscuité du Vieux Carré flattait moins le sens patriotique que les trépignements d'une poupée Scarlett acidulée. Lorsque la pièce débuta à Broadway, le 3 décembre 1947, avec Jessica Tandy, Marlon Brando, Kim Hunter et Karl Malden dans les principaux rôles, le public fut déconcerté par la violence des mots et des situations, assez nouvelles pour le théâtre de cette époque. Mais la critique, avec cet esprit de contradiction qui la caractérise, lui accorda un triomphe. *Un tramway nommé désir* fut la première pièce américaine à remporter les trois plus hautes récompenses jamais accordées à une oeuvre dramatique : le prix Pulitzer, le prix des Critiques New-Yorkais et le prix Donaldson.

Vivien Leigh s'était procurée le texte sur les recommandations de Cecil Beaton et l'avait emporté dans ses malles lors de son départ pour les antipodes. Sa sympathie pour le personnage de Blanche fut immédiate et, avec la même énergie quasi démoniaque qu'elle avait déployée du temps de Scarlett O'Hara, elle s'employa à convaincre tout le monde autour d'elle qu'il lui fallait interpréter *Un tramway nommé désir*. Hugh Beaumont possédait les droits de la pièce en Angleterre. Il était prêt, pour la produire, à attendre que les Olivier soient libérés de tous leurs engagements avec l'Old Vic qui devaient s'échelonner jusqu'à la fin de l'année 1949. Restait encore à convaincre Laurence Olivier d'en assurer la mise en scène. Il craignait en effet que le public londonien ne partage pas l'enthousiasme de sa femme pour la poésie violente et crue de Williams où nymphomanie, adultère, suicide, folie et homosexualité figuraient entre autres gâteries. Peut-être redoutait-il aussi que la nature complexe de l'héroïne, tour à tour papillon et tarentule, ne compromette irrémédiablement l'équilibre mental de Vivien, déjà fragile. Ce n'était pas, en tout cas, le genre d'arguments à avancer devant celle qui brûlait de faire ses preuves en tant que tragédienne. Elle avait réussi à le persuader d'inscrire *Antigone* d'Anouilh au programme de leur saison au New Theatre. C'était en quelque sorte sa façon de répondre à l'*Œdipe* que Larry avait interprété en octobre 1945, la certitude d'avoir atteint un nouveau palier dans sa carrière d'actrice et, elle l'espérait, le tremplin vers le personnage de Blanche Dubois.

Elle avait donc toutes les raisons de sourire à la presse, lorsqu'au mois de novembre 1948, le *SS Corinthic* regagna l'Angleterre. Elle avait fêté son trente-cinquième anniversaire à bord, entourée de l'admiration d'une cour dévote et empressée. Après six mois passés en Australie et en Nouvelle-Zélande, en dépit de l'accumulation des fatigues causées par un répertoire éprouvant, des manifestations officielles exigeantes, les changements de climat et les récurrences de sa maladie, elle parvenait encore à paraître aussi radieuse et élégante qu'au sortir d'un thé de chez la reine. Elle serrait contre son manteau de vison un splendide bouquet de roses et de lis tressés, ainsi que son sac à main frappé de ses longues initiales. Comme toujours, la note d'impertinence venait de son chapeau, copié sur l'une des coiffes du XVe siècle que portait Olivier dans *Richard III*. Lui tenant le bras, il avait encore quelques difficultés à marcher, et la canne qu'il avait conservée lui conférait un air de dignité nouvelle. Immédiatement, on se pressa autour de lui, on voulait des détails sur la tournée, et surtout connaître ses réactions par rapport à la décision du conseil d'administration de l'Old Vic.

La confrontation avec Lord Esher ne vint que trop vite. A sa grande stupéfaction, il se vit expliquer par ce noble personnage que la dissolution du triumvirat « Richardson-Burrel-Olivier » avait été réalisée dans l'idée de lui remettre, à lui seul, l'entière responsabilité de la compagnie. La surprise était de taille, les « jeunes Turcs » n'en auraient pas cru leurs oreilles, mais il avait pris d'autres dispositions. Puisque les vieux flacons n'avaient pas su apprécier le vin nouveau, il avait l'intention de créer sa propre troupe et de s'installer dans son propre théâtre. En 1947, il avait déjà fondé une maison de production, la Laurence Olivier Productions Ltd, dont la première réalisation avait été couronnée de succès. Il s'agissait de la reprise d'une pièce de Garson Kanin : *Born yesterday*, qui avait rendu célèbre Judy Holliday à New-York, et il était donc impatient de voler vers d'autres horizons.

Le 20 janvier 1949, les Olivier jouaient pour la première fois ensemble sur une scène anglaise. Des centaines de fans enthousiastes avaient passé la nuit enroulés dans des couvertures devant St Martins Lane dans l'espoir d'obtenir un ticket pour la représentation du soir. Olivier était allé au-devant d'eux afin de les dissuader d'attendre inutilement. Il y avait longtemps que toutes les places étaient vendues, mais après avoir espéré, certains pendant trente-six heures, ils n'étaient pas prêts à se laisser décourager aussi facilement. « On se croirait revenu à Sydney », avait murmuré Larry à Vivien. Après un dîner léger au Ivy, avec raviolis, salade d'endives et crème caramel, quelques petits achats en ville et une courte sieste à Durham Cottage, ils s'étaient acheminés lentement vers le New Theatre pour se préparer à la Première de *The school for scandal* devant le public de Londres. Et tandis que les Rolls Royce déversaient dans le foyer du théâtre d'innombrables célébrités, ils avaient commencé le rituel du maquillage dans leurs loges remplies de fleurs et de télégrammes. Les Richardson, Margaret Leighton, Lady Hardwicke, David Niven et sa nouvelle épouse, Hjordis, Sir Michael Balcon, Terence Rattigan, Robert Helpmann, Margot Fonteyn, Richard Attenborough, Sir Alexander Korda et l'ambassadeur de France, René Massigli, accompagné de sa ravissante épouse habillée par Christian Dior, contribuèrent à rehausser de leur présence l'éclat de la représentation, qui lançait en fanfare la nouvelle saison. Londres retrouvait son couple de légende et, pour oublier les séquelles de la guerre et les privations qui martyrisaient encore son économie, leur offrait orgueilleusement le faste de ses plus belles fêtes.

La critique, moins généreuse, bouda un peu *The school for scandal*. Olivier, en Sir Peter Teazle, essayait de dégager derrière la comédie, le pathétique d'un mari blessé par les coquetteries de sa femme. Mais Vivien n'aimait ni la pièce, ni son rôle, celui d'une impertinente jeune beauté vaniteuse et volage, qui fait de son mariage à un quinquagénaire un véritable chemin de croix, jusqu'au moment où elle s'aperçoit de la profondeur des sentiments de son époux à son égard. Elle avait des répliques à dire à Olivier, au cours des scènes de querelles, qui lui répugnaient. Quant aux scènes d'infidélité, elles n'étaient rendues que plus gênantes par la rumeur de sa liaison avec le jeune acteur australien, Peter Finch.

Né à Londres, en 1916, Finch avait passé une jeunesse mouvementée entre l'Inde, la France et l'Australie. Lorsqu'Olivier l'avait remarqué, il présentait une version du *Malade imaginaire* devant les ouvriers d'une soufflerie de verre, à Waterloo, dans la banlieue de Sydney. Auparavant, il avait déjà tourné une dizaine de films et travaillé pour la propagande militaire pendant la guerre, mais lorsqu'Olivier, au mois d'août 1948, lui offrit un contrat de trois ans, il accepta immédiatement l'offre et débarqua à Londres trois mois plus tard, en compagnie de sa femme, Tamara. Après *Born yesterday*, la Laurence Olivier Productions Ltd avait monté *Daphne Laureola*, lui confiant le rôle principal aux côtés de Dame Edith Evans. Rapidement intégré au cercle des intimes, le jeune australien avait souvent été convié à terminer la soirée autour d'un verre à Durham Cottage. Et, tandis que la fêlure de son mariage avec Olivier la laissait chaque soir plus solitaire et insatisfaite, Vivien s'était attachée insensiblement à son insolence et à son innocence apparente qui lui rappelait Larry dix ans plus tôt. La rumeur avait certainement anticipé sur la réalité de leur liaison, mais elle avait révélé aux yeux de tous le naufrage d'une union qu'elle n'avait plus la force de garder secrète. Il lui arrivait de plus en plus souvent d'arriver seule au cours d'une soirée, de se verser un grand verre de vodka, et d'éclater en sanglots. Lorsqu'il se trouvait là, Alexandre Korda la conduisait à l'écart dans une pièce, pour lui permettre de se reprendre. On évitait de lui parler d'Olivier et on avait appris à reconnaître dans ses éclats de rire, progressant en intensité de façon alarmante, les signes précurseurs d'une nouvelle crise.

Sur scène, les Olivier continuaient au moins à être fidèles à leur légende, et le public anglais se pressait toujours par centaines pour assister à leurs spectacles. Traitées de « minettes » par les journalistes indignés par leur comportement hystérique, les jeunes admiratrices du couple ripostaient avec véhémence : « Nous ne sommes pas des minettes, nous ne nous évanouissons pas pour Sinatra. Seulement pour les Olivier, et peut-être aussi pour Sir Ralph. » L'accueil mitigé réservé à *The school for scandal* pouvait peut-être s'expliquer par le déséquilibre de la pièce en faveur de l'effet visuel. Dans les merveilleux costumes et décors de Cecil Beaton, Vivien ressemblait en effet à une magnifique figurine de Dresde, mais elle n'était pas très touchante. Un critique avait même avoué qu'il avait eu davantage l'impression d'assister à une ballet qu'à une comédie. *Richard III*, en revanche, rallia tous les suffrages, en dépit du rôle limité de Lady Anne qui ne lui laissait que peu d'occasion de faire valoir son talent. Pendant les représentations, tandis qu'Olivier galopait sur son cheval de bataille, elle attendait son tour de monter en scène en jouant à la canasta. Un soir, particulièrement excitée, elle poussa des petits cris ravis qui s'entendirent sur la scène. Profitant d'une pause, Olivier fit irruption dans sa loge pour se plaindre du bruit. La vision du machiavélique Gloucester fulminant de rage terrifia toutes les personnes présentes, à l'exception de Vivien qui lui adressa un sourire exquis. « Mon chéri, tu ne nous entendrais pas si tu fermais la porte. » Oubliant les pulsions meurtrières qui habitaient son personnage, Olivier éclata de rire et ferma délicatement la porte.

C'est définitivement grâce à *Antigone*, que Vivien parvint enfin à accéder à une véritable grandeur tragique. Il y avait quelque chose dans le personnage de la jeune princesse de Thèbes qui provoquait en elle d'étranges remous. Chaque soir, après la représentation, elle restait un long moment dans sa loge, pâle et tremblante, portant encore en elle « la solitude et le courage désespéré d'une enfant perdue et déterminée ». Olivier, en costume et noeud papillon, jouait le rôle du Choeur. Il avait compris qu'elle avait trouvé suffisamment de force pour interpréter *Un tramway nommé désir*, mais il était effrayé par la façon dont elle laissait les émotions de son rôle la submerger. Comme Antigone, Vivien jouait toujours ses rôles jusqu'au bout, faisant de ce qui aurait dû se limiter à un joli tour de prestidigitation, un exercice périlleux effectué au détriment de ses forces physiques et de son équilibre nerveux. « Ma pauvre femme, Vivien, était trop affectée par les rôles qu'elle interprétait », confia-t-il à Gerald Clarke, un journaliste de *Time* en 1982. Il ajoutait que les raisons de sa grave maladie avaient certainement beaucoup à voir avec le fait qu'elle ait interprété le rôle de Blanche Dubois à une époque où, visiblement, elle n'avait déjà que trop de points communs avec l'héroïne de Williams.

Pour se préparer à la terrible épreuve du *Tramway*, ils étaient partis tous deux en vacances à Opio, un petit village situé dans le Sud de la France, près de Grasse. C'était encore un effort désespéré et inutile que tentait Olivier pour la reconquérir. Mais en avait-il vraiment le désir ? Au début du printemps, elle lui avait avoué qu'elle croyait ne plus l'aimer : « Tu sais, ne crois pas que je pense à quelqu'un d'autre, en fait, je t'aime encore mais c'est d'une façon différente, un peu comme un frère. » Au lieu de la colère et de l'indignation, il n'avait eu à lui opposer que l'amertume et l'indifférence, se satisfaisant même des quelques actes d'inceste encouragés, comme si au fond le compromis lui causait plus de soulagement que de peine. Vivien avait amené

Boy, un chat siamois qu'il lui avait offert après la mort de New, ainsi que son chevalet, ses pinceaux et ses gouaches. Ils venaient de lire le livre de Winston Churchill, *La peinture en passe-temps* qui recommandait cette activité aux personnes surmenées. Pendant ces trois semaines d'été, tandis qu'ils saisissaient une perspective ou fixaient une couleur, ils ne s'interrogeaient pas sur l'étrangeté du couple qu'ils formaient. Ils commencèrent dès lors à mener une existence détachée, tout en essayant de sauvegarder les apparences. S'ils ne pouvaient plus se prétendre des amants véritables, ils n'en conservaient pas moins quelques passions communes, la principale restant, évidemment, le théâtre.

Le 29 août, Vivien commença les répétitions du *Tramway nommé désir*, déterminée à faire de sa composition de Blanche Dubois le sommet de sa carrière. Selon Renée Asherson, qui jouait le rôle de Stella, elle venait tous les jours au théâtre dans la même robe de jersey noir, afin de ne pas avoir à se soucier d'autre chose que de son rôle. Elle n'avait pas vu Jessica Tandy l'interpréter dans la version qu'Elia Kazan avait montée à New-York. Sa création était donc entièrement personnelle, nourrie de sa seule compréhension du personnage et des conseils judicieux d'Olivier. Il avait souvent construit ses personnages autour d'un détail physique, le nez de Richard III, la blondeur d'Hamlet et, plus tard, la démarche d'Othello. Il avait donc encouragé Vivien à procéder de même. Dès le début des répétitions, toute la troupe fut terriblement impressionnée par la voix rauque et basse que Vivien avait adoptée. Il était évident que le rôle commençait peu à peu à la pénétrer et ses amis, qui s'étaient déjà alarmés à l'époque d'Antigone, redoutaient à présent les répercussions catastrophiques que son interprétation risquait d'entraîner sur son psychisme. Elle avait d'ailleurs consenti à se laisser teindre les cheveux en blond, alors qu'elle s'y était toujours fermement opposée jusque-là, et s'était acheté une multitude de postiches et de perruques qu'elle utilisait à la première occasion. Jamais elle n'avait tant donné à un rôle, tant travaillé, guettant en permanence l'approbation d'Olivier qui la dirigeait avec une brutalité extrême. En dépit de leurs dissensions internes, il demeurait toujours son mentor, son maître, celui qu'elle ne cesserait jamais d'admirer et qu'elle s'épuisait à rejoindre.

Il avait eu d'énormes problèmes avec la mise en scène. Elia Kazan, croyant bien faire, lui avait envoyé un script annoté de la production new-yorkaise et Olivier était constamment tenté de s'y reporter, muselant ainsi son inspiration. Pour Irene Selznick, venue à Londres surveiller que l'on respectait bien l'oeuvre de Williams, il apparut qu'il ne comprenait pas aussi bien que Vivien la pièce et le personnage de Blanche. Il se débattait aussi avec la censure qui rejetait en bloc toutes les allusions à la prostitution et à l'homosexualité. Certaines lignes qu'on lui demandait de supprimer étaient capitales pour la bonne compréhension de l'histoire, mais le souci de respectabilité d'Olivier avait fini par l'emporter.

Bonnar Colleano, qui interprétait le rôle de Stanley Kowalsky n'avait ni le charme, ni la beauté troublante de Marlon Brando, pour parvenir à rendre attirant ce personnage brutal, vulgaire et extraverti, à mi-chemin entre le singe et l'homme de Néanderthal. Mais Vivien, elle, était parfaite. Le 11 octobre 1949, lorsqu'après quelques représentations à Manchester, le rideau se leva pour la Première londonienne du *Tramway nommé désir*, elle était devenue Blanche de plusieurs manières. Sous l'épais maquillage de scène, la jolie et spirituelle Lady s'était transformée en une créature hagarde et flétrie, déployant sur la scène du théâtre Aldwych les grâces pathétiques d'un papillon de nuit. Elle avait voulu gommer le côté sombre et cruel de la personnalité de Blanche Dubois qui, en s'accrochant désespérément aux lambeaux d'un passé romantique, tente de briser le ménage de sa propre soeur. Elle préférait faire ressortir le drame d'une femme vulnérable, blessée par la vie et l'amour qui, après la promiscuité, trouve dans la folie un refuge à sa hantise du vieillissement et à sa peur de mourir. « C'était la peur je crois, uniquement la peur, qui me poussait de l'un à l'autre à la recherche de quelque protection... J'étais traquée, vous savez ce que c'est d'être traquée ? Ma jeunesse s'en allait en morceaux... » Tous les soirs, la véracité des lignes qu'elle disait, la plongeait dans de véritables transes. Alan Dent, qui avait essayé par tous les moyens de l'empêcher de jouer le rôle, l'avait retrouvé dans les coulisses « frissonnante comme une feuille d'automne, avec les lèvres tremblantes ». « Est-ce que j'ai été bonne ? Suis je folle de jouer ça ? » Elle aurait pu reprendre à son compte les cris du coeur que Blanche jetait à la face du monde : « Je ne veux pas de la réalité. Je veux de la magie. Oui, oui, de la magie! Voilà ce que j'essaie d'offrir aux autres. Je transforme les choses pour eux. Je ne leur dit pas la vérité, je dis ce qui devrait être vrai. Et si cela est pécher, alors que je sois maudite. »

Vivien aussi voulait de la magie. Sa vie était remplie de lanternes colorées qui jetaient sur les êtres et les choses des reflets lumineux, mais comme Blanche, il y avait aussi quelque chose de sombre et de tourmenté, quelque chose de secret et d'intime qu'elle cherchait à protéger. Le soir de la Première, elle offrit à Larry un médaillon en or dans lequel elle avait placé une mèche blonde des cheveux de Blanche... Au moment des applaudissements, le public ne s'y trompa pas et lui fit un triomphe. Avec élégance, Olivier lui en laissa tout le mérite : « Cette soirée ne m'appartient pas, c'est celle de ma femme. » Chancelante après l'effort qu'elle venait de fournir — la pièce durait deux heures pendant lesquelles elle était presque toujours en scène — Vivien répondit donc seule aux quatorze rappels d'une salle délirante. Au dehors, c'était la même hystérie. Quelques cinq cents fans s'étaient agglutinés devant la sortie des artistes pour leur arracher un regard, un sourire, un autographe. Cette nuit-là, les Olivier ne s'arrêtèrent pas. Vivien, tremblante et décomposée, se laissa guider jusqu'à sa voiture, encore immergée dans une folie de théâtre qui recoupait dramatiquement la sienne.

La critique londonienne, peu habituée à de tels excès, ne fut pas sensible à la poésie et à la tendresse sous-jacente de la pièce ; elle en fit le récit abject de la vie dissolue d'une prostituée et considéra l'oeuvre de Williams, comme « pornographique », « immorale » et « salace ». Kenneth Tynan, qui vouait pourtant une admiration fanatique au talent d'Olivier, critiqua sa mise en scène, et jugea que Vivien n'était pas à sa place dans le rôle. Pour éviter de prendre part à ce concert d'injustices criantes, Alan Dent préféra s'enfuir de Londres, et n'y revenir qu'une fois la tempête calmée. « Je me suis rendu compte que les acteurs peuvent jouer n'importe quel rôle et vite les oublier, tandis que les actrices en sont incapables », se contenta-t-il de dire à Vivien. Il avait en effet deviné que si jamais une actrice et un rôle avaient fait une extraordinaire rencontre, c'étaient bien Vivien et Blanche Dubois.

Pendant les huit mois durant lesquels la pièce tint l'affiche, elle reconduisit tous les soirs le même succès, se livrant avec la même sincérité et la même passion aux exigences d'un art qui, dans certains cas, pouvait apparaître comme un acte de cannibalisme ou un cruel jeu du cirque. Jamais elle n'avait cherché à se protéger, à établir entre elle et ses rôles des soupapes de sécurité, s'abandonnant complètement aux flammes de leurs passions, au risque de s'y consumer. Elle vivait continuellement avec l'aigle de Prométhée sur l'épaule, pour lui fouiller les entrailles et lui arracher des accents déchirants. Comme Blanche Dubois, elle se mit à rechercher frénétiquement la compagnie des hommes, et flirta outrageusement avec les jeunes membres de la troupe. Olivier qui, à cette époque, avait pris son parti des excès que la maladie de Vivien entraînait sur son comportement, se contenta de garder un oeil prudent. Selon des proches, il la traitait davantage comme une patiente que comme une épouse. Un jour, pourtant, les choses faillirent mal tourner. Après une représentation du *Tramway*, elle n'était pas rentrée directement chez elle, s'attardant en compagnie d'un jeune homme qu'elle avait accepté de suivre chez lui. Lorsque ce dernier s'était fait plus pressant, elle se serait alors lancé dans un discours incohérent qu'il avait mis sur le compte de la boisson. Après l'étreinte, elle avait ramassé ses affaires, s'était rhabillée et avait quitté l'appartement avec un regard fixe de somnambule. La police l'avait retrouvée, marchant sans but dans les rues vides de Soho. Dès qu'on l'eut identifiée, on la raccompagna jusqu'à Durham Cottage, alors que le jour se levait. Le jeune homme, évidemment, se glorifia de son aventure avec la fabuleuse Lady Olivier, et lorsque la rumeur parvint aux oreilles d'Olivier, il interrogea Vivien qui affirma ne se souvenir de rien. Lorsque ce genre d'épisodes se renouvela par la suite, un sentiment d'horreur et de pitié envahit les membres de la troupe. Mais l'indignation fut à son comble quand on apprit que l'un de ses amants, n'était autre que l'acteur australien, Peter Finch. Ainsi, ce que l'on avait d'abord voulu prendre pour une fable monstrueuse était bien une réalité. Non content de tromper son protecteur derrière son dos, Finch se vantait encore auprès de ses amis de la relation qu'il entretenait avec Vivien. Pour beaucoup, c'était un être sans grande morale, qui ne suivait d'autres règles que les siennes, et qui avait la réputation d'être peu regardant quant à la personne avec qui il partageait ses nuits. On lui trouvait une sensibilité quasiment bi-sexuelle, et le curieux triangle qu'il forma avec Vivien Leigh et Laurence Olivier, au début des années 50, fut à l'origine de bien des commentaires.

Au mois de juin, Vivien dut abandonner les représentations d'*Un tramway nommé désir* : « Je suis épuisée physiquement », déclara-t-elle, « La pièce a sapé toute mon énergie. Les docteurs m'ont suivie depuis que nous avons commencé et à présent ils me conseillent de m'arrêter de jouer pour un temps. » Pendant ce temps, Olivier multipliait les efforts pour mettre sur pied sa propre compagnie. Anthony Bushell, Roger Furse, Sir Alexander Korda et Vivien (à titre purement « décoratif »), faisaient maintenant partie du conseil d'administration de la Laurence Olivier Productions Ltd, mais il manquait encore un local de prestige pour donner une véritable ossature à l'entreprise. C'est alors qu'il apprit que le théâtre du St James était disponible. C'était une aubaine inespérée et un emplacement tout à fait indiqué. Construit en 1835, le vieux théâtre avait présenté les plus grands succès d'Oscar Wilde, Rachel était venue de Paris pour y jouer une saison, et Barnum l'avait dirigé pendant un certain temps. Pour Olivier, c'était une longue histoire d'amour. Enfant, il était allé rendre visite en coulisses à Sybil Thorndike, et il avait toujours soutenu que cette rencontre avait été déterminante pour sa carrière de comédien. A dix-sept ans, Sir Gerald du Maurier lui avait accordé un entretien au sujet d'un emploi et, enfin, en 1936, il y avait rencontré Vivien pour la première fois, alors qu'elle n'était que l'étoile prometteuse de *The mask of virtue*. Après une période de faste, le théâtre avait longtemps été laissé à l'abandon. Les travaux de restauration étaient nombreux et coûteux et, pour parvenir à leurs fins, ils décidèrent une fois de plus de faire payer Hollywood.

Lorsque la Warner Bros avait décidé de s'attaquer à l'adaptation cinématographique du *Tramway nommé désir*, Tennessee Williams s'était empressé de demander à Elia Kazan d'en assurer la réalisation. L'idée était loin d'enthousiasmer le metteur en scène. « Gadge » Kazan pensait en effet avoir épuisé tout ce qu'il avait à dire sur un sujet qu'il avait suffisamment fouillé lors de la représentation à New-York. Mais par amitié pour Williams, dont il admirait le talent et l'oeuvre, il y consentit néanmoins à la condition d'utiliser la distribution originale. Charles Feldman, le producteur, insistait sur la nécessité d'une vedette au générique et, après plusieurs discussions, le choix se porta sur Vivien Leigh. Elle accepta immédiatement l'offre de la Warner. Betty Ann Davies avait repris son rôle sur la scène de l'Aldwych et, après un mois de repos, elle était déjà impatiente de reprendre le travail. Quant aux 100 000 dollars de son salaire, ils faisaient d'elle l'actrice anglaise la mieux payée du moment, et seraient bien utiles pour aider à la restauration du St James. Olivier avait accepté la proposition de William Wyler, et le rôle impossible d'un homme d'âge mûr qui s'enfonce dans la déchéance pour l'amour d'une fille beaucoup plus jeune que lui. L'histoire de *Carrie*, adaptée d'une oeuvre de Théodore Dreiser, lui semblait un peu trop mélodramatique, mais, comme Vivien, ses préoccupations étaient surtout d'ordre financier. On donna à Durham Cottage une grande fête pour célébrer le départ de Vivien en Amérique. Larry était retenu à Londres par la Première de *Captain Carnavallo* qui devait inaugurer « leur » St James. Il la rejoindrait dix jours plus tard.

Lucinda Ballard, la costumière choisie par Kazan s'était rendue en Angleterre avant leur départ pour discuter avec elle du personnage de Blanche. Invitée à Notley, où Vivien l'accueillit « comme une enfant qui a guetté à la fenêtre l'arrivée de sa meilleure amie », elle fut soulagée de s'apercevoir qu'elles se rejoignaient sur tous les plans. Vivien semblait désespérément soucieuse de rendre Blanche sympathique aux yeux du public. En aucun cas, elle n'était la « putain de bas étage » dont avait parlé la presse. Rassurée sur ce point, elle fit les honneurs de sa demeure à sa charmante invitée. On dîna de fruits et légumes du jardin, de mousses de poisson, et il semblait difficile de croire que l'Angleterre était encore en pleine période d'austérité. Et tandis que dans chaque pièce la vénération de Vivien pour Olivier se démultipliait au gré des cadres, des photographies et des mots d'amours rassemblés dans un musée fragile du souvenir, Lucinda Ballard commença à se demander si, à l'exemple de Blanche, elle ne s'acharnait pas à reproduire l'image perdue du bonheur en accrochant ses lanternes japonaises à la lumière crue de la vie.

— Chapitre XXIV —

« *Goodnight Babylonia* »

En 1950, la « guerre froide » donnait la fièvre à l'Amérique. Après avoir perdu son père et son guide en la personne du président Franklin D. Roosevelt, Miss Liberty se débattait au milieu des problèmes sociaux, économiques et politiques. La couleur rouge rendait la majorité des Américains aussi nerveux que de jeunes taureaux. Après les déclarations du président Truman qui, dès 1947 s'était fait le champion de l'anti-communisme, s'était ouvert une période de confusion et de paranoïa qui devait faire date dans l'histoire des Etats-Unis, sous le nom de « Chasse aux Sorcières ». L'Amérique de 1929 avait chassé ses démons en envoyant Shoedsack et Cooper mitrailler, de leur bi-plans, un gorille géant fait de peau de lapin, qui avait entraîné la pauvre Fay Wray en haut de l'Empire State Building. En 1950, le tandem Nixon-McCarthy décida de s'attaquer, avec autant d'acharnement, au monstre communiste qui s'était réfugié sur les hauteurs de Beverly Hills. La Belle Amérique était encore en danger, mais, cette fois , la peau de la bête était doublée de vison.

Lorsque Vivien s'arrêta dans le Connecticut pour discuter du film avec Elia Kazan, celui-ci ne s'était pas encore illustré auprès de la « Commission sur les activités anti-américaines ». Ses longues tirades se limitaient à celles qu'il avait déclamés sur une scène de Londres, dans *Golden boy*, où Vivien l'avait vu jouer pour la première fois. Il avait depuis fondé l'Actor's Studio avec Lee Strasberg, une école d'art dramatique inspirée de la méthode de Stanislavsky, et fréquentée par des élèves aussi prestigieux que James Dean, Marlon Brando, Montgomery Clift, Eva Marie Saint, Karl Malden, Ellie Wallach, Marilyn Monroe... Les retrouvailles laissèrent Kazan un peu perplexe. Il avait beau éprouver une « admiration furieuse » pour Vivien, il était assez inquiet de sa tendance fâcheuse à commencer toutes ses phrases par : « Lorsque Larry et moi avons monté le *Tramway* à Londres... » Il avait pour habitude de contrôler très étroitement le jeu des acteurs, et sa vision du rôle différait totalement de celle de Vivien qui, après l'avoir joué sous la férule d'Olivier, avait développé des idées très précises sur la psychologie du personnage. Elle s'arrêta également dans le Wisconsin pour rendre visite aux Lunt. Avec Lynn Fontane, elles discutèrent longuement du mariage de Blanche avec un homosexuel qui, selon Vivien, était la clé de sa déstabilisation mentale. Les deux actrices en étaient venues à la conclusion que Blanche aurait pu vivre après une telle découverte, mais certainement pas avec le sentiment de culpabilité lié au suicide du jeune Allan.

Hollywood. Vivien fut choquée par la différence avec la ville qu'elle avait connue neuf ans plus tôt. Malgré toute son aversion pour son artifice et sa vulgarité, elle en avait gardé le souvenir éclatant du bleu californien, celui du ciel et de l'océan. A présent, un brouillard jaune flottait en permanence au-dessus de la ville, comme un sinistre présage. En 1950, l'industrie cinématographique américaine s'apprêtait à subir le revers le plus terrible de son histoire, après la crise de 1932. Il suffisait de lever les yeux pour voir le nouvel Attila pointer ses longs doigts d'acier vers le firmament, symbole de l'ancien système des studios et des nababs. La télévision, dont on avait prédit le passage, avec le même empressement que Mme de Sévigné avait annoncé celui du café, démontrait de façon indéniable qu'elle pouvait faire autre chose que de l'actualité. Tous les mardis soirs, un public nombreux riait des gags grotesques et un peu usés du « Texaco Star Theatre », préférant se divertir chez soi avec Milton Berle, que dépenser quatre dollars dans un cinéma de quartier. La venue des Olivier réveilla pourtant le géant assoupi. En dehors des intimes qui, comme Danny Kaye ou David Niven, étaient au courant des changements survenus à l'intérieur du couple, ils personnifiaient toujours le triomphe de l'amour et du rêve. L'anoblissement d'Olivier par le roi d'Angleterre, leur conférait un prestige supplémentaire et l'on se perdait en conjectures sur la façon de s'adresser aux nouveaux arrivants. Faudrait-il donner du « Lady » ou du « Excellence » à Vivien ? Devrait-on lui serrer la main ou lui faire la révérence ?

Dès son arrivée, elle s'était installée dans une maison confortable située près des studios. Si la ville avait changé, Vivien aussi n'était plus tout à fait la même. Sunny Lash, sa secrétaire pendant le tournage d'*Autant en emporte le vent*, revint travailler pour elle, mais ne la trouva plus aussi gaie qu'autrefois. La veille du premier jour de tournage, le 13 août, elle était allée accueillir Olivier à l'aéroport, et pour se pendre à son cou elle avait su retrouver la tendresse des premiers jours. Charles Feldman, le producteur, mit à leur disposition sa maison du Coldwater Canyon. Quelle ne fut pas leur surprise de découvrir qu'il s'agissait de la même demeure avec la petite piscine en forme d'oeuf qu'ils avaient partagée avec Garson Kanin au temps de *Lady Hamilton* ? La présence de Suzanne, venue passer ses vacances d'été, se chargeait pourtant de dissiper toutes les illusions. La jeune fille avait maintenant seize ans, et elle étudiait l'art dramatique à l'Académie Royale que Vivien avait fréquentée. S'il n'y avait plus d'hostilité entre elles, ce dont il fallait rendre grâce à la patience angélique de Leigh Holman, du moins demeurait-il une certaine méfiance, et les disputes retentissantes entre Olivier et sa mère derrière une porte close, ne firent qu'augmenter le malaise.

La rencontre tant attendue entre Vivien Leigh et Marlon Brando se déroula dans le salon vert de la Warner Bros. Ils formaient tous deux le couple le plus incongru qu'il ait été donné de voir, « une antilope et un sanglier », « la lady et le tigre », la presse jouait sur les contrastes. Pourtant, de la même manière qu'une sorte de fascination s'opérerait entre elle et Lee Marvin, quelques années plus tard, chacun fut d'abord amusé puis conquis par la personnalité de l'autre. Brando était arrivé sur un énorme engin pétaradant, vêtu de jeans et d'un T-shirt orange, qu'il avait tout de même pris soin de mettre propre pour l'occasion. Il parlait comme s'il avait des éponges dans la bouche, à la manière des acteurs de la Méthode, et la parfaite diction de Lady Olivier, ses manières exquises, parfois affectées, tranchaient violemment avec son tempérament plus frustre. Après la conférence de presse, il la poussa du coude en lui murmurant : « Va bouffer ! ». Elia Kazan et Charles Feldman en avaient les cheveux qui se dressaient sur leurs têtes, mais elle paraissait amusée. Ça la changeait un peu de la façon obséquieuse dont on la traitait depuis son arrivée, et elle rit même aux éclats lorsqu'il fit un jour sur le plateau, une imitation très réussie d'Olivier dans *Henry V*. Brando, quant à lui, était conquis par le talent de sa partenaire et son professionnalisme, et il éprouva pour elle une grande tendresse. A New-York, la pièce avait tourné autour de lui et de son interprétation brutale de Kowalsky. A présent, il sentait qu'il lui faudrait se battre et se surpasser pour ne pas être entièrement dominé par le personnage de Blanche Dubois, magistralement campé par Vivien. Wright King jouait le rôle du jeune garçon collectant pour l'Etoile du Soir, dans l'une des scènes les plus tendres et les plus émouvantes du film. Il avait été ébloui par la facilité avec laquelle elle survolait les difficultés techniques. Elle se trouvait à quelques mètres de lui et devait s'avancer tout en récitant son texte, avant de l'embrasser. Le plateau était toujours encombré de gros amas de câbles électriques qu'il fallait enjamber sans avoir l'air de rien. Habituellement, on faisait plusieurs répétitions et on marquait ses repères à la craie pour savoir où poser les pieds. Mais Vivien avait parfaitement réalisé la scène, dès la première prise, « semblant flotter au-dessus des câbles, ne manquant jamais un pas ». Pour elle, il ne faisait pas de doute que le film était supérieur à la version théâtrale, en raison des subtilités d'expression que la caméra parvenait à saisir, mais qui auraient échappé à l'oeil du public sur la scène. Elle était particulièrement fière du passage où Mitch, l'homme dont Blanche espère se faire épouser, vient la retrouver après que Kowalsky lui ait révélé toutes ses turpitudes passées. Il l'attrape avec violence et expose son visage à la lumière vive d'une ampoule nue. Pour la première fois il se rend compte qu'elle est plus vieille qu'il ne l'avait imaginé. Le visage de Vivien dans cette séquence était bouleversant. Son regard dégageait une telle intensité, un tel désespoir. C'était l'appel au secours d'un être sur le point de se noyer. Toute sa vie Blanche avait recherché une protection contre la dureté du monde, celle d'un homme ou d'une lanterne en papier. Au moment où elle croyait avoir enfin mis un terme à sa dérive, Mitch lui ôtait ses dernières illusions avec bêtise et cruauté. Vivien terminait alors la séquence avec un réalisme et une violence hystérique qui soulevaient l'angoisse et l'épouvante. Le cri qu'elle poussait : « Au feu, au feu », était dit avec une telle conviction que l'on redouta un moment les réactions qu'il pourrait entraîner dans une salle de cinéma.

Il fallait aussi tenir compte des réserves émises par la censure. En dehors des scènes qui avaient déjà fait problème à Londres et à New-York, Joe Breen était surtout choqué par le fait que le film ne désignait pas explicitement qui étaient les bons et qui étaient les méchants. Le cinéma américain de l'époque fonctionnait en effet selon un principe manichéen qui voyait toujours les forces du bien triompher de celles du mal. Depuis les films de cow-boys et d'Indiens, chaque personnage se devait d'appartenir à un camps ou à un autre et, généralement, on chargeait le rôle jusqu'à la caricature. Erich Von Stroheim, Boris Karlof, Leslie Banks ou Sidney Greenstreet, étaient les hommes que l'on aimait haïr, mais il ne serait jamais venu à l'idée d'un producteur de faire jouer à John Wayne, Gary Cooper, James Stewart ou Van Johnson, autre chose que les justiciers, les bons maris, le gentil copain ou l'idole sucrée. L'ambivalence et la complexité des personnages du *Tramway nommé désir*, rendaient la tâche difficile à la censure, qui menaçait constamment de taxer le film d'un « C », véritable appel au boycott par le public et les distributeurs. Dans un tel contexte, c'était tout à l'honneur de Kazan et de ses interprètes d'avoir su préserver toute l'ambiguïté du texte original.

Vivien avait dû néanmoins se battre pour apporter davantage de profondeur au personnage de Blanche. Selon elle, Kazan préférait le personnage de Kowalsky, que jouait Brando : « Il ne cessait de soustraire à Blanche son côté poignant et vulnérable, en faisant de la sorte un personnage de plus en plus antipathique. » Ils avaient eu plusieurs discussions « sérieuses », dont chacun ressortait avec la ferme conviction d'avoir emporté la partie. Longtemps, elle persista à dire que son interprétation devait beaucoup plus aux indications d'Olivier qu'à celles de Kazan. Quoi qu'il en soit, la combinaison des deux parvint à lui faire rendre magnifiquement la profondeur et la richesse du personnage de Blanche. « Elle se serait roulée sur du verre brisé, si elle avait pu penser que ça améliorerait son interprétation », se souvint le réalisateur, « Je l'aimais beaucoup... et je fus sincèrement très heureux qu'elle remporte un oscar, car je pensais qu'elle le méritait. » Au moment des récompenses, en effet, elle ne fut pas oubliée et obtint sa deuxième statuette en même temps que Karl Malden, pour le rôle de Mitch, et Kim Hunter, pour celui de Stella. Une fois de plus, elle l'emportait au détriment de son partenaire masculin. Brando avait dû, en effet, s'incliner devant Humphrey Bogart, récompensé pour *African queen*. La critique rendit grâce à la photographie superbe de Harry Stradling et à la partition musicale d'Alex North, qui s'était jusque-là cantonné dans les accompagnements musicaux pour pièces et films documentaires. Mais c'est encore une fois l'interprétation inoubliable de Vivien qui fut acclamée: « Il est absolument impossible de ne pas être touché par sa composition, inconcevable de ne pas être impressionné, ébloui » ; « Vivien Leigh offre l'une de ces rares interprétations dont on peut véritablement dire qu'elle soulève à la fois la pitié et la terreur ». Elle qui avait déclaré avec intransigeance : « Ne dites jamais que je suis une star de cinéma. Je suis une actrice, je déteste le cinéma », devait bien reconnaître que pour la deuxième fois elle obtenait son plus grand triomphe à l'écran et dut s'incliner avec grâce devant sa couronne d'épines de star hollywoodienne.

Olivier, déjà absorbé par la préparation du prochain festival d'Angleterre, regrettait pour sa part de s'être fourvoyé dans *Carrie*. Sa partenaire, Jennifer Jones, était la nouvelle épouse de David O'Selznick et, selon le critique Richard Winnington, il donna à ses côtés l'une des meilleures interprétations de sa carrière. Pourtant, le film dirigé par William Wyler, le réalisateur tyrannique des *Hauts de Hurlevent*, ne connut qu'un succès médiocre auprès du public. Il ne restait plus que six mois avant le festival et, tous les soirs, en rentrant du studio, il relisait les grands classiques, à la recherche de rôles convenables. Mais les moments de répit étaient plutôt rares, car dès leur arrivée ils avaient été entraînés dans un tourbillon de festivités et de mondanités hallucinant. Ils étaient devenus les coqueluches de la ville et on se disputait le plaisir de les inviter, de leur être présenté ou d'être simplement vu en leur compagnie. La presse ne tarissait pas d'instantanés sur les deux vedettes : Vivien en perruque brune, drapée dans une étole de vison lors de la soirée du Sadlers Wells Ballet au Shrine Auditorium ; Olivier souriant aux côtés de Mme Daryl Zanuck et de Cliffton Web ; Vivien agenouillée dans sa loge de la Warner pour choisir la photo de la gagnante d'un concours de beauté qu'elle présidait... Toutes ces manifestations faisaient partie de la routine des vedettes de leur rang, particulièrement à une époque où la profession se serrait les coudes pour lutter contre le fléau de la télévision. Leur emploi du temps était élaboré par les agents des studios et ils s'y pliaient de bonne grâce. Vivien adorait les réceptions et la vie mondaine, mais elle se languissait de la ribambelle d'amis sincères dont elle aimait être entourée. Elle avait donc accueilli avec reconnaissance la soirée que les Kayes voulaient donner en leur honneur au Crystal Room du Beverly Hills Hotel. L'idée de départ était un petit dîner dansant entre amis qui ne devait pas réunir plus de 150 personnes, mais l'annonce de la soirée avait fait l'effet d'une bombe. Tous ceux qui connaissaient les Olivier de près ou de loin avaient commencé à les assiéger pour se faire inviter. L'événement prenait des allures de présentation à la cour, et ceux qui n'avaient pas réussi à obtenir le carton tant convoité, preféraient quitter la ville plutôt que de faire figure de « paria ». Vivien avait été tellement désappointée par ce harcèlement continu, qu'elle avait d'abord songé à faire annuler tout le projet, avant de s'enfermer dans sa loge pour pleurer. Elle n'appréciait pas de devoir se donner en spectacle à des snobs et des parvenus, mais le coeur lourd décida qu'elle ne pouvait pas faire un tel affront à Danny Kaye et à sa femme. Le 29 août, elle avait donc fait son apparition, resplendissante dans une robe vert olive et accueillit ses invités par le petit discours de remerciements qu'elle avait préparé avec Olivier. La liste était éblouissante : les Bogart, Ginger Rogers, Cyd Charisse, les Colman, Ann Sheridan, Van Johnson, Sonny Tufts, Lana Turner, Errol Flynn... Louis B. Mayer, invité lui aussi, se comporta comme un fringant jeune homme et dansa jusqu'à l'aube. Les cheveux teints en rouge pour les besoins d'un film, Danny Kaye jouait le maître de cérémonie. Il avait dépensé plus de 4000 dollars pour cette réception, manifestant ainsi son attachement à Vivien et Larry de manière suprême.

Le lendemain de la soirée, Vivien se réveilla avec un mauvais rhume et Jack Warner et Elia Kazan lui conseillèrent de se ménager jusqu'à la fin du tournage. On supprima toutes les interviews et aussitôt des rumeurs alarmantes commencèrent à circuler sur son état de santé. On se rappela qu'elle avait dû être remplacée au cours des représentations du *Tramway* à Londres. Pour couper court aux interprétations les plus délirantes, elle accepta de répondre aux questions de Louella Parsons : « Je ne sais pas quand ont commencé ces rumeurs au sujet de ma mauvaise santé. J'ai eu une petite fatigue, mais je suis complètement guérie. » Miss Parsons, qui aimait sincèrement Vivien, voulut bien se contenter de cette explication.

Vers la fin du mois de novembre, après avoir célébré par une « party », selon l'usage, la fin du tournage d'*Un tramway nommé désir*, les Olivier décidèrent de rentrer à Londres de manière originale, et ils embarquèrent sur le « Wyoming », un cargo français, en même temps qu'une cargaison de pommes, de sardines et de coton. Selon Spencer Tracy, Olivier espérait profiter de cette curieuse traversée pour empêcher Vivien de boire et lui démontrer que son état mental était pour beaucoup lié à la boisson. Sans être véritablement alcoolique, il lui arrivait souvent d'absorber cinq à six verres par jour. Elle s'en servait comme remontant, et buvait du champagne, du gin martini ou de la vodka, jusqu'à se sentir légèrement euphorique et oublier ses humeurs dépressives. Selon Olivier, le voyage fut un lamentable échec. Dans l'intimité, les notions de prestige social et de « glamour » qui entouraient les Olivier, retombaient à plat comme des baudruches crevées. Au moment du départ, rose de plaisir, Vivien avait envoyé un charmant sourire aux photographes. En public, ils continuaient à jouer la carte de la tendresse. Les cheveux tirés dans un foulard rouge, une cape jetée sur son pull noir, elle était blottie contre un Larry en costume pied de poule, arborant une magnifique cravate à motifs cachemire noirs et blancs. Mais une fois seuls dans leur cabine, le masque retombait. Ils n'avaient plus grand chose en commun et ils s'ennuyaient à mourir. L'idée du suicide effleura même Olivier pour la première fois. Le 18 décembre, après cinq semaines de croisière en haute mer, ils aperçurent avec soulagement les côtes de l'Angleterre. Serrée dans son grand manteau de vison, Vivien franchit d'un pas alerte le débarcadère. En quelques mots ils exprimèrent leur joie d'être de retour aux journalistes et aux caméras de télévision venus les attendre et, tandis qu'elle s'attardait un peu pour souhaiter gentiment « un très très Joyeux Noël à tous », il la poussa dans un geste impatient en direction de leur voiture.

— Chapitre XXV —

Sables mouvants

De retour à Londres, les Olivier saisirent toutes les opportunités de se distraire et se replongèrent dans la vie mondaine. La question du programme pour le festival d'Angleterre qui devait avoir lieu en 1951, restait cependant d'une brûlante actualité. Chaque producteur du West-End souhaitait créer l'événement. John Gielgud, Alec Guiness, Anthony Quayle et Michael Redgrave avaient chacun des projets ambitieux, et il leur fallait plus que jamais trouver une idée géniale pour faire sortir le St James du lot. Au cours d'un week-end particulièrement arrosé dans les caves à vins de Paris, la muse « inspiration » caressa les cheveux rares de Roger Furse. Pourquoi ne pas présenter en alternance le *César et Cléopâtre* de Bernard Shaw, avec l'*Antoine et Cléôpâtre* de Shakespeare ? Au moins, ils pourraient faire quelques économies en ne mentionnant qu'une seule fois le nom de Cléopâtre sur les affiches. Aux plaisanteries d'ivrognes succédèrent quelques rires gras, quelques haussements d'épaules, et une excitation grandissante. Enfin, ils tenaient leur idée. Bien sûr l'entreprise était aventureuse et particulièrement éprouvante, en particulier pour Vivien, qui devrait passer, parfois dans la même journée, du personnage de la reine enfant à celui de la femme mûre, qui sacrifiait sa vie pour l'amour du jeune officier romain. Mais Olivier entreprit de la rassurer immédiatement en lui rappelant son succès éclatant dans le *Tramway*.

Les deux pièces avaient été écrites à presque trois siècles d'intervalle, mais la poésie des vers de Shakespeare succédant à la prose sarcastique de Shaw représentait une formidable gageure pour le couple royal du théâtre. Le déficit enregistré par le St

James, après quelques productions qui n'avaient pas remporté le succès escompté, nécessitait d'autant plus un programme exceptionnel. Il fut donc décidé de produire le spectacle à Londres pendant au moins six mois, avant de transporter toute la production à New-York pour six mois supplémentaires. Comme prévu, l'annonce du projet fit pousser des cris d'extase à la cohorte de fans qui, par le passé, faisaient la queue devant les théâtres en emportant leurs thermos et leurs duvets. Et l'on trépignait d'impatience à l'idée de les voir réunis une fois encore pour jouer les amants légendaires. Une semaine après l'ouverture des guichets pour les vingt-six semaines de représentations, le St James affichait déjà complet.

Le soir de la Première de *César et Cléopâtre*, le 10 mai 1951, respectant la coutume, Vivien et Larry s'échangèrent leurs cadeaux: une montre en or pour César-Marc Antoine, un collier d'or et de rubis datant du XVIIIe siècle pour la reine du Nil. Mais c'est encore le public qui leur réserva le plus beau des présents en acclamant la pièce chaleureusement. La mise en scène de Michael Benthall, les décors de Roger Furse qui avait construit un plateau tournant présentant successivement les monuments romains et égyptiens, tout contribuait à faire de ce spectacle un véritable enchantement.

Vivien avait maquillé son visage des rondeurs de l'enfance, et lorsque le rideau se leva sur le désert égyptien baigné par le clair de lune, elle émergeait d'entre les pattes du Sphinx, comme un oisillon hors de son nid. « C'est un rêve, un merveilleux rêve. » Dès la première vision, César était déjà sous le charme de l'enfant royale. Regrettant son vieil âge et sa calvitie précoce, il établissait avec la jeune Cléopâtre une relation ambiguë qui hésitait entre tendresse paternelle et désir amoureux. Au cours des répétitions, Olivier avait été ennuyé par l'insistance de Shaw à ne dépeindre qu'une liaison platonique, alors que l'Histoire leur accordait un fils. Il voulait que Vivien corrige cette impression qui, selon lui, déséquilibrait la pièce, en affectant un comportement amoureux qui ne laisserait plus d'équivoque. Elle refusa sous prétexte qu'on devait respecter la volonté de l'auteur. Leurs prises de becs de plus en plus fréquentes devant les membres de la troupe semblaient prolonger une scène de la pièce. Il y avait sept ans que Vivien avait interprété le rôle dans le film de Gabriel

Pascal. Elle en avait gardé un tel mauvais souvenir qu'elle n'avait accepté de le revoir qu'avant d'entamer les répétitions. Il était évident que son jeu avait acquis d'avantage de maturité qui trouvait mieux à s'exprimer dans la pièce de Shakespeare.

Dans *Antoine et Cléopâtre*, elle abandonnait en effet les mièvreries de l'adolescence pour devenir une femme rusée, habile et intelligente, cette créature « d'air et de feu » dont l'emprise menait son amant à sa perte. Avec Vivien dans le rôle de Cléopâtre, la tragédie du grand Will prenait une nouvelle dimension. Ce n'était plus seulement un drame de la passion contrariée, comme *Roméo et Juliette*, mais plutôt celui d'une femme supérieure qui préférait se détruire plutôt que d'affronter le déshonneur. Trop lucide pour ne pas se rendre compte que c'était l'amour de Marc-Antoine qui faisait d'elle Cléopâtre, elle préférait l'aspic et la gloire immortelle à une vie de femme ordinaire devenue une marionnette dans les mains de César. Impérieuse et fière, Vivien s'illustrait comme « une actrice incomparable », selon les mots d'Ivor Brown, critique de l'*Observer*. Pour Olivier, même en 1986, il n'y avait aucun doute : « Elle était brillante, et à mes yeux la meilleure Cléopâtre de tous les temps. Elle était rayonnante et belle... on avait l'impression que le barde au moment de saisir sa plume, s'était penché par dessus les siècles et l'avait vue. Les dieux lui avaient donné cette vision de quatre siècles en avant ; et au bout de son télescope, il avait vu Vivien danser. » Mais à l'époque, il aurait été étonnant que son interprétation ne soulève qu'un seul son de buccin.

Avec leur prestige international, l'aura de splendeur et de majesté qui les entouraient, les Olivier étaient la proie idéale des jeunes critiques aux dents longues, en mal de gloire et de considération. Kenneth Tynan était le plus brillant, et le plus redoutable d'entre eux. Il avait déjà fait parler de lui en critiquant la mise en scène d'Olivier et l'interprétation de Vivien dans *Un tramway nommé désir*, et il décida cette fois de porter un coup décisif. Fouillant au fond des vieux paniers, il en revint avec l'idée déjà ancienne — qui avait prévalu pendant la tournée de *Roméo et Juliette* — selon laquelle, gêné par le talent limité de son épouse, Laurence Olivier était obligé de jouer un ton au-dessous de ses véritables possibilités pour ne pas la dominer complètement. En admettant que cette critique ait pu avoir quelque fondement du temps de leur association naissante, elle relevait à présent de la mauvaise foi la plus complète, et c'était oublier un peu facilement ses triomphes personnels dans *The doctor's dilemma*, *The skin of our teeth* ou le *Tramway*. Pourtant, dès le lendemain, Tynan écrivait : « Antoine descend les escaliers et Cléopâtre lui met un pied sur la tête. Un chat peut faire davantage que regarder un roi, il peut l'hypnotiser. » La réaction de Vivien fut immédiate. On ne joue pas Cléopâtre impunément et elle qui n'en avait déjà nul besoin, avait assimilé parfaitement tous les bons préceptes de rouerie féminine que contenait la pièce. Peu de temps après la publication de son article, Kenneth Tynan eut donc la grande surprise de recevoir une invitation à déjeuner. Dans la grande salle à manger du Ritz, Vivien s'était montrée absolument charmante, gaie et pleine d'esprit. On n'évoqua pas une seule fois l'article incriminé, mais le message était très clair : à défaut d'être amis, ne soyons pas ennemis. Tynan, enchanté par le repas, se retrouva donc inscrit sur la liste des invités de Notley.

Les week-ends y étaient féeriques et, comme toujours, Vivien s'y employait à divertir des hôtes aussi divers qu'intéressants jusqu'à une heure fort avancée de la nuit. Le personnel, qui n'avait pratiquement rien à faire tant qu'il était à Londres dans la semaine, était mobilisé jour et nuit durant leur séjour à l'abbaye. Après la représentation du samedi soir, on se retrouvait dans la maison de Durham Cottage, à Chelsea, pour prendre l'apéritif et manger quelques sandwiches afin de tenir la route. Il fallait un peu plus d'une heure pour se rendre à Notley et, lorsque les invités arrivaient, un peu engourdis par le trajet, il n'était rien de plus réconfortant que de contempler les beaux feux de cheminée qui avaient été allumés dans toutes les pièces et qui jetaient sur la demeure des ombres reposantes. Les vases avaient tous été remplis de fleurs fraîches et les menus avaient été scrupuleusement établis par Vivien elle-même. En été, on pouvait jouer au tennis ou au cricket, pêcher, se baigner ou encore courir et jouer au ballon sur les belles pelouses. Les jours de mauvais temps, Vivien organisait des parties de charades ou de canasta et improvisait quelques numéros de danse ou de cabaret. Ce genre d'excentricités qui pouvaient choquer certains, la rendaient chère à ses amis qui lui savaient gré de ne pas prendre trop au sérieux son titre de

Lady, et de rester gaie et amusante pour eux. Déjà, en 1935, après le succès triomphal de *The mask of virtue*, Oswald Frewen s'était exclamé : « Finalement, c'est toujours notre Vivian » ; ce à quoi elle avait répondu : « Rien n'est changé. C'est toujours, ce sera toujours la même Vivian. »

Près de vingt ans après, devenue l'épouse de Laurence Olivier, ayant rejoint le firmament des grands noms du cinéma, anoblie par le roi et devenue l'une des plus grandes actrices de son temps, elle était restée Vivian Leigh, comme si sa personnalité, fondue dans l'acier le plus pur, avait su résister aux griffes du temps. « Qu'est-ce que nous faisons dans tout ce luxe ? » l'avait-on entendu dire, « les acteurs sont des vagabonds. C'est une roulotte et non une Rolls que nous devrions avoir. » Qu'elle fut sincère ou non importait peu finalement. On lui était reconnaissant de savoir de temps à autre descendre de son piédestal tandis qu'Olivier, bien souvent, faisait figure de triste sire. Avec les autres, ses amis, les membres de la troupe, elle était toujours charmante, pleine d'attentions, n'oubliant jamais un anniversaire ou d'envoyer un mot d'encouragement à un malade. Ebloui par sa beauté, sa culture, sa personnalité, Winston Churchill était même allé jusqu'à lui offrir une des toiles qu'il avait peinte -geste apparemment sans précédent. Lors d'un repas donné dans sa résidence londonienne de Hyde Park Gate, le premier ministre avait retrouvé des accents de collégien pour l'accueillir : « Sacrebleu, quel beau brin de fille ! » La générosité des Olivier, en dépit de leurs difficultés financières, était devenue légendaire, et Vivien y était certainement pour beaucoup. Larry, selon certains, avait en effet une tendance fâcheuse à être près de ses sous, probablement en raison de son éducation austère. A dix-sept ans, à l'époque de ses études d'art dramatique à Londres, Peggy Ashcroft avait raconté qu'on le soupçonnait de marcher pieds nus dans le parc pour économiser la semelle de ses chaussures. Prodigue par nature, Vivien faisait évidemment à côté de lui figure d'Amphitryon. Peter Cushing, victime d'une dépression nerveuse au cours d'une représentation au St James, avait continué de toucher normalement son salaire pendant ses six semaines d'absence. Cette générosité s'exerçait également au profit des jeunes acteurs de la troupe qui se voyaient non seulement encouragés verbalement, mais surtout par l'offre de petits rôles providentiels.

Au mois de juin, ils participèrent à un gala de charité organisé sur la scène du Palladium, au bénéfice des enfants du très regretté comique anglais, Sid Field. Vivien, Larry et Danny Kaye avaient monté un petit numéro délicieusement comique qui obtint un grand succès, *Triplets*. La chorégraphie avait été élaborée par Robert Helpmann. Habillés en jupes, cols marins et chapeaux de paille, selon la mode enfantine du début du siècle, ils étonnèrent un public ravi en chantant, dansant et jouant à saute mouton. Au zénith de leur carrière, ils prenaient ainsi un malin plaisir à organiser de telles mascarades au cours desquelles ils se moquaient avec impertinence de leur image royale. Ils donnaient aussi l'impression de vouloir s'étourdir dans un tourbillon de festivités afin d'oublier les tensions de leur vie personnelle, qui n'étaient plus un secret pour personne. Il leur était plusieurs fois arrivé de se quereller en public. Laurence Olivier se drapait alors dans sa dignité offensée et s'éloignait en silence. On continuait pourtant à penser que leur mariage résisterait à ces perturbations, tant Vivien s'était donnée de mal pour le construire : « Si jamais il arrivait quelque chose à Larry, jamais je ne me remarierais. J'en suis certaine. Larry possède une trop grande partie de mon être. » Et parce que leur couple était devenu aussi nécessaire à leurs amis qu'à eux même, on faisait semblant de la croire et d'oublier les scènes déchirantes auxquelles on avait assisté à Notley, en passant par mégarde devant une porte restée entrouverte.

« Ce qui se passe ici ne regarde personne. » Comme toujours la fiction finissait par les rattraper. Dans un « memoe » urgent et confidentiel adressé à Mlle Reissar, le 22 juin 1951, David O'Selznick faisait part de son projet d'utiliser les Olivier pour adapter *Tendre est la nuit*, le roman mythe de Scott Fitzgerald : « Je serais ravi si Larry Olivier collaborait au film en remplissant la ou les fonctions qu'il voudrait, mais surtout comme vedette masculine. Je continue à éprouver la plus vive admiration pour Vivien et je suis fier de son succès... » Le projet rencontra plusieurs difficultés et ne fut repris qu'en 1958, avec d'autres interprètes, mais Selznick justifia plus tard son choix initial : « J'ai toujours eu l'impression que Daphné du Maurier avait dû être influencée par *Tendre est la nuit*. Si vous connaissez *Rebecca*, vous devez vous rappeler que le point de départ est « le couple le plus fascinant d'Europe », Max de Winter et sa femme, Rebecca, qui faisait l'envie du monde entier. Il en était de même de Nicole et de Dick. C'est vrai de beaucoup de couples que nous connaissons, vous et moi (doués de talents brillants, beaux à voir, objets de convoitise), mais avec quelque chose de pourri sous la surface, qu'ils sont les seuls à connaître, comme c'est le cas pour Nicole et Dick. Ou peut-être devrais-je dire que quelques intimes savent ce qui ne va pas... »

Lorsque le *Mauretania* quitta l'Angleterre au mois de décembre 1951, il emportait vers l'Amérique vingt-cinq tonnes de décors, un plateau tournant, la nef de la reine d'Egypte, un Sphinx, un phare d'Alexandrie et, au milieu de tout ce bric-à-brac, Laurence Olivier, Vivien Leigh et plusieurs membres de la troupe. La première d'*Antoine et Cléopâtre*, au Ziegfeld Theatre, était attendue comme un des grands moments de l'histoire de Broadway. L'immense salle construite en 1927 pour accueillir les productions à la crème chantilly de Florenz Ziegfeld, vivait sa dernière décade et on avait rarement vu un tel parterre de stars ou de gros bonnets de la finance et de la politique. Danny Kaye, Tyrone Power, David Selznick, Magaret Truman (la fille du Président), Sarah Churchill (la fille du premier ministre), Cole Porter, John Steinbeck, les Lunt... tous étaient venus acclamer « le spectacle du siècle ». La télévision avait décidé de retransmettre l'intégrale du spectacle au public américain. Les places s'arrachaient au marché noir à des prix exorbitants, pourtant, au bout du compte, l'entreprise se révéla davantage une opération de prestige qu'un succès financier.

Les coûts de production élevés, les frais de transport et d'hébergement des membres de la troupe entamèrent considérablement les 58 000 dollars de bénéfices hebdomadaires enregistrés par la compagnie, au cours des dix-huit semaines où elle se produisit à Broadway. Billy Rose, le manager du Ziegfeld Theatre avait empoché à lui seul la bagatelle de 100 000 dollars, uniquement pour la location de la salle. Heureusement, le succès rencontré mit un peu de baume au coeur des Olivier qui, avec leur délicatesse habituelle, avaient tenus à réserver deux matinées spéciales pour les jeunes acteurs de Broadway.

Le *New-York Tribune* parlait d'une performance « miraculeuse », et l'American National Art Foundation les honora pour

« la production théâtrale la plus exaltante et la plus mémorable de toute l'année 1951 ». Installée dans sa nef égyptienne, Vivien se laissait glisser à son tour sur les eaux vives du succès. Mais elle dû payer chèrement le prix de ces instants de gloire, car à peine arrivée en Amérique, le mouvement de balancier qui avait toujours régulé sa vie depuis le début de sa maladie, entama de nouveau sa sinistre descente.

Olivier s'était étonné de l'étrange comportement qu'elle avait adopté dès les premières représentations. Elle semblait une petite fille effrayée et le suivait timidement partout où il allait. Après lui avoir battu froid, elle se réfugiait maintenant dans ses bras au moindre prétexte, semblant chercher auprès de lui un réconfort et un abri aux tourments qui l'assaillaient. Il lui arrivait aussi de passer de longues heures à sangloter toute seule dans sa chambre, assise sur le rebord du lit, frissonnante et se tordant les doigts. Gertrude Lawrence leur avait prêté un appartement situé dans la 44e rue Ouest, et Larry supposa que c'était le décor tout en soie tendue de couleur grise, qui plongeait Vivien dans ces états douloureux. Mais elle commença aussi à développer une inquiétude inhabituelle sur leur réputation mondaine, passant tous les jours la presse au peigne fin, pour s'assurer que rien de déplaisant n'avait été publié sur eux. Le soir de la Première, elle arriva au théâtre avec une laryngite psychosomatique qu'elle contractait toujours en pareilles occasions, mais dont elle se débarrassait rapidement. Elle avait encore maigri, descendant au-dessous des quarante-cinq kilos, et personne ne parvenait à expliquer d'où elle pouvait tirer son incroyable énergie alors que, depuis six ans, elle ne vivait que d'un yoghourt et d'un seul repas pris après la représentation. Tout autre qu'elle aurait succombé avant la fin de la tournée, mais chaque fois qu'elle entrait sur scène, elle apparaissait plus belle, plus talentueuse et plus rayonnante que jamais. On se souvenait de l'avoir vu chanceler en coulisses et même sur la scène, mais jamais elle n'avait raté une réplique, faisant preuve en toutes circonstances d'un professionnalisme extrême. Si charmante en temps normal, il lui arrivait d'être irritable, féroce et sarcastique. Un soir, sur scène, au moment des applaudissements, elle trouva que le public ne manifestait pas suffisamment son enthousiasme, et lorsqu'elle se plia dans une gracieuse révérence, ses partenaires l'entendirent clairement égrener un chapelet d'obscénités.

Elle s'était remise à boire et poursuivait son petit manège avec les jeunes acteurs de la troupe. Larry manifestait son agacement par une attitude brusque et froide à son égard. Il lui devenait de plus en plus difficile de vivre avec une femme dont le comportement alternait les phases de dépression avec des périodes d'excitation tout à fait incontrôlables. Il essaya le plus délicatement possible de la persuader d'aller consulter un psychiatre et de lui faire admettre, par la même occasion, qu'elle avait besoin de se faire soigner. A sa grande surprise, elle accepta l'idée d'une visite. Mais l'expérience se révéla à ce point traumatisante qu'elle refusa d'y retourner par la suite. Selon Irene Selznick, elle était pourtant dans un état pitoyable. Cependant, Olivier avait enfin appris le nom de cette maladie qui rongeait son système nerveux comme un vers dans un fruit, et il espérait naïvement qu'à partir du moment où le mal était identifié, la guérison ne tarderait pas. Il comprenait mieux maintenant ces étranges mouvements d'humeur qui culminaient dans ces périodes de transe au cours desquelles elle se transformait en furie, griffant, mordant et injuriant tous ceux qui se trouvaient près d'elle. Les troubles cyclothymiques étaient ainsi caractérisés par ce mouvement de pendule entre des phases descendantes et ascendantes. Dans ses périodes dépressives, elle perdait tout intérêt pour ses activités habituelles, devenait anormalement silencieuse et sombre et se plongeait dans le souvenir d'un passé lumineux, sans parvenir à contrôler ses crises de larmes. Par contre, au cours de ses périodes hypomaniaques, elle adoptait un comportement gai et expansif, possédée d'une agitation véritablement frénétique. Ce n'étaient qu'achats, soirées, projets élaborés dans des accès d'euphorie et d'optimisme au cours desquels elle perdait tout bon sens et jugement. Elle ne dormait pratiquement plus, dévorée par cette hyperactivité maladive et se lançait dans les travaux, les réparations, le ménage et toute activité domestique qui pouvaient l'absorber soudainement. Les dérèglements de sa libido et son hypersociabilité étaient aussi à mettre sur le compte de « ce monstre néfaste et inquiétant » que représentait la psychose maniaco-dépressive.

Pour le public et la presse, elle n'en demeurait pas moins l'éblouissante Lady Olivier, posant aux côtés de son mari avec des gestes tendres et pleins d'affection. Le 20 mars 1952, c'est au cours d'un entracte d'*Antoine et Cléopâtre* qu'elle avait appris par la radio qu'on venait de lui décerner un deuxième oscar pour son interprétation dans *Un tramway nommé désir*. En son absence, Greer Garson était allée le recevoir à Hollywood. Lorsqu'après une heure d'attente les photographes avaient enfin été admis dans sa loge du Ziegfeld, Sir Laurence et Lady Olivier, en tenue de ville, formaient un tableau des plus charmants : « Vêtu de gris sombre à rayures discrètes, le veston entrouvert sur une chaîne d'or, impeccable de la tête aux pieds, il s'effaçait avec une raideur d'obélisque devant la reine d'Egypte en robe de satin noir, d'une coupe britannique démodée, avec son sourire acidulé sur son visage un peu las, un peu trop humain sans les prestiges du maquillage de scène et moins éclatant que ses deux triples rangs de perles, l'un à son cou, l'autre à son poignet. » Lorsqu'on lui demanda quel effet lui procurait le fait d'avoir obtenu un deuxième oscar, Vivien répondit de manière abrupte: « Tout à fait le même effet que le premier. » « C'est-à-dire? » « Je suis émue et honorée. » Sur son visage lisse, l'humour le disputait au glamour et, après avoir embrassé son mari pour la presse, elle assuma une fois de plus son rôle d'hôtesse à la perfection, en servant des « drinks » à la ronde. Olivier s'était rendu compte qu'elle était parfaitement capable de donner le change à tous ceux qui lui demandaient des nouvelles de son état de santé. Elle était toujours merveilleusement belle et captivante, et demeurait l'une des actrices les plus adulées de sa génération. Ses amis intimes comme Noël Coward continuaient à se prendre aux filets de son charme, même s'ils détectaient en elle une certaine fatigue et une évidente nervosité. Mais lorsqu'Olivier exprimait ses craintes sur la santé mentale de sa femme, c'est lui qui passait alors pour anormal et dépressif. La situation était d'autant plus éprouvante qu'à leur retour en Angleterre, le 23 avril 1952, il avait dû encore une fois affronter son démon personnel: les ennuis financiers.

The consul, l'opéra composé en 1950 par Gian Carlo Menotti, un américain de souche italienne, avait fait perdre 10 000 livres à sa compagnie. Quant aux autres productions qui s'étaient succédées pendant leur absence sur la scène du St James, *The top of the ladder* avec John Mills et *The happy time* avec Peter Finch, elles n'avaient pas non plus remporté le succès escompté. Il lui fallait trouver au plus vite un nouveau rôle à se mettre sous la dent, et il opta pour *The beggar's opera*, d'après Bertold Brecht, qu'il devait coproduire avec Herbert Wilcox. En dépit d'une distribution éclatante, dont Olivier lui-même dans le rôle principal, l'entreprise se révéla un sinistre camouflet. Au même moment, *Carrie* sortait sur les écrans en Angleterre et recevait un accueil réfrigérant. « Laurence Olivier, l'homme qui possède tout. » S'il avait autrefois savouré cette formule magique, il trouvait à présent dérisoire que le public et la presse puissent la reprendre en choeur alors que tout s'était mis à craquer autour de lui.

Au cours de l'été, Vivien avait été envoyée à Notley pour se reposer. Les docteurs avaient diagnostiqué une récurrence de sa maladie pulmonaire. Un médecin et un psychiatre se relayaient à son chevet, ainsi que Gertrude Hartley dont elle appréciait la présence réconfortante. La presse américaine l'avait prise en photo tandis qu'apeurée elle s'était rendue chez le psychiatre, mais on avait toujours réussi à faire passer sa maladie mentale pour une dépression nerveuse. Elle avait accepté le traitement sévère et les médicaments, mais refusait absolument de cesser de boire, de fumer et de recevoir ses invités. La maison était toujours pleine d'une bande bruyante et dissipée dont Olivier tolérait de moins en moins la présence lorsqu'il rentrait du studio, harassé par la fatigue de la journée. Mais Vivien ne lui prêtait aucune attention. Elle n'avait jamais été raisonnable, et ce n'était pas maintenant qu'elle approchait de la quarantaine qu'elle entendait modifier de quelque manière sa façon d'agir : « Les scorpions se consument et se dévorent, et ils se soucient peu de leur propre personne comme moi. » Ce langage autodestructeur n'était pas fait pour rassurer ses proches, et pendant toute la durée du tournage de *The beggar's opera*, Olivier surveilla étroitement l'évolution de son état de santé.

Vers la fin de l'année, elle se sentit suffisamment rétablie pour accepter l'offre d'Irving Asher, un grand producteur d'Hollywood qui lui proposa de tenir la vedette dans un film de la Paramount, *La piste des éléphants*.

— Chapitre XXVI —

Un ange en enfer

L'histoire d'Hollywood est jalonnée de tournages réalisés dans un climat de catastrophe et de malédiction. La liste des oeuvres cinématographiques marquées par les défaillances, la maladie ou la mort de leurs interprètes, fait encore trembler nombre de producteurs et de compagnies d'assurances : Jean Harlow et *Saratoga*, Liz Taylor et *Cléopâtre*, Monty Clift et *L'arbre de vie*, Clark Gable et Marilyn Monroe pour *Les désaxés*... sinistres échos d'un Olympe hollywoodien où les beautés de marbre cachent un corps d'argile.

Le tournage de *La piste des éléphants*, qui commençait comme une bluette exotique au milieu des orchidées de la jungle de Ceylan, allait se révéler pour Vivien une véritable descente aux enfers. Une situation paradoxale qui n'avait rien d'original dans son cas, les portes du paradis ayant toujours pour elle débouché sur la folie ou sur le drame. Mais cette fois la crise fut d'une violence inouïe et presque fatale. Olivier avait émis beaucoup de réserves sur cette histoire farfelue de planteurs de thé dont la demeure empiétait sur la piste empruntée par les éléphants jusqu'à leur point d'eau. Le rôle de Vivien, une épouse alcoolique et nymphomane, lui semblait par ailleurs tout à fait contre-indiqué et il avait refusé net de jouer à ses côtés. Le début du tournage était prévu pour le mois de janvier 1953, et il avait d'autres engagements, notamment l'adaptation cinématographique de *L'opéra des gueux*. Vivien en profita pour faire engager Peter Finch et fit part de sa décision avec une telle fausse candeur, qu'Alexander Korda avoua plus tard à Olivier que c'était la plus mauvaise représentation qu'il lui ait vu donner. Elle était heureuse de s'éloigner de Larry pour un temps. Elle voulait lui prouver qu'elle n'était plus dépendante de lui, qu'elle allait parfaitement bien et qu'il se faisait inutilement du souci à son sujet. Installée aux côtés de Peter Finch dans le petit Comet qui devait les amener à Colombo, elle lui envoya un petit baiser triste et lui sourit bravement tandis que l'appareil prenait son envol. Sans doute le sourire se serait-il transformé en grimace si elle avait pu deviner que deux vols plus tard, ce même appareil s'écraserait, entraînant dans la mort tous les passagers et l'équipage.

A Ceylan, tout le matériel électrique, les éclairages, les caméras, attendaient sagement dans leurs énormes caisses expédiées d'Hollywood par bateau. L'acheminement avait duré quatre mois, et il ne restait plus qu'à prier pour que l'on n'ait rien oublié. Irving Asher, le producteur, leur fit faire le tour de l'île, et Vivien fut éblouie par le paysage paradisiaque et par les guirlandes de fleurs qui pendaient des arbres. « C'est le plus fascinant des pays », écrivit elle à Leigh Holman, « j'ai vu les choses les plus belles et les plus extraordinaires. » Elle refit connaissance avec les couleurs de l'Inde, la jungle luxuriante et la chaleur humide au pouvoir corrosif. Comme une héroïne de Bromfield, elle sentit un vent brûlant l'effleurer comme un doigt léger, et commença aussitôt à se consumer. Elle avait émis quelques réserves sur le scénario, et Asher lui avait promis d'opérer des changements dans le texte chaque fois qu'elle le désirerait. Il avait même accepté qu'une amie écrivain l'accompagne pour procéder à toutes les modifications nécessaires. Le plan de tournage prévoyait un séjour de deux à quatre semaines en extérieur avant de retourner en Californie pour filmer les intérieurs. Asher avait donc tout intérêt à se montrer conciliant avec sa vedette principale. Sans en connaître la gravité, il savait comme tout le monde qu'elle avait eu de petits problèmes de santé et le rôle comprenait des scènes assez éprouvantes, physiquement et nerveusement. Elle devait monter à cheval et jouer une scène avec deux énormes serpents qui s'enroulaient autour de son cou, sans parler de la séquence finale au cours de laquelle un troupeau d'éléphants furieux ravageaient la plantation. Pour cette scène, Asher avait besoin d'une bonne centaine de pachydermes et il usa de tous les moyens possibles, du communiqué de presse au crieur de rue, pour constituer son troupeau. Les mahouts indigènes, trop heureux de travailler pour un penny par jour, avaient même apporté leur fourrage, mais ils ne comprenaient pas pourquoi, après avoir bâti avec tant de soin l'édifice qui représentait la plantation, les blancs voulaient y mettre le feu. Entraînés à éviter les obstacles, les éléphants éprouvèrent d'abord quelques réticences à faire ce qu'on leur demandaient, contournant soigneusement dans les premières prises, les éléments de décor que l'on avait déjà dispersés. Mais lorsqu'ils comprirent qu'il ne s'agissait là que d'un jeu, dans un nuage de flammes et de poussière, ils donnèrent à la scène l'effet apocalyptique voulu.

Dès les premiers jours de tournage, des scènes d'hystérie se déroulèrent également derrière les caméras. Cette fois, les mahouts et les éléphants n'y étaient pas pour grand chose. Aux yeux de tous, il apparaissait maintenant très clairement que l'état de santé de Vivien était beaucoup plus inquiétant qu'on l'avait dit. La liaison qu'elle entretenait ouvertement avec Peter Finch avait complètement déconcerté ceux qui croyaient encore à la légende des « Olivier ». Ils partageaient la même suite dans leur hôtel de Kandy et passaient toutes leurs soirées ensemble, à errer sur la plage ou à boire de l'alcool dans les bars. Dana Andrews, qui jouait son amant dans le film, avait prit rapidement conscience du déséquilibre de Vivien : « Elle était toujours obsédée par l'idée de sortir, sortir, sortir, et avec Peter, elle essayait de me convaincre de les accompagner, à deux heures du matin, dans un endroit où il y avait quelque animation. Je répondais qu'il me fallait travailler de bonne heure le lendemain, et qu'il m'était impossible de rester debout toute la nuit et de tourner dans la journée. « Oh, reste dans ta merde », s'exclamait-elle, et ils partaient. Son comportement devenait de plus en plus irrationnel et il lui arrivait parfois de téléphoner à son producteur au milieu de la nuit, sans se soucier de la nature importune et tyrannique de ces intrusions. Elle se plaignait de troubles de mémoire, et pour la première fois de sa vie, elle avait du mal à apprendre son texte. Irving Asher avait beau lui conseiller de dormir et de prendre un peu de repos, elle ne voulait rien entendre et mettait en cause le scénario. « Comment voulez vous que j'apprenne ces lignes ? », s'irritait-elle, « elles sont nulles, bordel ! » A plusieurs reprises, en effet, le producteur s'était rendu compte que les textes fournis par l'amie scénariste de Vivien étaient inutilisables. Il avait fini par les convoquer un jour toutes les deux dans son bureau, afin d'en discuter avec le réalisateur William Dieterle. Tandis que la pauvre femme était incapable d'ouvrir la bouche pour assurer sa défense, Vivien s'était lancée dans une attaque si virulente de l'ensemble de la production, qu'Asher la soupçonna immédiatement d'être à l'origine des dialogues incohérents. Jusque-là, heureusement, son interprétation ne s'était pas ressentie de ce déséquilibre évident. Asher était même assez satisfait des scènes déjà tournées. Un matin pourtant, William Dieterle entra en catastrophe dans son bureau. Le tournage devait être suspendu pour la journée. Interrogé sur la raison d'une telle décision, Dieterle invita seulement le producteur à venir lui-même juger de la situation sur le plateau. Lorsque Asher arriva sur le lieu du tournage, l'inquiétude fit place à l'horreur.

Une perruque perchée en travers de la tête, Vivien repoussait énergiquement les tentatives de la maquilleuse, qui voulait retoucher le fond de teint qu'elle s'était elle-même appliquée de manière outrancière et anarchique. Le spectacle pathétique de cette femme encore jeune, célébrée dans le monde entier pour sa beauté et son talent, transformée soudain en caricature grotesque et démente, acheva de convaincre le producteur. La situation prenait un tour réellement dramatique qu'il ne se sentait plus capable de contrôler tout seul, et il décida sur-le-champ de contacter Olivier qui se trouvait à Paris. La rapidité avec laquelle l'acteur décida d'écourter son séjour et d'accomplir le trajet jusqu'à Colombo, témoignait mieux que tout du crédit qu'il accordait aux déclarations alarmantes concernant l'état de santé de sa femme. Pourtant, à peine sortis de l'aéroport où elle était venue l'attendre, ils eurent ensemble une querelle violente. Vivien insistait pour s'arrêter prendre un verre dans un de ces endroits louches qui bordaient la route de Colombo jusqu'à Kandy, tandis qu'Olivier, persuadé qu'elle aurait dû se trouver sur les plateaux et devant les caméras, tentait de regagner l'hôtel au plus vite. Comme il le reconnut plus tard, il commit là une tragique erreur. Après avoir obligé Peter Finch à déménager promptement de sa chambre, Irving Asher avait autorisé Vivien à se rendre à l'aéroport pour accueillir son mari. En lui refusant sa confiance, Olivier ne se rendait pas compte qu'il ébranlait gravement les efforts surhumains qu'elle tentait de déployer bravement pour se recomposer une attitude. En fait, pendant les trois jours qu'il passa à Ceylan, toute l'équipe du film eut l'impression sinistre qu'elle avait mis au point un nouvel exercice de comédienne, afin de lui cacher jusqu'au bout la gravité de son état. S'il ne fut pas dupe, Olivier se garda bien d'en souffler mot. Il ne put que constater avec amertume l'inutilité de sa démarche. Toutes ses illusions de jamais retrouver une vie normale aux côtés de sa femme volaient une fois de plus en éclats. Impuissant à solutionner ses problèmes, il finissait au contraire par se convaincre qu'il en était la source, et que sa présence ne parvenait qu'à les aggraver. Seul Peter Finch semblait avoir encore quelque influence sur le comportement de Vivien. Il avait appris leur liaison par la femme de chambre. Meurtri et résigné, il décida d'abréger son séjour et regagna Londres, en emportant avec lui le sentiment d'un horrible fiasco. Des années plus tard, interrogé sur cette période délicate par Thomas Kiernan, Peter Finch donna une version des faits plutôt cynique : « Ecoutez, pour commencer, Larry n'aurait jamais dû laisser partir Vivien. S'il l'a fait c'est parce qu'il avait besoin d'argent et que Vivien était payée 150 000 dollars. Est-ce ma faute si Viv décida de s'agripper à moi ? J'essayais juste d'agir au mieux de l'intérêt de Larry. Je le lui ai dit. Est-ce qu'il aurait préféré qu'elle tombe entre les pattes d'un profiteur ou d'un assistant-caméraman ? Ce que j'ai fait, je l'ai fait pour éviter à Larry des embarras. Et à Viv également. »

Dès le départ d'Olivier, la situation se déteriora rapidement. Le voyage de retour à Hollywood, au début du mois de mars, donna lieu à une nouvelle scène de panique épouvantable. Une fois dans l'avion, Vivien se précipita contre les hublots, essaya de déchirer ses vêtements et de sauter dans le vide. Le tournage des intérieurs devait débuter le 4 mars et tout le monde se demandait dans quel état elle allait arriver sur le plateau. Elle s'installa dans la maison de Spencer Tracy qui avait été construite sur un domaine appartenant à George Cukor. Ainsi entourée de ses plus vieux et fidèles amis, elle se sentait en sécurité. Son comportement restait toutefois désorganisé, bizarre et spectaculaire. Au cours d'une soirée sur Wilshire Boulevard, elle poursuivit Tamara, la femme de Peter Finch, avec une paire de ciseaux. « Je n'avais pas réalisé la ténacité et la détermination de la femme dont j'étais tombé amoureux », déclara l'acteur qui ne réalisait pas la confusion dramatique dont Vivien était victime. Elle le poursuivait en l'appelant « Larry », et employa la même énergie à l'éloigner de sa femme, que Laurence Olivier de Jill Esmond. Elle couchait devant leur porte en lui criant de venir la rejoindre dans son lit, et entreprit même un jour de séduire Tamara dans sa baignoire, par un numéro équivoque dont la jeune femme sortit mortifiée. Chez elle, en dépit de nombreux domestiques, elle était en proie à une véritable frénésie de rangement et de nettoyage, astiquant, époussetant et vidant les cendriers sous le regard médusé de la femme de ménage. Elle s'était remise à boire et elle avait même insisté pour faire remplacer par du vin, le thé que l'on utilisait habituellement en guise d'alcool sur les plateaux.

Pourtant, dès que la caméra se mettait à tourner, dès que son visage « sentait » la lumière des projecteurs, elle redevenait l'actrice incomparable qu'elle n'avait jamais cessée d'être. Au cours de la scène du banquet, elle avait demandé à Dieterle de lui laisser faire une deuxième prise, car elle pensait pouvoir apporter à son jeu une dimension nouvelle. La subtilité de son expression, les nuances originales qui lui permettaient de mêler adroitement la fatalité et le suspense, éblouirent le réalisateur qui se mit à reprendre espoir. Malheureusement, quelque temps plus tard, elle oubliait de nouveau ses répliques et citait à la place des passages entiers de Blanche Dubois.

Louella Parsons, qui avait flairé que quelque chose d'anormal se passait sur le plateau de *La piste des éléphants*, sollicita un entretien comme on fixe un ultimatum. L'épreuve semblait au dessus des forces de Vivien, mais elle avait toujours eu beaucoup d'affection pour la journaliste et la reçut dans sa loge. » *La piste des éléphants* sera mon dernier film », confia-t-elle à la « columnist », avant d'ajouter, « La vie est trop courte pour qu'on la passe à travailler. » Elle se montra gaie, amicale et détendue, mais s'effondra dès le départ de Miss Parsons. David Niven, un de ses amis de longue date, fut appelé à la rescousse. Au cours de ses crises, elle ne laissait personne s'approcher, soufflant et râlant comme une chatte en colère. Niven parvint à la calmer provisoirement et la fit raccompagner chez elle, mais il était profondément bouleversé. La première fois qu'il l'avait vu, elle s'appuyait au bras de Laurence Olivier sur le plateau des

1946. La châtelaine de Notley Abbaye.

1947. Avec Kieron Moore dans *Anna Karénine*.

1947. *Anna Karénine* : « Je ne suis pas jalouse… je suis malheureuse. »

Portrait de groupe dans les années 50 : Bob Helpmann, Vivien Leigh, Laurence Olivier et Danny Kaye dans les jardins de Notley.

1950. Lady Olivier.

1950. Fantasmagories : les névroses de Blanche Dubois.

1950. « L'antilope et le sanglier », Marlon Brando et Vivien sur le plateau d'*Un Tramway Nommé Désir*.

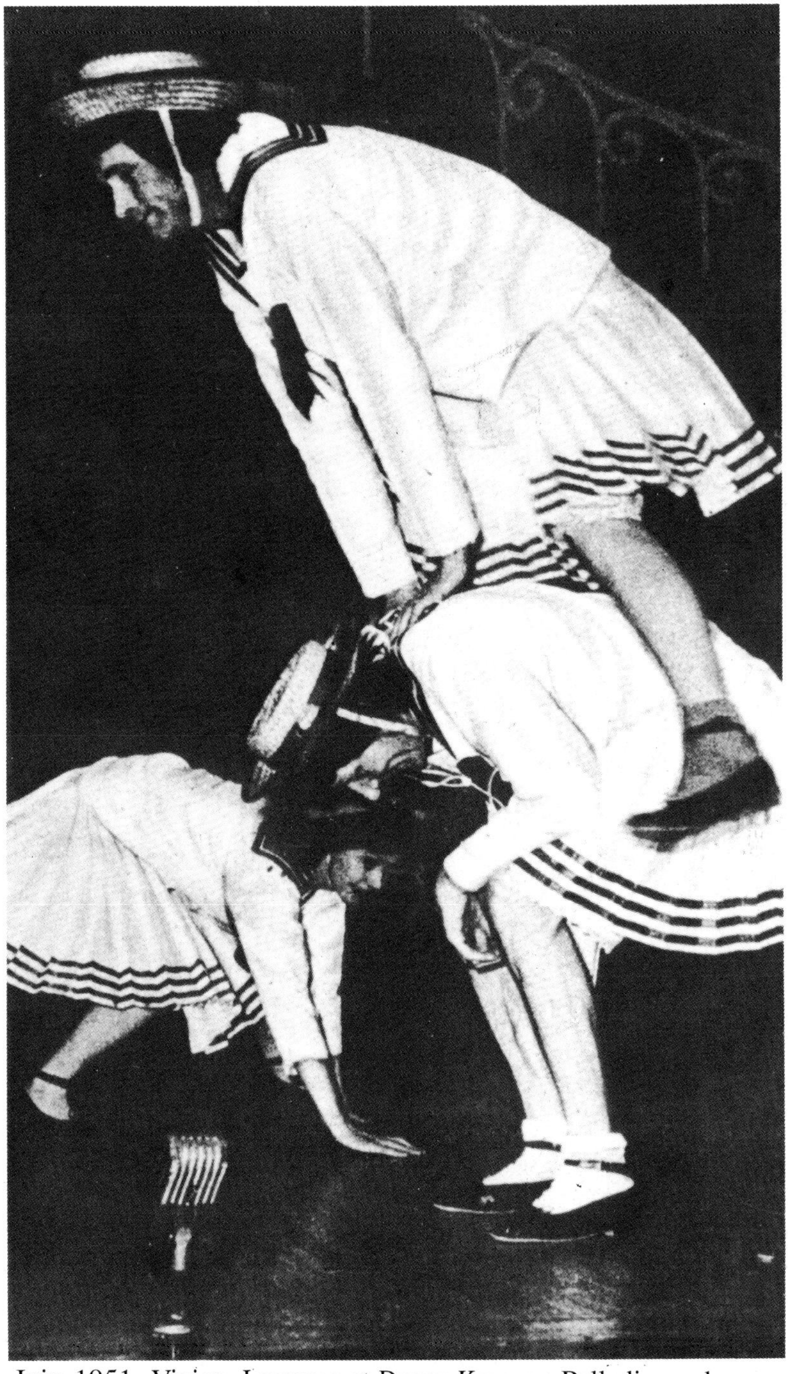

Juin 1951. Vivien, Laurence et Danny Kaye au Palladium, dans *Triplets*.

1951. « Je suis d'air et de feu… », le miroir de Cléopâtre dans sa loge de Broadway.

1953. Irving Asher, Vivien et Peter Finch à Ceylan, sur *La piste des éléphants.*

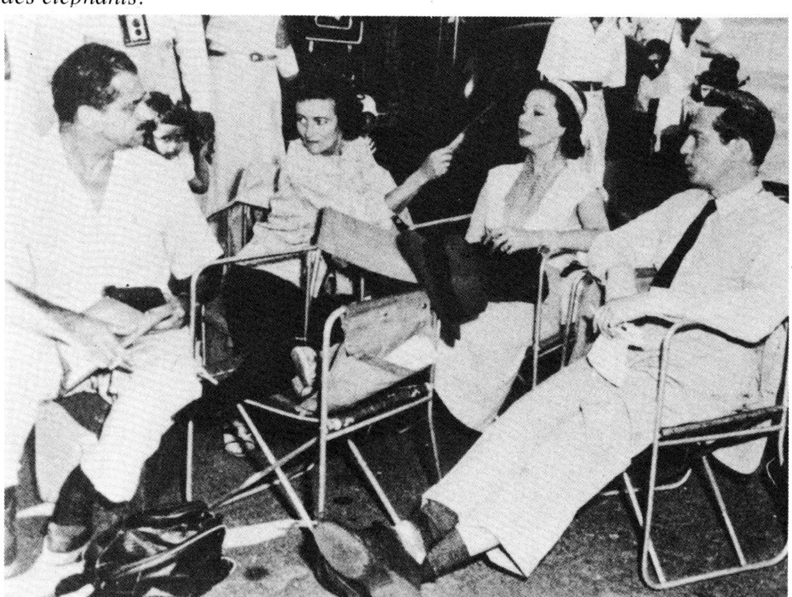

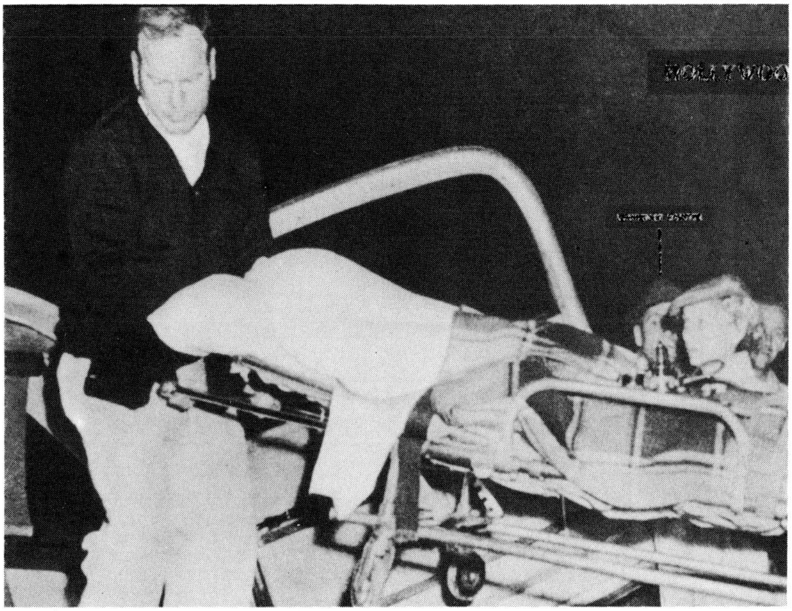

1953. Hollywood. Le retour dramatique vers l'Angleterre.

1953. *The Sleeping Prince*, avec Laurence Olivier.

1955. Habillée par Pierre Balmain dans *The deep blue sea*.

Mai 1957. *Titus Andronicus* au théâtre des Nations, à Paris (collection Viollet).

Mai 1957. Vivien Leigh accueillie par le « tout-Paris » (collection Viollet).

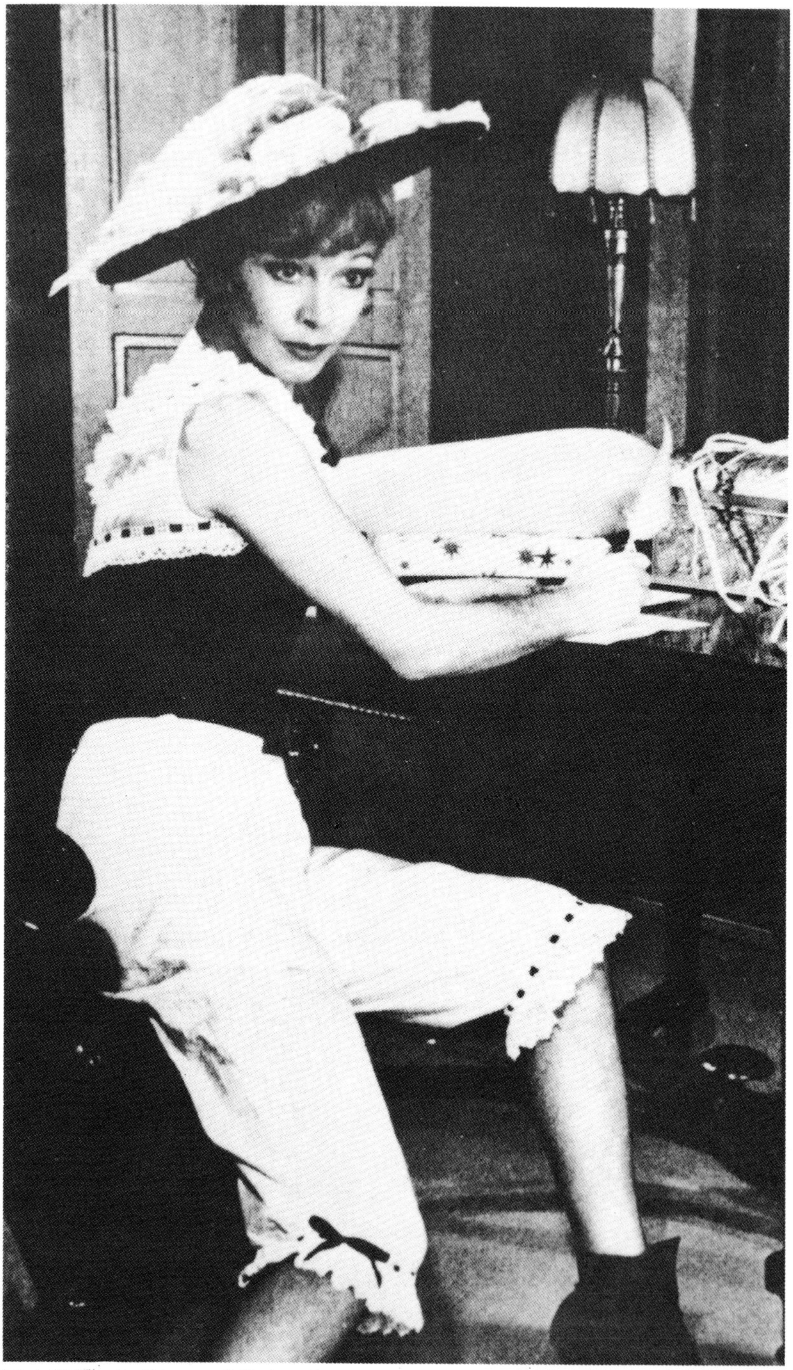

Mai 1960. A 47 ans, Vivien joue Lullu d'Arville, mais Laurence est parti !

1960. Jack Merivale, Vivien et Poo Jones arrivent à Cherbourg.

1960. « Adieu, je t'aime », la fin d'un grand amour.

1960. Jack Merivale raccompagne Vivien après le divorce.

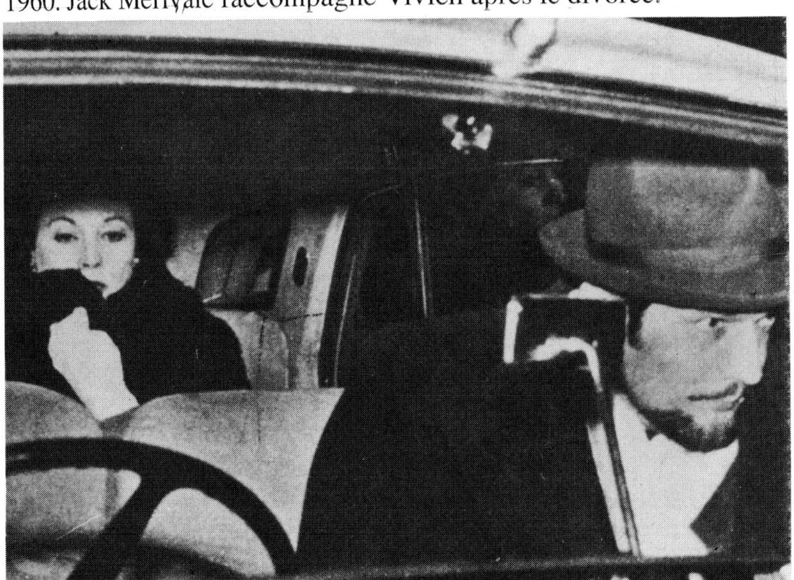

1961. Avec Warren Beatty dans *The roman spring of Mrs Stone* (Warner-Pathé Copyright).

Mars 1961. Reprise d'*Autant en emporte le vent* à Atlanta (de g. à d. : Vivien, Douglas Fairbanks Jr., et George Murphy), (collection Herb Bridges).

1963. *Tovaritch*, avec Jean-Pierre Aumont.

1964. Le dernier rôle au cinéma : Mary Treadwell dans *La nef des fous*.

1989. « 54, Eaton Square »

Hauts de Hurlevent, « une créature féline fantastiquement belle ». Puis il y avait eu la guerre, les succès et Notley, mais elle était toujours restée aussi étonnamment séduisante, étincelante. Pour le baptême de son fils, elle lui avait offert une timbale en argent du XVIIIe siècle, malencontreusement gravée des initiales D.W. Lorsqu'il s'en était plaint à Marraine Vivien, elle lui avait rétorqué sur un ton impertinent qu'il était de toutes façons impossible de faire graver autre chose, et qu'à partir de ce jour il n'avait qu'à s'appeler « Wiven », au lieu de « Niven », un point c'est tout !

Il avait toujours admiré son humour, son élégance, sa générosité. Il avait milles images d'elle qu'il chérissait tendrement. Celle de la jeune beauté en tailleur sombre dont les cheveux noués dans un foulard de soie mettaient magnifiquement en valeur son visage à la beauté pure, au cours de l'émission radiophonique enregistrée pour le jour de Noël 1939. Il y avait aussi le jeune femme de Durham qui chantait à tue-tête des airs patriotiques, tandis qu'un Larry tout aussi hystérique l'accompagnait au piano. Certains souvenirs étaient plus émouvants ; celui de Vivien accompagnant sa première épouse, Primmie, chez les antiquaires de Windsor, Amersham et Beaconsfield pour meubler une maison qui ne serait jamais celle du bonheur. Peu de temps après, en effet, au cours d'une partie de cache-cache organisée dans la maison de Tyrone Power, Primmie était tombée dans l'escalier qui menait à la cave, plongeant dans un comas dont elle ne devait jamais se réveiller. Qu'était-il donc advenu de Vivien, de la femme radieuse et pleine de vie qu'il ne reconnaissait plus dans cette créature hagarde et prostrée ? Les docteurs avaient été catégoriques, prédisant un effondrement complet. Il était hors de question qu'elle puisse continuer le tournage. Pour Irving Asher, il était donc maintenant vital de trouver une solution de remplacement le plus rapidement possible. Maintenue sous sédatif à longueur de journée, elle trouvait encore la force de lui téléphoner au milieu de la nuit pour l'entretenir de banalités, du temps qu'il faisait et de l'opportunité d'aller prendre un bain dans la piscine. Il l'écoutait sans rien dire, redoutant de déclencher une nouvelle crise en avouant le diagnostic des médecins. « Chaque jour qui passait ressemblait à un bâton de dynamite » avoua-t-il plus tard.

John Buckmaster, un autre fantôme du passé, choisit justement cette période pour refaire une apparition extravagante dans la vie de Vivien. Lui aussi avait beaucoup changé depuis le fameux repas au Savoy au cours duquel elle avait rencontré Laurence Olivier pour la première fois. Il semblait aussi dérangé qu'elle et s'installa dans sa maison, se promenant entre les pièces comme un empereur fou, drapé dans de longues toges faites de serviettes de bain. Il lui donnait des cours de yoga, lui faisait faire de la méditation transcendantale et, tous les soirs, comme un chien fidèle, il se roulait en boule et couchait devant sa porte. Le *Hollywood Reporter* qui avait commencé à émettre des opinions alarmistes sur l'état de santé de Lady Olivier, rapporta dans sa rubrique les excentricités de ce personnage. La femme de ménage de Vivien, incapable d'en supporter davantage, avait même rendu son tablier après avoir téléphoné à David Niven que sa patronne semblait possédée. Inquiété à juste titre par ces sinistres rumeurs, l'acteur était allé accomplir une petite visite dans la maison de la star et, en compagnie de Stewart Granger, il avait mis un terme aux agissements de ce nouveau Néron. Puis, s'étant mis en quête de Vivien, il resta cloué sur place lorsqu'il la découvrit enfin.

En haut des escaliers, entièrement nue, assise en équilibre sur la rampe, elle se balançait doucement d'avant en arrière. Son maquillage avait coulé. De toute évidence, elle avait pleuré et son visage n'était plus qu'un masque grotesque et effrayant. Lorsqu'il voulut faire un pas en sa direction, elle se mit à hurler et se réfugia en sanglotant derrière les barreaux de la rampe, avec le regard traqué d'un animal derrière sa cage. La meilleure manière de la forcer à descendre était encore de faire semblant de se désintéresser d'elle. Niven se rendit donc dans le salon et alluma la télévision. Il était encore très tôt, les programmes n'avaient pas commencé, mais il demeura assis là, sur le fauteuil, à regarder les parasites. Comme prévu, Vivien vint le rejoindre quelques instants plus tard. Elle avait l'air d'une petite fille apeurée et vint se blottir tout contre lui. Elle était toujours entièrement dévêtue et sa peau était glacée. Elle fixait le poste de télévision avec un étrange sourire et un regard fixe. De temps en temps, elle désignait l'écran vide et éclatait de rire ou hurlait de terreur avec un air affolé et se pressait davantage contre Niven, que ce spectacle bouleversait. On avait longtemps différé le moment de prévenir

Olivier. Après l'expérience malheureuse de Ceylan, Irving Asher avait préféré attendre le verdict du médecin, mais lorsque Danny Kaye fut mis au courant de la situation, il insista pour informer Larry de l'état désespéré de Vivien. Un télégramme fut envoyé à Ischia où Olivier avait décidé de se rendre pour prendre un peu de repos chez des amis. On lui demandait seulement de venir le plus rapidement possible.

En attendant son arrivée, David Niven resta auprès de Vivien pour la surveiller. Les drogues des docteurs n'avaient aucune prise sur elle et, dans une de ses crises, elle était tout à fait capable de sauter par la fenêtre, attaquer quelqu'un avec un ustensile de cuisine ou séduire le premier venu... La loi californienne empêchait l'internement d'une personne démente sans l'autorisation du mari et, une fois averti, Olivier s'y était catégoriquement opposé. Pendant trois jours et trois nuits, luttant contre le sommeil et les agressions de Vivien, Niven s'efforça donc de tenir le fort. A bout de force, il finit par supplier le médecin qui, tous les jours, venait lui faire des injections d'amphétamines pour l'aider à tenir le coup, de faire une piqûre à Vivien qui la forcerait enfin à s'endormir. C'était une mesure tout à fait illégale, mais le docteur, sans doute ému par la détresse physique et morale de l'acteur, finit par y consentir.

Le 13 mars, à huit heures cinquante-cinq du matin, Danny Kaye alla accueillir Olivier et Cecil Tennant à l'aéroport d'Idlewild à Los Angeles. Après un rapide résumé des événements et un entretien avec les psychiatres, Larry fut enfin autorisé à voir Vivien. « En arrivant chez elle, on me dit que je la retrouverais sur le balcon du premier ; je m'avançais sans bruit et la vis. Elle était accoudée à la balustrade, le visage dans les mains. Je l'appelais doucement et elle se tourna vers moi. On ne voyait que l'iris de ses yeux tout voilés dans leur couleur gris-bleu-vert, tant la pupille était réduite à une minuscule tête d'épingle. » Il était évident qu'il fallait la rapatrier d'urgence en Angleterre afin de lui faire subir un traitement de choc, mais au moment de s'embarquer dans l'avion, elle devint comme une véritable bête fauve. Olivier et Danny Kaye tentèrent de la maîtriser pendant que l'infirmière lui faisait deux injections de somnifères. David Niven les accompagna jusqu'à l'aéroport de Burbank, restant aux côtés d'Olivier tandis que les infirmiers embarquaient à bord de l'appareil la civière sur laquelle une Vivien inconsciente avait été couchée. Un drap de soie dissimulait son visage et Larry, les larmes aux yeux, supplia les photographes de ne pas utiliser de flashes : « C'est une grande malade, faites attention. »

Lorsque le Constellation se posa à New-York, les effets de la drogue s'étaient dissipés et Vivien insista pour descendre les marches toute seule. Son visage était plus pâle que jamais, elle avait les traits tirés par la fatigue et les yeux gonflés par les larmes, mais elle parvint tout de même à sourire tendrement aux journalistes, tandis qu'Olivier la guidait rapidement en direction de la limousine de Danny Kaye qui les attendait. L'escale à New-York durait cinq heures et Kaye était parti en avance de Californie pour leur trouver un refuge à Long Island. Cinq minutes seulement avant le décollage de l'appareil qui devait les amener vers Londres, la limousine refit son apparition sur la piste d'Idelwild. Cette fois l'embarquement fut plus difficile. Un steward essaya de glisser une civière sous Vivien, mais elle résista avec une telle fureur qu'on dut rapidement la retirer et elle s'effondra sur le plancher de la voiture en pleurant. Il fallut tout l'amour et la tendresse de Laurence Olivier et de Cecil Tennant pour parvenir à la tranquilliser et à la guider une nouvelle fois en direction de l'avion qui décolla avec trois-quart d'heure de retard. En arrivant à Londres, elle aperçut par un hublot l'ambulance qui l'attendait, toutes portes grandes ouvertes, et refusa obstinément d'y prendre place. Toute la presse britannique relata dans ses colonnes l'attente interminable de dix-neuf minutes qui précéda son apparition en haut de la passerelle aux côtés de son mari. Pâle et souriante, le visage encore gonflé par la fatigue et l'épuisement, elle serrait contre elle un exemplaire du *Times* et une énorme gerbe de roses rouges. Sa photo publiée le lendemain sous le titre : « Le brave petit soldat » émut profondément l'Angleterre. Sous son petit chapeau effronté elle parvenait encore à paraître élégante, vêtue d'un grand manteau beige et d'un col de vison. La foule, qui s'était rassemblée en silence, manifesta son admiration. Quelqu'un cria « Bienvenue chez vous Milady », et tout le monde se mit à applaudir.

L'ambulance quitta l'aéroport en emportant sa cargaison de trente-cinq valises, et c'est dans une Bentley crème et chocolat qu'elle fut amenée directement à la clinique psychiatrique Netherine du docteur Rudolph Kais Freudenberg, à Couldson, dans le Surrey. L'établissement, spécialisé dans les soins pour les grands nerveux et les maladies mentales, avait établi pour elle un traitement basé sur une cure de sommeil. Vivien devait être complètement coupée du monde extérieur, et toutes les visites lui furent interdites, même celles d'Olivier. Harassé par les journalistes qui ne cessaient de l'importurner pour avoir des nouvelles de la santé de sa femme, il décida de repartir pour Ischia prendre un repos dont il avait aussi grandement besoin. Mais cette soudaine disparition donna lieu dans la presse à plusieurs interprétations malveillantes. La plus sournoise émanait de la plume acérée du *Hollywood Reporter* : « Si vous étiez supposé être très heureux en ménage et que votre femme vint à tomber gravement malade, la plaqueriez-vous dans un hôpital pour ensuite partir terminer vos 'vacances interrompues ?' L'insinuation était parfaitement injustifiée et faisait passer Olivier pour un monstre d'égoïsme, mais il choisit cependant de l'ignorer. La presse cherchait moins à l'attaquer personnellement qu'à avoir des précisions sur la rumeur de l'idylle avec Peter Finch. Pourtant, lorsque Vivien termina sa cure de repos plus tôt que prévu, elle lui en voulut de ne pas avoir attendu son réveil à son chevet, comme Leigh Holman qui s'était proposé de louer une chambre dans un hôtel à proximité de la clinique, ou comme Noël Coward, qui avait eu la prévenance de lui faire envoyer des fleurs et du parfum.

Pendant ce temps, à Hollywood, Irving Asher se débattait toujours au milieu des problèmes occasionnés par le départ de Vivien. Dana Andrews, à son tour, s'enivrait du matin au soir, et il lui arrivait de disparaître pendant des journées entières, sans que personne ne sût où il se trouvait. Quant à Peter Finch, il ne cessait de se lamenter sur la merveilleuse passion qu'il avait partagée avec Vivien à Ceylan. La production entière semblait vouée au désastre lorsque d'un océan de drames surgit enfin la solution miracle. Elle avait les formes d'une jeune beauté botticellienne de vingt et un ans, avec une peau superbe et les plus beaux yeux du monde : Elizabeth Taylor. Sa ressemblance extraordinaire avec Vivien Leigh permettrait de conserver une partie des scènes où la star n'avait été filmée que de dos. En dépit des modifications indispensables à apporter au scénario, et des 100 000 dollars réclamés par la Métro pour prêter sa jeune vedette à la Paramount, Asher décida de courir le risque. Après tout, un film hasardeux valait mieux que pas de film du tout. Après la sortie de *La piste des éléphants*, le magazine *Time* écrivit : « Bien que très belle, Elizabeth Taylor est trop jeune et ne possède pas un métier suffisant pour jouer un rôle destiné à Vivien Leigh. » Mais le producteur ne tarit pas d'éloges sur la nouvelle étoile. Sa beauté angélique, sa gentillesse, sa patience et sa conscience professionnelle furent, au milieu d'un tournage très perturbé, le véritable élément clé de la réussite du film. La Paramount se montra très généreuse avec Lady Olivier. Sur les 200 000 dollars de salaire prévu, on lui en versa 150 000, ce qui représentait plus que ce que toucha Elizabeth Taylor, qui avait pourtant terminé le film. La version définitive de *La piste des éléphants*, conservait cependant quelques longues séquences interprétées par Vivien, et toutes les fois où il les revoyait, Irving Asher se tordait les doigts en gémissant au souvenir des journées cauchemardesques qu'il avait traversées.

— Chapitre XXVII —

La mer profonde et bleue

Dans le courant du mois de mars 1953, l'Angleterre apprit à quelques jours d'intervalle qu'Edmund Hillary avait conquis l'Everest et que Vivien Leigh était guérie.

Au bout de trois semaines d'un traitement faisant alterner cures de sommeil et séances d'électrochocs dans la retraite paisible du Netherine Hospital, on lui avait permis de rentrer chez elle. Une mauvaise surprise, hélas, l'y attendait. Pendant son hospitalisation des voleurs étaient entrés par effraction à Durham Cottage et avaient dérobé de nombreux bijoux, des fourrures et même l'oscar qu'elle avait remporté pour *Un tramway nommé désir*. C'est donc le coeur lourd qu'elle regagna Notley à la mi-avril pour achever sa convalescence. Au milieu de ses roses, de ses chats, des vaches de Jersey et de la cinquantaine d'hectares de bois et de prés qui entouraient la retraite campagnarde, elle reprit des forces à une rapidité miraculeuse. Elle n'en aima que davantage la vieille abbaye, son intérieur familier de belles pierres et de boiseries de vieux chêne. Au milieu des tableaux de maîtres et des grandes bibliothèques remplies de livres de prix, trônait maintenant un élément de modernité : une télévision que lui avait offert le producteur Herbert Wilcox. Lorsqu'elle refit son apparition à Londres, l'air heureuse et en parfaite santé, on ne lui posa pas trop de questions. Elle plaisantait de sa maladie et avouait avoir reconstruit sa vie. Moins d'excès en tous genres, mais du repos, voulant conserver toutes ses forces pour son art. Elle avait des projets au théâtre mais aussi au cinéma. *La piste des éléphants* n'était qu'un vilain rêve dont elle voulait tout oublier, jusqu'à la chaleur de ces après-midis harassants, avant d'ajouter, dans un sourire malicieux, qu'après tout, « ce n'était pas la faute des éléphants ».

Au mois de juin, des voleurs s'introduisirent cette fois dans sa chambre à Notley et lui dérobèrent plusieurs fourrures et tous ses bijoux. Parmi ceux-ci il y avait son alliance et une bague en rubis qu'elle adorait et que lui avait offert Larry, lorsqu'en 1941 ils avaient regagné l'Angleterre. Laurence Olivier fit passer un communiqué dans la presse : « C'est un objet sentimental. Je pense qu'elle serait satisfaite si seulement elle pouvait la récupérer. Tout le monde sait que Vivien a été très malade, et pourtant ces hommes n'ont pas hésité à forcer sa chambre. C'est à croire qu'ils sont dépourvus de toute humanité. » Le destin semblait s'acharner impitoyablement contre elle, mais elle luttait de toutes ses forces pour ne pas retomber dans la dépression. Au mois d'août, elle assista à la première d'*Anastasia*, une pièce dont Olivier avait acheté les droits et qu'il avait monté sur la scène du St James. En robe d'organza noir, elle évoquait la grâce et la beauté un peu fragile d'une ballerine. Ses amis l'entouraient de leur affection et de leur bienveillance. Elle ne se séparait pas d'une lettre que Noël Coward lui avait envoyée quand elle était à l'hôpital, et accepta avec empressement un séjour sur l'Elsewhere, le yacht d'Alexandre Korda. Le soleil de la méditerranée lui avait toujours été bénéfique et elle rentra à Londres en pleine forme pour assister aux fêtes du couronnement de la reine Elizabeth.

Le 7 février 1952, le roi George VI s'était éteint à l'âge de cinquante-six ans, des suites d'une embolie. La jeune princesse Elizabeth, qui se trouvait à ce moment-là en voyage au Kenya en compagnie de son mari, le duc d'Edimburgh, regagna Londres précipitamment pour se préparer à son intronisation qui devait avoir lieu au mois de juin 1953, à l'abbaye de Westminster. Le monde du spectacle avait décidé de prendre part aux réjouissances qui ne manqueraient pas d'entourer les cérémonies du couronnement. De nombreuses personnalités du show-business avaient déjà eu l'occasion de rendre hommage à la future reine lors du gala de la Royal Film Performance qui avait eu lieu le 8 novembre 1952, sur la scène de l'Empire Theatre. Le film projeté à l'occasion de cette soirée, *Because we must*, avec Mario Lanza, ne servait que de prétexte à un spectacle de quatre heures particulièrement brillant. Celia Johnson et Trevord Howard interprétaient une scène de *Brèves rencontres*, la célèbre danseuse Tamara Toumanova triomphait dans le pas de deux de *Don Quichotte*, et Kirk Douglas, Gene Kelly, John Mills, Douglas Fairbanks et Yvonne de Carlo se relayaient au micro pour quelques sketches improvisés. Vivien Leigh et Laurence Olivier firent leur apparition en costumes de *Lady Hamilton* pour interpréter un passage du film. Vivien sortait juste de sa retraite à Notley, après le tournage du *Tramway nommé désir*, et s'apprêtait à partir pour Ceylan jouer *La piste des éléphants*.

Dès l'annonce des festivités, Olivier s'était donc mis en quête d'un bon « véhicule » pour le St James et, lorsqu'il apprit que Terence Rattigan avait rédigé en un temps record une pièce idéale pour eux, il lui téléphona immédiatement. *The sleeping prince* était une de ces bluettes où les princes épousent de jolies bergères, dans une version revue et corrigée par l'humour sarcastique de Rattigan. En l'occurrence, le Grand Duc de Carpathie était un triste sire qui voulait passer un moment agréable avec une jeune danseuse de revue, et qui se trouvait empêtré dans une histoire d'amour dont il tirait quelques leçons d'humanité. L'action, située en 1911 pour les fêtes du couronnement de George V, semblait des plus appropriées. Rattigan avait cependant quelques réticences à laisser les Olivier interpréter sa pièce. Pour un jeune auteur, cette aubaine inespérée pouvait facilement se transformer en cadeau empoisonné. Qui, en effet, se soucierait de la qualité de son texte, en voyant Scarlett et Heathcliff évoluer sur scène, travestis dans des rôles qui semblaient si peu faits pour eux ? On avait du mal, en effet, à envisager le plus bel homme d'Angleterre dans le rôle rigide et pince-sans-rire du Grand Duc. Quant à Vivien, au maintien toujours aussi parfaitement royal, il fallait vraiment faire preuve d'une imagination débordante pour l'envisager, ne fût-ce qu'un instant, dans le rôle vulgaire d'une petite danseuse de music-hall. Mais l'insistance flatteuse de Laurence Olivier, qui espérait pouvoir monter la pièce pour le mois de juin, finit par dissiper les scrupules de l'auteur.

La maladie de Vivien repoussa le début des représentations à l'automne, mais il fut décidé toutefois qu'avant d'être présentée au public de Londres sur la scène du Phoenix Theatre, la pièce ferait une tournée d'essai en province. Dès l'annonce, à grand renfort de publicité, du nouveau spectacle du « couple numéro un mondial », d'immenses queues se formèrent devant les théâtres où les représentations devaient avoir lieu, à Manchester, Edinburgh et Brighton. La Première triomphale à Manchester acheva de rassurer Rattigan, que la vindicte publique n'aurait pas hésité à envoyer finir ses jours à la tour de Londres s'il avait osé ridiculiser le couple sacro-saint des Olivier. Le climat de bonne humeur et d'entente qui avait prévalu tout au long des répétitions était déjà un signe avant-coureur du succès qui les attendait. La composition d'Olivier était si réussie que Vivien, très souvent, ne pouvait pas s'empêcher d'éclater de rire lorsqu'il rajustait son monocle d'un air interrogateur. De son côté, elle avait beaucoup travaillé l'accent américain de Brooklyn et donnait de son personnage de « girl », une interprétation très réaliste et irrésistible. Ses méthodes de travail différaient pourtant complètement de celles de son illustre époux. Comme devait le souligner Jean-Pierre Aumont, quelques années plus tard, « elle avait décidé une fois pour toutes, à la première répétition, qu'elle dirait telle phrase de telle façon, à tel rythme, avec tel geste : la Terre aurait pu crouler, rien ne l'en aurait fait démordre. » Olivier, au contraire, était plus libre avec ses rôles, et il s'amusait au gré des soirées à varier quelque peu son jeu. C'était une manière pour lui de retrouver la spontanéité et la fraîcheur du texte qui l'avait charmé à la première lecture. Le succès de la pièce fut tel, qu'après une représentation à Manchester, alors qu'ils se rendaient au Midland Hotel pour dîner, toutes les personnes présentes se levèrent pour les ovationner. On saluait aussi le retour d'une actrice à la beauté radieuse et le courage d'une femme qui s'était arrachée au désespoir et à la maladie pour reconquérir une gloire encore plus étincelante. Londres leur réserva un accueil tout aussi chaleureux. La Première au Phoenix, le 5 novembre 1953, coïncidait avec l'anniversaire de Vivien. Elle avait quarante ans. La loge était inondée de bouquets et de messages d'encouragements, et lorsqu'elle parut sur scène, en perruque blonde et dans son costume sexy, le public lui fit un triomphe.

Pendant huit mois, les Olivier reconduisirent tous les soirs ce succès éclatant, et pour finir de dissiper tous les doutes de Rattigan, la jeune reine Elizabeth, le prince Philip et la princesse Margaret vinrent à leur tour applaudir un spectacle que certains auraient pu considérer comme une satire malvenue de l'aristocratie. Cecil Wilson, journaliste londonien, acclama le « petit démon le plus attendrissant » de toute la scène anglaise qui venait de prouver de manière formelle que « toutes ces stupidités névrotiques n'avaient été qu'un mauvais cauchemar » et, en ce début d'année 1954, les Olivier et leur spectacle figuraient sur les circuits touristiques, au même titre que Buckingham Palace et l'abbaye de Westminster. Bien sûr, il y eut encore quelques critiques malveillants pour souligner qu'à quarante ans Vivien était un peu vieille pour jouer les Chorus Girl, et qu'Olivier ne pouvait avoir accepté un rôle aussi terne que pour permettre à sa femme de se distinguer à ses côtés. Kenneth Tynan avait fait des adeptes, et ce genre d'attaques, parfaitement injustifiées, blessaient toujours Vivien qui, depuis un certain temps, avait développé une véritable hantise du vieillissement. Elle avait difficilement accepté le fait que, pour interpréter Lady Anne dans la version cinématographique de *Richard III* que Larry devait réaliser avec Alexander Korda, on ait fait appel à une actrice plus jeune, Claire Bloom, pour la remplacer. Dès le début du tournage, elle s'imagina qu'Olivier la trompait avec sa vedette féminine et se mit à jalouser cette dernière avec la même intensité qu'elle avait jalousé Jean Simmons pendant le tournage d'*Hamlet*. En dépit de la détérioration croissante de leur mariage, elle était toujours angoissée à l'idée de le perdre et, pendant toute la durée du tournage aux studios de Shepperton, elle ne cessa de l'accabler de coups de téléphones vindicatifs et de lettres incohérentes dans lesquelles elle l'accusait de vouloir l'abandonner.

Le tournage de *Richard III* avait débuté à l'automne 1954 avec une distribution éclatante, dont John Gielgud et Ralph Richardson. Comme dans ses deux précédents films shakespeariens, Olivier avait choisi d'interpréter le rôle titre tout en assurant la réalisation, et quand le film fut terminé, nombreux furent ceux qui regrettèrent qu'il ait appartenu à une génération qui avait toujours considéré le cinéma comme un art mineur, car, une fois de plus, le résultat était brillant. Pendant les quatre mois de tournage, il avait oublié les crises conjugales en se réfugiant dans son travail et, pour beaucoup, la violence et l'intensité de son interprétation provenaient de la dégradation de ses rapports avec Vivien. Depuis qu'elle était sortie de Netherine, l'écart entre eux n'avait cessé de s'agrandir. Son comportement s'était modifié de façon choquante, peut-être en raison des séances d'électrochocs qu'elle avait subis, et il ne retrouvait plus celle dont il était tombé amoureux. Il y avait aussi le souvenir de ces crises épouvantables durant lesquelles la femme exquise et sophistiquée, toujours d'une élégance suprême, devenait une véritable furie obscène, agressive et une parfaite souillon. Après l'avoir tant aimé, Olivier n'éprouvait plus pour elle qu'un peu de tendresse et une immense pitié. S'ils continuaient à vivre et à travailler ensemble, ils n'en habitaient pas moins désormais des mondes séparés, avec leurs occupations et leurs amis respectifs.

Entre 1954 et 1955, Vivien passa la majeure partie de son temps à Notley. Olivier était toujours absorbé par le tournage de *Richard III*, et de temps à autre Alexander Korda lui soumettait quelques projets éphémères qui lui permettaient au moins de concentrer son attention sur autre chose que sur l'échec de son mariage. C'est ainsi qu'il fut un temps question pour elle d'interpréter le rôle d'une princesse indienne dans un film sur le Tadj Mahal, et de jouer aux côtés d'Olivier dans une adaptation de l'Iliade, écrite par Graham Greene. Ses crises s'étaient espacées depuis son traitement, et lorsqu'elle les sentait venir, elle appelait sa mère à la rescousse. Avec les années, l'admiration qu'elle avait toujours éprouvée pour son père, cette passion commune du théâtre, cette soif de liberté qui l'avait enveloppée d'une aura romantique, s'était beaucoup attiédie. Elle avait compris ce que le caractère volage d'Ernest avait pu faire endurer à Gertrude Hartley dont elle s'était beaucoup rapprochée, même si selon les déclarations d'Olivier, elle n'avait eu nul besoin de sa mère depuis le moment où elle avait été sevrée.

Il y avait près de deux ans qu'elle n'avait pas réapparu devant les caméras de cinéma, depuis sa sortie pitoyable de 1953, sur la *Piste des éléphants*. Lorsqu'Alexander Korda vint lui proposer de tourner l'adaptation d'une pièce de Terence Rattigan, *The deep blue sea*, elle ne fut que trop ravie d'accepter. Le rôle d'Esther Collyer fut certainement le plus contesté de toute sa carrière, mais il devait au moins lui permettre d'échapper à son étiquette d'actrice « à risque ». Les producteurs hésitaient en effet à engager des sommes folles sur des vedettes sans avoir pris quelques garanties préalables. Après les rumeurs alarmantes concernant son état de santé, tout autre qu'Alexander Korda l'aurait obligée à passer un examen médical. Déjà, lorsque pour les fêtes du couronnement, Olivier avait demandé à Rattigan la permission d'interpréter *The sleeping prince* à ses côtés, l'auteur avait eu un mouvement de surprise très caractéristique : « Ah bon, je croyais qu'elle, euh...? » Il avait fallu toute la persuasion de l'acteur pour lui assurer qu'elle serait complètement rétablie à l'automne. Ce genre de réactions pouvait être fatal à la carrière de Vivien et, après avoir fait la démonstration éblouissante qu'elle pouvait remonter sur les planches, il ne lui restait plus maintenant qu'à affronter de nouveau les caméras.

The deep blue sea était l'histoire d'une femme entre deux âges qui renonçait à la sécurité et à l'ennui d'un mariage bourgeois pour vivre une passion intense et sans avenir avec un jeune pilote de l'air. La peinture cruelle d'une incompréhension et d'une dépendance amoureuse, offrait un contraste violent avec l'amusette que Rattigan avait écrit pour le couronnement. Il avait fait d'Hester Collyer une Anna Karénine des temps modernes, un personnage romantique, excessif et sans compromis, que l'amour d'un homme menait presque au suicide. Le rôle paraissait avoir été fait sur mesure pour Vivien et elle aurait pu en tirer des accents déchirants, mais la critique trouva qu'elle se contentait de le traverser avec une certaine froideur. A Paris, où la pièce avait eu un énorme succès sous le titre *Bonne fête Hester*, Pierre Balmain lui avait confectionné une garde-robe somptueuse : teintes opalines, décolletés profonds, étoles de visons... En deux pièces de tweed gris, elle était venue elle-même à l'automne choisir ses modèles. Kenneth Moore, qui interprétait le rôle de Freddy Page, le jeune pilote dont Hester est amoureuse, fut irrité par son comportement sur le plateau. Selon lui, pendant toute la durée du tournage, elle ne s'inquiéta que de paraître belle et « glamoureuse », et prit davantage de plaisir à se voir complimentée sur son physique et ses toilettes que sur son interprétation. N'ayant jamais joué avec elle auparavant, il n'était pas conscient des terribles changements qui s'étaient opérés en elle depuis sa maladie. Sans doute alors aurait-il été plus indulgent : « Je la trouvais irritable, gâtée, trop encensée et trop adorée. » En dépit de la direction habile et autoritaire d'Anatole Litvack, l'inimitié entre les deux acteurs se ressentit à l'écran et rendit l'intrigue d'autant moins crédible.

Vivien, c'est un fait, semblait plus à l'aise dans ses élégantes robes de bal, dans les paysages de ski de la station de Kloster et dans le cadre raffiné de la maison de Chester Square, que dans le quartier modeste et la vie médiocre du 27, Weybridge Road. Pour toutes ces raisons, le film connut moins de succès que la pièce qui, à Londres, avait subjugué le public avec Peggy Ashcroft dans le rôle principal. Mais Vivien avait fait la preuve qu'elle était de nouveau en pleine possession de ses moyens et qu'elle pouvait mener une entreprise jusqu'au bout. Sa défaillance sur le tournage de *La piste des éléphants* n'était plus qu'un lointain souvenir et, le film à peine terminé, elle se lança aux côtés d'Olivier dans sa première saison shakespearienne au festival de Stratford-sur-Avon.

— Chapitre XXVIII —

Le bal des sorcières

Au cours de l'été 1954, lors d'un week-end à Notley, Vivien et Larry s'étaient engagés à assister Glen Byam Shaw pour sa dixième saison à la direction du Shakespeare Memorial Theatre. Ils avaient prévu d'inscrire *La nuit des rois* et *Macbeth* à leur répertoire, ainsi qu'une oeuvre relativement peu jouée, *Titus Andronicus*.

Chaque pièce devait avoir la particularité d'être mise en scène par trois personnalités différentes du monde du théâtre, respectivement John Gielgud, Glen Byam Shaw et Peter Brook. Depuis les deux *Cléopâtre* jouées sur la scène du St James en 1951 et leur départ pour les Etats-Unis, il n'y avait pas eu de production majeure de la part des Olivier. *The sleeping prince* pouvait difficilement passer pour autre chose qu'un divertissement royal, une grisette pour les foules, et l'annonce de leur participation à Stratford déchaîna l'habituelle cohue aux guichets de réservations. Elle fit aussi hurler à la mort une meute de jeunes critiques « en colère ».

Au début des années 50, le paysage du théâtre britannique avait subi une transformation radicale. Une nouvelle génération d'auteurs d'après-guerre, un peu désabusés, venait d'amorcer un mouvement qui devait exploser quelques années plus tard sous le nom de « Angry Young Men » (Jeunes hommes en colère). Rejetant les conventions bourgeoises et les principes étroits de leurs aînés, ces nouveaux dramaturges puisaient leur inspiration dans les clivages sociaux et politiques, les conflits de génération et la révolution des moeurs. Privés depuis trop longtemps du droit à la parole, ils le faisaient de façon anarchique et désordonnée en s'attaquant tous azimuts aux membres de l'establishment, avec parfois quelques intransigeances. Avec leur titre de noblesse, leur aura prestigieuse, leur appartenance à la « jet-society », les Olivier représentaient tout ce qu'abhorraient ces jeunes gens révoltés et profondément marqués par les angoisses d'une vie absurde. Une partie de la critique, galvanisée par ce souffle d'air frais, s'attaqua à son tour aux représentants de la décadence bourgeoise du théâtre anglais. Prenant pour prétexte la déclaration du magnat de la presse, Lord Beaverbrook, à ses journalistes : « Faire une star, ou détruire une star, ce qui se passe entre-temps ne m'intéresse pas », elle se mit avec application à briser les vieilles idoles. Après la première représentation de *La nuit des rois*, au festival de Stratford, John Barber écrivit dans le *Daily Express* : « Les Olivier. Je hais cette expression. Celà revient à se prosterner devant le couple le plus à la mode du show-business. Les lions titrés des salons de Mayfair. » Le ton était lancé. Il poursuivait en décrivant Olivier comme « une idole de matinée vieillissante, luttant désespérément pour retrouver son ancienne réputation » et en faisant de Vivien une actrice peu touchante, tout en reconnaissant, assez caustiquement, qu'elle était encore belle « pour ses 42 ans »... Ces délicatesses n'étaient pourtant qu'un avant-goût de ce qui allait suivre, les critiques semblant prendre un plaisir sadique à s'acharner sur Vivien, comme des loups sur une proie fragile.

Elle avait pourtant déployé des efforts touchants au cours des répétitions, essayant tant bien que mal de trouver un juste milieu entre les indications divergentes de John Gielgud et de Laurence Olivier. John Gielgud avait la terrible manie de toujours procéder à des changements de dernière minute, ce qui rendait tous les membres de la troupe extrêmement nerveux en voyant la date des représentations approcher. Olivier, de son côté, avait mis au point une interprétation très personnelle de Malvolio, et Vivien, qui avait toujours besoin de solides repères pendant les représentations, s'affolait de ce qui ressemblait de plus en plus à des séances d'improvisation. Son interprétation de Viola fut pourtant considérée comme un « enchantement » par John Gielgud, mais la critique qui avait déjà arrêté son jugement avant que le rideau ne se lève, s'en ficha comme d'une guigne, trouvant pour descendre son jeu en flammes les accusations les plus infâmantes, les attaques les plus blessantes. « Un air joyeux d'épagneul » écrivait *Times* à son sujet, tandis que Kenneth Tynan lui trouvait l'air d'une « dame terrassée ». On lui repprochait une étincelante monotonie et on la rendait une fois de plus responsable de l'interprétation en sourdine d'Olivier.

Elle avait mis tous ses espoirs dans le rôle de Lady Macbeth dont les représentations devaient commencer au mois de juin. Glen Byam Shaw en assurait la mise en scène avec une certaine autorité, et Larry, dont c'était la deuxième interprétation du rôle depuis la version de Michel Saint Denis, en 1937, avait atteint au sublime. L'ambition, la folie, le meurtre et la domination sexuelle étaient les ficelles qui animaient ce drame shakespearien jusqu'à son dénouement tragique. Avec Vivien et Olivier dans les principaux rôles, la distribution était parfaite. Sybill Thorndike avait en effet toujours soutenu qu'il fallait être mariés pour bien comprendre et jouer les Macbeth, et Vivien, à qui échoyait enfin le rôle tant convoité, n'avait pas lésiné sur les efforts, abordant son personnage avec une profondeur et un souci de perfection extrême. Dans ses longues robes sombres et son lourd maquillage de scène, elle parvenait à nuancer le diabolisme du personnage d'une splendeur et d'une dignité impressionnantes. Ce parti pris de séduction et de domination sexuelle faisait de la pièce une « tragédie domestique » assez moderne : « Accours ici, que je verse mes esprits dans ton oreille, et que ma langue valeureuse chasse tout ce qui t'écarte du cercle d'or dont le destin et une puissance surnaturelle semblent t'avoir couronné. » Vivien avait toujours exercé sur les hommes cette emprise et cette autorité qui avaient fait dire à Wilfred Hyde-White qu'elle aurait pu être Premier Ministre, et à Alan Dent qu'au temps du matriarcat, « elle aurait été l'une de ces vestales crétoises capable d'élever les hommes, mais aussi de les détruire. » Dans les premiers temps de leur mariage, Vivien avait exercé une influence considérable sur Olivier et sur sa carrière. Son amour, sa confiance sans cesse renouvelés lui avaient permis d'atteindre les grandeurs dont il rêvait. Naturellement timide et réservé, elle l'avait aussi transformé afin de l'établir à ses côtés au sein de la société du talent et du prestige, à l'intérieur de ce « cercle d'or » dont parlait la pièce. Comme Lady Macbeth, elle avait su conquérir le monde en ayant l'air « de la fleur innocente », mais en étant « le serpent qu'elle couvre ». Olivier avait fait de la pièce un commentaire froidement lucide : « C'est le drame d'un couple qui se déséquilibre. L'un monte et l'autre s'enfonce. » Cette fois Shakespeare semblait les avoir eu tous deux au bout de son télescope. L'emprise de Vivien sur Olivier, leurs rapports de force et l'émergence finale d'Olivier comme le personnage dominant de leur couple, recoupait tragiquement le drame des Macbeth. La désintégration mentale de la sombre Lady, passant de la femme sûre et ambitieuse à la créature amère et désabusée, permettait aussi à Vivien d'exprimer quelque chose de sa relation à Olivier : « On a dépensé tout pour ne rien avoir, quand on a obtenu son désir sans satisfaction. » Pour leurs amis, l'impact de la pièce fut d'autant plus grand que les Olivier semblaient régler leur compte sur scène.

Mais la critique, à qui échappait ces subtilités personnelles, ne répondit pas comme prévu aux efforts de Vivien. On la trouvait déplacée en « Lady M. », et une fois de plus tous les vieux préjugés concernant son physique et ses talents d'actrice ressortirent des vieux tiroirs. Oubliée Antigone, oubliée Blanche Dubois. « Juste compétente », écrivait Tynan dans le *Times*. Des années plus tard, alors qu'il travaillait sur le script de *Macbeth* que comptait réaliser Polanski, il confia à John Russel Taylor que c'était la pire erreur de jugement qu'il eût jamais commise. Selon Olivier, il avait été à l'origine d'au moins une des dépressions de Vivien qui, prise entre plusieurs feux, avait de plus en plus de mal à se contrôler. Noël Coward était venu lui rendre visite après une représentation dans la maison qu'ils louaient près de Stratford, à Avoncliffe, pendant toute la durée du festival : « La pauvre chérie est obsédée par les persécutions de la presse ; sa voix est devenue haute et stridente et son regard étrange. » La réapparition de Peter Finch au cours des répétitions ne fit qu'aggraver la situation. Olivier essaya de s'interposer, mais leur relation avait à ce moment-là dépassé la simple attirance sexuelle et s'était établie sur un plan beaucoup plus cérébral. Finch vivait mal les terribles exigences de Vivien, les atteintes à sa liberté, son amour possessif, mais il avait toujours été attiré par les femmes plus fortes que lui. Il aimait aussi l'ambiance raffinée et brillante qu'elle parvenait à créer, l'aspect « oriental » de sa personnalité, tout en étant conscient de l'influence considérable qu'elle pouvait avoir sur sa carrière. Vivien portait toujours sur les autres un regard lucide et implacable, et elle lui avait souvent reproché une certaine mollesse : « Tu ne prends pas ce que tu peux, tu laisses les autres décider à ta place ce qui est bon pour toi, et te jeter de la poudre aux yeux. Tu es assez bon acteur pour t'imposer comme quelqu'un de différent et faire ce que tu veux dans ton métier, mais tu n'as pas de suite dans les idées. Tu joues avec la vie, tu joues avec les femmes, et tu gaspilles les dons que Dieu t'as donné uniquement parce que tu refuses de croire en ta bonne étoile ! » Lady Macbeth avait inscrit Peter Finch sur ses tablettes et il la suivait partout, généreux et fidèle, au théâtre, aux repas à Avoncliffe, à Notley. Elle appréciait grandement les marques de dévotion de ce « Pan sauvage et sensuel » alors qu'Olivier faisait figure de vieux barbon égaré dans ses plans de carrière.

Seul Alan Pryce Jones lui avait fait la grâce de considérer sa Lady Macbeth comme « l'une des plus dangereuses » qu'il ait jamais vue. Son interprétation novatrice qui avait parfois égaré la critique, n'en continuait pas moins à lui gagner le coeur du public et des autres membres de la profession. A Notley, elle continuait en effet de régner sur une cour fervente d'admirateurs qu'elle entretenait avec la même prévenance et la même générosité. Comme par le passé, elle conviait à tour de rôle chaque membre de la troupe pour l'un de ces dîners étincelants dont elle avait le secret. Trader Faulkner gardait un souvenir très cher et très précis d'un repas en compagnie de Noël Coward, Ronald et Benita Colman, Danny Kaye, Marlène Dietrich, Marlon Brando et Charlie Chaplin. Au cours d'une représentation de *Macbeth*, le jeune acteur australien s'était vu, en effet, vertement tancé par Glen Byam Shaw pour avoir osé donner une interprétation très personnelle du personnage de Malcolm. En dépit du soutien d'Olivier, on lui avait retiré, en guise de punition, le rôle qu'il devait tenir dans *Titus Andronicus*, la dernière pièce du festival qui devait être montée au mois d'août. Avec son tact et son élégance habituelle, Vivien avait réussi à le faire paraître à son avantage au milieu de tant de célébrités et de figures légendaires. Au cours du repas, le « maître » Noël Coward, s'était soudain tourné vers lui en agitant son petit doigt de manière prophétique : « Jeune homme ! Jeune Trader d'Australie ! Je pense que vous allez devenir un acteur de grande envergure ! Et j'admire beaucoup ce que vous avez fait de Malcolm. » Vivien était bien sûr à l'origine de cette délicate attention. Elle avait le génie des relations humaines et excellait à tirer de ses invités le meilleur d'eux-mêmes. En sa compagnie, on était toujours obligé de se surpasser, d'être brillant, amusant et de bonne compagnie. Dans ce domaine elle atteignait la perfection et c'eût été un terrible affront que de ne pas se plier aux règles strictes de l'hospitalité qu'elle avait établies. Certains considéraient ce comportement comme de l'hypocrisie manifeste. Que dire en effet de la réserve d'Olivier tandis que Vivien et Peter Finch se promenaient main dans la main dans les coulisses de Stratford ou sur les pelouses de Notley. On murmurait que lui aussi, de son côté, se permettait quelques aventures discrètes et que leur union n'était déjà plus qu'un arrangement professionnel. Olivier avait pourtant eu un entretien avec Peter Finch pour lui demander de renoncer à Vivien. L'entrevue s'était déroulée sur un ton policé, formaliste, à la limite du ridicule, et s'était terminé en éclats de rire bruyants, auxquels Vivien avait mis un terme en entrant brusquement dans la pièce : « Est-ce que l'un d'entre vous accepterait de venir au lit avec moi, maintenant ? »

Le 16 août, le rideau se leva sur la Première de *Titus Andronicus*. Cette pièce, dont la paternité de Shakespeare avait si souvent été contestée, était une anthologie du crime et de l'horreur, et son côté « grand guignol », très à la mode à l'époque élizabéthaine, la rendait très difficilement adaptable sur une scène moderne. Lorsqu'en 1923, le spectacle avait été monté à l'Old Vic, le public avait fini par rire nerveusement de toutes les atrocités qui lui étaient présentées en moins de deux heures. Treize meurtres s'y succédaient, deux mutilations, un viol, un arrachage de langue et, pour finir, le clou du spectacle, un banquet cannibale au cours duquel Tamora, reine des Goths, mangeait une tourte faite du sang et des os broyés de ses deux fils assassinés. Une ambulance attendait en permanence devant l'entrée des théâtres où était représenté ce drame « gore ». Il y avait en effet toujours au moins deux ou trois personnes pour s'évanouir au cours de la représentation, le plus souvent au moment où le général romain Titus Andronicus sacrifiait à la hache une de ses mains. La version de Peter Brook bénéficiait en coulisse d'un bruitage particulièrement réussi, puisque l'on y brisait au même moment un os véritable : « La beauté du réalisme et les précisions du bruitage avaient de quoi convertir à l'ascèce végétarienne plus d'un amateur de pâté rôti. » La mise en scène soignée de Peter Brook rendait crédible cette suite macabre et empêchait les acteurs de sombrer dans le ridicule.

Une fois de plus, Laurence Olivier s'en sortait avec tous les honneurs. Son interprétation du général romain réduisait au silence, et Kenneth Tynan, se prosternant une fois de plus devant son idole, alla jusqu'à le baptiser « le plus grand acteur vivant », avant de se retourner sur Vivien avec une sauvagerie sans égale. Le rôle de Lavinia, la fille de Titus, était un rôle tout à fait impossible pour une actrice. Dès l'acte II, scène III, la malheureuse se voyait réduite à un rôle de figuration muette, puisqu'après avoir été violée sur le cadavre de son époux, ses ravisseurs lui coupaient les deux mains et lui arrachaient la langue afin qu'elle ne puisse pas les dénoncer. Les trois actes pendant lesquels elle se traînait lamentablement sur la scène en attendant d'être tuée de la main de son père, étaient une véritable torture pour Vivien. Il fallait qu'elle bouge, qu'elle parle, qu'elle s'anime pour être tout à fait à son aise et, ainsi réduite au mutisme le plus complet, donnait l'air de « s'ennuyer un peu ». Tynan n'avait pas pris de gants pour lâcher tout son fiel : « Lorsque Vivien Leigh, dans le rôle de Lavinia, apprend qu'elle va être violée sur le cadavre de son époux, elle exprime la légère contrariété de quelqu'un qui aurait préféré un bon matelas. » Et pour la première fois, chose plus grave, Laurence Olivier ne lui donna pas tort. Il ajouta lui-même dans ses *Mémoires*, qu'elle s'était comportée vis-à-vis de ce rôle comme une « femme gâtée », et qu'à partir de cette époque-là et pendant les cinq années qui suivirent, ce fut comme si elle avait perdu le contact avec son métier. Noël Coward la trouva d'une humeur exécrable et « parfaitement idiote » au cours d'un repas à Notley qui suivit une représentation. Sur scène, il dut admettre qu'elle n'était « franchement pas très bonne... Ayant toujours l'air ravissante en dépit d'un viol, d'une langue arrachée et de deux mains coupées. Sa mise et sa coiffure étaient impeccables et son visage demeurait indifférent à la tragédie. » Au lieu de concentrer toute son énergie dans son travail, elle s'épuisait de nouveau dans une ronde infernale de mondanités. Elle recevait une foule de gens jusqu'à une heure avancée de la nuit, ne dormait pratiquement plus et perdait pied avec la réalité. Olivier était désespéré, terriblement malheureux et au bord de l'épuisement. Il affrontait l'une des saisons les plus importantes de sa carrière, et devait en même temps composer avec les insomnies tyranniques de Vivien exacerbées par les récurrences de sa maladie. Il s'attendait à la voir s'effondrer d'un moment à l'autre, mais c'était lui qui frisait la crise de nerfs, alors que tous les matins Vivien faisait son apparition, radieuse, régénérée : « une jeune fille de dix-huit ans ». Lorsqu'il parvint à la convaincre d'aller consulter un psychiatre, il s'aperçut avec horreur qu'elle était même capable de confondre le vénérable praticien, et de le faire passer lui-même pour un mari tourmenté qui reportait sur sa femme ses propres défaillances.

Le 19 août, Noël Coward consigna dans son journal: « Personnellement, je pense que si Olivier avait su remettre Vivien à sa place il y a bien des années et s'il lui avait donné un bon coup dans les cotelettes, il se serait épargné bien des ennuis. Il faut chercher la raison de toutes ces misères dans l'ego féminin de notre vieille amie. Elle est, et a toujours été, complètement gâtée. Elle a aussi une langue de vipère et un mauvais caractère. Tout cela combiné avec une tuberculose insidieuse et la certitude inavouée qu'elle ne pourra jamais être une aussi grande actrice que Larry, quoi qu'elle puisse faire, lui est monté à la tête et l'a conduite à de telles extrémités. Avec toute l'amitié que j'ai pour elle et le chagrin que j'éprouve à son égard, j'aimerais pouvoir lui donner un bon avertissement, mais j'ai bien peur qu'à l'heure actuelle cela ne fasse que l'enfoncer davantage et qu'il soit trop tard, bien trop tard. » Pour Anthony Holden, ce commentaire irrité du plus fidèle et du plus compréhensif des amis, révèle à quel point la maladie de Vivien était incomprise à l'époque. « Le plus triste », ajouta Maxine Audley, « c'est que nous n'ayons pas réalisé qu'elle était malade. Nous pensions tous qu'elle se conduisait simplement très mal. » Noël Coward accepta pourtant de lui confier le rôle principal de la pièce qu'il comptait monter au début de l'année 1956 : *South sea bubble*. En sa compagnie, comme en celle de Leigh Holman, elle ne s'était jamais montrée excessive dans ses humeurs et ne souffrait d'aucun dérapage émotionnel. Coward interpréterait lui-même un des personnages de sa pièce, il pourrait donc garder un oeil sur elle pendant toute la durée des représentations. Il avait écrit *South sea bubble* en

1949 et avait depuis procédé à plusieurs remaniements, mais même dans sa forme définitive, le texte était loin d'emballer Vivien qui n'aurait pourtant jamais osé refuser une proposition du « maître ».

Le rôle de Lady Alexander Shotter lui donnait, par ailleurs, l'assurance d'un triomphe personnel. Elle excellait dans les personnages de femmes piquantes et volages qui menaient tout leur petit monde par le bout du nez. Elle avait notamment une excellente scène d'ivresse, au cours de laquelle elle dansait en compagnie d'un indigène. On était loin, évidemment, de la dimension tragique des pièces de Shakespeare, mais cette « Bulle des mers du Sud » était justement pour elle l'occasion de se sortir de ce monde de cauchemars dans lequel elle avait été immergée pendant tout l'été. Après le bol de sang de *Titus*, elle n'était pas mécontente de passer à quelque chose d'aussi léger et pétillant, même si certains eurent le mauvais goût de trouver le « champagne » Coward, un peu éventé. Ronald Lewis remplaçait Peter Finch, initialement prévu dans le rôle d'Hali Alani. Après leur escapade à Paris et sur la Côte d'Azur, au mois de décembre, Vivien avait mis d'elle-même un terme à leur liaison. En dépit du respect et de l'attachement qu'ils avaient l'un pour l'autre, elle n'aurait jamais sacrifié son mariage pour lui. La peur du scandale, la position d'Olivier, le remords de Finch à l'égard d'un acteur qu'il vénérait et d'un homme qui n'avait eu pour lui que prévenances et générosité, firent le reste. La séparation avec Vivien le laissa confus et, comme il l'avoua à Trader Faulkner, il lui fallut plusieurs années pour se réadapter et pour pouvoir vivre une autre relation satisfaisante avec une femme : « De toutes les femmes que j'ai aimées, Vivien était la seule dont la volonté, l'intelligence, la grâce et l'esprit pouvaient rivaliser avec la beauté. » L'effort d'Olivier pour la reconquérir semblait avoir dissipé ses terribles angoisses et confirmé la rumeur selon laquelle sa liaison avec Finch n'avait été que sa réponse à l'indifférence manifeste de son époux. Elle était de nouveau jeune et désirable et aborda les répétitions de la pièce dans un état d'esprit favorable. Son état de santé s'était stabilisé et l'orage semblait définitivement éloigné.

Le 23 janvier, un élément tragique manqua de déclencher une nouvelle dépression. Alexander Korda, l'ami fidèle, l'homme de toutes les confidences, mourut subitement, foudroyé par une crise cardiaque. La nouvelle les prit par surprise. La dernière fois qu'ils l'avaient vu, il riait de bon coeur, entouré de Vivien et de sa jeune et ravissante épouse, chez *La Rue*, à Paris. Ils venaient de fêter leurs retrouvailles avec Garson Kanin, Ruth Gordon et une quarantaine d'autres invités, par un somptueux dîner. Le pâtissier avait même créé la surprise en apportant une immense pièce montée décorée des portraits de Vivien et Larry. Avec Korda, c'était un autre témoin des jours heureux qui disparaissait. Sous une tempête de neige, ils gravirent les marches de Saint-Martin-in-the-Fields, engourdis par le froid et la tristesse, sentant qu'une porte de plus venait de se refermer entre eux. En dépit des organisateurs, la cérémonie commémorative avait pris des allures de Première de cinéma. Claire Bloom, Ralph Richardson, Charlie Chaplin et tant d'autres avaient tenus à venir rendre un dernier hommage au titan de l'industrie cinématographique britannique. « Voyez-vous, je ne pousse pas sur les arbres », avait un jour déclaré Korda à la presse. Après sa disparition, Olivier eut en effet l'occasion de vérifier que le soutien que le producteur lui avait toujours manifesté lui faisait cruellement défaut. Dans le coeur de Vivien, en tout cas, il laissait un vide immense que jamais rien ne pourrait venir combler, et le visage durci par le chagrin, la tête baissée sous le poids de sa solitude, elle passa devant les caméras de télévision, l'air perdue, abandonnée...

Elle ne s'était pas encore remise de cette perte déchirante qu'une autre nouvelle vint lui porter un coup tout aussi rude. Le photographe Milton Greene, qui avait acheté les droits d'adaptation de *The sleeping prince* venait de demander à Laurence Olivier de reprendre son rôle du Grand Duc au cinéma tout en assurant la réalisation du film. Vivien s'était imaginée reprendre à son tour le personnage de Mary Morgan, la danseuse de music-hall qu'elle avait interprété avec tant de succès sur la scène de Londres. Quelle ne fut pas sa surprise d'apprendre par la bouche même de Laurence Olivier que le rôle lui échappait au profit de la blonde platine la plus célèbre du monde : Marilyn Monroe...

Un corps de déesse, une voix d'oiseau et la détermination farouche d'un « papillon de fer ». En 1954, coupant tous les ponts d'or qui la reliaient encore à Hollywood, Marilyn avait claqué la porte de la Fox pour aller s'installer dans un loft à New-York. Deux mois plus tard, elle annonçait au cours d'une conférence de presse qu'elle venait de fonder sa propre société de production avec le photographe Milton Greene et qu'elle comptait aussi reprendre le chemin de l'école. Considérant qu'après Sept ans de réflexion elle avait fait le tour des personnages de bêtasses au grand coeur, elle souhaitait développer ses talents d'actrice pour enfin accéder à un autre registre. Les rôles en collants ne l'intéressaient plus et l'harmonie de trois nombres magiques (92 - 56 - 86) qui lui avaient apporté gloire et fortune, lui faisait maintenant l'effet d'un numéro de matricule pour quelque camps de concentration. « Je veux être considérée comme une artiste, pas comme un monstre. » Sa profession de foi avait fait gentiment glousser les pilliers de la Fox. Le corps voulait devenir esprit. On commença pourtant à hausser les sourcils lorsque son nom fut de plus en plus souvent associé à celui d'Arthur Miller, le plus grand dramaturge américain avec Tennessee Williams. Pire que tout, elle semblait prendre au sérieux son rôle d'écolière assidue et modeste, fréquentait « the arty lot », une bande d'intellectuels chevelus à lunettes, et s'était mise à lire Dostoïevsky. Installée au fond de la classe, à l'Actor's Studio, elle avait observé d'un oeil attentif les gesticulations insensées des acteurs de la Méthode et époustouffla tout le monde par son interprétation remarquable d'Anna Christie. Lee Strasberg, le fondateur de l'école, et sa femme Paula, lui avaient reconnu un talent naturel extraordinaire et sans équivalent, à l'exception peut-être de celui de Marlon Brando...

Lorsqu'en 1956 elle regagna Hollywood, la Fox la fêta comme une enfant prodigue, mais la distribua dans un nouveau rôle en collants, *Bus stop*, qu'elle n'accepta qu'en raison des quelques scènes d'intense émotion qu'elle y avait. Il était clair à présent qu'elle ne pouvait compter que sur sa propre compagnie pour obtenir des rôles à la mesure de ses ambitions et non plus à celles de son tour de hanche ou de poitrine. L'idée de Milton Greene de la distribuer aux côtés de Laurence Olivier dans *The sleeping prince* souleva son enthousiasme. Les histoires de princes et de bergères l'avaient toujours fait un peu rêver, et se retrouver dans les bras du plus grand acteur vivant était un peu sa façon à elle de se consoler d'avoir laissé Grace Kelly épouser à sa place le prince Rainier de Monaco. Laurence Olivier était, quant à lui, beaucoup moins exalté à l'idée de revêtir une fois encore la redingote étriquée du Grand Duc de Carpathie, mais, après la mort d'Alexander Korda, sa société de production s'était retrouvée dans une situation financière tellement catastrophique que, d'un commun accord avec Vivien, il avait été obligé de vendre leur maison de Durham Cottage pour faire face aux dettes les plus pressantes. *The sleeping prince* était donc pour lui l'occasion de réaliser une opération financière judicieuse. Non seulement le film lui permettrait de régler d'un seul coup ses problèmes actuels, mais il l'autorisait aussi à envisager la réalisation d'un projet qui lui tenait beaucoup à coeur, l'adaptation cinématographique de *Macbeth*. Ses admirateurs l'ayant par ailleurs toujours pressé de réaliser une oeuvre moderne, il se rendit à New-York pour discuter contrat avec Marilyn et Milton Greene. C'est au cours de ce séjour qu'eut lieu la célèbre conférence de presse à l'Hôtel Plazza, au cours de laquelle une bretelle de la star céda, annonçant ainsi un des gags du film.

Après la vente de leur maison de Chelsea, les Oliviers emménagèrent au Connaught Hotel, avant de louer un appartement à William Walton, dans le quartier de Belgravia. Restée en Angleterre, Vivien avait essayé tant bien que mal de sauver les apparences : « J'ai quarante-trois ans et Marilyn en a trente et un, et il est beaucoup plus difficile de camoufler son âge à l'écran que sur une scène. » En répondant sans détour aux questions des journalistes, elle espérait donner l'impression qu'elle était au-dessus de toutes ces questions d'âge et d'orgueil féminin. Elle alla même jusqu'à affirmer à David Lewin que c'était elle qui était à l'origine du choix de Marilyn par Olivier. Les représentations de *South sea bubble*, qui avaient commencé le 25 avril sur la scène du Lyrics, avaient obtenu un succès considérable et personne ne songea à mettre en doute les paroles d'une femme aussi brillante à qui tout semblait réussir. Le tournage de *The sleeping prince* n'était prévu qu'au mois de juin et, en attendant, aux côtés de Larry, elle décida de participer à plusieurs galas de charité au cours d'une saison londonienne qui s'annonçait exceptionnelle. Avec le degré d'excellence et de perfection qui les avaient toujours caractérisés, ils consacrèrent pas moins de trente quatre heures à la préparation d'un sketche de quatre minutes qu'ils devaient monter sur la scène du Palladium, au cours de la « Nuit des 100 Etoiles ». Leur numéro, *Top hat, white tie and tail*, déchaîna l'enthousiasme du public, lorsqu'après un numéro de chant et de claquettes éblouissant aux côtés de John Mills, Bob Hope entraîna Olivier vers les coulisses dans une valse passionnée.

Deux semaines plus tard, l'arrivée de Marilyn Monroe en terre anglaise fit du 14 juillet 1956, un événement aussi mémorable que la prise de la Bastille. « Elle est ici. Elle marche. Elle parle. Elle est vraiment aussi délicieuse que des fraises à la crème fraîche », relata avec quelque emphase gourmande l'*Evening News* de Londres. On s'enthousiasmait, on blaguait. Marilyn avait débarqué avec vingt-sept valises, dont au moins vingt-quatre lui appartenaient, Arthur Miller, son mari depuis peu, Paula Strasberg, son gourou, et la fille de celle-ci, Susan. Les journalistes venus en grand renfort l'avaient bloqué dans un coin de l'aéroport pour tenir une conférence de presse impromptue. Sir Laurence avait été prié de répéter tous les « bons mots » de Marilyn, dont la voix de souris se perdait dans le brouhaha. Raide et sec, abasourdi par le tumulte, Arthur Miller ressemblait plus que jamais à un portrait d'Abraham Lincoln. Quant à Lady Olivier, un peu oubliée par les photographes, elle semblait naïvement étonnée par la réception accordée à la petite américaine : « C'est toujours une telle cohue ? » « Oh non, d'habitude c'est bien pire ! » Le ton était donné. Passe encore que Marilyn essaie de snober ses hôtes illustres, mais elle faisait planer des moments de réel malaise. Lorsqu'on lui demanda quel était le rôle qu'elle souhaiterait le plus interpréter, elle répondit sans hésiter : « Lady Macbeth », avant d'ajouter : « un jour viendra où il me faudra envisager de jouer les vieilles folles ». Lady Olivier n'avait même pas cillé, se contentant d'offrir un sourire exquis et innocent aux journalistes qui, un instant, avaient reporté leurs regards sur elle ; mais entre les deux femmes une lutte sourde venait de s'engager. Le merveilleux accent anglais de Vivien, ses gestes raffinés, son élégance folle et son maintien, son chauffeur qui l'appelait « Vôtre Grâce », étaient autant de réponses aux insultes de Marilyn, du moins à ses indélicatesses. En arrivant à Londres, Marilyn ne s'attendait pas à voir ainsi remis en cause ses talents d'actrice, et sa dépendance totale à l'égard de Paula Strasberg, ultime version de la « matrone conseillère » et de la « mère folle » dont elle s'était toujours entourée... Et tandis que le peuple de Londres lui donnait la sérénade sous ses fenêtres et l'acclamait lorsqu'elle visitait Marks & Spencer, elle sentit sur les plateaux le piège se refermer sur elle. Elle commença par bluffer, puis par rentrer dans sa coquille avant de terminer, à la fin du séjour et selon un shéma pré-établi, par réellement tomber malade. Elle refusa presque toutes les invitations, n'en donna aucune, mena une vie d'enfer à Olivier pendant toute la durée du tournage et repartit sous les quolibets de la même presse qui l'avait encensé à son arrivée. Elle ne possédait pas, comme Vivien, le don de se lier des amitiés et de briller en société par d'autres grâces que celles de sa beauté. C'est pour s'en être parfaitement rendu compte que Vivien ne s'inquiéta pas outre mesure de la présence du « sex symbol n° 1 » aux côtés de son mari.

Quelques jours après que le premier tour de manivelle du film ait été donné, elle annonça qu'elle allait devoir quitter les représentations de *South sea bubble* dès le mois d'août. La cause invoquée étant qu'à quarante-deux ans, vingt-deux ans après la naissance de Suzanne, elle venait de s'apercevoir qu'elle était enceinte. L'étonnement fit place à la joie, puis à l'appréhension. En 1944 elle avait déjà fait une fausse couche sur le tournage de *César et Cléopâtre*. Cette fois pourtant, les docteurs assuraient qu'il n'y avait pas lieu de s'inquiéter. On lui avait même prédit des jumeaux, ce qui était, paraît-il, chose courante chez les mères ayant dépassé la quarantaine. Non, elle ne prenait pas de précautions particulières. Oui, elle était vraiment très heureuse. Elle avait tenu une discrète conférence de presse dans laquelle elle s'était montrée aussi touchante que pathétique : « Nous avons déjà choisi une « Nanny » et un nom de fille. Elle s'appellera Katherine. Les hommes dans leur vieillesse aiment à être réconfortés par une fille... Je ne me suis jamais aussi bien portée... Il y a très longtemps que j'ai oublié ce qu'une mère ressent à bercer son propre enfant : je vais être obligée de tout apprendre de nouveau et je sais mal tricoter... Je veux une nursery blanche et jaune. » En dépit de ces déclarations émouvantes, une rumeur s'était mise rapidement à circuler : la grossesse de Vivien n'était que le produit de son esprit malade, une manière comme une autre de ramener sur elle l'attention d'Olivier et de la presse. On la surveillait, on la jaugeait. Après quatre mois, elle était toujours aussi mince et il n'en fallait pas davantage pour faire repartir de plus belle les commentaires à son sujet.

A Notley, c'est pourtant à grands frais que l'on avait entrepris les travaux d'aménagement de la nursery. Le bébé était attendu pour le mois de décembre. Sagittaire ou capricorne ? Vivien avait toujours été très sensible aux astres. Elle-même était née sous le signe maléfique du scorpion à qui elle devait, disait-elle, sa nature passionnée et ses tendances autodestructrices. Le samedi 11 août elle célébra par une petite fête sa dernière représentation de *South sea bubble.* Marilyn Monroe, Arthur Miller et Laurence Olivier étaient venus l'applaudir, ce qui avait failli déclencher une émeute. Dans ses *Mémoires*, Arthur Miller se souvient de cette représentation : « Le décor représentait la véranda d'une maison élégante dans un paysage évoquant vaguement celui des Caraïbes. Je tentai de saisir ce que disaient les acteurs, mais entre leur discours extrêmement anglais et une intrigue qui comportait beaucoup de paroles et très peu d'action, je me trouvai vite incapable de maintenir mon cerveau en activité... C'était apparemment aussi inanimé et artificiel qu'une fleur de cristal... avec Vivien qui courait de droite à gauche de la scène, et inversément... » Après la représentation, elle avait invité Susan Strasberg et sa mère, Paula, à Notley : « Vivien Leigh était la femme la plus exquise que j'aie jamais rencontrée. Elle était très pâle ; ses yeux et sa bouche étaient légèrement marqués par la fatigue. Après le déjeuner elle se retira pour faire la sieste. Ma mère avait égaré ses bijoux et Vivien insista pour aller les chercher avec elle. Son mari lui recommanda de se ménager car, dans le passé, elle n'avait jamais pu porter un enfant jusqu'au bout. Mais elle était comme un oiseau égaré dans une maison et qui bat des ailes de pièce en pièce. » Le lendemain, lorsque le frère de Laurence Olivier, Dickie, se précipita à Notley Abbaye pour y annoncer que sa jeune femme Hester venait d'avoir une fille, personne ne répondit à la porte. Il crut la maison endormie. En fait, elle était en deuil. Vivien venait de perdre l'enfant qu'elle attendait. « Nous sommes cruellement déçus et terriblement bouleversés », confia Olivier à la presse. « Tout ce qui compte à présent, c'est Vivien. Il est important qu'elle se rétablisse complètement. » « Une question de malchance. La fatalité. Ah si seulement je n'avais pas perdu mes bijoux », s'exclama Paula Strasberg en apprenant la nouvelle par les journaux.

Et tandis que dans les studios de Pinewood les rapports du Prince et de sa Danseuse n'en finissaient pas de se déteriorer, Vivien retrouva à Notley le confort muet de sa chambre en forme de « L ». Elle n'avait plus cette fois la force de lutter et accepta sagement tous les traitements qu'on lui avait conseillés. On la bourra de somnifères pour lui permettre de trouver le sommeil, et dès qu'elle se sentit assez bien pour voyager, elle accepta l'offre généreuse de Rex Harrisson et de Lilli Palmer qui mirent à sa disposition leur maison de Portofino. « Un port minuscule, avec, derrière, quelques maisons de poupées, et une petite péninsule couronnée de vieilles forteresses », Portofino, dans les années cinquante, était le rendez-vous de la gentry internationale en quête d'anonymat et de soleil. Vivien y passa un séjour dans le plus strict isolement. Elle avait besoin de silence et de paix autour d'elle pour achever de cicatriser les vieilles blessures et pour penser à l'avenir.

Quatrième partie

1956 - 1967

QUAND TOURNERA LE VENT

— Chapitre XXIX —

Tables séparées

En 1956, le ciel se riait du destin des hommes. Il ne restait qu'une poignée de nombrilistes, amateurs de Shakespeare, pour croire que le tonnerre et les éclairs, guettaient derrière leurs gros rideaux de nuages, le moment de faire résonner leurs cymbales chaque fois que sur Terre un idiot se coinçait les doigts. Non, même au théâtre, les grands bouleversements avaient lieu par des journées paisibles, comme cette « belle journée anglaise qui paraissait riche d'espoir, avec le soleil se déversant par les fenêtres et dans l'air, une grande douceur ». Arthur Miller avait insisté pour assister à une représentation d'une pièce au nom prometteur, *Look back in anger (La paix du dimanche)*. Laurence Olivier, qui avait déjà vu le spectacle, et qui en avait haï chaque minute, avait essayé par tous les moyens de l'en dissuader : « Oh, c'est uniquement une caricature de l'Angleterre, un tas de bavardages amers sur nos conditions de vie... », mais avait finalement accepté d'accompagner le dramaturge. En pénétrant dans la salle du Royal Court, le frémissement habituel que suscitait chacune de ses apparitions, fit lever quelques sourcils incrédules à plusieurs jeunes têtes ébouriffées. On se méfiait un peu des airs condescendants de ce vieil oncle de famille, trop accroché à sa marmite d'or pour s'intéresser aux préoccupations d'une génération hantée par la misère, le chômage et la solitude des êtres. La stérilité grandissante de sa carrière et de sa vie personnelle avait pourtant éveillé chez le lion de Mayfair, une rancoeur et un malaise comparables à ceux que les acteurs exprimaient sur scène. La « recherche tâtonnante » d'un avenir meilleur, qui triomphait du désespoir par l'humour et l'absurde, faisait aussi partie de sa quête d'homme et d'artiste. « Mais bon sang, Larry, tu te trompes, c'est fantastique. » Le verdict d'Arthur Miller suffit à engloutir ses dernières résistances. La nouvelle vague du théâtre britannique venait de déferler librement sur son coeur. Quelques minutes seulement après la fin de la représentation, Olivier était assis à côté de l'auteur, John Osborne, un jeune homme de 27 ans « à la crinière mal peignée, paraissant s'être réveillé seulement 20 minutes plus tôt ». Et de cette belle voix « qui pouvait vous convaincre d'acheter 20 000 dollars une voiture dépourvue de roues », il lui demanda instantanément: « Pensez-vous que vous pourriez écrire quelque chose pour moi ? » A cinquante ans, il était encore temps pour lui de se demander s'il oserait épouser son temps et sortir des sentiers battus ou s'il préférait rester confortablement installé dans ses pantoufles shakespeariennes. D'autres que lui s'étaient déjà ralliés au nouveau courant qui avait pris possession de la scène anglaise. Lord Harwood, un cousin de la reine, était même allé jusqu'à financer l'English Stage Company fondée par George Devine, pour permettre à ce dernier de louer le Royal Court Theatre et de monter *Look back in anger*. C'est donc avec ravissement qu'il aborda *Le Cabotin*, et son personnage d'Archie Rice, un artiste de music-hall raté, dont l'apparente indifférence n'était qu'une manière pudique de lutter contre les assauts du désespoir.

Vivien, qui s'était montrée plutôt à l'aise dans des pièces d'avant-garde comme *The skin of our teeth*, s'empressa évidemment de postuler pour le rôle de Phoebe, l'épouse acariâtre du fameux Cabotin. Elle ne pouvait pas soupçonner que Larry était maintenant fermement décidé à l'éloigner de son orbite. Le couple formé par Arthur Miller et Marilyn Monroe lui avait servi de révélateur. Marilyn, comme Vivien, souffrait de troubles profonds de la personnalité et pendant de longues heures les deux hommes s'étaient entretenus des difficultés à vivre avec des monstres sacrés. Olivier était horrifié par ce que Marilyn avait fait de Miller, un auteur paralysé, incapable de produire une seule ligne. Il cherchait à se protéger et invoqua tous les prétextes possibles et imaginables pour ne pas confier à sa femme le rôle qu'elle convoitait. Elle était beaucoup trop jolie pour jouer le personnage. Qu'à cela ne tienne, rétorquait Vivien, il lui suffirait de porter un masque en caoutchouc, comme elle l'avait fait sur le tournage de *Lady Hamilton*. L'idée bien sûr était grotesque, mais elle se battait avec l'énergie du désespoir. Elle n'avait pas l'intention de se laisser enterrer vivante. Pourtant Olivier se montra inflexible et le rôle fut confié à Brenda de Bazies. Elle encaissa le coup sans mot dire.

Au mois de février, après un séjour en Andalousie, ils ne firent que trois petits tours à Hollywood, le temps pour Olivier de décliner une nouvelle proposition qui les aurait réunis dans l'adaptation cinématographique du dernier succès de Terence Rattigan, *Tables separées*. Les raisons invoquées étaient différentes, mais cette fois Vivien ne fut pas dupe. De retour à Londres, elle entra dans une rage folle et brisa en milles morceaux plusieurs objets de porcelaine et de magnifiques vases de grande valeur auxquels elle tenait tout particulièrement. C'était la première fois qu'Olivier l'écartait volontairement de sa vie professionnelle. Il se montrait irritable et cassant à son égard, et lorsqu'elle venait assister aux répétitions de la pièce, il lui laissait entendre clairement que sa présence, comme ses critiques, étaient malvenues. Avec quelque amertume, elle dut se résigner à ne pas participer au triomphe du *Cabotin* qui, présenté au mois d'avril, fit l'unanimité de la critique. Le soir de la Première, elle ne put s'empêcher toutefois d'aller glisser en coulisses une petite pointe à Dorothy Tuttin qui jouait la fille d'Archie Rice. Toujours maladivement jalouse des partenaires féminines d'Olivier, en particulier lorsqu'elles étaient plus jeunes qu'elle, Vivien alla saluer la jeune femme avec un sourire radieux, avant de lui demander : « Comment faites-vous pour vous montrer aussi convaincante dans les rôles de vierge ? » On ne lui tenait pas rigueur de ces excès de langage et de ces petites mesquineries. On savait qu'elle avait été très gravement malade et la perte de son enfant, la dérive de son mariage qui n'était plus un secret pour personne dans le milieu du théâtre, lui attiraient, sinon la sympathie, au moins la compassion.

Avec le mois de mai, elle eut enfin l'occasion de sortir de sa retraite. Dans le cadre du Festival International du Théâtre, Olivier avait accepté de promener les horreurs de *Titus Andronicus* à travers l'Europe. En compagnie de soixante acteurs de la Shakespeare Memorial Theatre Company, ils quittèrent la Grande-Bretagne au mois de mai pour un périple à travers six grandes villes d'Europe : Paris, Venise, Belgrade, Zagreb, Vienne et Varsovie.

Paris. Sur un air de valse un ministère succède à un autre et Monsieur Guy Mollet s'en est allé. C'est le printemps. Les fleurs de marronniers embaument les Champs-Elysées. Vivien avait retrouvé son sourire et sa joie de vivre. Elle avait toujours adoré la capitale française. Elle s'y rendait régulièrement pour les collections. Chanel, Balmain ou Dior (qui devait mourir quelques mois plus tard) étaient à Paris ce qu'Hartwell et Cavanagh étaient à Londres. Entre les représentations, ils aimaient découvrir les bistrots à vin, flâner sur les quais de la Seine, se promener en bateau-mouche. Marie Bell les avait invités sur sa péniche et les Girls du Lido leur firent une ovation. Mais c'est sur la scène du théâtre des Nations que le public parisien leur réserva l'accueil le plus chaleureux. La version « soft » de Shakespeare où les scènes d'horreur avaient été remplacées par des images symboliques n'en gardait pas moins un impact tout aussi conséquent. Les gens continuaient à s'évanouir. Le soir de la Première, Michèle Morgan hurla, Jean Marais se mordit la langue, Douglas Fairbanks avala son chewing-gum et Françoise Rosay, après le banquet cannibale, jura de devenir végétarienne.

Le 22 mai, Laurence Olivier souffla, dans l'intimité, les cinq bougies que Vivien avait fait déposer sur son petit gâteau d'anniversaire. Quelques heures plus tard, au cours d'une réception qui réunissait plus de cinq cent personnes, le « tout-Paris » fêtait à son tour les cinquante ans de Sir Laurence. Le dernier jour des représentations, Vivien reçut également les honneurs du public et du gouvernement français. Sur la scène du théâtre Sarah Bernhardt, elle fut décorée de la légion d'honneur pour « services rendus aux relations culturelles entre la France et la Grande-Bretagne ». L'attention lui alla droit au coeur et, par la suite, elle arbora, chaque fois qu'elle en eut l'occasion, l'insigne décerné par la France. Lorsque Monsieur Seydoux, le ministre des Relations Culturelles, s'avança vers elle après s'être adressé à Olivier, il y eut un petit moment de flottement. L'acteur ne comprenait pas le français. « Il veut savoir s'il peut m'embrasser, chéri », lui glissa Vivien à l'oreille. Lorsqu'ils repartirent, au début du mois de juin, ils emportaient avec eux de merveilleux souvenirs et huit oeuvres d'un peintre abstrait, Terbots, qu'ils avaient achetées à Versailles. « Aérienne sylphide aux yeux de chat et aux dents de bébé », Vivien laissa aux Parisiens un souvenir ébloui.

Pourtant, en arrivant à Venise, c'est une créature meurtrie et hagarde qui descendit du train. La longueur du voyage et la chaleur étouffante qui régnait dans les compartiments avaient eu raison de son enthousiasme et de sa belle humeur. Immédiatement, les ombres du passé surgirent de chaque venelle et du marbre rose des palais, et elle se cogna à ses souvenirs comme aux parois d'un wagon chauffé à blanc par le soleil de juin. En 1937, lorsqu'ils étaient venus pour la première fois, leur amour était pur et c'était le bonheur ; mais vingt ans après, le chant des gondoles et les soupirs d'un pont ne parvinrent pas à réveiller les amants endormis. Seule petite concession aux jours enfuis, ils nourrirent de nouveau les pigeons sur la Piazza San Marco. Un volatile sur la tête, un autre dans la main, ils se fondaient anonymement dans la masses des touristes dont Venise était la proie, après l'avoir été autrefois du choléra. Maxine Audley, qui jouait la reine Tamora dans *Titus*, s'étonnait pourtant de cette faculté extraordinaire qui permettait à Vivien, imprévisible, absente et renfermée dans les coulisses, de se transformer, une fois sur scène, en actrice infaillible, éblouissante et captivante. Elle détestait pourtant le rôle de la muette Lavinia. A Paris, plaisantant seulement à moitié, elle avait déclaré : « Je suis tellement fatiguée de n'avoir absolument rien à dire et de devoir écouter Larry parler, et encore parler, que j'ai l'intention de me faire installer un petit transistor, caché dans les plis de ma robe. Je pourrai ainsi écouter le programme radio tout en étant sur scène. »

Après Venise, la troupe se rendit en Yougoslavie. Vivien fut choquée par la grisaille et la saleté de Belgrade, la misère des populations ouvrières qui lui rappelait les pires temps de la guerre. Mais on lui avait bien conseillé de ne se laisser aller à aucun commentaire. Le président Tito et sa femme vinrent les saluer dans leur loge du Théâtre National Croate. Encore en costumes de scène, « Ser Lorens Olivije » et « Vivijan Li » ainsi rebaptisés par la presse reçurent timidement les hommages de leurs hôtes illustres, devant les caméras de la télévision yougoslave. C'était la première fois qu'une compagnie théâtrale franchissait le rideau de fer, et la population accueillait chaleureusement Scarlett O'Hara et sa troupe. Le soir de la Première, à côté des corbeilles somptueuses qu'on avait l'habitude de leur envoyer, d'innombrables petits bouquets de fleurs des champs recouvraient la scène. Durant les représentations, Vivien restait irréprochable. En public elle manifestait une admiration presque excessive pour Olivier, mais en privé le pendule avait repris sa course. Elle invitait les membres de la troupe à monter le soir dans ses appartements, pour boire du champagne ou jouer aux cartes, tandis qu'épuisé, Larry essayait de dormir dans la chambre à côté. A Zagreb, les choses empirèrent. Alors que les consignes de sécurité étaient très strictes, elle parvint un soir à s'esquiver de l'hôtel, vêtue d'une robe de soie verte et parée de ses plus belles émeraudes. On la retrouva le lendemain, assise sur un banc dans un jardin public, en train de pleurer. Pour ne pas provoquer de nouvelles crises, on évita de la questionner. Lorsqu'on lui amena son petit déjeuner, elle expédia le plateau et tout ce qu'il contenait par la fenêtre. Plus tard, installée dans le train qui les conduisait à Vienne, elle demanda de l'argent pour acheter du chocolat et jeta également la monnaie par la fenêtre. Vingt-cinq livres sterlings, ne lui faisaient pas plus d'effet que du papier d'emballage. Elle s'en prit à Olivier, à Maxine Audley, à tous ceux qui lui étaient proches, les insultant sans raison avant de tomber dans un sommeil profond. A Vienne, on lui fit administrer plusieurs sédatifs, mais quelques heures après, elle marchait radieuse à la tête d'un véritable cortège pour un pique-nique improvisé. Le cauchemar recommença pendant le trajet vers la Pologne. En arrivant à Varsovie, la vision des barbelés et des milices armées causa un nouveau choc à la troupe. La nourriture de l'hôtel évoquait une fois de plus le temps du rationnement et des pénuries, et chaque déplacement se faisait sous haute surveillance. Vivien se débrouilla encore pour bousculer le protocole et se déplacer à sa guise dans tout le pays. Heureusement, il y eut quelques réels moments de drôlerie pour détendre l'atmosphère. Olivier avait pris l'habitude de préparer un petit discours de clôture dans toutes les langues des pays qu'ils traversaient. En France et en Autriche, il s'en était relativement bien sorti, mais en Yougoslavie, le serbo-croate lui avait posé davantage de problèmes. Après son allocution, le public observa en effet un instant de silence, avant d'exploser en cris et en applaudissements enthousiastes. C'était évidemment un peu excessif pour de simples remerciements, et un membre de l'ambassade lui expliqua d'un air gêné qu'en se trompant dans la prononciation d'un mot, il venait tout bonnement d'envoyer son cher public « se faire foutre ». Visiblement, les Yougoslaves, ravis, avaient pris ce dernier souhait pour une charmante attention.

Tourmenté par le comportement de plus en plus incohérent de Vivien, il essaya aussi de profiter de la tournée pour récréer entre eux une réelle intimité. Il n'avait jamais cessé de croire, en dépit des psychiatres qui lui affirmaient le contraire, qu'il était responsable de tous les problèmes de Vivien. Il avait espéré que la naissance d'un enfant pourrait encore sauver leur union, mais la fausse couche de sa femme semblait leur avoir fait atteindre un point de non-retour. C'était elle à présent qui refusait obstinément toute nouvelle tentative et elle fuyait devant ses avances « comme un jeune poulain effarouché ». Elle paraissait plus à son aise auprès des autres membres de la troupe, se baignant avec eux à Zargoze, buvant de l'hydromel ou jouant sur le piano de Chopin à Zelazowa. Vers la fin de la tournée, elle était une fois de plus au bord de l'effondrement. Elle s'était remise à beaucoup fumer et, à Varsovie, Olivier fut encore obligé de recourir aux soins d'un médecin.

Titus Andronicus regagna Londres et la scène du Stoll Theatre au début du mois de juillet. Après plus de deux mois de tournée, il faisait bon rentrer chez soi, même si certains critiques indélicats, qui n'avaient pas eu l'occasion de voir la pièce représentée à Stratford, s'interrogèrent sur la nécessité d'avoir promené ce spectacle grand guignol à travers l'Europe. Mais, cette fois, Lady Olivier resta insensible à ces remarques perfides, ayant par ailleurs d'autres chats à fouetter. A peine rentrée, elle apprit qu'une loi inique, visant à démolir tous les vieux théâtres de Londres qui ne correspondaient plus aux normes de sécurité, faisait peser une dangereuse menace sur leur théâtre du St James. Son sang ne fit qu'un tour. Elle n'allait pas laisser une bureaucratie insidieuse décider seule de l'avenir de SON théâtre et, retrouvant les ardeurs d'une demoiselle O'Hara, elle ne s'inquiéta pas du bien fondé de ces mesures et fonça tête baissée dans la bataille. Il y avait en elle quelque chose de « Don Quichotesque ». Lutter contre des moulins lui importait peu si cela pouvait donner un sens à sa vie. Scarlett s'agrippait en pleine tourmente aux quelques arpents de terre rouge de Tara, Vivien se cramponna à son tour aux blanches colonnes du passé quand il ne resta plus rien d'autre à défendre dans sa vie.

Le 20 juillet 1957, elle s'arma d'une clochette, habilla Alan Dent en homme-sandwich et improvisa une première marche de protestation pour sauver le St James, aux côtés de l'actrice Athene Seyler. Le mini-cortège descendit le Strand, de Fleet Street jusqu'à Westminster, ne soulevant sur son passage que l'intérêt amusé de quelques passants. Il est vrai que le trio offrait une vision bien déconcertante. Lady Olivier ouvrait la marche dans une étonnante robe gris bleu de chez Balmain, suivie de Bernard, son chauffeur, qui escortait la procession dans la Bentley immatriculée VLO123. « J'ai été stupéfiée par le manque d'intérêt qu'a suscité notre petite manifestation », déclara Vivien d'un ton amer. « J'ai décidé que si je voulais passer un week-end tranquille et prendre un peu de repos, la meilleure chose à faire c'était encore de descendre le Strand en homme-sandwich. » De fait, sa deuxième intervention passa beaucoup moins inaperçue. Il ne lui fallut que deux jours pour mettre sur pied un nouveau plan de campagne qui fut relaté dans toute la presse comme l'événement le plus détonnant depuis l'explosion de la première bombe atomique britannique dans les îles Christmas.

Le 22 juillet, Lord Bessborough l'avait invitée à venir prendre le thé à la Chambre des Lords. Sourire aux lèvres elle arriva, ponctuelle, très en beauté, calme et distinguée comme toujours. Rien dans son comportement ne laissait présager ce qui allait suivre. Elle alla tranquillement s'asseoir dans la galerie réservée au public et assista d'un air angélique au début de la session. La fameuse mesure visant à la démolition du St James était au programme et le baron Blackford, dans un long préambule, en énuméra toutes les raisons : vétusté du système de sécurité, cadre vieillot, inconfortable, peu rentable... Il fut interrompu brusquement par un hurlement qui s'éleva des galeries : « Je proteste contre la destruction du St James. » Il était difficile de reconnaître dans le visage de furie penché au-dessus de la balustrade, la délicieuse Lady Olivier. Le baron Blackford, sous sa perruque neigeuse, ressemblait à un mouton surpris par le loup. Sir Brian Harrods, le chef des huissiers, essaya d'intervenir pour calmer Vivien, mais elle se débattit et hurla à pleins poumons son mécontentement, continuant à protester jusqu'à ce qu'on l'évacue par la force. Une fois le calme revenu dans la salle, un frisson d'excitation parcourut la digne assemblée. Les lords, à la fois choqués et ravis, gloussaient comme de vieilles demoiselles qui auraient vu passer un baigneur nu dans la coursive.

Le sourire un peu crispé, Laurence Olivier essaya de faire bonne figure devant les journalistes qui étaient venus l'interroger dans les coulisses du Stoll. « Je pense que l'action de ma femme est une chose très belle et très élégante », confia-t-il sans grande conviction et en s'abstenant bien de donner son avis personnel. Les frasques de Vivien l'amusaient d'autant moins qu'elle tenait des discours passionnés disproportionnés qui risquaient fort de nuire à leurs carrières à tous deux : « Si le St James est détruit, je quitterai l'Angleterre et j'irai jouer dans d'autres pays. J'ai suffisamment payé d'impôts durant mes années sur scène. Je peux très bien jouer en allemand, en français, en italien, et peut être même en serbe ! » Il l'accompagna néanmoins au cours de la dernière marche de protestation qu'elle organisa avec l'aide du syndicat Equity. Partant du St James jusqu'à l'église de Saint-Martin-in-the-Fields, quelques trois cents acteurs et fans se joignirent sous la pluie à cette « ridicule mascarade », au cours de laquelle d'énergiques orateurs prirent la parole. Pour Olivier, il ne faisait pas de doute que la lutte était perdue d'avance, mais il n'osait pas faire front à Vivien, craignant cette fois qu'une nouvelle crise la fasse sombrer définitivement dans la folie.

Les offres généreuses se multiplièrent pour apporter un soutien à Vivien et au St James que l'on avait identifiés au point de publier une caricature représentant Maxine Audley brandissant une pancarte sur laquelle était inscrit : « Je proteste contre la démolition de Vivien Leigh. » Maxine, qui avait boycotté la marche, fut apostrophée par Vivien le soir même avant le lever du rideau. Scarlett O'Hara avait une idée très personnelle de la fidélité. Elle n'hésitait pas à gifler violemment une soeur geignarde qui osait mépriser Tara, la plantation qu'elle s'acharnait à reconstruire. Lorsque à propos du St James, Maxine eut le toupet de s'exclamer : « Je n'ai pas de temps à perdre pour de telles bêtises », sa main la démangea une fois encore, mais c'est son pied qui, s'étendant soudain, se posa sur la traîne de l'infortunée et déchira sa robe.

La presse entière se fit l'écho de ces péripéties. En Union-Soviétique, où elle était déjà considérée comme une héroïne presque nationale, son intrusion à la Chambre des Lords, fut interprétée comme un cri de révolte contre le grand capital, et un soutien manifeste aux ouvriers de Westminster. Winston Churchill en personne lui avait adressé un chèque de 500 livres, tout en précisant dans une lettre, qu'en tant que parlementaire il ne pouvait approuver ses méthodes d'action peu conventionnelles. Un millionnaire américain, Hutington Hartford, alla même jusqu'à offrir 35 000 livres. Mais à ce moment-là, les frais de restauration s'étaient déjà élevés jusqu'à 500 000 livres. Le 27 juillet, au cours d'une réception arrosée au champagne, les Olivier firent donc leurs adieux au St James et, au mois d'octobre, les pelles mécaniques commencèrent leur travail.

Dès la fin des représentations de *Titus Andronicus*, la vie à Notley avait repris selon le vieux schéma habituel. Une ronde d'amis et d'admirateurs allaient et venaient dans la maison à toute heure de la journée et une commode hypocrisie victorienne réglait les rapports entre Vivien et Larry. Olivier était depuis peu tombé amoureux d'une jeune personne et s'en était ouvert à Vivien qui avait semblé prendre la chose très bien. Deux jours plus tard, cependant, elle était de nouveau terrassée par une crise. La violence de ces attaques et les répercussions effrayantes qu'elles entraînaient sur le psychisme de sa femme, amenèrent peu à peu Olivier à prendre conscience de l'impasse dans laquelle ils se trouvaient. En restant auprès d'elle, il compromettait chaque jour davantage leurs chances respectives de retrouver une vie normale : « Il arrive que l'on soit comme dans un bateau de sauvetage où il n'y a de place que pour un nombre limité de rescapés. Vous repoussez les mains qui s'agrippent au bastingage, parce qu'autrement vous y passeriez aussi : deux noyés au lieu d'un. Comment faire autrement ? Il s'agissait bien plus que de ma seule vie. J'avais aussi peur de la tuer. C'est presque arrivé un jour où elle me frappa avec des vêtements mouillés. Je m'enfermai dans ma chambre. Elle s'est mise à taper sur la porte, à tant cogner que mes nerfs ont lâché. Je suis sorti, je l'ai empoignée et projetée à travers la pièce, sa tête a heurté le coin du lit, tout près de la tempe. A deux centimètres de la mort. Je savais que c'était fini, qu'un jour j'irais peut-être trop loin. Mieux valait trancher la main qui s'accrochait au radeau. » Les amants d'Elseneur ne mourraient pas ensemble, et la dérive d'Ophélie, dans un courant où il était dans l'incapacité de la rejoindre, n'avait fait qu'accentuer la solitude du prince.

Ils profitèrent d'une période de vacances au mois d'août pour prendre un peu de recul. Vivien se rendit en Italie avec Leigh Holman et leur fille Suzanne, tandis qu'Olivier amenait Tarquin en Ecosse. Il conservait encore l'espoir de réaliser son adaptation de *Macbeth* et profita de ce séjour pour accomplir ses repérages tout en essayant de renouer quelques liens d'affection avec son fils. Vivien partit sur le continent l'esprit tranquille. En compagnie de Leigh elle se montrait toujours détendue, équilibrée, solide. Elle arpenta en short les ruelles italiennes, un petit panier à la main. Près du lac de Garde, ils prirent un bain de soleil et déjeunèrent sur l'herbe. Il y avait bien longtemps qu'elle ne s'était sentie aussi bien, elle voulait acheter un terrain et s'y faire construire une maison. Sur les photos que publia la presse, elle semblait radieuse, mais cette félicité fut de courte durée. Une parlementaire travailliste, Madame Jenny Man, saisit l'événement au vol pour se lancer dans une diatribe contre les « nantis » et les « privilégiés » qu'elle se mit à parer de tous les vices : « Voilà une femme qui fait la loi à la Chambre des Lords puis va passer ses vacances avec son premier mari, tandis que l'autre se balade ailleurs. Et tout le monde à l'air de trouver ça très bien. » Leigh Holman mit promptement un terme à l'indignation bilieuse de Madame Man en adressant un télégramme au *Times* : « Proteste contre critique injustifiée et discourtoise. STOP. Toute personne bonne foi comprend présence notre fille explique vacances communes. » La presse à scandale s'était cependant à son tour emparée de l'affaire. La décision des Olivier de prendre des vacances séparées les avait contraints en effet à refuser l'invitation du président Tito de Yougoslavie qui les conviait dans sa somptueuse résidence d'été, près de Dubrovnick. On multipliait les hypothèses, leur mariage n'était qu'une façade, un journal allemand avait même rapporté qu'ils faisaient chambre à part. Fallait-il s'attendre à un divorce ? « Bien sûr que non », répondit Vivien, « c'est juste quelque chose que nous n'avions jamais fait auparavant. Nous pensions que ce serait une bonne idée d'essayer quelque chose de nouveau. » Pour mettre un terme aux spéculations de la presse, Olivier était allé l'attendre à l'aéroport à son retour de vacances. Ils s'embrassèrent devant les photographes et

Vivien déclara : « Je suis tout à fait heureuse dans l'état où sont les choses actuellement. » Le 6 décembre 1957 elle assista au mariage de sa fille Suzanne avec un jeune courtier, Robin Farrington. Les deux jeunes gens s'étaient fiancés en secret au cours de l'été. Vivien était arrivée au bras d'Olivier, resplendissante dans un manteau de soie à motif léopard et une toque assortie. Pourtant les langues allèrent bon train lorsqu'on vit Olivier s'isoler dans un coin pour boire du champagne : « Je veux rester à l'arrière-plan, cette journée appartient à Suzanne, je ne veux pas la lui gâcher. » On fut encore plus sceptique lorsqu'à l'issue de la cérémonie, Vivien repartit en voiture avec Leigh Holman, laissant Olivier faire des signes sur le parvis de l'église et se fondre dans la masse des autres invités. Il regagna Londres tout seul, et la scène du Palace, pour reprendre son rôle dans *Le Cabotin*. Une jeune fille de vingt-sept ans, au regard sombre et à l'allure de bohémienne, remplaçait Dorothy Tuttin dans le rôle de sa fille. Joan Plowright était mariée à l'acteur Roger Gage, et Tony Richardson la tenait pour l'actrice la plus douée de la nouvelle génération. Olivier se sentit immédiatement attiré par son visage large et généreux, son petit nez en trompette, insolent et spirituel. Elle lui rappelait sa mère de plusieurs manières, et il se sentit bientôt assez en confiance pour se confier à cette jeune fille qui lui prêtait une oreille attentive et pleine de compréhension. Tous les soirs, les représentations du *Cabotin*, leur donnaient l'occasion de poursuivre une conversation aux accents trop réels : « 'Archie : ... Que dirais tu à un homme de mon âge qui épouserais une fille de -disons à peu près ton âge ? Ne sois pas choquée. Je t'ai averti, je ne ressens plus rien. » -Jean : « Tu ne pourrais pas ! Tu ne pourrais pas faire une chose pareille. » -Archie : « Tu es restée un peu trop longtemps éloignée de ton vieux père. On ne s'est pas vus souvent, pas vrai ? Bien, ça ne fait rien. » - Jean : « Tu n'es pas sérieux ! Tu ne pourrais pas faire ça à Phoebe, pas un divorce.' ». Les rumeurs d'une idylle ne tardèrent pas à parvenir jusqu'aux oreilles de Vivien. Au mois de novembre, pour son quarante-quatrième anniversaire, elle s'était rendue à Glasgow pour assister à une représentation de la pièce et elle avait regagné Londres plus ébranlée par la dissimulation d'Olivier que par son infidélité. Lorsque le *Cabotin* partit en tournée à New-York pour plusieurs semaines, jamais Vivien ne se sentit aussi seule et aussi abandonnée. Elaine Dundy, l'épouse de Kenneth Tynan avec qui Vivien s'était réconciliée, dîna souvent en sa compagnie. « J'étais émerveillée par la beauté de Vivien. Plus on s'approchait d'elle physiquement, plus grande encore se révélait son élégance. Son visage avait un modelé si délicat qu'on ne pouvait véritablement s'en rendre compte qu'à une distance réduite ; de cette finesse qui était immortalisée dans les gros plans de ses films. » Prunier's, le Caprice, le Connaught, étaient ses tables favorites, et on l'y accueillait toujours comme une reine. Un jour pourtant, voulant sortir des sentiers battus, Elaine Dundy l'amena dans un petit restaurant thaïlandais. Son apparition faillit causer une émeute parmi la foule des étudiants qui se trouvaient là. Timidement au début, puis par vagues successives, ils vinrent lui réclamer des autographes en tendant de petites serviettes en papier. « Soudain elle devint tendue et angoissée, son corps se mit à frissonner et ses mains à trembler. Finalement, d'une voix à peine audible, elle leur dit : 'S'il vous plaît, laissez moi manger.' Je me serais battue de l'avoir mise dans une telle situation... »

Au mois de février 1958, heureusement, on lui proposa un excellent rôle dans *Duel of angels* l'adaptation que Christopher Fry avait tirée d'une pièce de Giraudoux : *Pour Lucrèce*. Elle se lança dans les répétitions avec d'autant plus d'acharnement qu'elle cherchait à combler un vide, une absence. Le théâtre de l'Apollo était devenu son refuge. Elle arrivait tous les jours une heure et demie en avance pour répéter son texte toute seule, devant sa glace. *Duel of angels*, était le combat des forces du bien contre celles du mal, qui avaient revêtu les visages de deux belles femmes. Vivien incarnait Paola, la sensuelle, la diabolique. Elle menait la vertueuse Lucille, interprétée par Claire Bloom, au suicide, après lui avoir fait croire qu'elle avait été déshonorée pendant son sommeil. Edwige Feuillère avait créé le rôle au théâtre Marigny avec la compagnie Renault-Barrault. La grande dame du théâtre français n'avait qu'une piètre estime des talents de Vivien : « Qu'est ce que les Anglais peuvent bien lui trouver ? », s'était-elle exclamée après une représentation au St James. Il en allait bien différemment de Jean Louis Barrault, qui garda un souvenir ébloui de cette collaboration : « Il n'y a qu'une chose qui me surprenait en elle : elle travaillait son rôle en haïssant son personnage, en la circonstance, Paola. Elle l'agressait. Elle cherchait constamment des raisons de ne pas l'aimer. Il me fallait donc plaider pour Paola. Elle l'abordait en provoquant l'antipathie. Ce n'est que du moment qu'elle eut épuisé toutes les raisons de la haïr qu'elle l'assuma. Dans le rôle, elle n'était plus seulement « chat », elle était devenue panthère. « Dans les longs voiles noirs qu'avait conçu pour elle Christian Dior, elle était resplendissante, irrésistible comme le plus diabolique des anges. » La critique, unanime, célébra son triomphe. A presque quarante-cinq ans elle avait atteint la pleine maturité dans son art, et sa propre nature, alternant le feu et la glace, donnait à son interprétation de Paola le juste équilibre entre la passion perverse et la froide détermination.

Lorsqu'Olivier regagna l'Angleterre au cours de l'été, il ne put que s'incliner devant la performance de son épouse qui, selon lui, était devenue « une artiste de très grande classe, dans le plein épanouissement de ses talents -allure, maintien, puissance vocale, technique et magnétisme. » Une fois encore il fut déchiré entre son désir de la quitter pour mener une vie normale, et un profond sentiment de loyauté qui, malgré tout, l'attachait encore à elle. En Amérique, loin de leurs foyers respectifs, Laurence Olivier et Joan Plowright avaient pu laisser libre cours à leur amour en toute quiétude. Les promesses les plus insensées semblaient réalisables. Ils allaient obtenir le divorce, avoir tous les enfants que Vivien n'avait pu lui donner. Joannie serait son « aspirine », elle saurait le guérir de tous les maux dont il avait souffert. De retour à Londres, cependant, les choses apparaissaient sous un jour bien différent. La magie et la musique des salles de bals s'évanouissaient une fois de plus dans la lumière de l'aube. Olivier n'était plus le jeune homme insouciant qui, en 1936, avait échappé aux bras de Jill Esmond pour se réfugier dans ceux de Vivien. Il était un personnage éminent avec un rang, une position à tenir. Avant de s'engager définitivement, il voulait s'accorder encore quelque temps pour réfléchir. Joan Plowright n'était pas non plus femme à jouer sa vie et sa carrière sur un coup de tête. Elle était, de plus, assez intelligente pour comprendre qu'Olivier ne pourrait lui appartenir vraiment que lorsqu'il serait convaincu d'avoir épuisé toutes les chances de voir jamais renaître son mariage avec Vivien. C'était un risque à prendre et, tandis qu'il retournait vivre avec sa femme dans leur appartement de Belgravia, au 54, Eaton

Square, elle rejoignit Roger Gage en Italie. Si leur amour résistait à la séparation, alors il serait temps d'aviser.

Olivier avait très peu séjourné dans la demeure paisible d'Eaton Square. Ces derniers temps, il avait établi ses quartiers à l'hôtel Connaught, à Mayfair, mais Vivien, avec son goût particulier, avait fait de l'appartement d'Eaton Square un petit modèle d'élégance et de raffinement. Rien de comparable avec le style grandiose de Notley toutefois. Eaton Square avait été conçu pour être leur nid londonien, et son charme discret devait combler un peu le vide laissé par la vente de Durham Cottage. Les teintes sombres tranchaient avec des moquettes vert acide, des rideaux jaunes. Partout, des fleurs : sur les papiers peints, dans de beaux cadres, sur le baldaquin de son lit, réplique exacte de celui de Scarlett dans *Autant en emporte le vent*. Il y avait un petit jardin privé, en face de l'appartement, avec de grands arbres, de belles pelouses et quelques courts de tennis. Pendant les trois mois d'absence d'Olivier, l'état de santé de Vivien avait connu des hauts et des bas. Le succès de la pièce lui avait pourtant redonné confiance et elle avait confié à des amis qu'elle souffrait terriblement de l'absence de son mari. En attendant son retour, elle avait fait une provision de bons mots et d'histoires drôles, tant elle tremblait du désir de le séduire, de le charmer. Mais au bout de quelques jours seulement, en dépit de ses bonnes résolutions, elle se remit à l'insulter, le déchirer, le blesser, l'humilier. Olivier repartit peu de temps après pour New-York afin de jouer *The divils disciple* aux côtés de Kirk Douglas et de Burt Lancaster. Restée seule et abandonnée une fois de plus, Vivien comprit qu'il y avait bien peu de chances pour qu'Olivier lui revienne jamais et elle s'effondra, terrassée par une nouvelle dépression. On dut interrompre momentanément les représentations de *Duel of angels* pour lui permettre de prendre du repos. Lorsqu'elle refit surface, il lui arriva de se rendre au théâtre en portant encore sur le front les brûlures occasionnées par les traitements de chocs. Elle calmait ses angoisses en mangeant et, lorsque Gertrude Hartley accourut à son chevet, elle fut effrayée par les variations de poids que ces crises de boulimie entraînaient sur sa fille.

Au mois de septembre, Elaine Dundy et Kenneth Tynan furent invités à venir passer un week-end à Notley. Les critiques malveillantes d'*Antoine et Cléopâtre*, de *Titus Andronicus* et de

Macbeth semblaient avoir été oubliées, et la journée commença comme un conte de fée. Dans sa jolie robe d'organdi, coiffée d'un large chapeau de paille aux rubans bleus qui flottaient dans son dos, Vivien fit à ses hôtes les honneurs de la prestigieuse demeure. Le temps était parfait pour un pique-nique, et l'on étendit la nappe sur la pelouse, au bord de la rivière. Le vin blanc, au goût fleuri, était frais et délicieux et Vivien se montra charmante et détendue. « Soudain, une guêpe se mit à bourdonner autour d'elle. La charmante Scarlett O'Hara se transforma brutalement en une Blanche DuBois pathétique. Son visage se figea d'épouvante, elle battit l'air avec ses bras. Elle poussait des cris perçants : « Vas t'en, vas t'en. » Frissonnante, elle enfouit son visage dans ses mains. » Après le pique-nique, le groupe revint calmement vers la demeure. Les invités étaient un peu secoués par cette scène d'hystérie et, pour se changer un peu les idées, on décida d'organiser une partie de croquet. Quelque part, Vivien et Gertrude se querellaient : « C'est ta faute », criait-t-elle, « Tout est de ta faute. Tu n'as jamais voulu que je joue Blanche. Tu as essayé de m'en empêcher ». « Vivien, je t'en prie, tiens-toi convenablement », suppliait Gertrude. Mais pendant le reste de la journée, Lady Olivier, la femme de quarante-quatre ans, se comporta comme une enfant espiègle, la petite fée de Darjeeling. Tandis qu'elle servait l'apéritif dans un magnifique sari rouge et or, elle obligea Kenneth Tynan à revêtir une cotte de maille que Sybill Thorndike avait portée pour jouer Jeanne d'Arc dans la pièce de Shaw. Olivier était attendu pour le dîner. Il rentrait d'Espagne où il passait quelques jours de vacances en compagnie de son frère, Dickie, atteint d'un mal incurable. Pour le recevoir, Vivien avait fait dresser une somptueuse table dans la salle à manger, illuminée par de longs candélabres. Visiblement fatigué, il fit tout de même quelques efforts désespérés afin de paraître courtois envers ses invités. La mine contrite de Gertrude et l'air extasié de Vivien étaient assez éloquents pour lui faire redouter une nouvelle scène, mais pour l'instant il n'y avait rien d'autre à faire, sinon « s'élever au-dessus de l'absurde de la situation. » Dès la fin du repas, Vivien entraîna Elaine Dundy dans sa chambre. De multiples flacons de parfums rares et coûteux encombraient sa coiffeuse et elles s'en aspergèrent avant de redescendre pour boire, écouter des disques, danser, boire encore. Le lendemain, à la première heure, Olivier informa brutalement les Tynan de l'état de sa femme et leur demanda de quitter immédiatement l'abbaye. La présence de son critique le plus acharné n'avait fait qu'exacerber la nervosité de Vivien et provoquer une de ces crises cycliques à laquelle ils avaient assisté la veille. Elaine Dundy était consternée. « Nous devions en fait retourner à Notley le dimanche suivant, sur l'invitation de Vivien et en l'absence d'Olivier, et cette fois nous écoutâmes des enregistrements de Noël Coward. Ken tenait la main de Vivien et tous deux se mirent à pleurer. »

L'aventure cependant ne fut pas infructueuse, car au cours du week-end fatidique, Olivier et Tynan avaient élaboré ensemble un projet qui devait les réunir dans les années 60 dans la grande aventure du National Theatre. « Et tout cela n'était-ce pas grâce à Vivien, qui portait la plus profonde blessure, mais qui en pardonnant à Ken, leur avait permis de se rapprocher ? »

— Chapitre XXX —

Adieu, je t'aime...

L'épaisseur inhabituelle de la lettre était déjà un mauvais présage. Elle avait été postée de Paris, avenue Marceau. L'écriture fine et ramassée, parfois précipitée en bout de phrases, était bien celle d'Olivier. Quatorze pages. Quatorze longues et interminables pages de ces signes dansants pour clore définitivement le chapitre de leur vie commune. Il ne l'aimait plus.

Le 5 novembre 1958, il était pourtant revenu fêter avec elle son anniversaire, les bras chargés de cadeaux et de fleurs. Il lui avait offert une Rolls Royce immatriculée à ses initiales, dont il n'avait su hélas taire le prix : 7000 livres. Comment s'étonner alors que deux jours plus tard, au cours de la somptueuse soirée donnée au Milroy en l'honneur de Lauren Bacall, elle ait semblé un peu trop belle, un peu trop heureuse? « Pendant que j'étais à Paris, Vivien Leigh m'appela pour me dire qu'elle voulait donner une fête en mon honneur. Qui avais-je envie d'y rencontrer ? Je ne veux voir que vous et Larry ; surtout n'organisez rien de spécial pour moi. Mais elle insista et je lui laissai toute initiative. En arrivant à Londres, j'appris qu'elle était menacée d'une nouvelle dépression nerveuse. Elle jouait toujours *Duel of angels* huit fois par semaine, mais elle avait pris beaucoup de poids. Il se trouva que la soirée qu'elle voulait donner réunit plus de cent personnes. Elle avait loué dans ce but tout un night club. Larry m'invita au restaurant The Ivy. Direct, sincère, il m'expliqua avec une extrême gentillesse que cette fête était l'idée de Vivien et qu'il n'y avait aucune part, qu'il y serait présent, naturellement à cause de moi, mais qu'il tenait à ce que je me fasse une idée claire de la situation. Il allait partir pour la Californie tourner un film et resterait absent longtemps et, lorsqu'il rentrerait en Angleterre, ce ne serait pas vers Vivien. Les dix premières années de leur mariage avaient été paradisiaques, les dix suivantes un enfer. Maintenant tout était fini. Mais elle avait besoin de ses amis. Il souhaitait que je la soutienne de mon affection. Il souffrait profondément de cette rupture, s'angoissait à l'idée de ce qu'allait devenir Vivien. Mais il savait que s'il ne s'éloignait pas il n'y résisterait pas. Il m'amena voir sa pièce, où elle était merveilleuse, et très belle, qu'elle eût ou non pris du poids. Dans les coulisses, elle nous accueillit avec du champagne et un bavardage ininterrompu, puis nous partîmes pour la soirée, où une nuée de photographes nous environna au rez-de-chaussée comme au premier. Je m'y retrouvais recevant les invités entre Larry et Vivien. Le tout - Londres du Théâtre était là — anciens amis, nouveaux, amis à venir. Danseurs de flamenco, orchestre, les réjouissances durèrent jusqu'à l'aube où les retardataires, c'est-à-dire Brian Beford dans la catégorie des amis à venir, les Burton, les Kenneth More, Jack Hawkins et quelques autres furent entraînés par Vivien jusqu'au Connaught Hotel je crois, pour y déguster des oeufs brouillés. Vivien possédée d'une énergie démentielle dans sa totale inaptitude à dormir -clairs symptômes de son état. En les regardant, Larry et elle, ce soir-là, il était difficile de croire qu'il s'agissait de ces deux mêmes êtres dont la vie avait été autrefois idyllique. »

Un mois après cette soirée mémorable, les Britanniques feuilletant le journal à l'heure du breakfast, poussèrent un cri surpris : Scarlett était grand-mère. Ce jour-là, plus d'un homme et d'une femme inspectèrent devant la glace leurs mèches blanches et leurs rides au coin des yeux. Le temps semblait avoir oublié Vivien, et depuis vingt ans on s'était habitué à la voir traverser les défaites et les succès avec le même rayonnement qu'au temps de Scarlett O'Hara. Avec l'air ravi d'une fée, elle s'était penchée au-dessus du berceau de son premier petit fils, Neville Leigh Farrington. « C'est la chose la plus merveilleuse du monde », confiat-elle à la presse, les yeux embués. Elle était si fière de Suzanne. Au cours d'un repas suivant, elle avoua pourtant à Leigh Holman sa peur terrible du vieillissement. La télévision américaine lui avait proposé le rôle d'Evita Peron, la Madone argentine, entrée en politique après avoir claqué en 1939 la porte des studios d'Hollywood. Elle et Vivien avaient plus d'un point commun. Dévorées d'ambition, elles avaient toutes deux accolé leur nom à celui d'un homme célèbre, et avaient dû, après le succès, affronter les tourments de la maladie. A trente-trois ans, la leucémie avait eu raison d'Evita et Vivien, en soupirant, enviait presque le sort de l'Argentine. Elle, au moins, avait conservé son mari jusqu'au bout, et surtout elle était morte jeune.

Pour combattre ces idées morbides, elle se lança avec Lauren Bacall et Kaye Kendall dans une vie mondaine éblouissante et délirante. A Londres, on les surnommait « les trois folles ». Elles apparaissaient toujours ensemble au spectacle, dans les restaurants... extraordinaire trio de femmes intelligentes et belles qui, s'étant aperçues que le temps passait vite, s'épuisaient à le poursuivre. Olivier était parti jouer *Spartacus* à Hollywood. Il devait y être retenu pendant plusieurs mois et Vivien passa les fêtes de fin d'année 1959 toute seule à Notley. Dès la fin des représentations de *Duel of angels*, elle regagna l'abbaye et redevint l'hôtesse parfaite de jadis. Trader Faulkner lui rendit visite, en compagnie de sa mère, un professeur de ballet qui avait donné des cours de maintien à Vivien. Ensemble ils évoquèrent le passé. L'odeur du bois brûlé et de l'herbe mouillée embaumait les pièces. Installée dans son gros fauteuil, au coin de la cheminée, Vivien admirait les flammes et se plaisait à les attiser. Les ombres de Laurence Olivier et de Peter Finch glissaient parfois le long des murs. Elle était profondément émue par l'échec de son mariage. Pour elle, leur union était condamnée d'avance, car on ne pouvait pas construire son propre bonheur sur le malheur de deux autres personnes. De Peter Finch, avec lequel elle conservait des liens d'amitié, elle parlait aussi avec nostalgie et avec tendresse. Elle l'appelait « le gitan » parce qu'il était libre et indomptable, secret et insaisissable, plus qu'un homme, un symbole, un mythe, une sorte de dieu Pan.

Au mois de mai, Noël Coward vint la tirer de sa retraite. Il lui proposa le rôle d'une « cocotte », Lullu d'Arville, dans *Look after Lullu*, l'adaptation d'une farce de Feydeau, *Occupe toi d'Amélie*. La pièce avait été un échec à New-York avec Tammy Grimes dans le rôle principal, et elle ne fut pas mieux reçue à Londres, sinon pour l'interprétation hors pair de Vivien. Le chassé-croisé de situations échevelées propres à Feydeau faisait alterner les situations embarrassantes (Lullu se retrouvant sous le lit de son chaperon pendant que la maîtresse de celui-ci lui rend visite) avec les mystifications (la pièce se terminait par un faux mariage). Entre-temps, le public était surtout ravi de voir Lady Olivier évoluer sur la scène du Royal Court Theatre, en petite tenue « à la française ». Lullu d'Arville était une revanche pour Vivien. A quarante-cinq ans, elle drainait encore les foules en interprétant les jeunes coquettes. Meriel Forbes, l'épouse de Tony Richardson, le metteur en scène de la pièce, confia que durant la majeure partie des représentations, Vivien avait traversé une période très délicate. Lorsqu'on la croisait dans les coulisses, elle était dépressive, souvent en larmes. Une fois sur scène, elle redevenait « une petite lionne aux yeux luisants » s'allumant comme une ampoule dès qu'elle affrontait le public. Son extrême professionnalisme, sa technique parfaite, sa discipline de fer lui permettaient une fois de plus de s'extraire des profondeurs dans lesquelles elle s'abîmait. A son retour des Etats-Unis, Olivier lui fit cruellement ressentir son détachement, ne répondant à son affection que par une politesse glacée. Il vint l'applaudir avant de repartir aussitôt pour Stratford, où il interprétait *Coriolan* de Shakespeare. Depuis la mort de son frère, en novembre dernier, la propriété de Notley était restée sans régisseur. Il vint lui demander de bien vouloir envisager la mise en vente de l'abbaye. C'était une nouvelle épreuve pour Vivien qui avait tellement de souvenirs attachés à la grande demeure. Pourtant, elle y consentit sans protester. Elle savait qu'Olivier était déterminé à se séparer d'elle, et elle préférait, quoi qu'il lui en coûte, rompre définitivement avec un passé trop douloureux. La frêle petite beauté en tailleur gris qui avait accueilli son mari à l'aéroport de Croydon au mois de juin, ne s'avouerait jamais vaincue, perdue, rejetée. Elle continuerait toujours à recevoir ses amis avec le sourire.

Le 18 décembre, une perte plus cruelle que les autres vint s'ajouter au cortège de souffrances et de douleurs qui, depuis plusieurs années, formaient le tissu de son existence. Ernest Hartley venait de mourir à l'âge de soixante-quinze ans des suites d'une intervention chirurgicale. Ainsi, peu à peu, s'effaçaient les couleurs de l'Inde. Leurs lampions colorés avaient été soufflés par la tempête, et la vie, de plus en plus, ressemblait à une aube grise et sans promesse, à un lendemain de fêtes. Lorsqu'après seize semaines de représentations *Look after Lullu* quitta l'affiche, ce n'est plus vers Notley que Vivien partit se réfugier. Dès le mois de juin, l'abbaye, classée monument historique, avait été mise en vente. « Le dernier âge de l'élégance », selon le mot de Lady Redgrave, venait de prendre fin et, pelotonnée parmi ses chats à Eaton Square, Vivien s'apprêtait à tourner une nouvelle page de son existence.

Robert Helpmann eut la bonne idée à cette époque de faire reprendre *Duel of angels* à Broadway avec une nouvelle distribution. Seule Vivien conserverait son rôle, celui de l'étonnante Paola. Trop heureuse de fuir un monde qui s'écroulait, un appartement vide, une vie privée qui ressemblait de plus à plus à une tragédie, Vivien donna son accord au metteur en scène. Elle cherchait à fuir, disparaître de Londres, cette ville indécente qui lui rappelait à chaque coin de rue que Laurence Olivier ne lui appartenait déjà plus. George Devine avait monté *Le rhinoceros* au Royal Court, avec Olivier et Joan Plowright dans les principaux rôles et, tous les soirs, une foule malsaine se pressait au théâtre pour voir « celle qui succédait à Vivien ». Déjà, leurs deux noms s'enlaçaient sur les affiches, et la rumeur d'un divorce se propageait dans toute la presse, malgré les démentis formulés par les deux partis. A ce moment-là, heureusement, Vivien était déjà loin.

A New-York, elle retrouva Jack Merivale, son admirateur de toujours. La partie d'échecs dramatique de Sneden's Landing ne fut pas évoquée. Il ne fallut que quelques jours à Jack pour se rendre compte qu'il aimait encore Vivien et que, de son côté, elle avait terriblement besoin de la présence tendre et réconfortante d'un homme. Mais entre eux, comme auparavant, se dressait toujours l'ombre d'Olivier. Elle continuait à porter dans son sac des lettres qu'il lui avait écrites, conservait en permanence sa photo sur sa table de nuit et dans sa loge, et vénérait son image comme celle d'un défunt. Un jour, elle fut émue aux larmes en voyant Merivale porter une veste écossaise identique à celle que possédait Larry. Nul autre que Jack n'aurait pu endurer longtemps cette terrible obsession, mais parce qu'il aimait Vivien, parce qu'il devinait sa fragilité et son effroyable solitude, il décida de supporter tout sans rien dire.

Le 19 mai 1960, un communiqué laconique dans la presse américaine mit un terme à plusieurs mois de spéculation : « Lady

Olivier tient à faire savoir que Sir Laurence lui a demandé de consentir au divorce pour épouser Miss Joan Plowright. Elle fera bien entendu ce qu'il désire. » A Londres, la nouvelle fit l'effet d'une bombe. Assailli par la presse, Olivier était effondré. Il avait fait parvenir à Vivien, le même jour, une lettre lui expliquant les raisons de sa requête et il s'attendait, de sa part, à une réponse tout aussi confidentielle. Au lieu de cela, ce fut la ruée. Sa photo faisait la Une des journaux et le nom de Joan Plowright, clairement cité, fit pousser aux Britanniques des cris d'indignation. « Pourquoi ? » ; « Il est saisi par le démon du Midi ! » ; « C'est impossible, tout va s'arranger ! » Décidément, en Angleterre, les histoires d'amour ne finissaient pas toujours en éclats de rire heureux. Edouard VIII et Wallis Simpson, Margaret et Peter Townsend, avaient été autant de gifles cinglantes aux vieux tabous. Ne parlait-on pas à mots couverts d'un remariage possible de la reine-mère? A présent, tout semblait possible. Les Olivier. Une légende. On y croyait dur comme fer. Leur amour s'était imposé à la terre entière, faisant rayonner le théâtre, Shakespeare et l'Angleterre sur tous les continents. Les meilleurs ambassadeurs de la reine, certainement. On se mit à regarder plus attentivement le visage de cette jeune femme de vingt-huit ans qui venait de « voler » à Vivien le prince des comédiens. On lui reconnaissait volontiers quelque chose de doux, de tendre, de généreux, mais Joan Plowright manquait singulièrement du piquant, de l'élégance, de la beauté et de la distinction de Vivien Leigh. Elle aurait fort à faire pour se transformer en Lady, d'autant plus qu'elle avouait ne pas aimer les diamants. Et puis, n'était-elle pas encore mariée à cet acteur, Roger Gage ? La déclaration de Vivien risquait de rendre fort complexe la procédure de divorce et de la retarder de plusieurs mois. Etait-ce ce qu'inconsciemment elle avait voulu ? Interrogée à ce sujet par Jack Merivale, Vivien prétendit ne pas se souvenir d'avoir jamais rédigé ce fameux communiqué. Elle venait du reste de faire parvenir un télégramme à Olivier dont il relut avec stupéfaction les quelques lignes, dans sa loge, avant une représentation de *Rhinocéros* : « Bon anniversaire. Tous mes plus tendres voeux vous accompagnent. Vivien. »

La caresse succédait une fois de plus au coup de griffe, mais ce télégramme d'anniversaire était aussi un adieu. En décembre dernier, peu après le départ de Laurence Olivier pour

Los Angeles, elle lui avait téléphoné en larmes pour lui annoncer qu'elle était tombée amoureuse de Jack Merivale. Sans être vraiment au courant de l'état de santé de Vivien, Jack la savait tout de même sujette à d'étranges humeurs passagères. A plusieurs reprises, au cours de la tournée de *Duel of angels*, Robert Helpmann, le metteur en scène, était venu lui demander de l'aide, car le comportement de la star était de plus en plus incontrôlable. Irene Selznick la persuada de se rendre chez un docteur pour subir une nouvelle série d'électrochocs et, à plusieurs reprises, Vivien entra sur scène avec des migraines aveuglantes et des brûlures sur le front, mais jamais elle ne manqua une seule réplique. L'amour de Jack était son meilleur remède. Elle ne l'aimait pas d'un amour passionné, comme elle avait pu aimer Olivier, mais avec lui elle découvrait l'apaisement, la sérénité et la tendresse. Il était l'épaule sur laquelle elle pouvait s'appuyer, plus qu'un amant, un ami, un frère. La patience sans limite qu'il manifestait à son égard l'émerveillait chaque jour davantage. Elle détestait sa maladie, se souhaitait quelque chose de plus décent, « un cancer par exemple » ! Mais Jack lui apportait tous les jours de nouvelles preuves de sa tendresse et de son dévouement. Il n'avait pas oublié l'image de la radieuse beauté qui, en 1937, lui avait souhaité bonne chance dans les coulisses de l'Old Vic. Il s'était d'abord montré réticent à franchir le stade de la simple amitié, et même lorsque Vivien l'avait encouragé il avait tenu à garder leur liaison secrète. Il était plus jeune que Vivien, beaucoup moins célèbre et n'évoluait pas comme elle dans les mêmes cercles brillants et mondains. Il craignait un peu que leur relation soit mal interprétée. Elle comprenait ses scrupules et ne manqua jamais une occasion de le remercier pour sa sincérité et sa délicatesse. « Notre liaison était inscrite dans les astres », et de fait, leur première association professionnelle débuta par un triomphe. Après six semaines d'essais à New-Haven, *Duel of angels* reçut les acclamations du public et des critiques new-yorkais. Pour Walter Kerr, du *New-York Times*, Paola était le rôle le plus achevé et le plus captivant de Vivien. Elle disait son texte avec « la rapidité d'une langue d'iguane », tout en restant impeccablement claire et distincte, et son jeu parvenait à évoquer le diable et l'odeur du souffre, élevant même la température de la salle « comme si un improbable thermostat était logé au fond de sa gorge ». Mais, entre les représentations, les crises se succédaient avec une régularité déconcertante. Une cohorte de fans campaient tous les soirs devant la sortie des artistes et elle semblait déterminée à saisir toutes les occasions de se distraire qui se présentaient à elle. Cocktails et réceptions se succédaient à un rythme euphorique. Dans ces moments difficiles, Jack se tenait courageusement à ses côtés. Il l'accompagna une nouvelle fois chez le médecin qui lui avait administré son premier électrochoc. Le spectacle de ces souffrances lui était intolérable, mais il ne s'accorda jamais le droit de se plaindre. A bout de force, mais reconnaissante, Vivien multipliait les signes de gratitude en lui faisant parvenir des petits mots d'amour, et en le couvrant de cadeaux.

Au cours du mois de mai, un conflit syndical avait opposé les acteurs et les directeurs des théâtres de New-York. Pour la première fois en quarante ans, les lumières de Broadway s'éteignirent pendant dix jours, paralysant un grand nombre de productions. La carrière de *Duel of angels* à New-York, fut brutalement interrompue, provoquant la grande colère de Vivien dont l'attachement au principe célèbre « The show must go on. » était l'une des vertus cardinales. Roger Stevens, le producteur, décida cependant de faire reprendre la pièce en Californie. La tournée débuterait à Los Angeles et se poursuivrait dans plusieurs états et grandes villes comme San Francisco, Chicago et Washington. En attendant, Vivien disposait d'un laps de temps providentiel qu'elle mit à profit pour rentrer au plus vite en Angleterre subir un nouveau traitement par son médecin habituel. Abandonnant Jack pour la première fois, elle s'embarqua le 10 juin dans un avion à destination de Londres. La presse l'attendait à l'aéroport et, avec sa gentillesse habituelle, elle ôta ses lunettes de soleil et esquissa un courageux sourire à l'attention des photographes. Bob Helpman l'avait accompagnée pour la soutenir dans cette épreuve. Il portait le panier en osier de Poo Jones, le siamois de Vivien. Dans l'interview télévisée qui suivit cette arrivée pathétique, elle coupa court à toutes les questions d'ordre privé. Sa voix était brusque et sèche, tandis qu'elle allumait nerveusement cigarette sur cigarette. Elle avait sollicité une entrevue auprès d'Olivier. Elle ne pouvait se résoudre à rompre définitivement et s'accrochait désespérément à l'espoir de maintenir avec lui quelque contact, fût-il exclusivement professionnel. Rendez-vous fut donc pris au théâtre où il jouait *Rhinoceros*, mais au dernier moment Larry se ravisa et, cruellement, fit remettre leur rencontre. Bravement, Vivien dissimula sa déception. Une fois de plus, elle fit front avec le sourire à la meute des journalistes qui l'attendaient devant sa porte à Eaton Square. L'annonce du divorce les avait rendus aussi nerveux qu'une horde de requins flairant l'odeur du sang. Tous les soirs ils guettaient sa venue au Royal Court, où Larry et Joan Plowright jouaient la pièce de Ionesco. Elle avait beaucoup hésité, l'épreuve semblait au dessus de ses forces. Comment rester sereine lorsque, sur scène, celui qui était encore aux yeux de la loi son mari et son maître, enlaçait une jeune fille qui avait presque vingt ans de moins qu'elle ? Pour finir, elle avait choisi au hasard un titre dans la rubrique des spectacles, s'était endormie au cours de la représentation, et avait annulé tous ses autres engagements. En privé, les crises se succédaient, d'une violence épouvantable. Une nuit, le docteur fut même obligé de venir lui administrer un sédatif à quatre heures du matin. Heureusement, elle avait toujours sa mère, Gertrude, et ses amis pour l'entourer, la protéger, l'envelopper d'affection et d'amour. Elle y puisait la force nécessaire pour poursuivre stoïquement un traitement particulièrement éprouvant. Vers la fin du séjour, elle trouva même le courage de se rendre à Notley récupérer quelques objets personnels qu'elle ramena dans son appartement d'Eaton Square. En son absence, elle trouva que les jardins avaient été négligés et rentra à Londres bouleversée. Elle avait caressé une dernière fois les murs de vieille pierre, la lourde porte de chêne, les fenêtres à meneaux et, lorsqu'elle s'embarqua pour New-York, quelques jours plus tard, elle avait le sentiment de laisser derrière elle le décor vide d'une pièce sur laquelle le rideau venait définitivement de tomber. Heureusement, elle n'emportait pas dans ses bagages que des souvenirs douloureux, et la perspective de trois semaines de vacances en tête à tête avec Jack, avant la reprise de la pièce, la ravissait plus que tout. Elle avait accompli le voyage avec son nouveau chaton aux yeux violets et un petit Renoir qu'elle avait ramené de Notley, afin d'avoir toujours « quelque chose de joli à regarder ». Jack était venu l'attendre à l'aéroport et, en la voyant si pleine de vie, rayonnante de santé et d'une beauté presque émouvante, il eut la certitude que son attachement à Vivien était profond, durable et sincère. Dans une lettre, il en fit part à Olivier, que Vivien surnommait à présent « Son Altesse », en raison de la froide distance qu'il avait tenu à observer avec elle. Puis, ensemble, ils décidèrent d'accomplir en train le trajet jusqu'en Californie.

L'avenir lui appartenait encore et, telle Paola, Vivien laissait derrière elle « des ombres, des pas, des voix. Rien de plus. »

— Chapitre XXXI —

La valse des ombres

Pour fêter le retour de Vivien en Californie, George Cukor donna, dans sa propriété, une merveilleuse soirée dans la plus pure tradition hollywoodienne. Pour un soir, il récréa le faste des Gilbert, des Fairbanks, des Valentino... Fontaines colorées, orchestre clinquant, piscine aux eaux cristallines, rien ne manquait à la panoplie et elle fut émue jusqu'aux larmes des attentions du réalisateur. Toujours préoccupée par le mal que pouvaient se donner les autres pour lui faire plaisir, elle prit Cukor à part et lui demanda d'un air inquiet s'il pouvait réellement se permettre « tout ça ». Ce n'est qu'une fois rassurée sur ce point qu'elle s'accorda le droit de papillonner au milieu des invités, un verre de champagne à la main, aussi excitée qu'une « débutante », le soir de son premier bal. Il n'était pas très tard lorsqu'elle revint vers Cukor, mais elle savait qu'il devait travailler le lendemain. Elle lui passa la main sous le bras, lui adressa son sourire le plus tendre et le plus ravissant et ajouta dans un murmure : « Et maintenant, laisse-moi leur dire d'aller tous se faire foutre ! »

Avec lui, elle reprit le dialogue intime qu'ils avaient entamé en 1939, sur le tournage d'*Autant en emporte le vent.* Elle avait toujours conservé la bague qu'il lui avait offerte avec Garson Kanin, le jour de son départ pour l'Angleterre, au milieu des bombardements et des éclairs de la guerre. Tout semblait si loin à présent. Olivier devait être quelque part en Grande-Bretagne avec Joan Plowright. Dans le beau jardin de Cukor, au bord de la piscine, ils parlèrent du passé, mais aussi du présent et de l'avenir. *Duel of angels*, n'obtenait pas le succès escompté. La pièce était jugée trop « sophistiquée » par les Californiens, en dépit du triomphe qu'ils accordaient tous les soirs à Vivien. Elle était toujours une grande star en Amérique, et le cinéma venait même de lui proposer un rôle tout à fait impossible, celui de Karen Stone, une actrice vieillissante en proie à sa libido et exploitée par une vieille comtesse italienne et un jeune et beau gigolo. Sa première réaction avait été de refuser ce portrait de femme déchue qu'elle trouvait trop « cruel » et trop « grotesque ». Mais après mûre réflexion, et sur les conseils de Cukor, elle se ravisa. Après tout, l'auteur de *The roman spring of Mrs Stone*, n'était autre que le grand Tennessee Williams.

Dans ses Mémoires, l'auteur du *Tramway nommé désir*, de *La chatte sur un toit brûlant* ou de *La nuit de l'iguane*, n'a jamais caché que l'une de ses grandes ambitions professionnelles avait toujours été de produire un texte qui aurait décidé Greta Garbo à accomplir son grand retour à l'écran. Il avait déjà cru y parvenir en 1947, lorsque la Suédoise l'avait convié dans son appartement de la Ritz Tower pour lui lire le récit d'un scénario intitulé : *The pink bedroom*. « Nous étions assis dans le boudoir, à boire du schnapps. J'étais un peu parti et je commençais à lui raconter l'histoire de la *Pink bedroom*. Il y avait quelque chose dans son étrange beauté androgyne qui effaçait ma timidité chronique. Je lui racontais l'histoire et elle ne cessait de murmurer : 'Merveilleux !' en se penchant vers moi avec un certain ravissement dans les yeux. Je me dis en moi-même : 'Elle le fera, elle fera sa rentrée à l'écran !' Au bout d'une heure, alors que j'avais fini de lui raconter le scénario, elle dit encore : 'Merveilleux !' puis elle soupira, et se renversant dans son canapé : 'Oui, c'est merveilleux, mais ce n'est pas pour moi. Donnez le à Joan Crawford' ».

Loin de se laisser décourager par ce premier refus, Williams était revenu à la charge en 1950, lorsqu'il avait appris qu'Elia Kazan était décidé à réaliser l'adaptation cinématographique du *Tramway nommé désir*. Garbo serait sa Blanche Dubois, ainsi en avait décidé le dramaturge. Pourtant, là encore, capricieuse en diable, la Divine avait opposé une résistance farouche à interpréter un personnage aussi peu conventionnel et surtout, si antipathique : « En un sens, j'ai toujours été une rêveuse. Dans mon enfance j'ai toujours rencontré la brutalité, et le résultat m'a accompagnée toute ma vie, mais je suis quelqu'un d'honnête, de net, je vois les choses très lucidement. Je ne pourrais jamais être une personne compliquée, entortillée, je suis trop directe et trop masculine. Je ne pourrais pas supporter de dire des mensonges et de voir les choses autour des angles, comme cette femme dans la pièce. »

C'est avec un malin plaisir que Garbo crevait une à une les bulles de savon que lui soufflaient les poètes et les fous. « Je ne suis qu'une gentille jeune fille, ni trop jeune, ni trop gentille... je l'espère », avait-elle déjà déclaré en 1931, dans un film de Clarence Brown. Lorsqu'elle avait quitté le cinéma, pour lequel elle avait avoué avoir déjà fait « assez de grimaces », c'était bien dans l'intention de mener enfin librement la vie banale et simple qu'elle avait toujours affectionnée. Que Tennessee Williams, le plus grand dramaturge contemporain ait écrit *The roman spring of Mrs Stone*, en espérant lui confier le rôle de Karen Stone, ne l'impressionna pas davantage. « Ce n'est qu'un petit homme avec une moustache. » Sans doute en aurait-elle dit autant de Charlot ou de Hitler.

Louis de Rochement, le producteur, essaya donc de résoudre avec le scénariste Gavin Lambert, le problème épineux de l'interprète principale. Finalement, c'est Williams lui-même qui, se souvenant de l'interprétation hors pair de Blanche Dubois suggéra de proposer le rôle à Vivien. Mais après une absence de cinq ans devant les caméras, *The deep blue sea* avait été tourné en 1955,Vivien était elle encore capable d'affronter la réalité d'un tournage ? Nombreux étaient ceux qui, aux Etats-Unis, conservaient en mémoire les images de sa piteuse sortie lors du tournage de *La piste des éléphants*. L'imminence de son divorce avec Laurence Olivier, annoncé dans toute la presse, laissait présager une nouvelle dépression. Certes, son interprétation de Paola, dans *Duel of angels*, témoignait qu'elle était encore une merveilleuse actrice, mais elle n'en demeurait pas moins un risque considérable. La tournée de la pièce en Californie rassura quelque peu les producteurs, car tout au long des semaines passées à parcourir les différentes villes au volant de sa petite Thunderbird, Vivien semblait avoir retrouvé le bonheur et la joie de vivre.

Le tournage du *Printemps romain*, fut donc fixé au début de l'année 1961 et, peu de temps après la dernière représentation de *Duel of angels* à Washington, au mois de novembre, Jack Merivale et Vivien s'embarquèrent sur le *Queen Elizabeth* en direction de Cherbourg. La presse les saisit alors qu'ils descendaient du transatlantique. Vivien, coiffée d'une sorte de chapeau cloche et vêtue d'un manteau de fourrure, serrait contre elle Poo Jones, son chat siamois. Merivale lui emboîtait le pas, le visage durci par la moustache et le bouc qu'il s'était laissé pousser pour jouer son mari dans la pièce de Giraudoux. Avant de rentrer à Londres, ils avaient en effet prévu de passer par Paris où elle était attendue chez Balmain pour procéder aux essayages de costumes pour le film. Le couturier s'était surpassé et ses tailleurs élégants, ses robes du soir aux teintes satinées, étaient un véritable enchantement. C'est donc dans la capitale française qu'ils passèrent leur dernier moment de calme et de repos avant l'agitation de Londres et le face-à-face terrible avec la presse qui l'attendait devant sa porte à la veille de son divorce.

Gavin Lambert était venu lui rendre visite à ce moment-là, dans son appartement d'Eaton Square pour discuter du scénario du film : « Elle était vraiment très belle, et aussi très calme et souriante. Le seul indice de nervosité était le nombre de paquets de cigarettes disséminés dans toute la pièce, une nouvelle marque qui s'appelait 'Olivier' ». Ensemble ils avaient procédé aux dernières corrections, modifiant une scène, supprimant une ligne de dialogue : « Je n'ai pas besoin de dire ça, je peux le jouer. » Rien dans son comportement, ne laissait suggérer qu'elle s'apprêtait à affronter l'expérience la plus douloureuse et la plus traumatisante de toute son existence.

Le 2 décembre 1960, vêtue d'un petit tailleur à carreaux rouges et noirs, elle se rendit au tribunal pour entendre prononcer un jugement en divorce avec Laurence Olivier. Pour faciliter un peu la procédure, elle avait été à son tour obligée de reconnaître avoir commis plusieurs actes d'adultères à Ceylan, Londres et New-York. Raidie par l'humiliation de voir ainsi sa vie privée étalée au grand jour, elle se contenta de mordiller nerveusement le bout de son gant entre ses dents. Mais l'angoisse se lisait sur son beau visage. La liaison adultère de Joan Plowright et de Laurence Olivier était pourtant à l'origine de la procédure, et un détective privé confirma les faits qu'ils avaient eux-mêmes consignés dans une déclaration écrite. Une heure après l'avoir accordé à Roger Gage, et après seulement vingt-huit minutes d'audience, le Tribunal prononça le divorce en sa faveur. Le jugement officiel ne devait prendre effet que trois mois plus tard, mais c'en était bien fini de la romance qui avait enflammé l'imagination du public vingt ans auparavant. Scarlett et Heathcliff n'avaient, hélas, pu survivre à leur légende et, telle Juliette à la naissance du jour, Vivien venait de voir s'enfuir « l'amoureux et l'amour ». « Je ne saurais vous dire ce qui m'a poussé à rester auprès d'elle pendant de si nombreuses années », confia Olivier longtemps après à un journaliste du *Times*, « Je ne pouvais rien faire d'autre que de rester à ses côtés en supportant mes souffrances. Je suppose qu'à ce moment-là je n'étais déjà plus amoureux d'elle. Mais il arrive parfois que vous développiez un sentiment très profond lorsque vous êtes déterminé à affronter des choses terribles dans l'unique espoir de pouvoir vivre ensemble ; c'est ce qui nous est arrivé, nous avons bravé le scandale, le public nous envoyait des lettres ignobles, les gens nous crachaient dessus dans la rue. Tout cela nourrit en vous une grande détermination. Et vous aide à repousser le mauvais temps, en vous apportant une certaine constance en dépit de la tempête et des moments orageux. »

Ainsi que le disait Michael Redgrave, « même aux moments de crise », les Olivier avaient su donner l'image « d'un couple très digne ». Que Vivien se soit préparée mentalement à ce divorce et qu'elle ait décidé de faire bonne figure, est une chose. Qu'elle l'ait jamais accepté en est une autre. Elle quitta la cour aux côtés de Jack Merivale et s'engouffra rapidement dans la Rolls gris perle qui l'attendait. Jack prit le volant et descendit doucement le Strand en direction de Belgravia. Installée à l'arrière, le visage tendu et les yeux embués, Vivien tremblait d'émotion et releva le col de son manteau en fourrure de sa main gantée. En arrivant à Eaton Square, elle déclara pourtant avoir l'intention d'organiser une soirée avec quelques amis pour fêter son divorce et ensuite partir quelque part, très loin, avec Jack. Mais ce n'était là que d'ultimes cabrioles pitoyables qui ne parvenaient pas à masquer un sentiment de perte inaltérable.

Elle rendit une dernière visite nostalgique à l'abbaye de Notley qui venait d'être vendue à un écrivain canadien. Les nouveaux propriétaires lui montrèrent fièrement les bulldozers en train de ravager la roseraie pour construire les fondations d'une piscine. Tout était si différent à présent, les arbres que Larry avait toujours adoré tailler, les cloîtres où ils s'étaient souvent promenés avant le dîner. Pour la dernière fois, elle emprunta l'allée sinueuse bordée de citronniers et de noisetiers qui descendait vers la rivière. Olivier avait l'habitude de s'y isoler pour répéter ses textes. Toute une période de bonheur définitivement enfuie. Rien ne pourrait jamais plus la faire revenir. Bien sûr, il y aurait d'autres rôles, d'autres projets, mais sans Larry. « Le dernier âge de l'élégance », avait un jour déclaré Lady Richardson. Et tandis qu'elle remontait vers la petite fontaine, entourée de hauts cyprès, une légère brise se mit à souffler. Soudain, comme dans un rêve, les grands arbres prirent forme humaine. Elaine Dundy avait déjà eu cette hallucination en se promenant dans le jardin en compagnie de Vivien, « ils devinrent les soupirants sudistes de Scarlett O'Hara qui s'inclinaient devant elle au cours d'un bal » et ils la supplièrent, tandis que tombait le crépuscule, de leur accorder encore, une dernière valse.

— Chapitre XXXII —

Sonate d'automne

Tous les soirs, à l'heure où le soleil se couche, la ville éternelle se tend de voiles bleus, se paillette d'or et se poudre de rouge comme une vieille courtisane. La lumière déclinante du jour brouille les formes et les couleurs, et les quelques passants qui se trouvent encore en haut des marches de la Piazza di Spagna, ressemblent à des rebuts flottants à la surface de l'eau.

Du haut de son balcon, telle une inaccessible déesse ou quelque oiseau de proie, Karen Stone regardait dans l'ombre se perpétuer la mésalliance du lierre et du lilas. C'est que depuis des siècles, la vieille lune romaine jetait sur la jeunesse, la beauté et l'amour, un éclat insolent que les membres d'une aristocratie déclinante cherchaient à s'offrir pour quelques cigarettes, un bijou ou un peu d'argent.

L'abandon de sa carrière, la mort subite de son mari et la conscience nouvelle du vieillissement, avaient conduit l'actrice Karen Stone à venir mener à Rome une sorte d'existence « posthume ». Perdue dans la contemplation de son fabuleux passé, elle se surprenait tous les jours à faire des choses qui venaient contredire la résolution qu'elle avait prise : « Rester digne quoi qu'il advienne. » Mais que pouvait une femme seule, encore belle et très riche dans Rome, sinon glisser imperceptiblement dans la facilité et la sécurité d'une liaison habilement arrangée. Pour l'instant, le jeune et indolent Paolo di Leo lui donne l'illusion apaisante de la jeunesse et de l'amour. Mais dans l'obscurité, un autre jeune homme attend, serrant sur son ventre affamé les pans usés de son vieux manteau. Il a refusé tout à l'heure l'offre muette d'un jeune touriste, préférant au bien-être son rendez-vous avec la grandeur. Car il sait que son tour viendra...

Cette séquence d'ouverture du *Printemps romain de Mme Stone*, suffit à expliquer le refus catégorique des autorités romaines à laisser filmer par une équipe étrangère une histoire faisant de Rome un lieu de vice et de prostitution. Lorsqu'en 1960, Federico Fellini avait décidé de laver son linge sale dans les fontaines de la *Dolce Vita*, il avait pris la précaution d'y plonger au préalable la sculpturale Anita Eckberg. Les yeux rivés sur ce relief inouï qui dépassait de loin la beauté de leurs sept collines, les censeurs italiens en avaient alors oublié la peinture brutale et acérée d'une certaine faune romaine. Il en alla tout autrement pour le film de Louis de Rochement, réalisé par José Quintero. Il était hors de question de filmer l'intégralité des scènes à Rome, mais, à force de palabres, l'équipe obtint tout de même l'autorisation de tourner pendant deux jours quelques extérieurs. Il avait fallu pour cela convaincre les censeurs que « ce qui arrivait à Karen Stone à Rome, aurait tout aussi bien pu lui arriver à Paris, Londres ou New-York ». Le reste du tournage dut toutefois être réalisé en Angleterre.

C'est donc pour cette raison qu'en ce début d'année 1961, alors que le froid engourdissait la vie londonienne, il régnait dans les studios MGM de Boreham Wood, la douce tiédeur d'un printemps romain. Les studios d'Elstree n'étaient pas encore disponibles, et l'on avait reconstruit pour l'occasion l'intérieur d'un avion où se déroulait l'une des premières scènes du film. Le plan de tournage ayant été perturbé, il y avait une animation toute particulière lorsque José Quintero, le réalisateur, fit son entrée sur le plateau. Déjà paralysé par son inexpérience totale du cinéma — il avait avoué ne pas savoir où regarder dans la caméra, ni à quel moment il devait crier « action » ou « coupez » — il fut pétrifié par la vision qui s'offrit à lui. Une foule de figurants se frayaient un chemin à travers toute une machinerie complexe, et de nombreux techniciens, perchés sur des échaffaudages, manoeuvraient des centaines de lumières étincelantes : « A coup sûr, me dis-je, j'étais le criminel qu'ils recherchaient. » Lorsque Vivien Leigh arriva à son tour sur le plateau, la tension atteignit son comble. Cinq ans s'étaient écoulés depuis qu'elle avait tourné son dernier film, et dans les mains d'un réalisateur inexpérimenté, personne ne pouvait savoir comment elle allait se comporter. « Flamboyante comme une orchidée » et « gracieuse comme une ballerine », elle fit son entrée dans un manteau vert jade bordé de renard argenté. Elle était toujours aussi fabuleusement belle et évoquait, comme Karen Stone, une certaine grandeur passée. Quelques machinistes éblouis se mirent spontanément à applaudir. Vivien releva la tête et les remercia d'un délicieux sourire et d'un petit geste de la main. « Vivien est par dessus tout d'une grâce incomparable », confia Tennessee Williams à un reporter de *Life*. « Lorsqu'elle rentre sur une scène, elle en prend possession comme si elle y était tout d'abord arrivée suspendue au bec d'une cigogne. » Une acclamation triomphale salua son retour devant les caméras et, lorsqu'elle s'avança au bras de José Quintero en criant : « Nous sommes tous avec lui, n'est-ce pas ? », un tonnerre d'applaudissements lui répondit unanimement.

Pendant les six mois de tournage du *Printemps romain de Mme Stone*, elle étonna, subjugua et conquit tous ceux qui eurent le privilège de travailler avec elle. Au milieu des problèmes incessants et des difficultés qui ne manquèrent pas de surgir, elle demeura égale à elle même, une fée, une diva, une enchanteresse. Elle refusait de se plaindre ou de s'attendrir sur son sort et, lorsque deux jours avant le début du tournage elle avait annoncé à Gavin Lambert et à José Quintero qu'il lui fallait subir un nouveau traitement de choc, elle le fit sur le ton de « quelqu'un souffrant de maux de tête et réclamant une aspirine ». Si par la suite elle dut s'octroyer plusieurs absences justifiées par la poursuite de son traitement, elle ne permit jamais à son état de santé d'altérer en quoi que ce soit l'extraordinaire maîtrise dont elle fit preuve. Tout le monde s'accorda à dire qu'elle fut, en fait, l'élément stabilisateur du tournage. Son courage et sa volonté s'illustraient tous les jours davantage et, parfois, de façon spectaculaire. Au cours d'une scène, elle s'était blessée en tombant de cheval, mais avait insisté pour refaire une prise immédiatement. En cavalière émérite, elle savait aussi qu'on ne laisse jamais une monture sur une faute ou un refus.

Depuis cinq ans, elle attendait ce rôle à la fois terrible et admirable et, à l'heure de la vérité, elle voulait trouver des accents déchirants pour rendre sensible ses moindres nuances. Warren Beatty, son partenaire, semblait s'être fondu dans le personnage arrogant et vaniteux du jeune gigolo, Paolo, et il ne lui menait pas la partie facile. Pendant toute la durée du tournage, l'acteur qui venait juste de terminer *Splendour in the grass*, d'Elia Kazan, justifia aux yeux de tous sa réputation d'acteur difficile. Capricieux et suffisant, il cherchait à en imposer aussi bien à Vivien qu'au réalisateur ou au producteur. Un jour, pendant une séance de maquillage, il laissa tomber négligemment la houpette qui servait à lui appliquer le fond de teint, et attendit que le maquilleur la ramasse. Irrité par de tels enfantillages, José Quintero ne put s'empêcher cette fois d'intervenir : « Non Warren, c'est toi qui l'a laissée tomber, et même si nous devons passer ici tout le reste de la journée, je ne filmerai aucune scène tant que tu ne l'auras pas ramassée. » Surpris par cette brusque volte-face, Beatty ne répondit rien et, ravalant son orgueil, s'inclina pour ramasser la houpette. Derrière cette façade arrogante, Vivien admirait pourtant le charme de l'homme et le talent de l'acteur. Il réussissait à faire de Paolo autre chose que la créature lisse et gominée décrite par Williams et lui apportait quelque profondeur. Certes, son personnage de gigolo était marqué par une certaine ambition, un narcissisme et un opportunisme tout à fait évidents, mais sa fragilité et sa tendresse sous-jacente venaient considérablement adoucir les angles d'une personnalité rendue bien déplaisante par le scénario. Warren Beatty s'était battu pour décrocher le rôle de Paolo. On ne lui trouvait pas l'air assez latin. Il avait donc fini par se teindre les cheveux et se hâler le teint afin de convaincre Tennessee Williams qui prenait des vacances à Porto Rico. Cette détermination avait beaucoup impressionné Vivien lorsqu'il était aussi venu la trouver à New-York. La lutte d'influence qu'ils amorcèrent derrière les caméras parvint à enrichir leur interprétation à tous deux, et donna aux scènes qu'ils avaient ensemble une intensité bouleversante.

L'autre sujet de préoccupation de José Quintero venait du producteur, Louis de Rochement, qui intervenait à tout propos, chaque fois qu'il supposait qu'un nouveau retard allait être pris sur le plan de tournage. Certaines scènes, délicates à filmer, demandaient effectivement beaucoup d'attention et de minutie de la part du réalisateur et, bien qu'inexpérimenté, Quintero acceptait difficilement les conseils techniques de son producteur, qu'il interprétait comme une ingérence dans son travail. Dans un des passages les plus suggestifs du film, Karen Stone dérivant dans les rues de Rome finissait par aboutir dans une impasse. Sur son passage, Quintero avait prévu de faire s'effondrer une charrette qui libérerait plusieurs colombes dans le ciel de Rome. Il avait une idée très précise sur la façon dont les volatiles devaient s'échapper de leur cage, et Vivien était prête à se plier patiemment à ses exigences jusqu'à ce que la scène parfaite soit « en boîte ». Mais Louis de Rochement ne l'entendait pas de cette oreille: « Comment allez-vous faire pour que la charrette s'effondre au moment voulu ? Supposez que vous parveniez à réaliser l'impossible, et que vous y arriviez dès la première prise. Les pigeons iront se percher sur les poutres et ils y resteront, pour chier sur nous tous pendant le reste du tournage. Comment les ferez vous descendre une fois qu'ils auront commencé à s'y plaire ? Inébranlable, Quintero eut un sourire hautain : « Si je n'ai pas mes pigeons, il se pourrait que ce soit moi qui m'envole vers les poutres et que j'y reste pour faire ce que vous dites que les pigeons feraient, chaque fois que vous vous trouverez en-dessous. »

Dans un tel contexte, il est donc extraordinaire que Vivien ne se soit jamais départie de sa bonne humeur et d'une conscience professionnelle irréprochable. La seule objection qu'elle formula pendant le tournage concernait une scène au cours de laquelle le narrateur expliquait que Karen Stone avait commis l'erreur d'interpréter au théâtre des rôles pour lesquels elle était désormais trop âgée. Dans le scénario, Gavin Lambert avait prévu de montrer Vivien dans les coulisses du théâtre où elle jouait Viola dans *La nuit des rois*. Tandis qu'elle attendait le moment de faire son entrée en scène, l'acteur qui jouait Sébastian, son frère jumeau, s'approchait d'elle dans un costume identique. A ce moment-là, la caméra devait s'approcher de leurs deux visages et révéler, sous son lourd maquillage de scène, une Karen Stone assez vieille pour être la mère, et non la soeur jumelle, de son Sébastian. Dans un éclat de rire, Vivien avoua qu'elle préférait que l'on substitue au rôle de Viola, celui de Rosalinde dans *Comme il vous plaira*. Après le tournage, elle avait en effet prévu une tournée en Australie aux côtés de Jack Merivale, pour le compte de l'Old Vic. *Duel of angels, La dame aux camélias* étaient au programme, ainsi que... *La nuit des rois*. Inutile donc de fournir des munitions gratuites aux critiques. José Quintero, qui lui vouait une admiration sans borne, n'aurait pas été en mesure de lui refuser quoi que ce soit. Il était fasciné par sa beauté fragile et délicate, sa classe, tout ce qu'elle représentait. Son nom au générique d'un film était déjà synonyme de prestige, d'éminence et d'achèvement. Lorsqu'un jour elle refusa de se changer dans une loge dont les rideaux étaient sales, personne ne songea à lui en tenir rigueur ou à y voir un caprice de star. Elle était tout simplement incapable de la moindre négligence, toujours impeccablement mise, attentive au moindre détail, et ce souci de perfection l'obligeait à ne tolérer aucun laisser-aller chez les autres.

Elle éprouva d'emblée une vive sympathie pour son metteur en scène, et passa avec lui de longs moments à discuter après le tournage. Elle insista souvent pour l'accompagner dans son pub habituel, *La pomme rouge*, afin de poursuivre la conversation. Elle en aimait l'ambiance décontractée, les histoires graveleuses que lui contait Quintero, et le « Pink Gin » que lui servait Violet, la barmaid. Lorsqu'un jour elle apprit que les studios Selznick préparaient une reprise d'*Autant en emporte le vent*, en cinémascope, elle supplia le rèalisateur de lui accorder quelques jours de relâche afin d'accomplir l'aller-retour jusqu'à Atlanta. « Ils veulent refaire exactement comme la première fois. Gable est mort. Howard est mort. Il ne reste plus qu'Olivia et moi. Il y a plus de vingt ans que je ne suis pas retournée à Atlanta. J'aimerais y aller et ils m'ont invitée. Je sais que ça pourrait retarder le tournage de deux ou trois jours, mais vous pourriez peut-être tourner quelques scènes entre Warren et Lotte. Oh José, j'aimerais y aller, Je vous en prie. »

Le 8 mars 1961, l'avion pour New-York décolla de Londres avec Vivien à son bord. Bien installée dans son fauteuil, elle écrivit une lettre pleine de tendresse à Jack Merivale, mais ses pensées étaient déjà tournées vers un autre homme, toujours le même, Sir Laurence Olivier. Lorsque, de New-York, où il jouait *Beckett* aux côtés d'Anthony Quinn, lui étaient parvenues des rumeurs de mariage, dont la présence de Joan Plowright qui interprétait *A taste of honey* dans un théâtre voisin, semblait préciser l'imminence, Vivien s'était affolée. Dans quelques jours, le jugement de divorce devenant effectif, ils seraient libres de convoler, et la cérémonie de commémoration à Atlanta servit de prétexte à son voyage en Amérique. Elle avait insisté pour rencontrer Larry avant que rien de définitif ne soit entrepris, et une table avait été retenue chez Sardi's. Olivier, qui avait beaucoup appréhendé cette rencontre, avait en effet posé comme condition formelle qu'il ne la rencontrerait qu'en compagnie de Joan Plowright, et en public. Vivien, qui n'était déjà plus en mesure d'avoir des états d'âme, avait ravalé son orgueil et, ce jour là, devant sa glace, se maquilla le visage et le coeur d'un merveilleux sourire. Jusqu'au bout elle voulait rester un brave petit soldat. Elle avait à la fois tant espéré et tant redouté ce moment, qu'en arrivant devant le célèbre restaurant de la 44e rue, elle sentit ses jambes trembler. Elle aperçut Olivier, assis à côté d'une autre femme, et il lui sembla revenir des années en arrière. Le décor se brouilla et les lumières de Sardi's se confondirent avec celles du Savoy. Vingt-cinq ans s'étaient écoulés depuis leur première rencontre, et la distance qui la séparait de leur table semblait se multiplier comme dans les rêves. Quelques têtes se retournèrent sur son passage, mais l'endroit était réputé pour la discrétion et l'intimité dont pouvait bénéficier chaque client illustre. Garbo était une habituée des lieux, ce qui voulait tout dire. Jamais Vivien n'avait pris autant de soin à sa toilette, s'entourant d'un nuage de parfum et de poudre qui laissait derrière elle un sillage frais et délicat. Elle se savait encore belle et séduisante, et pourtant en arrivant devant la table, elle réalisa immédiatement sa terrible méprise. Raide et un peu pincé, Olivier s'était cassé dans une révérence machinale, tout en conservant sa main posée sur celle de la jeune femme brune assise à ses côtés. Ils s'aimaient, c'était évident. Joan Plowright était pourtant loin d'être jolie, mais il y avait en elle quelque chose d'infiniment touchant. Peut-être l'impression venait elle de ces grands yeux sombres, où passaient les ombres douces et tristes de l'automne. Vivien se revoyait à vingt-trois ans, tirant impatiemment sur le bout d'une cigarette. Comme aujourd'hui, ses pensées s'élevaient en même temps que la fumée du tabac, mais elle avait appris depuis à profiter du moment présent, sans se projeter trop loin dans l'avenir et à chercher le réconfort dans les choses tangibles. L'amour de Laurence Olivier n'en faisait plus partie. Il lui annonça son intention de se remarier le plus rapidement possible. Que faire d'autre, sinon sourire et lui adresser ses meilleurs voeux ? Puisqu'il lui avait refusé jusqu'au bout la consolation d'un adieu intime, c'est donc cette vision qu'elle emporta avec elle dans l'avion qui l'amenait vers Atlanta. Celle de Larry tenant Joan Plowright par la taille, tandis qu'ils la raccompagnaient jusqu'au taxi. Exit le grand amour. L'heure était à l'apaisement, la sérénité.

Atlanta. Georgian Terrace Hotel. C'était un lieu, un instant, qui convenaient parfaitement à ce que Vivien vivait à ce moment-là. En 1939, c'était là qu'elle avait dormi avec Olivier et toute l'équipe du film, le soir de la Première. A présent, l'hôtel lui-même s'effritait.

M.G.M. avait décidé de ressortir *Autant en emporte le vent* à l'occasion du centenaire de la guerre de sécession et, trois jours de fêtes avaient été organisés dans la capitale de la Géorgie. Le point d'orgue était bien évidemment constitué par la reprise du film en présence de quelques-uns de ses protagonistes. Jock Whitney ayant décliné l'invitation de Selznick, ce fut Daniel Selznick, le fils du producteur, qui le remplaça : « La façade du Loew's Grand Theatre avait été décorée de manière à retrouver l'aspect qu'elle avait en 1939... A l'intérieur de la salle, Vivien s'assit d'un côté de mon père et Olivia de Havilland de l'autre. Lorsque le titre commença à se dérouler sur l'écran, je vis Vivien agripper la main de mon père et murmurer : 'Oh David.' Lorsque Clark Gable fit son apparition sur l'écran, je l'entendis sursauter: 'Oh, regarde Clark ! Il est si jeune et si beau !' Mon père se tourna vers elle à ce moment-là et lui passa le bras autour de la taille en lui disant : 'Toi aussi, Vivien. Et tu es toujours aussi jeune et belle.' A la fin du film les applaudissements retentirent, forts et interminables ; tous trois se levèrent en guise de réponse. »

Les quelques jours que Vivien passa à Atlanta furent sans cesse animés des ombres du passé. Tandis qu'à Hollywood la façade de Tara continuait à se désagréger à l'arrière des studios Desilu, le vent de Géorgie, en même temps qu'une poussière rouge, soulevait de nombreux souvenirs. Un reporter s'était précipité au devant d'elle à sa descente d'avion et, après l'avoir dévisagée, il lui avait demandé : « Et vous, quel rôle teniez vous ? » Elle ne répondit rien, se contentant de renifler en levant sa tête féline d'un air hautain, et descendit de l'appareil avec la grâce et la majesté de l'un de ces nombreux chats qu'elle possédait. En 1939, non plus, les journalistes ne l'avaient pas reconnu, mais, à ce moment-là, elle s'en était félicitée, car en entendant jouer *Dixie*, l'hymne du Sud, par l'orchestre venu les accueillir, elle s'était écriée de façon fort innocente : « Ecoutez, ils jouent la musique du film. » Il n'était pas un nom, pas un visage, qui ne lui rappelait quelque moment de panique ou d'intense bonheur. Au cours du bal, en présence de Douglas Fairbanks Jr., George Murphy, David O'Selznick, Olivia de Havilland et de nombreux autres invités, elle porta une robe largement décolletée qui rappelait un peu celle du film. La coiffure aussi était un peu la même, mais pour cacher ses mains et ses bras qu'elle avait toujours trouvés trop gros, elle portait une longue paire de gants blancs. Elle riait, paraissait vive et animée, mais le poids des absents pesa sur la cérémonie. Clark Gable était mort l'année précédente, deux jours après la fin du tournage de *Misfits*, Leslie Howard avait disparu dans un accident d'avion, le 1er juin 1943, au-dessus de la baie de Biscaye... la liste était longue et ressemblait un peu à une malédiction : Margaret Mitchell, Hattie McDaniel, Ward Bond, Ona Munson, Victor Fleming, Sydney Howard... Le coeur brisé par sa rencontre avec Laurence Olivier et déprimée par la cérémonie, elle regagna l'Angleterre le 17 mars. Deux jours plus tard, elle s'apprêtait à regagner les studios pour continuer le tournage du *Printemps romain*, lorsqu'elle apprit par les journalistes que Joan Plowright était devenue la nouvelle Lady Olivier.

Il restait encore deux semaines à passer sur les plateaux d'Elstree, et Vivien s'y plongea avec une ardeur d'autant plus farouche et désespérée qu'elle se découvrait plusieurs affinités avec le personnage de Karen Stone. Selon elle, l'échec théâtral qui avait conduit Madame Stone à prendre une retraite anticipée incombait davantage à son talent limité, qu'au fait qu'elle ait effectivement dépassé l'âge du rôle. En dépit de ses nombreux succès et triomphes, tant sur la scène qu'à l'écran, Vivien ne jugeait pas sa carrière d'un oeil plus indulgent. En 1967, elle confia même à José Quintero : « Ce que je possédais, en fait, c'était un éclat qui illuminait le ciel pendant un court instant et que l'on confondait avec le génie. Mais cela avait davantage à voir avec la beauté et la jeunesse, et vous savez combien la jeunesse et la beauté peuvent être flatteuses. » Comme Karen Stone, Vivien n'aurait pu survivre à la perte de l'amour s'il n'y avait eu à ses côtés la présence tendre et réconfortante de Jack Merivale. « Je ne conçois pas la vie d'une femme sans un homme », avait-elle confié à un journaliste. « Etre seule c'est déjà une manière de ne plus exister. » Mais en face du vide, Vivien disposait de nombreuses ressources qui échappaient encore à Karen Stone : « Plus de mari, plus de carrière, une beauté qui se fane... elle est perdue ». Lorsqu'on lui demandait si ce personnage de femme à la dérive éveillait en elle quelques échos de Blanche Dubois, elle se montrait catégorique : « Non, aucun. Blanche était sensible à tout. Madame Stone réagit seulement à l'intéricur de son nouveau cercle, et elle est beaucoup plus réaliste que Blanche, on pourrait même dire fataliste à la fin. » « La grâce et le style tragique » avec lesquels Vivien illuminait tout le film, enthousiasma Tennesse Williams : « Je pense que ce film est un poème », déclara-t-il avec beaucoup d'émotion. Il considérait *The roman spring of Mrs Stone* comme la meilleure adaptation jamais faite de l'une de ses oeuvres. Pourtant, à sa sortie, le film reçut une mauvaise presse. On trouvait l'histoire morbide et le sujet incommodait, mais la prestation de Vivien confirmait une fois de plus la réponse qu'elle avait faite à un journaliste qui lui demandait où elle trouvait l'inspiration pour ses rôles : « Dans la vie ! »

— Chapitre XXXIII —

La lionne de Mayfair

« J'aimerais que les enfants m'appellent Grand-Mère », avait écrit Vivien à Suzanne, peu après la naissance de Jonathan, son deuxième petit-fils. Le soleil des Petites Antilles et la caresse des alizés semblaient avoir dissipé les brumes angoissantes des printemps artificiels récréés dans les rues d'Atlanta ou les faubourgs de Londres. Le moment était-il venu de se réconcilier avec l'automne ?

Dès la fin du tournage du *Printemps romain de Mme Stone*, elle avait fait ses valises et avait entraîné Jack Merivale à l'autre bout du monde, pour un séjour idyllique de trois semaines sur la petite île de Tobago. Elle explora les fonds sous-marin grâce à son petit masque, fit de longues promenades sur la plage, joua aux cartes avec Jack et fit un petit crochet par la Jamaïque pour rendre visite à Noël Coward qui y faisait une retraite fiscale. Peu de temps après son retour à Londres, elle se remit pourtant à boire et à fumer de manière excessive. Elle qui, sur le plateau d'*Autant en emporte le vent* s'obligeait à avaler des plaquettes entières de chocolat pour ne pas paraître maigre ou malade, engraissait maintenant à vue d'oeil, et il lui fallut suivre une cure d'amaigrissement en vue de la tournée de l'Old Vic qu'elle devait effectuer avec Jack au mois de juin. Le souvenir de la première visite triomphale de la troupe aux Antipodes, en compagnie de Larry, ne manquerait pas de resurgir au cours de ce périple qui devait les conduire de Melbourne à Buenos Aires, et Jack Merivale avait redouté que l'entreprise n'ait des répercussions tragiques sur le psychisme de Vivien. Le début de la tournée lui donna tort.

Comme à son habitude, Vivien s'ingénia à force d'attention et de générosité à créer au sein de la troupe un sentiment d'unité et de sincère camaraderie. Elle fit fabriquer plusieurs cravates et foulards avec un motif spécialement conçu pour la tournée et les remit en guise de porte-bonheur à chaque membre de la compagnie avant le jour du départ. Après une escale en Californie, ils s'envolèrent à destination de l'Australie. La première représentation devait avoir lieu à Melbourne, le 12 juillet. Comme en 1948, ils traversèrent « le pays le plus merveilleux qui soit... des lacs bleus immenses aux eaux peu profondes ourlés de plages d'un blanc éblouissant, des branches d'arbre noires et blanches surgissant de l'eau et, partout, des oiseaux de toutes les formes et de toutes les espèces ». Alice se croyait revenue au Pays des Merveilles. Un matin, elle insista pour se lever à l'aube afin d'aller écouter chanter l'oiseau-lyre dans la forêt de Sherbrooke. Mais, perché sur la branche, le chat de Chester arborait déjà son inaltérable sourire. La Première de *Duel of angels* fut un horrible fiasco. Le public très sophistiqué de Melbourne ne semblait venu que pour l'entracte, paradant dans le foyer du Théâtre de Sa Majesté comme une immense chenille de soie et d'hermine, martelant le parquet de ses souliers vernis. « De vrais monstres », s'exclama Vivien. Ulcérée, elle profita d'une émission de télévision pour dire sa façon de penser, et Jack qui avait insisté pour que l'Afrique du Sud ne fasse pas partie du circuit de l'Old Vic, frissonna en pensant au discours détonnant que la politique d'Apartheid aurait pu inspirer à Vivien. Etrangement, le public sembla galvanisé par le ton péremptoire de Scarlett O'Hara, et il se montra beaucoup plus assidu et discipliné au cours des autres représentations. *La nuit des rois* reçut un accueil poli, mais c'est véritablement avec *La dame aux camélias*, qui était son rôle préféré et dont elle avait pourtant appréhendé la réception, que Vivien reçut sa véritable consécration.

Sa pâleur de teint, sa beauté irréelle et ses merveilleux costumes Louis-Philippe, en faisaient l'incarnation idéale de l'héroïne d'Alexandre Dumas fils. La pièce ne fut jamais jouée en Angleterre, mais aux dires des spectateurs qui eurent la chance de la voir au cours de cette tournée, ce fut son plus grand rôle. Les quelques photos publiées dans la presse saisirent l'élégance radieuse de son interprétation. A Sydney, plusieurs membres de la tournée 1948 furent bouleversés par le réalisme de son jeu, elle semblait avoir condensé dans ce rôle toute son expérience de la scène et en avait fait une tragédie personnelle. Lorsque Marguerite expirait, pâle, droite et les cheveux défaits dans les bras d'Armand, la tension était telle qu'à Auckland, une personne s'évanouit dans la salle.

Dans les lettres qu'il écrivait à Gertrude, restée en Angleterre, Jack ne tarissait pas d'éloges sur Vivien. Elle était ravissante, ne buvait et ne fumait presque plus, et avait adopté un comportement parfaitement calme qui faisait oublier les dérapages d'antan. Malgré la fatigue des nombreuses représentations, elle faisait front avec le sourire à toutes les obligations sociales auxquelles elle se devait encore de participer : cocktails, réceptions, fêtes de charité. En Nouvelle-Zélande, un richissime nonagénaire excentrique la demanda même en mariage. Sir Ernest Davies s'était épris d'elle au cours de la tournée de 1948. Lorsque, avec Laurence Olivier, elle avait séjourné au Grand Hotel d'Auckland, il lui avait fait parvenir tous les jours un énorme bouquet de fleurs, et avait mis à leur disposition une voiture avec chauffeur. Cette fois, il l'invita à bord de son yacht de luxe pour une croisière et lui fit une cour assidue, dont elle sembla flattée, au grand dépit de Jack.

Après Wellington, la troupe s'envola pour un périple de deux mois à travers sept pays d'Amérique du Sud. Mexico, Caracas et Lima acclamèrent chaleureusement Scarlett O'Hara qui avait gracieusement préparé un petit discours en espagnol pour clore la première et la dernière représentation dans chaque capitale. Mais au Chili et en Argentine, la situation politique particulièrement tendue coïncida avec le retour des troubles mentaux de Vivien. Acclamée comme une souveraine, fêtée comme une amie, elle répondait chaleureusement aux attentions touchantes du public, mais une fois dans l'intimité, elle était de nouveau sujette à des crises de larmes et de tremblements incontrôlables. Jack était alors atterré par la transformation qui s'opérait en elle. Délicieuse, frivole et tendre, elle devenait une créature obscène et insupportable qui déchirait ses vêtements tout en se tordant dans des convulsions épouvantables. Lorsqu'elle revenait à elle, elle s'inquiétait immédiatement de savoir si elle avait fait du tort à quelqu'un et si elle avait des excuses à présenter, et cette preuve de délicatesse, même dans les pires moments, brisait le coeur de Jack plus que tout le reste.

On l'entourait de prévenances, et on guettait les signes avant-coureurs de ces périodes maniaques, afin d'en amortir les effets. Lorsqu'elle sentait venir la crise, John Russel Taylor rapporte que l'un des premiers gestes de Vivien était, paraît-il, d'ôter tous les bijoux qu'elle portait et de les poser bien à plat sur une table. Puis, elle saisissait un objet, n'importe lequel, et se mettait à l'astiquer fébrilement. Le reste de la troupe ayant remarqué ces symptômes, se mit à l'imiter. Les femmes ôtaient leurs bagues, leurs bracelets ou leurs boucles d'oreilles, et les hommes leurs montres ou leur alliance, avant de se mettre à leur tour à frotter énergiquement le premier ustensile qui leur tombait sous la main. Ainsi Vivien se voyait épargner le traumatisme supplémentaire d'être la seule à se sentir devenir folle, et ce témoignage d'amour de toute la troupe l'aida beaucoup tout au long des derniers mois de la tournée.

En Australie, elle avait reçu le manuscrit d'une pièce de Jacques Deval, *Tovarich*, que Robert Sherwood avait traitée en comédie musicale. Elle l'avait considérée sans grand intérêt, dans la mesure où elle ne savait pas chanter, mais pour faire plaisir à Jack Merivale qui semblait, lui, trouver quelque valeur au projet, elle avait accepté d'y jeter un coup d'oeil. Abel Farbman, le producteur, était venu la retrouver à Wellington, en Nouvelle-Zélande pour la convaincre de passer une audition. Il avait fait preuve de tant de persuasion et d'enthousiasme qu'il lui avait paru difficile de refuser. Comment repousser l'offre d'un homme qui s'était rendu à Mexico pour lui faire entendre un enregistrement de la bande musicale et qui l'avait suivi en Argentine pour procéder aux modifications qu'elle avait souhaitées ? Cet enthousiasme juvénile dont elle avait tant besoin était une bouffée d'air frais après la détresse de ces derniers jours, et elle donna son accord pour interpréter *Tovarich* au printemps suivant.

Lorsqu'elle regagna l'Angleterre, au mois de juin 1962, elle emménagea dans la nouvelle maison de campagne qu'elle avait achetée avant son départ pour les Antipodes, sur les conseils judicieux de Dirk Bogarde. Le moulin de Tickerage, à Blackboys, était une petite maison Queen Anne, toute peinte de blanc et aux tuiles rouges, située dans le paysage enchanteur du Sussex. Il y avait un très joli petit étang sur lequel nageaient des cygnes, et une belle roseraie dont elle pourrait, comme à Notley, continuer à s'occuper. Elle y venait le week-end et passait le reste de la semaine dans son petit appartement d'Eaton Square qu'elle avait conservé. Ce fut pour Jack une période très délicate. Durant les longs mois passés en sa compagnie, l'amour qu'il lui vouait s'était épanoui en un sentiment profond et pur et, de son côté, Vivien était devenu très dépendante de lui. Elle admirait sa force, son calme, sa patience et sa générosité. Nul doute qu'en d'autres circonstances ils auraient pu se marier et former un couple très harmonieux, en dépit de leur différence d'âge et de position sociale. Mais il aurait alors fallu que Vivien renonce pour cela à son titre de Lady Olivier, et malgré tout l'amour qu'elle éprouvait pour Jack, c'était un sacrifice qu'elle n'était pas encore prête à accomplir. C'était tout ce qui lui restait de Larry maintenant, et elle n'était pas sûre, du reste, de vouloir appartenir complètement à un autre homme. Pour la première fois de sa vie, elle pouvait enfin se comporter comme elle l'avait toujours souhaité, en n'ayant de comptes à rendre à personne d'autre qu'à elle-même, et la situation n'était pas pour lui déplaire. Elle reprit donc rapidement le rythme de vie qu'elle affectionnait, avec son inévitable cortège d'amis circulant dans la maison jusqu'à des heures indues. Jack était atterré et la suppliait de prendre un peu de repos, mais elle était redevenue la petite fille capricieuse et gâtée qui à quatre ans faisait déjà des pieds-de-nez aux conventions et aux bonnes manières.

Comme elle avait toujours adoré les animaux, elle s'entoura à Tickerage d'une véritable ménagerie. Le visiteur qui ne s'était pas laissé décourager par le sentier défoncé qui menait à sa nouvelle demeure devait encore, en arrivant, affronter les assauts d'un étrange comité de bienvenue. Sur la pelouse, en effet, cygnes et canetons s'ébattaient au milieu des aboiements de Sébastian, le caniche, tandis que Nichols, le chat de gouttière, bondissait autour de l'aristocratique Poo Jones, que tout ce tintamarre laissait indifférent. Une gouvernante, Mrs Macaulay, avait aussi été engagée pour superviser tout ce petit monde, et c'était tout à l'honneur de Vivien d'avoir réussi à faire figurer sur le livre d'or du moulin des signatures aussi prestigieuses que celles de John Gielgud, Rex Harrisson, les Redgrave, Terence Rattigan,

George Cukor, Noël Coward. Leigh Holman, Gertrude Hartley, Suzanne et ses trois enfants (Rupert était né le 31 août) étaient, bien sûr, les hôtes privilégiés de Tickerage, et c'est en leur compagnie que, le 5 novembre 1962, elle fêta son quarante neuvième anniversaire. En rentrant de tournée avec l'Old Vic, elle avait subi un nouveau traitement de choc, et depuis, son état de santé s'était révélé stationnaire. En dépit de quelques crises violentes, elle n'avait pas eu besoin de rendre visite au docteur Conachy, le seul en qui elle avait une entière confiance. Par contre, il lui était arrivé de glisser dans une sorte de prostration et de mélancolie morbide qui éteignait sur son visage toute lumière et toute vie. Un jour Jack Merivale assista à un étrange phénomène : « Elle était assise près du feu. Je m'étais assis dans un fauteuil près d'elle. Gertrude était là. Soudain, alors que je la regardais, je m'aperçus, je ne sais comment dire, qu'elle était de nouveau parmi nous. Cela faisait des semaines et des mois qu'elle était comme absente et voilà que soudain son petit visage s'était éclairé : 'Hello', lui dis-je. 'Hello', me répondit-elle, c'est ainsi que cela se passa et de nouveau elle était bien. Pour moi c'était un miracle, un miracle qui s'était accompli juste au moment où je la regardai. Sa mère n'avait rien remarqué. 'Merci mon Dieu, j'irai prier à l'église dimanche', dis-je. 'Qu'est-ce qu'il y a ?' s'exclama sa mère qui était très pratiquante et qui savais que je l'étais beaucoup moins. 'Il y a, qu'il vient de de produire un miracle' répondis-je. »

Partagé entre sa fidélité à Vivien et la nécessité de subsister en tant qu'artiste, Merivale avait du accepter un rôle dans un film de John Huston : *Le dernier de la liste*. Cela signifiait qu'il serait retenu à Londres pendant plusieurs semaines et qu'il ne pourrait pas venir avec elle à New-York où devait débuter *Tovarich*. Le 12 novembre, il l'accompagna à l'aéroport, tourmenté par le remords et l'appréhension. Elle paraissait tendue, et l'idée de faire ses débuts à Broadway dans une comédie musicale la laissait perplexe. « Oh, mon chéri, où tout cela va-t-il nous mener ? » lui écrivit-elle de sa chambre du Dorset. L'enthousiasme et l'excitation du début s'étaient affaissés comme un soufflé. Lorsqu'elle avait appris que Jean-Pierre Aumont, qui devait être son partenaire, éprouvait pareillement quelques réticences à l'idée de se mettre à chanter et danser, elle lui avait pourtant téléphoné pour le rassurer : « So what ? On va bien s'amuser ! » Mais à présent qu'il était trop tard pour faire marche arrière, elle n'avait qu'une idée en tête : « sauver les meubles. » Elle n'eut toutefois pas trop l'occasion de se morfondre, car à peine arrivée à New-York, elle fut happée par le tourbillon des répétitions qui faisaient alterner des cours de chant et de danse avec des cours de phonétique, pour prendre l'accent russe.

Tovarich était en effet l'histoire d'aristocrates blancs chassés par la Révolution, et devenus serviteurs d'une grande maison à Paris. La situation évoquait quelques héros fitzgeraldien, mais la sauce était délibérément comique et dans le rôle de la Grande Duchesse Tatiana, travestie pour l'occasion en soubrette, Vivien était parfaite. Sa nature complexe et son allure royale donnaient à sa composition un charme irrésistible. Le metteur en scène, Delbert Mann, eut pourtant à se plaindre, à plusieurs reprises, de son caractère difficile. Comme en 1957, au cours de la saison fatale de *Titus Andronicus*, elle se comporta en femme capricieuse et gâtée. Le talent et la jeunesse des choristes et des danseurs professionnels lui donnaient quelques scrupules quant à sa propre performance et, pour se rassurer, elle se réfugia derrière son auréole de star. Avant de débuter à New-York, le 9 mars 1963, la pièce devait partir en tournée trois semaines à Philadelphie, et trois semaines à Boston. Cependant, à la veille des fêtes de Noël, elle annonça sur un ton détaché que dans l'état où se trouvait le spectacle à ce moment-là, elle ne jouerait pas. Elle détestait tout de la production, du metteur en scène jusqu'aux chansons des autres, et surtout, confia Jean Pierre Aumont, « les vingt-cinq minutes (elle les avait comptées) où elle n'apparaissait pas ». Elle avait besoin de séduire, ravir, étonner, et qu'elle doive partager ce plaisir avec d'autres lui semblait « un crime de lèse-majesté ».

Noël Coward, qui lui rendit visite dans sa loge juste après la Première à Philadelphie, ne fit rien pour arranger les choses. En agitant le petit doigt, à sa manière inimitable, il descendit la pièce en flammes et lui reprocha vertement de s'être fourvoyée dans un tel cloaque. Le public et la presse avaient pourtant généreusement acclamé *Tovarich* lors de sa première représentation : « Quand Vivien entra, petit col blanc sur une robe noire, en soubrette, si menue et pourtant si royale, et qu'elle se mit à danser le charleston, ce fut du délire. Elle le faisait avec une grâce, une ironique élégance qui n'appartiennent qu'à elle, mais eut-elle dansé cent fois moins bien que son succès eût été le même. Ce n'étaient pas ses talents chorégraphiques qui suscitaient l'enthousiasme, mais bien que ce personnage de légende, épouse et partenaire, depuis plus de vingt ans, du plus grand acteur contemporain, que Scarlett O'Hara, Cléopâtre, Juliette et Portia, se mette, au Zénith de sa carrière, à danser, costumée en femme de chambre, un charleston... ».

Déjà mince comme un fil, elle continua à perdre du poids au cours des représentations et inquiéta ses partenaires par une vitalité exhubérante qu'elle combinait avec une inaptitude totale au sommeil. Elle se bourrait d'euphorisants qu'on lui envoyait de Londres, fumait cigarettes sur cigarettes et recommençait à boire sec. On avait beau se plaindre de ses caprices, de ses sautes d'humeur, de sa mauvaise foi, dès qu'elle entrait en scène, il émanait de toute sa personne plus qu'une grâce, une magie, un enchantement. Légère et aérienne, précise et minutieuse, elle avait calculé le moindre de ses effets, et ciselait chacune de ses répliques avec cette voix claire qui avait l'éclat et le tranchant d'une lame d'acier. Le public new-yorkais lui fit un véritable triomphe et, comble de bonheur, Jack Merivale vint la rejoindre pour remplacer au pied levé l'interprète principal de *L'importance d'être sérieux*, qui se jouait au Madison Avenue Playhouse. Jack fut consterné par l'état d'épuisement dans lequel il la trouva. Avec les sept chansons du rôle, le fameux numéro de charleston endiablé et les innombrables changements de costumes, *Tovarich* représentait un véritable tour de force pour Vivien qui, tous les soirs, regagnait sa loge chancelante de fatigue.

Le printemps s'étira donc difficilement, mais avec l'été elle redevint la créature exquise et délicieuse que tout le monde adorait. Jean-Pierre Aumont avait loué une propriété aux confins de la forêt de Mamaroneck et elle lui rendit souvent visite, apportant avec elle quelque spécialité chinoise qu'elle avait concocté. Le soleil filtrant à travers les feuilles de bouleaux jouait avec le roux de ses cheveux et jetait sur ses yeux gris mauves un éclat malicieux. Assise sur l'herbe pour un pique-nique improvisé, elle parlait de la vie, de la mort, et de Laurence Olivier avec tendresse, amour et compréhension. Et puis septembre vint, avec son cortège de tristesse et de désolation. La troupe avait changé de théâtre et de nouveau Vivien sombra dans la dépression. Seule avec Jack, elle se laissait aller à des accès de folie furieuse durant lesquels elle s'attaquait à tout ce qui se trouvait à proximité, et il lui arriva de plus en plus souvent de manquer des représentations. Huit jours de relâche avaient été prévus au mois de novembre pour lui permettre de rentrer à Londres suivre un traitement. Son interprétation de Tatiana, fixée une fois pour toutes lors des répétitions continuait pourtant de fonctionner de manière parfaite, comme une horlogerie bien réglée. Mais, dans les coulisses, elle opérait une sorte de repli nostalgique qui lui avait fait disposer un portrait de Laurence Olivier sur sa coiffeuse et qui l'amenait à se passer inlassablement sur un petit magnétophone, la valse d'*Autant en emporte le vent*.

Quelques jours avant son départ pour l'Angleterre, son état empira de façon alarmante et, avant de rentrer en scène pour une représentation en matinée, Jean-Pierre Aumont la trouva prostrée dans sa loge. Elle se tordait les mains d'anxiété et sanglottait, tandis que tout son corps était secoué par de violents tremblements. Elle avait insisté pour jouer, mais dès les premières répliques, l'acteur se rendit compte qu'il avait devant lui une véritable absente. Dans la fosse à orchestre, les musiciens affolés essayaient de comprendre ce qui se passait sur scène, car elle n'était même plus capable de suivre le tempo de ses chansons. Au cours d'un duo, elle tourna carrément le dos à son partenaire et se mit à lire le courrier personnel qu'elle avait sorti de son sac. Partagé entre « le désir de l'étrangler et une pitié infinie », Jean-Pierre Aumont essaya vainement de provoquer en elle quelque réaction. Au cours du deuxième acte, Tatiana et Mikhaïl, les deux personnages qu'ils interprétaient, avaient une scène de querelle. Avec une violence inouïe, sans doute causée par quelque trouble profond, elle se jeta sur son partenaire, le mordant, le griffant, le giflant et le rouant de coups. Lorsqu'enfin cette scène d'hystérie cessa, elle se figea dans un silence qui sembla durer une éternité et porta sur la salle, et par delà, sur la vie en général, un regard plein de fureur et de haine et dit : « Une actrice a besoin de penser avant de répondre », puis elle sortit de scène.

Dans les coulisses, la même hystérie se poursuivit. Elle déchira toutes les photos de famille que Jean-Pierre Aumont avait disposé dans sa loge et se débattit comme une tigresse, en dépit des injections de morphine, pour faire son entrée à la représentation du soir. On la fit remplacer par sa doublure, mais prisonnière de sa loge, elle n'en continua pas moins à réciter l'intégralité de son texte et à effectuer tous ses changements de costume. Rapatriée d'urgence à Londres, elle y subit cette fois un traitement plus long que les autres.

L'épisode dramatique de *Tovarich* aurait pu mettre définitivement un terme à sa carrière, en dépit du Tommy — l'oscar du Théâtre à Broadway — que son interprétation lui permit de remporter. Il semblait en effet bien peu probable qu'une compagnie d'assurance soit de nouveau désireuse de la prendre en charge. Assez curieusement, on ne parla pas cette fois de « nervous breakdown », mais de simple « épuisement » que l'on voulut bien attribuer à « la chaleur de ces longues journées d'été à New-York ».

Comme par le passé, elle affirma qu'elle allait vite se rétablir afin de se remettre à travailler le plus rapidement possible. Elle avait déjà plusieurs projets en tête : monter *Tovarich* à Londres, faire un enregistrement télévisé de *La dame aux camélias* ; autant d'entreprises qui ne pouvaient manquer d'être autant de triomphes. Pourtant, elle ne rencontra que scepticisme et méfiance autour d'elle, et sa convalescence en fut d'autant plus longue et difficile. Bien sûr, elle n'avait pas besoin d'argent pour l'instant, Leigh Holman l'avait toujours judicieusement conseillée par le passé pour faire ses placements, et sa société, la Vivien Leigh Productions, avait produit récemment plusieurs succès. Elle aurait pu mener à Tickerage une aimable retraite, mais elle ne rêvait que des lumières et de la vie trépidante de Londres. Elle voulait être au coeur des choses et elle avait beau adorer les paysages bucoliques du Sussex, le lac ourlé de saules, la roseraie magnifique, elle aurait fini par les détester si elle n'avait eu la conviction, au fond d'elle-même, que ce répit n'était que provisoire.

Eva Gabor avait repris son rôle à Broadway et, pour rompre son isolement, Jack Merivale organisa pour elle un nouveau séjour à Tobago, au début de l'année 1964. L'île lui parut une vision du paradis sur terre, une féerie de couleurs et de soleil. Tous les jours elle bénissait le ciel de lui avoir donné l'amour de Jack et la fidélité de ses amis. Noël Coward, George Cukor, José Quintero s'étaient relayés à Tickerage pendant tout l'hiver afin de lui tenir compagnie et de la distraire. Il était merveilleux que leur affection ait réussi à traverser les épreuves et le temps, tout en préservant intacts l'admiration et le respect des premiers jours. C'est que Vivien cultivait l'amitié avec le même soin que les fleurs de son jardin. Une attention, fut-elle la plus minime, une lettre, un cadeau, la touchait profondément et lui faisait verser des larmes de reconnaissance. En revanche, une négligence, une méchanceté ou un simple manquement au code d'honneur et de fidélité qu'elle avait élaboré lui perçait le coeur aussi sûrement qu'un stylet.

La réalité de son divorce avec Laurence Olivier l'avait moins bouleversé que la distance qu'il avait pris soin de creuser entre eux. Pour avoir de ses nouvelles, elle avait longtemps été réduite, comme la plus humble de ses admiratrices, à passer par l'intermédiaire des journaux. En Australie, un lecteur anonyme lui avait envoyé une photo découpée dans un magazine. Larry et Joan Plowright étaient en train d'y baptiser leur premier enfant, Richard, et une main sarcastique avait rajouté à son attention : « Alors, jalouse ? » Lorsqu'il fut mis au courant de l'arrivé dramatique de Vivien à l'aéroport d'Heathrow, et de son hospitalisation, Olivier abandonna pourtant toute réserve et lui rendit une visite impromptue dans sa retraite de Tickerage. Vivien guettait son arrivée derrière la fenêtre, comme une écolière attend son premier flirt. En les voyant tous deux installés sur le sofa du salon, ou marchant côte à côté au bord du petit lac, on aurait pu se croire revenu au temps de Durham Cottage, de l'amour, de la jeunesse et du bonheur. Mais, un coup de téléphone vindicatif de Joan Plowright rompit le charme, et Olivier repartit vers Londres et sa nouvelle vie. Vivien le considérait toujours comme le plus grand acteur vivant et ne ratait jamais un de ses spectacles. Elle était allée voir deux fois *Oncle Vanya*, sans oser cependant frapper à la porte de sa loge pour le féliciter. Elle ne pouvait plus maintenir l'illusion que c'était toujours son visage qu'il cherchait en promenant son regard sur la salle. Elle savait que tout à l'heure ce ne serait plus dans ses bras qu'il viendrait se réfugier et qu'en quittant le théâtre elle n'étreindrait que le vide et le froid. Elle n'était plus la jeune actrice naïve et pleine d'illusions qui, en 1935, avait récité pour lui devant une salle presque vide, les premières lignes d'une scène de *Richard II* : « C'est ainsi que viendra le Roi... »

— Chapitre XXXIV —

Avons-nous assez navigué ?

« Nous nous marierons jeudi à Tickerage. » Vivien s'était faite sirène au moment d'embarquer dans l'avion qui la ramenait vers l'Angleterre. Elle espérait encore convaincre Jack Merivale de venir avec elle. En vain. Plusieurs engagements le retenaient en Amérique. Elle était donc partie seule suivre son traitement, Jack était rentré au mois d'octobre, et la promesse des noces auxquelles plus personne ne croyait semblait s'être évanouie avec l'effet des sédatifs. Elle l'avait même accueilli avec une certaine froideur. Capricieuse exigeante ou orgueilleuse blessée, elle ne lui pardonnerait jamais son manque d'empressement à venir la rejoindre dès qu'elle l'avait réclamé, et encore moins son refus à une proposition qu'elle n'était même plus sûre d'avoir vraiment formulée. Pour la première fois, il y avait entre eux des silences prolongés, des regards de colère. Un jour elle lui avait même cherché querelle dans la cuisine, le provoquant avec des cris de bête blëssée : « C'est ça, frappe-moi... allez, frappe-moi. Vise les yeux comme l'autre salaud. » Il fallut beaucoup d'amour et de patience pour attendre que tout s'estompe et que tout recommence. Un nouveau séjour à Tobago et voilà la vie qui réapparaît.

Au cours du mois de février, Stanley Kramer avait proposé à Vivien le rôle de Mary Treadwell, dans un film pour la Columbia adapté du roman de Katherine Ann Porter *La nef des fous*. Vivien avait trouvé l'histoire magnifique. Le 27 avril, elle avait écrit à une amie : « J'ai décidé de faire le film parce que le rôle est intéressant. Kramer est un des rares réalisateurs avec lequel on a envie de travailler. » Le tournage devait être réalisé entièrement en studio, et la perspective de retrouver le soleil de la Californie, une foule d'amis, et les cachets fabuleux des « majors companies », étaient un excellent stimulant. Elle partit une semaine avant le début des prises de vue. Retenu à Londres pour le tournage d'une série télévisée, Jack devait la rejoindre quelques jours plus tard. Elle emménagea dans une splendide villa perchée en haut d'une colline et loua une voiture avec chauffeur, ainsi que les services d'une cuisinière française. Pour lui être agréables, George Cukor et Katharine Hepburn avaient fait garnir la demeure de fleurs et de toiles impressionnistes, et les vapeurs irréelles qui s'élevaient de la piscine chauffée ajoutaient l'indispensable élément de rêve à ce décor parfait. Spencer Tracy était déjà très malade, et Miss Hepburn, à qui l'on avait tout d'abord proposé le rôle de Mary Treadwell, avait dû refuser pour pouvoir veiller sur lui. Mais chaque fois qu'elle le pouvait, elle venait rendre visite à Vivien pour discuter ensemble du « bon vieux temps ».

Stanley Kramer était parfaitement au courant des graves problèmes de santé de Vivien, mais il avait accepté de courir le risque en hommage à sa beauté, son talent et son courage : « Tout autre qu'elle n'aurait pu travailler dans de telles conditions. Vivien était au plus mal. C'était vraiment son dernier effort. » Pendant son séjour, les phases dépressives se succédèrent selon le schéma classique. Katharine Hepburn et Jack Merivale l'accompagnèrent à plusieurs séances d'électrothérapie et il fallait profiter des périodes où la maladie lui accordait quelques trêves pour tourner. Mais, au bout du compte, son interprétation illumina le film.

La nef des fous était une « All Stars Production », une sorte de « Grand Hôtel » flottant emportant à son bord un panaché d'acteurs extraordinaires : Vivien Leigh, Simone Signoret, Oskar Werner, Lee Marvin, Michael Dunn, Jose Ferrer, George Segal, Elizabeth Ashley, Lilia Skala, Jose Greco... Toute l'histoire se déroulait sur un navire, « La Vera », qui, en 1933, quittait le petit port de Vera Cruz à destination de Brême. Tandis que l'Allemagne assistait à la montée du nazisme, les personnages réunis en huis clos vivaient drames et passions au cours d'un voyage en dehors du temps et de l'espace. Le rôle de Mary Treadwell était encore un de ces personnages de femmes à la dérive, rejetées par la vie, et qui doivent lutter pour préserver malgré tout leur dignité. C'était une intéressante étude de caractère, mais un rôle peu indiqué pour une actrice aussi fragile qui avait toujours eu tendance à mélanger fiction et réalité. Une fascination morbide avait toujours entraîné Vivien vers ces rôles déchirants avec lesquels elle dressait des parallèles étonnants et dangereux. Noël Coward, le premier s'était inquiété de ces célébrations macabres: « Pourquoi est-ce que Vivien s'entête à choisir des rôles dans lesquels elle incarne toujours une beauté fanée, abandonnée ? » Mary Treadwell n'admettait pas que la vie ait pu la blesser et que l'amour, dont elle avait toute sa vie espéré la grandeur, ne se soit en fin de compte révélé bien médiocre. Isolée sur le pont, elle contemplait les nuages, en regrettant de n'avoir personne à ses côtés pour les regarder passer : « Vous êtes une femme extrêmement romantique, n'est-ce pas Mrs Treadwell ? », lui demandait un personnage du film. Elle avait un petit rire en guise de réponse : « Ça a été le grand handicap de ma vie. » « Que vouliez vous ? » « Une vie utile, quelqu'un pour m'aimer... pour toujours. C'est ridicule n'est-ce pas ? » Sa voix se durcissait soudain : « J'ai choisi l'homme qu'il ne fallait pas. C'est un refrain que vous avez dû entendre souvent...Oh bien sûr, il était le plus prometteur, le plus séduisant, avec la plus glorieuse façade. Mais la façade était tout ce qu'il avait. Il a fait de moi l'épouse la plus connue, la plus respectée de notre société. J'ai fait de sa vie un enfer... Ça c'est terminé devant la Cour de divorce... »

Un rôle en or pour une actrice au destin aussi tragique que celui de Vivien, dont les belles années étaient déjà derrière elle. Jean Louis lui avait créé une garde robe somptueuse, mais la photographie en noir et blanc ne permettait pas hélas d'en apprécier toute la recherche. Elle n'en finissait pas de valser dans les bras du bel officier, légère comme une écharpe, avant d'esquisser quelques pas d'un charleston électrique sur le parquet d'une coursive baignée par un rayon de lune. Pour Gavin Lambert, ce passage du charleston dans *La nef des fous* était le moment le plus significatif de toute la carrière de Vivien : « C'est à la fois drôle et dérangeant, un regard sur elle plus romantique, celui d'une femme qui sait que le temps passe et qui refuse de se plaindre. » Elle avait aussi plusieurs scènes avec Lee Marvin qui jouait le rôle de Bill Tenny, un ex-champion de base-ball, rustaud et alcoolique. Stanley Kramer avait beaucoup appréhendé leur première confrontation. Marvin avait en effet la réputation de ne pas faire dans la dentelle, et l'idée de le voir associé à une actrice aussi exquise et délicate que Vivien aurait donné des frissons à n'importe quel metteur en scène. Dès le premier coup d'oeil au restaurant du studio, les craintes se révélèrent pourtant injustifiées, car ils éprouvèrent l'un pour l'autre une admiration sans limite qui ne se démentit jamais. Devant Vivien aux grâces de petit chat, la brute paillarde se transformait en petit garçon tendre et attentionné. « Ce talent, cette classe ! Rien que d'être devant elle, bon Dieu ! C'était le pied ! » Pendant toute la durée du tournage elle lui donna pourtant du fil à retordre. Dans ses accès d'humeur elle pouvait se montrer très désagréable, mais on lui pardonnait tout, car on la savait très malade. « Lee l'adorait », raconta Stanley Kramer, « et acceptait d'elle ce qu'il n'aurait toléré de personne d'autre au monde. Elle l'accablait d'injures devant toute l'équipe. Il ne bronchait pas. Que pouvait-il faire ? La gifler ? Impossible. Alors, il encaissait sans sourciller. »

Simone Signoret, qui tenait le rôle de la Condessa, une pasionaria en exil droguée et amoureuse de son médecin, eut aussi à souffrir des caprices de Vivien, mais, comme Lee Marvin, elle ne lui en tint pas rigueur. Vivien, femme disciplinée s'il en fut, toujours attentive à sa mise impeccable, n'avait jamais pu comprendre le laisser aller de Signoret dans ce domaine. La conception bourgeoise de l'existence et le style de vie extravagant de Vivien, échappaient quant à eux à l'égérie de la gauche française. En dépit de ces petits différends, Simone Signoret n'en était pas moins invitée aux soirées luxueuses que Vivien donnait dans sa belle maison de star : « A Hollywood, en 1964, il y avait des dîners que donnait Vivien Leigh dans cette grande maison qu'elle avait louée depuis Londres. Elle les voulait fastueux, ils l'étaient. Elle n'était plus la femme de Laurence Olivier, mais elle voulait rester Lady Olivier. Elle nous demandait de nous habiller et mes petites zibelines itinérantes ont beaucoup travaillé dans sa demeure. A la lueur des candélabres, les repas cuisinés par un vrai cordon bleu étaient servis par un maître d'hôtel qui n'était pas non plus un extra : tous deux étaient engagés pour la durée du film. Elle était aussi belle que du temps de Scarlett O'Hara, elle avait de cette ville des souvenirs fabuleux, elle s'y accrochait. En fin de soirée, la sono jouait le thème d'*Autant en emporte le vent*, ça la rendait triste, mais elle le faisait exprès.

D'une heure à l'autre elle était pétillante ou désespérée. Elle était très malade. *Ship of fools* fut son dernier film et elle y est prodigieuse ».

Avec générosité, Simone Signoret passa sous silence le fait que ces invitations coïncidaient étrangement avec le jour de relâche de la femme de ménage, et qu'elle se retrouvait souvent à faire la vaisselle ou à briquer la villa de la star, tandis que Vivien « murmurait des mots d'amour à ses plantes grasses avec comme musique de fond celle du générique d'*Autant en emporte le vent* ». Elle raconta à Jean-François Josselin qu'au cours de l'un de ces week-ends, Yves Montand l'avait appelée de Paris et que Vivien était revenue du téléphone à la fois surprise et un peu vexée « C'est pour toi, et en plus c'est un chanteur célèbre ! » « Et bien oui », avait répondu Simone, « c'est d'ailleurs mon mari ». Abasourdie, Vivien avait alors bredouillé : « Alors quelqu'un comme toi peut être mariée ! Et en plus avec un chanteur célèbre ! » Comme Mrs Treadwell, elle était parfois envieuse du bonheur conjugal des autres, mais il y avait dans sa réaction plus de nostalgie que d'amertume. Elle avait connu l'amour, mais reconnaissait avec tristesse qu'elle n'avait pas su le conserver, à la différence de Mary Treadwell qui, coiffée d'un étrange bérêt d'artiste, le regard dissimulé par ses lunettes noires, et les bras chargés de bracelets clinquants, ne parvenait à déclamer ses sonnets pathétiques qu'à l'océan indifférent : « Aime-moi, aime-moi en dépit de tout. Que je t'aime ou ne t'aime pas, que je sois digne d'être aimée, que tu sois capable d'aimer, et même si l'amour n'existe pas, aime-moi. »

A Hollywood, Vivien jouissait toujours d'une notoriété considérable. Elle vivait entourée d'une cour empressée et menait un train de vie dispendieux qui affolait Jack Merivale. A cinquante et un ans, la seule mention de son nom éveillait encore une curiosité insatiable et l'on se disputait l'honneur de sa présence. Marcel Dalio avait un jour confié à Jean-Pierre Aumont : « Vivien est une déesse, mais voyons les choses en face, elle n'appartient pas comme nous à la roulotte. » Derrière les caméras, Marlène Dietrich ou Greta Garbo pouvaient redevenir la parfaite ménagère ou la petite paysanne qu'elles n'avaient jamais cessées d'être en dépit de leur célébrité. Vivien restait toujours identique à elle-même, n'ayant jamais pris le soin de se fabriquer quelque masque, et sa froide intelligence jetait sur les êtres et les choses un éclairage impitoyable et désabusé.

L'écrivain américain Peter Feibleman, lui rendit visite peu de temps après son arrivée à Hollywood, et il fut témoin d'une scène extraordinaire. Elle était visiblement en pleine dépression et traversait une grave période d'angoisse. Son comportement bizarre et ses propos incohérents avaient beaucoup surpris l'auteur. Soudain, au milieu d'une phrase, elle avait bondi en direction des massifs de camélias qui bordaient la terrasse et s'était mise à en arracher les fleurs avec une sauvagerie effrayante. Feibleman la crut possédée. Elle venait seulement de se rendre compte que les camélias n'étaient que des fleurs en plastique piquées sur les massifs, et elle ne parvint à retrouver son calme qu'une fois cette anomalie corrigée. Cette extraordinaire lucidité, qu'elle conservait même aux abords de la folie, lui avait toujours permis de voir et de sentir les choses avant tout le monde, et de manifester une certaine indulgence et une sympathie intuitive dans ses rapports avec les autres.

George Cukor profita de son séjour à Hollywood pour l'amener voir Cole Porter. Le célèbre compositeur avait toujours eu de gros problèmes avec une jambe à la suite d'une chute de cheval qu'il avait faite très tôt dans sa carrière. Il avait subi plus de trente opérations et, finalement, en 1958, on avait été obligé de l'amputer. En 1964, il était au plus mal. Immobilisé sur son lit, il souffrait énormément et vivait dans une réclusion totale. Pourtant, il avait souhaité la visite de Vivien. Elle s'était habillée de manière étonnante afin de le distraire, couvrant ses doigts de multiples breloques qui lui donnaient l'air d'une diseuse de bonne aventure. Cole Porter, bien sûr, la trouva irrésistible et se laissa emporter par sa bonne humeur communicative. Elle se montra tellement drôle et spirituelle qu'ils en oublièrent même de parler de son état de santé. De temps en temps, une infirmière venait lui faire des injections afin de calmer la douleur, et Vivien et Cukor devaient sortir de la chambre. Lorsqu'elle revenait, elle poursuivait la conversation interrompue, plus gaie et pétillante que jamais. Au moment de s'en aller, elle insista pour que Cukor la laisse monter à l'avant de la voiture, à côté du chauffeur. Pendant un moment ils roulèrent en silence, et lorsqu'elle se retourna, Cukor vit qu'elle avait pleuré. Jusqu'au bout elle avait tenu à dissimuler sa tristesse. « Elle avait connu la folie et savait ce que signifiaient les approches de la mort », expliqua Tennessee Williams avec une infinie tendresse.

A sa sortie, *La nef des fous* fut jugé lourd et prétentieux par la critique. Seule Vivien trouva grâce à ses yeux. Plusieurs de ses meilleures scènes avaient pourtant fini sur la table de montage. En France on lui décerna le titre de « meilleure actrice de l'année » et, aux Etats-Unis, la journaliste Judith Christ loua « la perfection » de son interprétation. Elle avait en effet de très beaux numéros de comédienne, dont le fameux charleston et une scène de maquillage devant un miroir au cours de laquelle Mrs Treadwell se peignait un curieux masque de carnaval. Adolescente naufragée, Vivien était bien cette femme aux yeux fatigués et au coeur de seize ans, penchée sur des miroirs qui lui renvoyaient de multiples images. Elle avait choisi ce rôle parce qu'il lui donnait la possiblité de résumer tous les autres. Le sourire de Scarlett, le regard triste de Karen Stone et les cris déchirants de Blanche Dubois. Lady Olivier figurait aussi sur la liste des passagers. Les airs de 1920 qu'elle fredonnait dans la séquence du miroir, auraient coûté à la production une fortune en droits d'auteur, et lorsque Stanley Kramer lui demanda de chanter autre chose, elle eut cette réplique sublime : « Mon mari était un des plus grands metteurs en scène du monde, qu'il s'agisse de théâtre ou de cinéma, et il m'a toujours laissé chanter ce que je voulais. »

Lorsqu'au mois de septembre elle regagna l'Angleterre en compagnie de Jack Merivale, son état de santé s'était un peu amélioré. Elle retrouva Tickerage Mill et le rythme de vie qu'elle affectionnait. Il faisait un temps magnifique, la campagne était belle et la maison ne désemplissait pas. Le 18 octobre, elle reçut la princesse Margaret et Lord Snowdon pour un déjeuner qu'elle organisa avec une joie enfantine. Puis, au mois de novembre, elle s'offrit un petit voyage à Katmandou en compagnie de quelques amis. Merivale était parti en Californie tourner un film et elle avait profité de cette séparation provisoire pour opérer une sorte de retour aux sources. Elle avait quitté l'Inde à l'âge de quatre ans, et c'est avec un plaisir extrême qu'elle refit connaissance avec ce pays aux montagnes bleues comme des nuages, aux lacs aux eaux vert jade et aux éléphants peints. Elle visita des temples, des réserves d'oiseaux, des petits marchés où elle se ruina en quolifichets, mais surtout, enivrée par l'air transparent et léger, elle se coucha tôt et fit une véritable cure de repos. En pleine forme, elle partit pour Corfou, espérant retrouver Jack Merivale chez Roger Furse et son épouse. Mais à peine arrivée, elle manifesta de nouveaux signes d'instabilité et regagna Londres peu après Noël. Elle fêta le Nouvel An à Tickerage, entourée de Suzanne et de son mari, Robin Farrington, de Leigh Holman, de Gertrude et de ses trois petits enfants.

Un rayon de soleil vint égayer la tristesse de ces longues journées d'hiver. Winston Churchill avait accepté une invitation à déjeuner. Elle était toujours restée en excellents termes avec l'ex-Premier Ministre de Sa Majestée, lui écrivant régulièrement ou lui envoyant des fleurs pour son anniversaire. Ensemble ils parlèrent de *Lady Hamilton*, son film fétiche, de peinture et de jardin. C'était la dernière fois qu'elle le voyait. Vingt jours plus tard, en effet, elle apprit sa mort par la radio et le pleura sincèrement. C'était un autre représentant des années heureuses qui disparaissait. Leland Hayward, un imprésario américain, lui rendit visite peu après et fut sensible à cette atmosphère nostalgique qui l'enveloppait et qu'elle se plaisait à entretenir. Elle avait aménagé à Tickerage une grande pièce entièrement recouverte de coupes, de trophées, de photos signées par toutes les plus grandes personnalités du siècle, rendant hommage à son talent et à sa beauté. La valse d'*Autant en emporte le vent*, résonnant dans le living-room, venait ajouter à ce parfum de fin d'empire. Leland Hayward fut rapidement convaincu qu'il ne pouvait souhaiter de meilleure interprète pour jouer dans une pièce que Paul Osborn avait adaptée du roman de Maurice Druon, *La volupté d'être*.

La contessa était en effet l'histoire d'une vieille excentrique italienne, la comtesse Lucrezia Sanziani qui, dans l'obscurité d'une chambre d'hôtel, se rappelait qu'elle avait été autrefois la femme la plus aimée de toute l'Europe. L'histoire était inspirée d'une gloire fameuse des années 20, la marquise Casati. Reine des soirées vénitiennes, elle reçevait chez elle des hôtes illustres comme Isadora Duncan, Serghei Diaghilev, Vaslav Nijinsky ou Gabriele D'Annunzio. Au cours d'une fête à Rome on l'avait même vu apparaître entièrement nue sur un carosse flamboyant tiré par des lions, avec pour seul bijou, un serpent vivant enroulé autour du corps. Elvire Popesco avait obtenu un triomphe dans la version parisienne, et il était question d'en tirer un film si la pièce marchait. Ce portrait pathétique et extravagant de vieille courtisane remontant le cours d'un passé fabuleux enthousiasma Vivien qui n'hésita pas à se vieillir et à s'enlaidir sous un masque grotesque et une perruque orange. Une fois encore, elle trouvait au texte d'étranges résonances, reprenant même à son compte les cris du coeur de « la Sanziani » : « Il faut savoir ce que l'on peut désirer, le désirer beaucoup et on l'obtient. Il faut savoir se servir de soi, prendre tout ce qu'on peut, et ne jamais économiser la vie. Elle ne vous rend rien. » Comme la contessa, Vivien avait toujours éprouvé le sentiment qu'il fallait que la vie « eut un rythme effréné pour qu'elle fut savoureuse ». N'avait-elle pas aussi, toute sa vie durant, brûlé le temps « comme une torche attisée par le vent » ? Confiante, elle aborda la Première, à Newcastle, le 6 avril 1965. Mais la critique, si elle fut touchée par l'histoire jugée très émouvante, la trouva totalement inadaptée à la scène : « C'est un conte romantique, mais ce n'est pas une pièce de théâtre. » Le public, venu pour voir la fabuleuse Vivien Leigh, restait évidemment sur sa faim à l'issue des représentations. Un procédé de flash-back, comme dans *Lady Hamilton*, où elle serait apparue au temps de sa beauté et de sa gloire, aurait peut-être sauvé la pièce. Les représentations furent interrompues avant même d'avoir atteint Londres, fait unique dans la carrière de Vivien, et elle regagna Tickerage plus tôt que prévu.

Pendant tout le mois d'août elle chercha un sujet susceptible de l'intéresser, les projets ne manquaient pas, mais rien de vraiment tangible. « Ce désoeuvrement ne me plaît pas du tout », écrivit-elle à une amie. L'été s'écoula pourtant sans que rien ne vienne mettre un terme à son isolement, puis l'automne. Elle entretenait avec tous ses amis dispersés dans le monde une volumineuse correspondance. Elle s'asseyait alors devant son bureau orné du moulage en bronze de sa main gauche, puis tirait une feuille de papier azur. Son nom y était imprimé en minuscules lettres blanches. Puis, d'une écriture aussi élégante qu'illisible, elle commentait les événements de la journée, dans une prose très mélancolique : « Seuls, Jack et moi, à Tickerage aujourd'hui. Pas d'invités. Une douce pluie. Un cygne glissant sur l'étang, les chiens jouant sur la pelouse. » En quelques mots elle parvenait à composer de petits tableaux animés et charmants. Mais cette douce quiétude fut un peu perturbée par une récurrence de son affection pulmonaire. La lésion au poumon s'était rouverte, et elle était secouée par de violentes quintes de toux. Pourtant, elle ne s'inquiétait que de la santé de Laurence Olivier qui venait d'être hospitalisé pour un cancer de la prostate. L'attachement romantique qu'elle lui portait continuait d'illuminer sa vie et elle était affolée à l'idée de le perdre définitivement. Depuis quelque temps, il avait du reste recommencé à répondre à ses lettres, et lorsqu'au cours de la tournée malheureuse de *La contessa*, un reporter lui avait demandé de citer le nom de son acteur préféré, elle avait répondu sans hésiter : « Sir Laurence est le plus grand que j'aie jamais connu. »

— Chapitre XXXV —

Le parfum des roses

Avec le frimas de décembre, un oiseau migrateur, une de ces grues moscovites au plumage de cendre, se posa sur le seuil de Tickerage. John Gielgud avait proposé à Vivien le rôle d'Anna Petrovna dans la mise en scène d'*Ivanov*, de Tchekov, qu'il comptait réaliser. La pièce devait partir en tournée à travers les Etats-Unis et le Canada, avant de se fixer à Broadway. Jack Merivale avait réussi, par bonheur, à faire partie de la distribution. Il interpréterait Lvov, le jeune docteur secrètement amoureux de la femme juive d'Ivanov.

Le rôle d'Anna, court mais pathétique, recoupait de manière presque tragique le destin de Vivien. Délaissée par son mari pour une femme plus jeune, Anna Petrovna succombait en effet des suites de la tuberculose à l'acte III. Il y avait donc des moments d'intense émotion, en particulier lorsque John Gielgud qui jouait Ivanov, lui lançait au visage des paroles sinistrement prophétiques : « Tu vas mourir... le docteur m'a dit que tu allais bientôt mourir. » Jack Merivale, qui connaissait l'étendue du mal dont Vivien venait de rechuter, en frissonnait tous les soirs d'émotion : « Vivien sera exquise en Anna Petrovna », avait-il écrit avant la tournée, « mais son rôle sera forgé sur l'enclume du total désespoir. » Après presque trois mois de tournée dans le froid et la neige, *Ivanov* arriva enfin à Broadway le 3 mai 1966. Vivien avait contracté une mauvaise fièvre et, tous les soirs, elle devait déployer des efforts surhumains pour affronter les représentations. Son déséquilibre émotionnel s'était aggravé au point que, selon la biographe Gwen Robyns, elle fut plusieurs fois obligée de se soumettre à une séance d'électrochocs afin d'être en mesure de jouer dans la soirée. « Elle dépensait une grande part de son énergie à essayer de se maîtriser », expliqua l'actrice Paula Lawrence : « ses incursions dans les sombres labyrinthes de son esprit n'étaient jamais très éloignées, mais elle en ressortait comme le Phénix, immortelle et régénérée ».

Une fois de plus, son interprétation admirable lui attira les louanges de la critique, mais le public new-yorkais ne fut pas très sensible à la peinture intimiste de Tchekov. « Dès quelle quitte la scène, la pièce patauge », commenta un journaliste. A en juger par les craquements de fauteuils et les toussotements, le public en voulait amèrement à Tchekov de le priver de Vivien Leigh aussi rapidement. Après cinq semaines et demie passées à New-York, Vivien regagna Londres en compagnie de Jack Merivale. Pendant son absence, l'appartement d'Eaton Square avait été cambriolé et de nombreux objets, dont plusieurs appartenaient à Larry, avaient disparu. Bouleversée, elle partit une fois de plus enfouir son chagrin à la campagne et, pour la première fois, elle accepta de se laisser soigner. Elle passait de longues journées étendue sur une chaise longue, profitant du soleil de juillet, et laissant errer son regard sur le paysage verdoyant qui s'étirait à perte de vue, en face de sa petite terrasse en demie-lune. Lorsque tombait le crépuscule, les eaux du lac se coloraient de teintes mouvantes et le vent du soir, caressant ses cheveux, faisait frissonner les feuilles des grands arbres.

Lee Marvin et sa nouvelle compagne, Michelle Triola, lui rendirent visite à cette époque : « En voilà deux qui étaient fait pour s'entendre. Je n'étais pas jalouse parce que moi aussi j'adorais Vivien... Lee lui disait : 'Tu me plais, t'es une chic nana.' Ça la changeait et ça lui plaisait bien. Ils ont bu, ils ont joué aux cartes. Parce qu'il perdait, Lee s'est mis en rogne et il a déchiré celles qu'il avait en main. Vivien n'a pas bronché. Nous avons appris par la suite qu'il s'agissait d'un jeu de sa collection... XVIIe siècle je crois ». Au mois d'août, en quête de soleil, elle accomplit un périple solitaire qui la mena du Cap Ferrat à Corfou. Le parfum des roses succédait à celui du mimosa. Michel Déon la reçut dans sa maison de Spetsai, « calme et réfléchie, captivante de grâce, parlant de Laurence Olivier avec amour ». Dès son retour, elle suivit cependant une nouvelle séance d'électrothérapie. Le 5 novembre, elle fêta discrètement son cinquante-troisième anniversaire. L'inactivité lui pesait toujours, mais se sachant malade, elle acceptait de se laisser soigner. Son état avait encore empiré au mois de mai 1967, et elle avait même été obligée de regagner Londres et son appartement d'Eaton Square. Elle avait beaucoup maigri et, aux dires de la gouvernante, s'était mise aussi à cracher du sang. Elle présentait tous les symptômes de la pleurésie, souffrait de gênes respiratoires et se plaignait d'une douleur au côté. Elle fit une radio. A la stupeur générale, le médecin lui annonça que l'affection tuberculeuse avait gagné le second poumon et que son état général était critique. Il insistait pour l'hospitaliser d'urgence, mais se heurta à son refus obstiné. « Je ne veux pas être sérieuse », ripostait déjà la Anna Petrovna de Tchekov, aux prescriptions de son médecin. Vivien avait gardé de trop mauvais souvenirs de ses séjours en clinique, mais consentit à garder le lit et à suivre un traitement sévère pendant trois mois.

Au début du printemps, on lui avait proposé le rôle d'Agnès, dans une pièce d'Edward Albee : *A délicate balance*. En dépit de quelques passages scabreux et d'une intrigue confuse, elle était trop heureuse de pouvoir se raccrocher à un travail quel qu'il fût pour songer à refuser. Les représentations devaient commencer par une tournée d'été, avant de démarrer à l'automne sur une scène du West-End. La pièce avait bien sûr été reportée en raison de sa maladie et elle passait la plupart de ses journées à répéter en compagnie de Michael Redgrave qui devait incarner son mari. Les docteurs lui avaient proscrit toute agitation, mais elle était incapable de vivre loin de ses amis, organisant encore plusieurs dîners malgré son état, et recevant tous les jours de nombreux visiteurs : Noël Coward, George Cukor, les Fairbanks... On la trouvait assise sur son lit, entourée de fleurs et de messages de prompt rétablissement que lui envoyaient tous ses admirateurs. En dépit de l'interdiction formelle des docteurs, elle continuait aussi à boire et à fumer. Elle était pâle, les traits tirés, mais continuait à éblouir ses hôtes par sa gaieté et sa vivacité, « telle une reine présidant sur ses sujets adorés ». « Je vais jouer jusqu'à l'âge de 90 ans », disait-elle à Michael Redgrave.

Les docteurs lui avaient caché la gravité de son mal et elle se moquait d'eux gentiment sous prétexte qu'ils l'obligeaient à rester couchée pendant toute la durée de son traitement. Tout en coupant les tiges des fleurs qu'on lui avait envoyées et en les arrangeant dans ses beaux vases, elle parlait de son prochain retour à la scène. *A délicate balance* était une fois de plus une variation sur la rupture d'un couple, un thème cher à l'auteur de *Qui a peur de Virginia Woolf.* « Avons-nous le bonheur tellement en horreur, que nous construisons nous-mêmes notre part de désespoir... affairés que nous sommes ? » Comme un capitaine dans la tempête, Agnès maintenait le cap envers et contre tous. Si, dans le mariage, la femme laissait à l'homme le soin de décider de la route, du moins s'obstinait-elle à poursuivre la course. Un combat qui en valait un autre, fut-il aussi dérisoire et désespéré que celui que menait Vivien contre sa maladie. Au début du mois de juillet son état sembla s'améliorer. Les docteurs lui avaient fait une prise de sang et semblaient satisfaits. Pour plus de précaution, on avait envisagé cependant de lui faire passer une autre radio des poumons. Trader Faulkner lui téléphona. Il ignorait à quel point elle était malade et l'invita à dîner chez lui : « Pour rencontrer ta nouvelle épouse? Bien sûr ! », répondit-elle. « Je peux amener mon homme ? »

Le soir convenu elle arriva avec Jack dans sa petite Mini Minor, portant le manteau à carreaux rouges et noirs qu'elle avait revêtu sept ans plus tôt, le jour du divorce. Vive, gracieuse et pleine d'esprit, elle ne laissa pas soupçonner un seul instant qu'elle venait de se lever de son lit de malade. Avec sa délicatesse habituelle elle fit honneur au repas qu'avait préparé la femme de Trader Faulkner, avalant jusqu'à la dernière bouchée de ses artichauts farcis et la remerciant chaleureusement pour ce merveilleux dîner qui était bien loin de son standard habituel. Trader Faulkner la raccompagna sur le pas de la porte et la regarda s'éloigner, frêle et menue, petite silhouette pathétique appuyée contre l'épaule de Jack. Il ne devait plus jamais la revoir. Le soir du 7 juillet, elle téléphona à sa gouvernante à Tickerage. Elle se faisait beaucoup de soucis au sujet des roses. Elle n'avait plus de jardinier et craignait que le jardin ne soit négligé. Elle paraissait très gaie et envisageait même de venir passer le week-end dans le Sussex. Pourtant, lorsque Jack Merivale lui téléphona quelques heures plus tard, il fut inquiété par sa voix brumeuse et ses propos incohérents. Il jouait tous les soirs *La fin de Mrs Cheyney* à Guilford et décida de rentrer à Londres après la représentation. Il arriva à Eaton Square vers onze heures. Vivien était déjà profondément endormie, Poo Jones couché sur l'oreiller au-dessus de sa tête. Sa respiration semblait régulière et l'odeur des fleurs et de son parfum flottaient encore dans la pièce. Sur la table de nuit, cachant les potions et les médicaments, le portrait de Larry à sa place habituelle. Jack referma doucement la porte et alla se faire chauffer une boîte de soupe dans la cuisine avant de se préparer, lui aussi, à se coucher.

Lorsqu'il revint pour jeter un dernier coup d'oeil dans la chambre de Vivien, il la trouva étendue sur le sol, à mi-chemin entre le lit et la salle de bain. Dans sa chute elle avait renversé un thermos sur la moquette. L'avait-elle entendu rentrer ? Se sentant mourir, avait-elle voulu courir vers lui ? Avait-elle appelé à l'aide ? Elle ne respirait plus. Jack essaya vainement de la ranimer en lui faisant du bouche à bouche. Puis, réalisant qu'il n'y avait plus rien à faire, il souleva son corps encore tiède dans ses bras et la déposa sur le lit. Après l'avoir recouverte d'un drap qui laissait dépasser son visage et ses mains, il téléphona à un docteur qui ne put que constater le décès. Comme la plupart des grands tuberculeux, elle était morte asphyxiée par le liquide pleurétique qui s'était répandu dans ses poumons. Il appela quelques proches pour leur apprendre la nouvelle avant les journaux. La costumière Bumble Dawson, vint l'aider à passer la nuit et coucha sur le canapé du salon. Olivier, qui avait été hospitalisé et qui se trouvait en convalescence à Brighton, ne fut prévenu qu'au petit matin. Pour échapper à la presse, il passa par une entrée de service dissimulée au sous-sol. Jack l'y attendait et le conduisit dans la chambre où reposait Vivien. Il y demeura un long moment « à prier en demandant pardon pour tout le mal qui s'était dressé entre nous ». A soixante ans, à l'âge où d'autres prennent leur retraite, Laurence Olivier se trouvait à l'aube d'une nouvelle existence, bénie par de grands rôles, l'aventure du National Theatre, son élévation au rang des pairs du royaume et les joies simples et réconfortantes du bonheur familial et de la paternité. Surpris, en 1982, dans son jardin de Brighton par Melvyn Bragg, journaliste à la BBC, il confia avec l'air apaisé d'un jardinier modèle : « Je préfère ma vie telle qu'elle est aujourd'hui... » Quatre ans plus tard, en 1986, un ami qui lui rendait visite trouva pourtant ce vénérable octogénaire en train de visionner un vieux film de Vivien. Lui qui se flattait de n'avoir jamais versé une véritable larme sur scène, se laissa aller — loin des feux de la rampe et du micro des journalistes — à des épanchements émouvants. Désignant l'écran, il ne put que murmurer, la voix brisée par l'émotion : « Ça, ça, c'était l'amour. Le GRAND amour ! »

Vingt ans plus tôt, en s'attardant une dernière fois sur le décor familier de la petite chambre d'Eaton Square, il ne sut pas trouver — de son propre aveu — des accents aussi déchirants, se contentant de promener sur la pièce un regard froid de commissaire priseur. Il détailla sa photo qui ornait encore la table de chevet, quelques bibelots qui lui avaient appartenu, avant de revenir sur « le beau visage » enfin apaisé de Vivien. Dans ses *Confessions*, il décrivit avec une précision choquante l'expression tendue et de profond dégoût qu'il crût discerner sur les traits de la défunte, avant d'en avancer une explication aussi triviale qu'inopportune. Etait-ce sa manière à lui d'exorciser un amour, ou l'image d'un amour dont il ne parviendrait jamais tout à fait à se défaire ? Même après leur divorce, il n'avait pas relevé Vivien de ses fonctions d'administrateur au sein de la Laurence Olivier Productions Ltd, en fonction de quoi, assez irrégulièrement, ils se retrouvaient assis à la même table pour des réunions aussi brèves que compassées. Peu de temps avant la disparition de Vivien, au cours de l'une des dernières représentations qu'elle avait données dans le West-End, il lui avait même rendu visite en coulisses. Les membres de la troupe, réunis dans sa loge, assistèrent alors à une scène extraordinaire. Il s'avança, le sourire aux lèvres, en tenant dans sa main une petite boîte de fleuriste. Dans un silence étonné il retira le cellophane qui enveloppait la boîte, sortit la fleur — un oeillet rouge — en coupa la tige, jeta les détritus sur le sol, fixa la fleur à sa boutonnière, tourna les talons et quitta la pièce sans un mot.

Olivier n'assista pas à la messe de Requiem qui tint lieu de cérémonie religieuse. Réservée aux intimes, elle eut lieu en présence de douze personnes à l'église St Mary, sur Cadogan Street. Puis, selon ses instructions, le corps de Vivien fut incinéré au crématoire de Golders Green et ses cendres furent répandues sur les eaux paisibles du lac de Tickerage. Elle y avait passé ses derniers moments de bonheur et c'était là, mieux qu'ailleurs, que ses amis aimeraient à se la rappeler, allongée sur sa chaise longue « comme une impératrice à la Malmaison », devisant de tout sous le soleil et passant du rire aux larmes sans la moindre transition. Elle jetait parfois sur l'onde de longs regards nostalgiques, rêvant sans doute à quelque royaume d'écume et de corail. C'est qu'il y avait en Vivien de l'Ondine et de la Sirène. L'amour qu'elle avait suivi comme une nef dorée l'avait livrée aux hommes et à leurs souffrances, et elle n'avait pu survivre au moment du naufrage. Mais elle avait su capter et retenir tant de couleurs de la vie, qu'en disparaissant elle emportait avec elle « le parlum des roses et l'éclat de la pleine lune. »

« C'était une grande... une très grande bonne femme », s'exclama Lee Marvin en apprenant sa mort. « Ce visage ! Et ce talent ! Bon Dieu ! On était content d'être sur terre en même temps qu'elle. Et maintenant... maintenant, on se sent... dépossédé. »

— Bibliographie —

ANGER, Kenneth, *Hollywood Babylon*, Delle, 1975.

AUMONT, Jean-Pierre, *Le soleil et les ombres*, Robert Laffont, 1976.

AUMONT, Jean-Pierre, *Dis-moi d'abord que tu m'aimes,* Jade, Flammarion, 1986.

BACALL, Lauren, *Par moi-même*, Stock, 1979.

BAINBRIDGE, John, *Garbo*, Galahad Books, 1971.

BARKER, Felix, *The Oliviers*, Hamish Hamilton, 1953.

BARRAULT, Jean-Louis, *Souvenirs pour demain*, Seuil, 1972.

BEATON, Cecil, *Les Années heureuses*, Albin Michel, 1972.

BRAGG, Melvyn, *Laurence Olivier*, Hutchinson, 1984.

BRIDGES, Herb, *The Filming of Gone With The Wind*, Mercer University Press, 1984.

BRIDGES, Herb, *Frankly My Dear... Gone With The Wind,* Memorabilia, Mercer University Press, 1986.

BRONTE, Emily, *Les Hauts de Hurlevent*, Payot, Paris.

CIMENT, Michel, *Kazan par Kazan*, Stock ; 1973.

COLVIN, Ian, *Vol 777 - Le tragique Destin de Leslie Howard*, Editions France Empire, 1980.

COTTRELL, John, *Laurence Olivier*, Weidenfeld & Nicolson, 1975.

DANIELS, Robert L., *Laurence Olivier : Theater & Cinema*, A.S. Barnes & Company, Inc., 1980.

DENT, Alan, *Vivien Leigh : A Bouquet,* Hamish Hamilton, 1969.

DENT, Alan, *Preview : The Oliviers In Close-Up*, World Film Publications, 1950.

DUCOUT, Françoise, *Greta Garbo, La Somnambule*, Stock, 1979.

DRUON, Maurice, *La Volupté d'être*, Le Livre de Poche, 1967.
DU MAURIER, Daphné, *Rebecca*, Albin Michel, 1939.
EDWARDS, Anne, *La vie déchirante de Vivien Leigh*, Editions France Empire, 1978.
EDWARDS, Anne, *Road to Tara*, Hodder & Stoughton, 1976.
EDWARDS, Anne, *Katharine Hepburn*, Perrin, 1987.
FAULKNER, Trader, *Peter Finch*, Angus & Robertson, 1979.
FITZGERALD, F. Scott, *Tendre est la Nuit*, Stock, 1975.
FLAMINI, Roland, *Scarlett, Rhett and a Cast of Thousands*, André Deutsch, 1976.
GALSWORTHY, John, *The First and The Last*, William Heinemann, 1920.
GARDNER, Gerald & Gardner, Harriet Modell, *Pictorial History of Gone With The Wind*, Bonanza Books, 1980.
GIRAUDOUX, Jean, *Pour Lucrèce*, Grasset, 1953.
GOURLAY, Logan, *Olivier*, Weidenfeld & Nicolson, 1973.
GUINNESS, Alec, *Mémoires*, Julliard, 1985.
HARWELL, Richard, *Gone With The Wind as Book and Film*, Paragon House, 1987.
HAVER, Ronald, *David O. Selznick's Hollywood*, Secker & Warburg, 1980.
HOLDEN, Anthony, *Olivier*, Weidenfeld & Nicolson, 1988.
HOWARD, Sidney, *Gone with the Wind, The Illustrated Screenplay*, Lorrimer, 1979.
KANIN, Garson, *Hollywood, Années Folles*, Presses de la Cité, 1975.
KANIN, Garson, *Moviola*, Pocket Books, 1980.
KANIN, Garson, *Spencer Tracy et Katharine Hepburn, les amants terribles d'Hollywood*, Solar, 1974.
KELLEY, Kitty, *Elizabeth Taylor, La Dernière Star*, Sylvie Messinger, 1982.
KIERNAN, Thomas, *Olivier*, Sidgwick & Jackson, 1981.
KIPLING, Rudyard, *Kim*, Presses Pocket, 1987.
KOBAL, John, *People will Talk*, Aurum Press, 1986.
KORDA, Michael, *Charmed Lives*, Allen Lane, 1980.
LAMBERT, Gavin, *On Cukor*, W.H. Allen, 1974.
LASKY JR, Jesse & Pat Silver, *Love Scene*, Angus & Robertson, 1978.
LEFEVRE, Raymond, *Sir Laurence Olivier*, PAC, 1980.

MAURIAC, Claude, *L'Amour du Cinéma*, Albin Michel, 1954.
MILLER, Arthur, *Au fil du temps - Une vie*, Grasset, 1987.
MITCHELL, Margaret, *Autant en emporte le vent*, Gallimard, 1976.
MYRICK, Susan, *White Columns in Hollywood*, Mercer University Press, 1986.
NIVEN, David, *Décrocher la Lune*, Robert Laffont, 1973.
NIVEN, David, *Etoiles Filantes*, Robert Laffont, 1977.
O'CONNOR, Garry, *Darlings of the Gods*, Hodder & Stoughton, 1984.
O'CONNOR, Garry, *Olivier In Celebration*, Hodder & Stoughton, 1987.
OLIVIER, Laurence, *Confessions of an Actor*, Weidenfeld & Nicolson, 1982.
OLIVIER, Laurence, *On Acting*, Weidenfeld et Nicolson, 1986.
OSBORNE, John, *The Entertainer*, Faber & Faber, 1987.
PALMER, Lilli, *Un bon petit soldat*, Robert Laffont, 1979.
PHILLIPS, Gene D., *The Films of Tennessee Williams*, The Art Alliance Press, 1980.
PRATT, William et Bridges, Herb, *Scarlett Fever*, Macmillan, 1977.
PORTER, Katherine, Anne, *La nef des fous*, Editions du Seuil, 1963.
QUINTERO, José, *If You Don't Dance They Beat You*, St Martin's Press, 1988.
ROBYNS, Gwen, *Light of a Star : The Career of Vivien Leigh*, Cranbury NJ : A. S. Barnes, 1970.
RUSSEL TAYLOR, John, *Vivien Leigh*, Elm Tree Books, 1984.
RUSSEL TAYLOR, John & Kobal, John, *Portraits of The British Cinema*, Aurum Press, 1985.
SELZNICK, David O., *Cinema*, Ramsay, 1984.
SHAKESPEARE, William, *Roméo et Juliette*, Garnier Flammarion, 1964.
SHAKESPEARE, William, *Macbeth*, Garnier Flammarion, 1964.
SHAKESPEARE, William, *Antoine et Cléôpâtre*, Garnier Flammarion, 1964.
SHAKESPEARE, William, *Titus Andronicus*, Garnier Flammarion, 1964.
SHAKESPEARE, William, *Hamlet*, Garnier Flammarion, 1964.

SHAKESPEARE, William, *Richard III*, Garnier Flammarion, 1964.
SHAW, George Bernard, *The doctor's Dilemma,* Penguin Plays, 1946.
SHAW, George Bernard, *César and Cléôpâtra*, Penguin Plays, 1946.
SHAW, George Bernard et Mrs Pat Campbell, *Correspondance*, Calmann-Lévy, 1961.
SHERIDAN, R.B., *School for Scandal*, Oxford University Press, 1984.
SIGNORET, Simone, *La Nostalgie n'est plus ce qu'elle était*, Editions du Seuil, 1978.
STRASBERG, Susan, *Doux Amer*, Presses de la Renaissance, 1980.
TAILLEUR, Roger, *Elia Kazan*, Seghers, 1971.
TANITCH, Robert, *Olivier*, Thames and Hudson, 1985.
TCHEKHOV, Anton, *Les Trois Sœurs*, Gallimard, 1973.
TCHEKHOV, Anton, *Ivanov*, Gallimard, 1973.
THOMAS, Tony, *Marlon Brando*, Henri Veyrier, 1974.
TOLSTOI, Léon, *Anna Karénine*, Gallimard, 1952.
TURCONI, Davide & Sacchi, Antonio, *Divi e Divine*, La Casa Usher, 1981.
USTINOV, Peter, *Cher Moi*, Stock, 1978.
VICKERS, Hugo, *Vivien Leigh*, Hamish Hamilton, 1988.
WALKER, Alexander, *Vivien*, Weidenfeld & Nicolson, 1987.
WILLIAMS, Tennessee, *A Streetcar Named Desire*, Penguin Plays, 1986.
WILLIAMS, Tennessee, *The Roman Spring of Mrs Stone*, Bantam Book, 1976.
WILLIAMS, Tennessee, *Mémoires*, Robert Laffont, 1978.
ZEC, Donald, *Lee Marvin*, Editions France Empire, 1979.

— Filmographie de Vivien Leigh —

THINGS ARE LOOKING UP
Gaumont British, 1935
Producteur : Michael Balcon
Réalisateur : Albert de Courville
Scénario : Stafford Dickens et Con West
Vivien Leigh (une écolière), Cicely Courtneidge, Henrietta Watson, Dick Henderson, Jr., Suzanne Lenglen

THE VILLAGE SQUIRE
Paramount British, 1935
Producteur : Anthony Havelock-Allen
Réalisateur : Reginald Denham
Scénario : Arthur Jarvis Black
Vivien Leigh (Rose Venables), Leslie Perrins, David Horne

GENTLEMAN'S AGREEMENT
Paramount British, 1935
Producteur : Anthony Havelock-Allen
Réalisateur : George Pearson
Scénario : Jennifer Howard
Vivien Leigh (Phil Stanley), Frederick Peisley, Antony Holles, David Horne, Ronald Shiner

LOOK UP AND LAUGH
Associated British Film Distributors, 1935
Produit et réalisé par Basil Dean
Scénario : J. B. Priestley
Vivien Leigh (Marjorie Belfer), Gracie Fields, Robb Wilton, Kenneth More, Douglas Wakefield, Billy Nelson, Harry Tate

FIRE OVER ENGLAND
(L'INVINCIBLE ARMADA)
London Films, 1937
Producteur exécutif : Alexander Korda
Producteur : Erich Pommer
Réalisateur : William K. Howard
Scénario : Clemence Dane et Sergei Nolbandov
D'après le roman de A. E. W. Mason
Vivien Leigh (Cynthia), Flora Robson (Elizabeth Ire), Laurence Olivier (Michael Ingolby), Leslie Banks (Comte de Leicester), Raymond Massey (Philippe d'Espagne), James Mason (Hillary Vane), Robert Newton (Don Pedro), Herbert Iiomas (Richard Ingolby), Morton Selten (Burleigh), Tamara Desni (Elena), Robert Rendell (Don Miguel), Charles Carson (Amiral Valdez), Henry Oscar (l'ambassadeur d'Espagne), Roy Russel (Cooper), Howard Douglas (Lord Amberley), Cecil Mainwaring (Illingworth), Francis de Wolfe (Tarleton), Graham Cheswright (Maddison), George Thirlwell (Gregory), A. Corney Grain (Hatton), Donald Calthrop (Don Escobal), Lyn Harding (Sir Richard)

DARK JOURNEY
(MYSTERE DE LA SECTION HUIT)
London Films, 1937
Producteur : Alexander Korda
Réalisateur : Victor Saville
Scénario : Arthur Wimperis
D'après un récit de Lajos Biro
Vivien Leigh (Madeleine Godard), Conrad Veidt (Baron Karl von Marwitz), Joan Gardner (Lupita), Anthony Bushell (Bob Carter), Ursula Jeans (Gertrude), Eliot Makeham (Anatole), Margaret Pickard (Colette), Austin Trevor (Dr. Muller), Sam Livesey (le major Schaeffer), Cecil Parker (le Capitaine), Edmund Willard (l'officier des Services secrets allemands), Charles Carson (l'homme du cinquième Bureau), William Dewhurst (l'assassin), Henry Oscar (le magistrat), Reginald Tate (le compagnon), Robert Newton (l'officier), Philip Ray (Faber), Lawrence Hanray (Cottin), Percy Walsh (le capitaine suédois), Laidman Browne (Rugge), Martin Harvey (Bohlan), Anthony Holles (le Hollandais)

STORM IN A TEACUP
London Films, 1937
Producteur : Victor Saville
Réalisateurs : Victor Saville et Ian Dalrymple
Scénario : Ian Dalrymple et Donald Bull
D'après l'adaptation de James Bridie de la pièce *Sturm im Wasserglas*, de Bruno Frank
Vivien Leigh (Victoria Grow), Rex Harrison (Frank Burdon), Sara Algood (Mme Hegarty), Cecil Parker (le maire Grow), Ursula Jeans (Lisbet Skirving), Gus McNaughton (Horace Skirving), Arthur Wontner (le Procureur Général), Edgard K. Bruce (McKellar), Robert Hale (Lord Skerryvore), Quinton MacPherson (Baillie Callender), George Pughe (Menzies), Arthur Seaton (le sergent de police), Cecil Mannering (l'agent de police), Cyril Smith (le conseiller) et le chien Scruffy

21 DAYS TOGETHER
London Films, Denham Productions, 1937
Producteur : Alexander Korda
Réalisateur : Basil Dean
Scénario : Basil Dean et Graham Greene
D'après la pièce de John Galsworthy, *The First and the Last*
Vivien Leigh (Wanda Livinska), Laurence Olivier (Larry Durant), Leslie Banks (Keith Durant), Francis L. Sullivan (Mander), Robert Newton (Tolley), Hay Petrie (John Aloysius Evans), Esme Percy (Henry Walenn), Victor Rietti (Antonio), Morris Harvey (Alexander Macpherson), Meinhart Maur (Carol Grunlich), Lawrence Manray (l'avoué), David Horne (Beavis), Wallace Lupino (le père), Muriel George (la mère), William Dewhurst (le président du Tribunal du Banc du Roi), Frederick Lloyd (Swinton), Elliot Mason (Frau Grunlich), Arthur Young (Asher), Fred Groves (Barnes), Aubrey Mallalieu (le magistrat)

A YANK AT OXFORD
(VIVENT LES ETUDIANTS)
Metro-Goldwyn-Mayer, 1938
Producteur : Michael Balcon
Réalisateur : Jack Conway
Scénario : Malcolm Stuart Boylan, Walter Ferris et George Oppenheimer

Vivien Leigh (Elsa Craddock), Robert Taylor (Lee Sheridan), Lionel Barrymore (Dan Sheridan), Maureen O'Sullivan (Molly Beaumont), Griffith Jones (Paul Beaumont), Edmund Gwenn (le doyen de Cardinal), C. V. France (le doyen Snodgrass), Morton Selten (Cecil Davidson), Edmund Breon (le capitaine Wavertree), Norah Howard (la serveuse), Edward Rigby (Scatters)

SIDEWALKS OF LONDON
(VEDETTES DU PAVE)
Associated British Picture Corporation, 1938
Producteur : Erich Pommer
Réalisateur : Tim Whelan
Scénario : Clemence Dane
Vivien Leigh (Libby), Charles Laughton (Charles), Rex Harrison (Harley), Larry Adler (Constantine), Tyrone Guthrie (Gentry), Maire O'Neill (Mme Such), Basil Gill (le magistrat), Claire Greet (Old Maud), Helen Haye (Selina)

GONE WITH THE WIND
(AUTANT EN EMPORTE LE VENT)
David O. Selznick pour Metro-Goldwyn-Mayer, 1939
Producteur : David O. Selznick
Réalisateur : Victor Fleming (avec la collaboration de George Cukor, Sam Wood, William Cameron Menzies et David O. Selnick)
Scénario : Sidney Howard (participation de F. Scott Fitzgerald, Oliver Garrett, Ben Hecht, John Van Druten, Jo Swerling et David O'Selznick)
D'après le roman de Margaret Mitchell *Gone with the Wind*
Vivien Leigh (Scarlett O'Hara), Clark Gable (Rhett Butler), Leslie Howard (Ashley Wilkes), Olivia de Havilland (Melanie Hamilton Wilkes), Hattie McDaniel (Mammy), Thomas Mitchell (Gerald O'Hara), Barbara O'Neill (Ellen O'Hara), Evelyn Keyes (Suellen O'Hara), Ann Rutherford (Carreen O'Hara), Butterfly McQueen (Prissy), Victor Jory (Jonas Wilkerson), Oscar Polk (Pork), Isabel Jewell (Emmy Slattery), Ona Munson (Belle Watling), Zack Williams (Elijah), Fred Crane (Brent Tarleton), George Reeves (Stuart Tarleton), Alicia Rhett (India Wilkes), Rand Brooks (Charles Hamilton), Carroll Nye (Frank Kennedy), Marcella Martin (Cathleen Calvert), Howard Hickman (John

Wilkes), Laura Hope Crews (Aunt Pittypat Hamilton), Harry Davenport (Docteur Meade), Leona Roberts (Mme Meade), Jane Darwell (Mme Merriwether), Terry Shero (Fanny Elsing), Eddie Anderson (Oncle Pierre), William McClain (le vieux Lévi), Jackie Moran (Phil Meade), Cammie King (Bonnie Blue Butler), Mickey Kuhn (Beau Wilkes), Ward Bond (Tom, un capitaine yankee), ainsi que Cliff Edwards, Ed Chandler, George Hackathorne, Roscoe Ates, Eric Linden, John Arledge, Tom Tyler, William Bakewell, Lee Phelps, Paul Hurst, Ernest Whitman, William Stelling, Louis Jean Heydt, Robert Elliott, George Meeker, Wallis Clark, Irving Bacon, Adrian Morris, J. M. Kerrigan, Olin Howland, Yakima Canutt, Blue Washington, Lillian Kemble Cooper

WATERLOO BRIDGE
(LA VALSE DANS L'OMBRE)
Metro-Goldwyn-Mayer, 1940
Producteur : Sidney Franklin
Réalisateur : Mervyn le Roy
Scénario : S. N. Behrman, Hans Rameau et George Froeschel
D'après la pièce de Robert E. Sherwood
Vivien Leigh (Myra Lester), Robert Taylor (Roy Cronin), Lucile Watson (Lady Margaret Cronin), Virginia Field (Kitty), Maria Ouspenskaya (Madame Olga Kirowa), Cecil Aubrey Smith (le Duc)

THAT HAMILTON WOMAN
(LADY HAMILTON)
Alexander Korda Films, Inc., 1941
Produit et réalisé par Alexander Korda
Scénario : Walter Reisch et R.C. Sherriff
Vivien Leigh (Emma Hamilton), Laurence Olivier (Lord Nelson), Alan Mowbray (Sir William Hamilton), Sara Allgood (Mme Cadogan-Lyon), Gladys Cooper (Lady Nelson), Henry Wilconon (le capitaine Hardy), Heather Angel (la fille des rues), Halliwell Hobbes (le révérend Nelson), Gilbert Emery (Lord Spencer), Miles Mander (Lord Keith), Ronald Sinclair (Josiah), Louis Alberni (le roi de Naples), Norman Drury (la reine de Naples), George Renavent (l'hôtelier), Leonard Carey (l'homme de service), Alex Craig (le gendarme), et George Davis

CAESAR AND CLEOPATRA
(CESAR ET CLEOPATRE)
United Artists, 1945
Produit et réalisé par Gabriel Pascal
Scénario réalisé d'après la pièce de George Bernard Shaw
Vivien Leigh (Cléopâtre), Claude Rains (César), Flora Robson (Ftatateeta), Francis L. Sullivan (Pothinus), Basil Sydney (Rufio), Cecil Parker (Britannus), Stewart Granger (Apollodore), Raymond Lovell (Lucius Septimius), Antony Eustrel (Achillas), Ernest Thesiger (Theodotus), Michael Rennie (le premier centurion), Esme Percy (le maître de maison), Stanley Holloway (Belzanor), Leo Genn (Ben Affris), James McKechnie (le centurion blessé), Felix Aylmer (le premier noble), Valentine Dyall (le premier garde)

ANNA KARENINA
(ANNA KARENINE)
London Films, 1948
Producteur : Alexander Korda
Réalisateur : Julien Duvivier
Scénario : Julien Duvivier, Guy Moran et Jean Anouilh
D'après le roman de Leon Tolstoy
Vivien Leigh (Anna Karenine), Ralph Richardson (Alexi Karenine), Kieron Moore (le comte Vronsky), Sally Anne Howes (Kitty Shcherbatsky), Niall MacGinnis (Levin), Martita Hunt (Princesse Betty Tverskoy), Marie Lohr (Princesse Shcherbatsky), Michael Gough (Nikolai), Hugh Dempster (Stepan Oblonsky), Mary Kerridge (Dolly Oblonsky), Heather Thatcher (comtesse Lydia Ivanovna), Helen Haye (comtesse Vronsky), Austin Trevor (colonel Vronsky), Ruby Miller (comtesse Mezhkov), John Longden (général Serukhovskoy), Leslie Bradley (Korsunsky), Michael Medwin (le Docteur), Jeremy Spenser (Giuseppe), Gino Cervi (Enrico), Frank Tickle (prince Shcherbatsky), Mary Martlew (princesse Nathalia), Ann South (princesse Sorokina), Guy Verney (Prince Makhotin), Beckett Bould (Matvey), Judith Nelmes (Miss Hull), Valentina Murch (Annushka), Theresa Giehse (Marietta), John Salew (l'avocat), Partick Skipwith (Sergei)

A STREETCAR NAMED DESIRE
(UN TRAMWAY NOMME DESIR)
Warner Brothers, 1951
Producteur exécutif : Elia Kazan
Producteur : Charles K. Feldman
Réalisateur : Elia Kazan
Scénario : Tennessee Williams d'après sa propre pièce
Adaptation : Oscar Saul
Vivien Leigh (Blanche Dubois), Marlon Brando (Stanley Kowalski), Kim Hunter (Stella Kowalski), Karl Malden (Mitch), Rudy Bond (Steve), Nick Dennis (Pablo), Peg Hillias (Eunice), Richard Garrick (le docteur), Anne Dere (l'infirmière), Edna Thomas (la Mexicaine)

THE DEEP BLUE SEA
(L'AUTRE HOMME)
London Films, 1955
Producteur exécutif : Alexander Korda
Produit et réalisé par Anatole Litvack
Directeur artistique : Vincent Korda
Scénario : Terence Rattigan, d'après sa pièce
Vivien Leigh (Hester Collyer), Kenneth More (Freddie Page), Emlyn Williams (Sir William Collyer), Eric Portman (Mr Miller), Moira Lister (Dawn Maxwell), Arthur Hill (Jackie Jackson), Miriam Karlin (la serveuse), Heather Thatcher (Lady Dawson), Dandy Nichols (Mme Elton), Jimmy Hanley (Dicer), Alec McCowen (Ken Thompson)

THE ROMAN SPRING OF MRS STONE
(LE VISAGE DU PLAISIR)
Warner Brothers, 1961
Producteur : Louis de Rochemont
Réalisateur : Jose Quintero
Directeur artistique : Roger Furse
Musique : Richard Addinsell
Scénario : Gavin Lambert
D'après la pièce de Tennessee Williams

Vivien Leigh (Karen Stone), Warren Beatty (Paolo di Leo), Coral Browne (Meg), Lotte Lenya (comtesse Gonzales), Jeremy Spenser (le jeune homme), Jill St John (Barbara Bingham), Ernest Thesiger (Stefano), Paul Stassimo (le barbier), Bessie Love (Bunny), Carl Jaffe (le baron), Cleo Laine (la chanteuse), Elspeth March (Mme Barrow)

SHIP OF FOOLS
(LA NEF DES FOUS)
Columbia Pictures, 1965
Produit et réalisé par Stanley Kramer
Chef opérateur : Ernezst Laszlo
Scénario : Abby Mann
D'après le roman de Katherine Anne Porter
Musique : Ernest Gold
Vivien Leigh (Mary Treadwell), Simone Signoret (la Condesa), Oskar Werner (Dr Schumann), Jose Ferrer (Herr Rieber), Lee Marvin (Bill Tenny), Michael Dunn (Glocken), Heinz Ruhmann (Lowenthal), George Segal (David), Elizabeth Ashley (Jenny), Jose Greco (Pepe), Charles Korvin (Capitaine Thiele), Christine Schmidtmer, Lilia Skala, Barbara Luna, Alf Kjellin, John Wengraf, Werner Klemperer et Gila Golan

— Chronologie des grands rôles de Vivien Leigh au théâtre —

1935 - février : *THE GREEN SASH*
Auteurs : Debonnaire Sylvester et T.P. Wood
Mise en scène : Matthew Forsyth
Théâtre : Q Theatre, Londres
Vivien Leigh (Giusta)

- mai : *THE MASK OF VIRTUE*
Auteur : Carl Sternheim
Adaptation anglaise d'Ashly Dukes, d'après l'œuvre de Diderot *Jacques le fataliste*
Mise en scène : Maxwell Wray
Théâtre : Ambassadors Theatre - Saint James Theatre, Londres
Vivien Leigh (Henriette Duquesnoy)

1936 - février : *RICHARD II*
Auteur : William Shakespeare
Mise en scène : John Gielgud et Glen Byam Shaw
Théâtre : Société d'Art Dramatique d'Oxford
Vivien Leigh (La Reine)

- avril : *THE HAPPY HYPOCRITE*
Auteur : Clemence Dane,
d'après un récit de Max Beerbohm
Mise en scène : Maurice Colbourne
Théâtre : His Majesty's Theatre
Vivien Leigh (Jenny Mere)

- juin : *HENRY VIII*
Auteur : William Shakespeare
Mise en scène : Robert Atkins
Théâtre : représentation en plein air dans Regents Park, Londres
Vivien Leigh (Anne Boleyn)

1937 - février : *BECAUSE WE MUST*
Auteur : Ingaret Giffard
Mise en scène : Norman Marshall
Théâtre : Wyndham's Theatre, Londres
Vivien Leigh (Pamela)

- mars : *BATS IN THE BELFRY*
Auteurs : Diana Morgan et Robert MacDermot
Mise en scène : A. R. Whatmore
Théâtre : Ambassadors Theatre, Londres
Vivien Leigh (Jessica)

- juin : *HAMLET*
Auteur : William Shakespeare
Mise en scène : Tyrone Guthrie
Théâtre : Château de Kronbourg, Elseneur
Vivien Leigh (Ophélie)

- décembre : *LE SONGE D'UNE NUIT D'ETE*
Auteur : William Shakespeare
Mise en scène : Tyrone Guthrie
Théâtre : Old Vic, Londres
Vivien Leigh (Titania)

1938 - septembre : *SERENA BLANDISH*
Auteur : S. N. Behrman
Mise en scène : Esme Percy
Théâtre : Gate Theatre, Londres
Vivien Leigh (Serena)

1940 - mai : *ROMEO ET JULIETTE*
Auteur : William Shakespeare
Mise en scène : Laurence Olivier
Théâtre : 51st Street Theatre, New-York

1942 - mars : *THE DOCTOR'S DILEMMA*
Auteur : George Bernard Shaw
Mise en scène : Irene Hentschel
Théâtre : Haymarket Theatre, Londres
Vivien Leigh (Jennifer Dubedat)

1945 - mai : *THE SKIN OF OUR TEETH*
Auteur : Thornton Wilder
Mise en scène : Laurence Olivier
Théâtre : Phoenix Theatre, Londres
Vivien Leigh (Sabina)

1946 - septembre : *THE SKIN OF OUR TEETH*
Théâtre : Picadilly Theatre, Londres

1948 - Tournée de l'Old Vic Company en Australie et en Nouvelle-Zélande (février-novembre 1948)

: *RICHARD III*
Auteur : William Shakespeare
Mise en scène : John Burrell
Vivien Leigh (Lady Anne)

: *THE SCHOOL FOR SCANDAL*
Auteur : Richard Brinsley Sheridan
Mise en scène : Laurence Olivier
Vivien Leigh (Lady Teazle)

: *THE SKIN OF OUR TEETH*
Mise en scène : Laurence Olivier

La troupe de l'Old Vic se rendit à Perth, Adelaide, Melbourne, Hobart, Sydney, Brisbane, Auckland, Christchurch, Dunedin, Wellington.

1949 - Saison de l'Old Vic Company au New Theatre, Londres

- janvier : *RICHARD III*
: *THE SCHOOL FOR SCANDAL*

- février : *ANTIGONE*
Auteur : Jean Anouilh,
traduit par Lewis Galantière
Mise en scène : Laurence Olivier
Vivien Leigh (Antigone)

- octobre : *UN TRAMWAY NOMME DESIR*
Auteur : Tennessee Williams
Mise en scène : Laurence Olivier
Théâtre : Aldwych Theatre, Londres
Vivien Leigh (Blanche Dubois)

1951 - mai : *CESAR ET CLEOPATRE*
Auteur : George Bernard Shaw
Mise en scène : Michael Benthall
Théâtre : Saint James Theatre, Londres
Vivien Leigh (Cléopâtre)

- décembre : *CESAR ET CLEOPATRE*
Théâtre : Ziegfeld Theatre, New-York

: *ANTOINE ET CLEOPATRE*
Théâtre : Ziegfeld Theatre, New-York

1953 - novembre : *THE SLEEPING PRINCE*
Auteur : Terence Rattigan
Mise en scène : Laurence Olivier
Théâtre : Phoenix Theatre, Londres
Vivien Leigh (Mary Morgan)

1955 - Saison au Memorial Theatre, à Stratford-upon-Avon

- avril : *LA NUIT DES ROIS*
Auteur : William Shakespeare
Mise en scène : John Gielgud
Vivien Leigh (Viola)

- juin : *MACBETH*
Auteur : William Shakespeare
Mise en scène : Glen Byam Shaw
Vivien Leigh (Lady Macbeth)

- août : *TITUS ANDRONICUS*
Auteur : William Shakespeare
Mise en scène : Peter Brook
Vivien Leigh (Lavinia)

1956 - avril : *SOUTH SEA BUBLLE*
Auteur : Noel Coward
Mise en scène : William Chappel
Théâtre : Lyric Theatre, Londres
Vivien Leigh (Lady Alexander Shotter)

1957 - Tournée européenne du Memorial Theatre

mai/juin : *TITUS ANDRONICUS*

La troupe se rendit à Paris, Venise, Vienne, Belgrade, Zagreb et Varsovie

1958 - avril : *DUEL OF ANGELS*
Auteur : Jean Giraudoux, adaptation de sa pièce *Pour Lucrèce*, par Christopher Fry
Mise en scène : Jean-Louis Barrault
Théâtre : Apollo Theatre, Londres
Vivien Leigh (Paola)

1959 - juillet : *LOOK AFTER LULLU*
Auteur : Georges Feydeau, adaptation de sa pièce *Occupe-toi d'Amélie* par Noël Coward
Mise en scène : Noël Coward
Théâtre : Royal Court Theatre, Londres
Vivien Leigh (Lullu d'Arville)

1960 - avril : *DUEL OF ANGELS*
Mise en scène : Robert Helpman
Théâtre : Helen Hayes Theatre, New-York

1961 - Tournée de l'Old Vic Company en Australie, Nouvelle-Zélande et Amérique Latine (juin 1961 à mai 1962)

: *DUEL OF ANGELS*
Mise en scène : Robert Helpman
Vivien Leigh (Paola)

: *LA NUIT DES ROIS*
Mise en scène : Robert Helpman
Vivien Leigh (Viola)

: *LA DAME AUX CAMELIAS*
D'après l'œuvre d'Alexandre Dumas, fils
Mise en scène : Robert Helpman
Vivien Leigh (Marguerite Gauthier)

La troupe de l'Old Vic se rendit à Melbourne, Brisbane, Sydney, Adelaide, Auckland, Palmerston North, Wellington, Mexico, Caracas, Lima, Santiago du Chili, Buenos Aires, Montevideo, Sao Paulo, Rio de Janeiro.

1963 - mars : *TOVARITCH*
Auteur : Jacques Deval,
adaptée par Robert Sherwood
Mise en scène : Peter Granville
Théâtre : Broadway Theatre, New-York
Vivien Leigh (Tatiana)

1965 - avril : *LA CONTESSA*
Auteur : Paul Osborn, adaptée du roman
de Maurice Druon, *La Volupté d'Etre*
Mise en scène : Robert Helpman
Théâtre : Montée à Newcastle,
la pièce fermera à Manchester au mois de mai
Vivien Leigh (Lucrezia Sanziani)

1966 - mai : *IVANOV*
Auteur : Anton Tchekov,
adaptée par John Gielgud
Mise en scène : John Gielgud
Théâtre : Shubert Theatre, New-York
Vivien Leigh (Anna Petrovna)

— Sommaire —

Troisième partie
1948-1956
QUELQUE CHOSE DE TENNESSEE

Quatrième partie
1956-1967
QUAND TOURNERA LE VENT

Achevé d'imprimer
SIRVEN GRAFIC (Barcelone)